本书出版得到曲靖师范学院2015年博士科研启动经费（2105098001/038）资助

# 中国流动人口通婚地域选择
## ——理论与实践

梁海艳 著

中国社会科学出版社

## 图书在版编目（CIP）数据

中国流动人口通婚地域选择：理论与实践/梁海艳著.—北京：中国社会科学出版社，2016.6

ISBN 978-7-5161-8011-2

Ⅰ.①中… Ⅱ.①梁… Ⅲ.①流动人口—婚姻问题—研究—中国 Ⅳ.①D669.1

中国版本图书馆 CIP 数据核字（2016）第 074785 号

| | | |
|---|---|---|
| 出 版 人 | 赵剑英 | |
| 责任编辑 | 卢小生 | |
| 特约编辑 | 林　木 | |
| 责任校对 | 周晓东 | |
| 责任印制 | 王　超 | |
| 出　　版 | 中国社会科学出版社 | |
| 社　　址 | 北京鼓楼西大街甲 158 号 | |
| 邮　　编 | 100720 | |
| 网　　址 | http://www.csspw.cn | |
| 发 行 部 | 010-84083685 | |
| 门 市 部 | 010-84029450 | |
| 经　　销 | 新华书店及其他书店 | |
| 印　　刷 | 北京君升印刷有限公司 | |
| 装　　订 | 廊坊市广阳区广增装订厂 | |
| 版　　次 | 2016 年 6 月第 1 版 | |
| 印　　次 | 2016 年 6 月第 1 次印刷 | |
| 开　　本 | 710×1000　1/16 | |
| 印　　张 | 18.25 | |
| 插　　页 | 2 | |
| 字　　数 | 313 千字 | |
| 定　　价 | 70.00 元 | |

凡购买中国社会科学出版社图书，如有质量问题请与本社营销中心联系调换
电话：010-84083683
版权所有　侵权必究

# 序

自 20 世纪 70 年代末至 80 年代初以来，中国社会结构形态逐渐从封闭的乡土社会向开放的城市社会演进。同时，人口再生产类型也从传统的高出生、高死亡、低增长向低出生、低死亡、低增长的现代型人口转变。由此而引发了城乡人口地理分布格局"逆转"和大规模的人口迁徙流动。流动人口已经成为当代中国社会发展中最为活跃的一个人口阶层，该群体所产生的社会经济冲击力如大浪淘沙一般，给人以强烈的震撼。据 2010 年全国第六次人口普查数据，我国流动人口规模已经超过 2.21 亿。另据国家卫生计生委 2014 年发布的《中国流动人口发展报告（2014）》，2013 年年末，我国流动人口规模进一步增加到 2.45 亿，已超过总人口的 1/6。人口迁移流动是我国城市化快速发展过程中最显著的人口现象之一。当前，我国流动人口出现了常态化和普遍化的发展趋势，人口迁移流动已经成为许多农村地区一种独特的生存生活方式，外出务工收入是很多家庭的主要经济来源甚至是唯一经济支柱。

中国流动人口规模之庞大与增长之迅猛，可以说是前所未有和举世无双的。由此衍生的结果，一方面，改变了原有人口的空间集聚形态与区域分布格局，促进了乡城经济社会的交融与互补，提高了全社会的劳动生产率，流动人口业已经成为当代中国产业工人的一个重要组成部分，他们是促进中国经济持续增长的不可或缺的生力军。另一方面，流动人口的主体来自农村，由于我国城乡"二元"分割体制障碍的隔阂，大量流动人口即便已经完成了地域空间的转移，却仍然难以实现身份的转变和认同，在城镇没有固定的职业、缺乏稳定的居所，普遍面临着一系列的生存压力与发展困境。尽管这个群体为我国的城镇化发展做出了巨大的贡献，可是，由于种种主客观因素，导致流动人口在城市难以享受均等的服务和公平的待遇，他们一直处于城市社会的底层边缘。

流动人口这个群体在面临着上述一系列问题的同时，其自身的结构也在不断演替。其中，年龄结构的变化是其自身发展过程中一个比较显著的变化，年龄结构的年轻化导致他们所面临的问题也会有所差异，在80后、90后的一代流动人口逐渐演替为流动人口主体的过程中，这些正值婚恋黄金时期的青年流动人口，流动的目的与动机已经不再单纯地表现为物质生活"需求型"，而是逐渐向"发展型"转变，在流入地恋爱、择偶、结婚是很多未婚青年流动人口梦寐以求的夙愿。伴随而来的是地理通婚圈的扩大，与传统乡土社会中的就近就地择偶相比，地理通婚圈发生了质的飞越，跨省通婚逐渐趋于明显。可是，目前对流动人口通婚圈的研究才刚刚起步，关于流动人口的通婚圈研究明显不足。而且现有的研究很少从通婚圈的变化机制去深入分析，关于通婚圈的地域模式如何？通婚圈的发展变化态势出现了很大的分歧。关于我国通婚圈发展变化态势判断差异的原因主要是研究者的调查时间点、调查地点（区域）的选择不同，甚至是调查角度不同等。当前，关于通婚圈的研究仅仅是一些小规模的非随机抽样调查，具有一定的典型性但不足以推论总体，研究结果也只能说明某个局部的状况和特征。梁海艳即将出版的《中国流动人口通婚地域选择》一书在一定程度上弥补了这方面的不足，他利用国家卫生与计划生育委员会每年在全国范围内进行的流动人口动态监测调查数据，以地理通婚圈为切入点，全面、系统、深入地对流动人口通婚圈相关问题进行梳理和解答，具有重要的理论价值和社会现实意义。

本书在已有研究成果的基础上，主要取得了以下几个方面的进展：

其一，利用全国范围的流动人口抽样调查数据，从总体上把握了我国流动人口的通婚圈变化特点和趋势，克服了从局部地区研究得出的结论不一致甚至相反的情况，形成一个总体性的认识和宏观把握，有利于对通婚圈的基本认识，在研究的区域范围方面有了很大的突破。

其二，利用地理信息系统（ArcGIS）的空间统计分析技术，构建了不同层面（省域、区域两个层面）的流动人口通婚地域模型，更形象直观地反映了流动人口的通婚地域模式与差异。

其三，克服了现有部分研究中只注重通婚圈特征和状况描述的缺陷。本书除对通婚圈的基本情况进行细致的分析外，还将国外的移民通婚理论，包括资源交换理论、社会（结构）同化理论、社会分层理论、碎片化理论与我国流动人口的实际情况相结合，在理论方面做了一定的尝试和探索。

其四，提出了流动人口地理通婚圈的"空间可及性"概念模型，解释了人口迁移流动范围扩大对通婚圈的影响，进一步将地理通婚圈物理结构由近及远划分为通婚圆—通婚弧—通婚点，对地理通婚圈进行了深入地思考和分析。

需要说明的是，尽管该书对流动人口的通婚圈进行了比较详细全面的研究和分析，但是，仍存在一些问题值得深入思考，有些结论有待进一步地推敲和验证。本书虽然试图在地理通婚圈的基础上进一步分析等级通婚圈，但毕竟没有过多过深地分析，而仅从户口、民族、职业等几个方面进行比较肤浅的分析，研究重心仍然集中在地理通婚圈方面。此外，也没有很好地将通婚圈的结构与功能分析相结合起来。今后关于通婚圈的研究，应该更加重视对族群以及通婚圈的结构与功能等方面的考察。比如在低生育水平持续保持以及老龄化程度不断增加的社会背景下，通婚圈的变化对农村家庭养老功能、对家庭劳动力资源的互助性、姻亲关系网络变迁等方面带来的挑战，通婚圈变化将会导致家庭结构与功能可能会发生什么样的变化及其带来的影响？这些问题都值得深入去思考。最后，本书仅仅以流动人口群体为对象作静态性的分析，并没有深入研究人口迁移流动这一重大事件对地理通婚圈扩展产生的影响作动态分析。

总之，尽管本书存在诸多方面的不足和缺陷，但毕竟该书是一本专门研究我国流动人口地理通婚圈的著作，而且能够在一定程度上将择偶理论与实践结合起来，并且有很多自己独特的见解和思考，这在科学研究中是非常值得鼓励的。著者在读博士期间，阅读了大量有关通婚圈中英文参考文献，文献资料分析客观全面。熟练地利用人口统计学分析技术和从人口学、地理学、社会学研究出发综合性分析，对认识我国流动人口地理通婚圈的基本情况与发展变化趋势有着独到的见解和看法，书中的很多观点也比较新颖独特。

段成荣

2016 年 3 月 11 日 · 北京

# 摘　要

　　当前，我国流动人口出现了常态化和普遍化发展趋势，流动已经成为许多农村地区一种独特的生活方式，人口流动出现了持续的代际传承。在老一代流动人口逐渐被新生代流动人口演替过程中，一个重要的变化就是流动人口中的未婚比例迅速增加，这些正值婚恋黄金时期的新生代流动人口对异性的追求非常强烈。鉴于此，本书以流动人口婚姻为切入点，对流动人口的通婚圈问题进行梳理和解答。

　　本书主要得出以下结论：中国流动人口的通婚圈整体呈不断扩展趋势，跨省婚姻比例随着初婚年份的后移不断扩大，而且人口迁移流动对通婚圈的扩展产生了明显促进作用。在流动人口通婚圈模型中，流动人口的个人特征、流动行为特点两个方面都会对地理通婚圈产生影响。其中，个人特征主要包括流动人口年龄、性别、相对结婚时间、民族、受教育程度和户口性质；流动行为方面因素主要有流动范围、流入地连续居住时间、流入地区类型以及在流入地所从事的职业。而行政边界处特殊的跨区域婚姻对分析结果会带来影响，又建立了流动人口的邻省通婚模型。分析发现：在排除邻省通婚情况下，流动人口的年龄、相对结婚时间、受教育程度、流动范围和流入地区类型对通婚圈具有显著影响。虽然以上分析对象为流动人口，但其中流动前就已经结婚所形成的通婚圈不可能受人口迁移流动行为影响。为此，进一步将研究对象聚焦到调查时点因"婚嫁"而流动的群体中，据此建立婚入样本的地理通婚圈模型。分析发现：流动人口性别、流入地区类型和流动范围三个因素对地理通婚圈具有显著影响。通过不同模型比较发现，与人口迁移流动行为直接相关的流动范围和流入地区类型是最终影响流动人口通婚圈的两个最主要因素。根据该结论，本书提出流动人口地理通婚圈的"空间可及性"概念模型，以解释人口迁移流动范围对通婚圈的影响。

# Abstract

Migration is one of the most significant demographic phenomenons in the process of rapid urbanization in China. At present, migration has appeared normal and generalized trends; it has become a unique way of lifestyle in many rural areas, migration has been continuous from generation to generation. Young generation floating population had more than half of the total (percent is 53.64%) floating population, the size came to 120 million; they had become the backbone of the floating population in China. During the process of migrant succession of floating population gradually, an important change is the rapid increase in the proportion of unmarried, the people who age will come to the golden period of marriage and love, have a strong marriage wishes.

In view of this, this book will study the floating population's intermarriage circl. This study drew the following conclusions: Floating population's intermarriage circle has displayed an expanded trend, interprovincial intermarried with the advance of years at first marriage is increasing; migration had a significant role in this process. In the model of floating population's intermarriage circle, personal characteristics, migration characteristics of the floating population will have an impact on geographic intermarriage circle. Personal characteristics include floating population's relative marry time, nationality, age, sex, education and household type; migration behavior factors mainly include migration range, migration time, type of inflow region and occupation, but taking into account the intermarriage circle of the special administrative boundary between neighboring provinces. By analyzing the following findings: In the case of marriages excluded neighboring provinces, only age, relative marry time, education, migration range, type of inflow areas has a significant effect on intermarriage circle. While the above analysis object is floating population, but the intermarriage circle which married before migration cannot be impacted by migration behavior, for further research target to the object of floating populations migrate because marriage, thus established the model of intermarriage circle marriage sample. In the end, find out: Sex, type of inflow region and migration ranges are the significant influence factors on intermarriage circle.

By comparing different models found: Migration range and type of inflow region are the most important factors of the floating population's intermarriage circle change. According to the conclusion, proposed the "Space Availability" hypothesis, so as to explain the scope of migration's role on the intermarriage circle expended. It has covered the overseas theory vacant about migration scope's impact on intermarriage circle, from the view of at home; this theory also filled the gap of theoretical reflection on floating population's intermarriage circle.

# 目 录

**第一章　绪论** …………………………………………………………… 1

　　第一节　选题背景与意义 ……………………………………………… 1
　　第二节　国内外研究综述及评介 ……………………………………… 10

**第二章　基本概念、理论与研究方法** ………………………………… 57

　　第一节　基本概念与理论基础 ………………………………………… 57
　　第二节　研究假设 ……………………………………………………… 69
　　第三节　数据来源与研究方法 ………………………………………… 73
　　第四节　分析框架与技术路线 ………………………………………… 76
　　第五节　研究创新 ……………………………………………………… 77

**第三章　不同人口子群体通婚圈** ……………………………………… 79

　　第一节　常住人口通婚圈 ……………………………………………… 84
　　第二节　城市青年人口通婚圈 ………………………………………… 87
　　第三节　不同初婚年代流动人口通婚地域结构 …………………… 101
　　第四节　不同代际流动人口通婚圈分析 …………………………… 106
　　第五节　不同年龄组的流动人口跨省通婚 ………………………… 107
　　第六节　不同相对结婚时间的流动人口通婚圈比较 ……………… 108
　　第七节　新生代流动人口通婚圈现状与未来 ……………………… 110

**第四章　人口社会经济因素与通婚圈** ……………………………… 125

　　第一节　最后一次迁移流动范围与通婚圈的关系 ………………… 125
　　第二节　首次迁移流动范围与通婚圈的关系 ……………………… 126
　　第三节　受教育程度与通婚圈的关系 ……………………………… 127

第四节　户口性质与通婚圈的关系……………………… 132
　　第五节　民族与通婚圈的关系…………………………… 139
　　第六节　职业与通婚圈的关系…………………………… 147
　　第七节　不同地域通婚圈模式…………………………… 152

第五章　通婚圈影响因素分析……………………………………… 168
　　第一节　流动人口跨省通婚影响因素模型……………… 170
　　第二节　流动人口邻省通婚影响因素模型……………… 178
　　第三节　城市青年通婚圈影响因素模型………………… 179
　　第四节　迁移流动行为对通婚圈的影响………………… 185

第六章　通婚圈理论分析…………………………………………… 202
　　第一节　资源交换与互补需要理论……………………… 202
　　第二节　社会分层理论与同类婚配原则………………… 207
　　第三节　社会同化理论…………………………………… 210
　　第四节　碎片化理论……………………………………… 211
　　第五节　空间可及性模型………………………………… 212
　　第六节　婚姻迁移基本特征……………………………… 214

第七章　通婚圈变化的社会经济影响……………………………… 224
　　第一节　（积极）社会影响……………………………… 224
　　第二节　（消极）社会影响……………………………… 228
　　第三节　通婚圈的经济学分析…………………………… 236

第八章　结论与建议………………………………………………… 255
　　第一节　主要结论………………………………………… 255
　　第二节　政策建议………………………………………… 257
　　第三节　研究不足与展望………………………………… 259

参考文献……………………………………………………………… 261

后　　记……………………………………………………………… 281

# 第一章 绪论

通过揭示社会中不同亚人口群体之间可观察到的各种差异,可以直接引导我们去调查和研究造成这些差异的原因及后果。

——W. P. Frisbie and F. D. Bean（1978）

人口学在21世纪的发展过程中,必将在认识的广度和深度上大大超过以往,除人口总体之外,人口总体内部各"亚人口"也必将成为人口学的重要研究对象。

——邬沧萍（2010）

"亚人口"研究不仅是寻找一切人口问题乃至社会问题的症结所在,也是我国当前人口发展形势所迫。本书中的"亚人口"是指活跃在许多大城市工厂、企业、建筑工地等场所中,大约占中国总人口1/6的流动人口群体,婚姻与生育问题是当前我国流动人口一个难以回避的重要现实问题,流动人口婚育研究具有重要学术价值和现实意义。

## 第一节 选题背景与意义

### 一 选题背景

家庭是构成社会系统的最基本元素,家庭和睦是社会和谐的前提基础。而婚姻乃是家庭组建与维系的重要基础,男女两性之间因婚姻缔结而形成的关系是人类社会普遍存在的一个事实。所以,对婚姻关系的研究与探讨成为众多中外学者,尤其是社会学家与人类学家备受关注的话题。婚姻关系是他们在研究人类社会行为时的一个重要切入口,婚姻习俗也是文化的重要组成部分之一。美国社会学家欧内斯特·伯吉斯（Burgess）曾经说过:"动物求偶,而人类结婚,动物求偶是生物性的,可人类婚姻是社会和文化的。"① 我国《婚姻法》规定"一夫一妻、婚姻自由、男女平等"的婚姻制度。② 婚姻当事人基于法律的规定和本人意愿,可以自主决定自己的婚姻大事,而不受他人的干涉。但需要注意的是,法律所规定的婚姻自由权只是一种相对的自由,而不是绝对的自由,现实生活中的婚姻选择不可避免地要受到各种社会禁忌、风俗习惯、伦理道德规范与文化制度的束缚,婚配对象的选择是社会设置与个体要求相互作用、协调的最终结果,从婚姻契约缔结的那一刻开始,一直到成婚后的夫妇关系维系,都会受到夫妻双方所处社会文化环境的制约。因此可以认为,婚姻的选择"在法律上是自由的,而事实上是不太自由的"。人们在日常的社会交往活动中建构了各种社会网络的同时,也在不断把自己的行动"镶嵌"到已有网络之中,这提示我们在对通婚圈研究时,也需要借助社会行动主体所处社会网络结构来考察和分析。嵌入理论认为,人的经济活动与社会结构之间存在必然联系,人类的经济行为并不能独立于社会关系而存在,而必须嵌入特定的社会结构与人际关系网络之中。③ 事实上,不仅经济活动,其他一切非经济的活动也都嵌入在了特定的社会结构与人际交往当中,择偶行为当然也不例外。婚姻行为从择偶开始甚至在择偶之前,一直到婚姻关系的确立、维系再到婚姻关系的自然终止或人为主动解除,都被深刻地嵌入到了社会结构与人际交往关系之中。在英国著名的人类学家马林诺夫斯基(Malinowski, Bronislaw Kaspar)看来,婚姻关系的本质不仅是为了满足种的繁衍需要,也是为了实现这一目的而创造出来的一种手段或"文化替代品。"④ 婚姻是一种独具特色的社会制度,每个社会都有相应的婚姻制度,虽然人们一般会把婚姻看作是一种自然状态或者至少是由神意安排,但实际上,婚姻是社会为人类设置的一种精巧非凡的罗网。现实生活中的婚姻关系,不可避免地要受各种社会制度与规范的支配,正如著名的芬兰人类学家、社会学家韦斯特马克(Edward A. Westermarck)在

---

① 周贤润、杨达:《屯堡族群通婚圈的社会人类学考察》,《人口·社会·法制研究》2010年第1期。

② 罗静:《试论特殊性别伴侣关系与婚姻》,《西南民族大学学报》(人文社会科学版)2003年第6期。

③ 朱国宏:《社会学视野里的经济现象》,四川人民出版社1998年版,第10页。

④ 马林诺夫斯基:《未开化人的恋爱与婚姻》,上海文艺出版社1990年版,第93页。

《人类婚姻简史》中指出的那样，社会对婚姻的调节有许多种办法，但首先是确定选择配偶的规则。① 从历史角度看，配偶选择自从私有制产生那一刻起，就不是一个纯自由的，而是一个深受社会政治、经济、文化等诸多社会因素以及家长意志、家族利益等家庭因素严厉束缚的复杂过程。②

1992年我国确立了以市场经济为目标的经济体制改革。在市场经济大潮拉动下，人们的就业方式、生活方式和价值观念都发生了深刻变化。社会转型与经济体制转轨，对人口领域的各个方面也必然产生不同程度的影响。除生育和死亡已经发生了历史性转变外，人口迁移流动也发生了明显变化。大规模、长时间、远距离的流动开始出现，近年来城镇流动人口中"不流动"和"家庭化"③趋势已凸显出来，当前我国流动人口正处于代际转换的关键时刻，而上述人口领域的诸多变化又会对流动人口自身的婚姻造成巨大影响。另外，像轻纺、电子和服务业等一些比较适合女性就业的工业革命，导致了就业市场对女性劳动力的需求在增加，这些女性劳动力刚开始在流入地并没有明确的婚育动机，可是，随着在流入地工作时间的长久化以及社会经济条件的改善和地理环境的日趋适应，开始有人考虑追求"落地"发展、在流入地找对象结婚成家。此后，流动人口的婚姻及后续的生育等各种问题开始暴露。④ 成家立业是人生需要完成的两大任务，几乎占据了整个青年期（18—35岁）的全部生活内容。对于当前大规模进城务工青年来说，仍然不能摆脱这两大任务。择偶是人类婚姻缔结过程中一个非常重要的环节，同时也是建立家庭不可或缺的前奏。随着我国流动人口规模的扩大与代际结构更替，流动人口的婚恋行为将成为中国婚姻问题研究的热点，吸引着越来越多的中外学者以及社会服务管理部门的人员进行研究和探讨。虽然这些农村外出务工青年进城的主要目的是受经济利益驱动（即打工赚钱），但不管他们是否意识到，不管他们是

---

① 韦斯特马克：《人类婚姻简史》第一卷，商务印书馆1992年版，第213页。

② 冯雪红：《维吾尔族妇女择偶的人类学考察——以新疆喀什地区S县A村为例》，《北方民族大学学报》（哲学社会科学版）2010年第1期。

③ 流动人口"家庭化"包括两个方面：其一，指未婚流动人口在流动过程中新建起来的婚姻家庭；其二，指部分家庭中的成员由一个或部分家庭成员向整个家庭举家流动的转变过程，即流动的单位由个体向家庭的转变。但目前对家庭化的关注聚焦在后一种情况，而对前一种情况的关注远远不够。参见辜胜阻、流传江《人口流动与农村城镇化战略管理》，华中理工大学出版社2000年版，第287—288页。

④ 朱正贵、陈苏兰：《农村流动人口婚育问题刍议》，《人口学刊》1998年第1期。

否做好了充分的心理准备，也不管他们是否已经将其作为进城的动机与目标之一，青年流动人口的婚恋与生育等行为已经自然而然地出现在流动生涯之中，在流入地寻找对象甚至结婚成家不仅与他（她）们的生存问题有关，更与流动人口发展问题息息相关。①

新中国成立以来，我国一共出现了三次比较明显的跨地区通婚浪潮：

第一次浪潮是在三年自然灾害（1959—1961年）期间，由于生活条件的恶化造成了大范围的人口迁移流动，人口大饥荒刺激了荒情非常严重省区的女性远嫁他省，生存困境造成很多家庭妻离子散，不仅未婚女性，甚至部分已婚妇女选择逃离他省再嫁也曾有之，因此出现了大量的婚姻移民，这次跨区域通婚属于生存环境强迫下的被动性扩大，是自然因素作用的结果，人们并不乐意通过这种方式来扩大通婚圈，当然也有可能由于死亡人口性别比差异造成的存活人口性别结构失衡而形成的区内婚姻市场供需严重失衡，因此只能通过区际婚姻市场来达到平衡的主动性跨区域婚迁。这是中国历史上第一次出现的大规模跨省通婚。

第二次浪潮是在改革开放以后，20世纪80年代末至90年代初，由于农村土地制度的改革和户籍制度松动，实行分山分田地到户的制度，很多贫困地区的未婚女性通过亲缘或地缘等熟人关系介绍到富裕的地区成婚。如贵州省、四川省、河南省等地区的女性为了改善生存环境嫁到了沿海东部相对发达的江苏、山东、浙江等省区农村地区。这一次通婚圈扩大是人为因素、区域经济差异以及人们婚姻观念改变共同作用的结果。

第三次浪潮是2000年以后，随着21世纪中国经济快速发展，打工经济逐渐盛行，农村青年开始大规模地进入城市务工并在打工地寻找恋爱对象，其中不少群体顺利进入了结婚阶段，因而产生了大量跨省婚姻。② 第三次扩大形式和内容与前两次相比，均存在显著的差异，它不仅与自然因素无关，而且与外人的干扰因素也不存在密切的联系，主要是受青年人口自身婚姻观念改变而产生的自发式的通婚圈扩大，是否选择和外地人结婚是婚姻当事人自主、自愿选择的结果，感情因素已经成为青年择偶和跨省通婚津津乐道的话题，农村地区传统的通婚圈逐渐解体，全国正经历一场

---

① 风笑天：《农村外出打工青年的婚姻与家庭：一个值得重视的研究领域》，《人口研究》2006年第1期。

② 陈利娜：《新生代农民工婚姻家庭研究的理论与前瞻》，《山东青年政治学院学报》2014年第4期。

真正意义上的婚姻在地域上的革命,他们主要通过自由恋爱的方式结婚成家,就连父母在其子女婚姻决策过程中能够发挥的作用也十分有限。

改革开放以来,西方思想文化的传播和影响对我国传统文化造成了一定程度的冲击。人们的婚恋观念和行为都发生了明显的变化,晚婚甚至不婚,不再受到社会异样眼光的看待,远距离的跨省通婚也不再被视为一件稀奇和新鲜的事情。在社会经济文化日益交融过程中,随着社会流动性的增强,跨地区通婚也在不断增加,尤其是近年来出现的跨省婚姻非常普遍。工业化和城市化的蓬勃发展促进了人口迁移流动,自由迁徙打破了地域的封闭性,人口流动浪潮加速了婚姻圈的扩展与外延,人口迁移流动是实现远缘婚配的必要条件,也扩大了择偶的地域范围和群体范围。

随着我国户籍管理制度的改革以及农村生产力的不断发展,大规模农村剩余劳动力开始进城务工经商等从事其他社会经济活动。农村人口向城市聚居,大都市现代文化和新的思想观念、新的行为习惯和生活方式逐渐渗透到农村,封闭农村文化趋向开放,农村地区的婚姻制度也发生了嬗变[1],并在一定程度上做出了回应。而且随着流动人口的深化发展,受影响的程度必将更加深刻,影响的持续时间也必将长久。据第六次全国人口普查结果,扣除市内人户分离后的流动人口规模已经超过2.21亿,国家卫计委流动人口社会管理与服务司王谦司长推测未来几年还将保持每年1000万人以上的速度不断增长;段成荣教授和杨舸也在2008年依据我国城镇化、农业剩余劳动力转移等对流动人口的规模变动趋势进行了预测。[2] 结果表明:我国流动人口的规模将在2030年以前一直保持增长,届时流动人口规模峰值估计会达到3.5亿左右,并且这一预测结果在"六普"数据中得到了验证。由此可以看出,流动人口将是我国社会主义初级阶段长存的一个现象。2011年我国流动人口数量进一步增长到2.3亿,占总人口的17%(约为1/6)[3],截至2012年10月1日零时,中国流动人口规模已达2.34亿人,比2011年增加500万左右。[4] 流动人口增长

---

[1] 黄了:《农村城市流动对其婚姻家庭生活的影响》,《甘肃农业》2006年第3期。
[2] 国家人口和计划生育委员会:《中国流动人口发展报告(2010)》,中国人口出版社2010年版,第75页。
[3] 国家人口和计划生育委员会流动人口服务管理司:《对话:人口挑战与社会融合》,中国人口出版社2012年版,第112页。
[4] 国家人口和计划生育委员会流动人口服务管理司:《对话:人口挑战与社会融合》,中国人口出版社2012年版,第103页。

速度较快，流动人口外出务工的主要目的是赚钱养家糊口和改善家庭物质生活水平，但当前流动人口外出目的已经逐渐由生存型向发展型转变过渡，他们不仅仅是为了满足生存的需要，也不仅仅单纯地受经济因素的驱动，而是表现出"多元化"的外出动机和目的。如提高个人的发展期望、留在城市生存发展、为后代获得更好的发展机遇，等等。外出务工生活经历在增加经济收入的同时，也开阔了年轻人的眼界和社会交际范围，这对未婚青年的婚姻生活必定带来巨大的影响，逐渐改变了传统的地理通婚圈，外出务工经历牵动着通婚圈的变化，通婚圈的变迁深深地打上了人口迁移流动的烙印。

受对外开放政策和市场经济的影响，人们的价值观也发生了深刻变化，社会转型步伐加快、人口流动日益频繁，并且流动人口内部结构也在悄悄地出现一些新的特征。如新生代流动人口逐渐增多，他们在流动过程中正值婚恋时期，他（她）们在流动过程中所构建的社会网络关系对其婚育观念与行为都会产生重大的影响。随着现代化的发展，婚恋自由、性别平等已成文化主流，我国传统的贞操伦理观念受到西方文化的冲击，青年人的恋爱观、择偶标准、婚姻家庭观等都在现代文化和价值观的影响下发生改变，这种婚育观念与行为的变迁，不仅从微观层面影响着婚姻当事人的生命历程，还会对整个社会经济造成广泛的影响，但目前国内对这些方面的研究还比较薄弱，并没有引起各界人士的高度关注。

二　选题意义

2013年党的十八届三中全会和全国首次城镇化工作会议对推进以人为核心的新型城镇化战略作出了重大部署，提出了促进农业转移人口市民化的政策目标。婚姻状态转变是每个公民一生中最重要的人生转折，合理引导未婚流动人口在流入地通婚也是促进流动人口市民化的一条重要途径，尤其是对于未婚女性流动人口的市民化效果可能会更加明显。[1] 在我国，结婚是实现户口迁移的主要途径，获得了城市户口后，就自然而然地可以享受到捆绑在城市户口上的相关福利待遇。陈利娜（2014）认为，在有序推进农业转移人口市民化的社会目标下，解决好新生代农民工的婚

---

[1] 国家卫生和计划生育委员会流动人口司：《中国流动人口发展报告（2013）》，中国人口出版社2013年版，第103页。

姻家庭问题，也许可以成为我国实现新型城镇化的一个重要突破口。① 新生代农民工应该作为我国人口城镇化发展战略重点人群给予关注。

婚姻事件和人口迁移流动行为是移民（或流动人口）在其生命历程中进行相互调整的两个重要方面，但是两者间的相互作用过程非常复杂。人口迁移流动行为与婚姻状况之间有着错综复杂的关联性，这具体表现在以下三个方面：其一，人口迁移流动行为会影响行为主体的婚姻状况与过程，例如人口迁移流动推迟了初婚年龄、扩大择偶空间、增加择偶机会等，从而导致流动人口与非流动人口群体之间的婚姻状况存在着显著的差异。其二，不同婚姻状况反过来也可能会对人口迁移流动行为产生影响作用，也就是说，人口迁移流动行为具有婚姻选择性。一般会因为未婚人群和已婚人群迁移成本不同，而导致二者的迁移活跃程度也会存在一定的差异，未婚人群的迁移流动可能性较大。其三，婚姻事件本身就属于一种迁移流动行为。在这种情况下，婚姻事件作为迁移流动行为的一个原因。因此可以看出，婚姻事件与人口迁移流动之间具有复杂的双向影响关系。但从目前的研究来看，主要关注于第三个方面，而对前两个方面的研究较为薄弱，本书的研究重点集中在第一个方面。

改革开放以前，传统农业社会由于受到客观的交通、经济、历史、政治与主观的安土重迁思想等各种因素的影响，导致了居民的社会交往地域范围非常有限，在此交往圈上建立起来的通婚圈一般也比较狭小且稳定。过去以农业经济生产为主的传统农业社会，农民思想保守，老百姓安土重迁，不愿意背井离乡和寄人篱下，表现在婚姻圈上，就是长期以来通婚圈都比较狭小。在传统的乡土社会中，为了维持长久稳定的社会秩序，一切能够破坏生活秩序的力量或要素都要被遏制，乡土社会是一个安稳的社会。② 农民依靠农业谋生，农业的不可移动性把人拴在黄土地上并且一代一代地延续下去而不会有太大的变动（没有变动并不是说乡村人口是静止的，因为人口总量在增加，而土地资源与面积是有限的，在同一地方生活几代之后人口就会达到饱和，过剩的人口自然要外迁，可是老根总是不动的），这是中国乡土社会的基本特征，以农业为生的人世代定居是常态，迁移流动反而成为变态，即使像抗日战争这样大事件所引起人口迁徙

---

① 陈利娜：《新生代农民工婚姻家庭研究的理论与前瞻》，《山东青年政治学院学报》2014年第4期。

② 费孝通：《乡土中国》第三版，北京出版社、北京出版集团公司2011年版，第3—4页。

也是微乎其微的。① 乡土社会是一个生于斯、长于斯、死于斯的稳定社会，这样的社会不但人口流动很少，而且就连人们所获取资源的土地也很少会出现变动。② 费孝通教授进一步从空间维度和时间维度分析了乡土社会的稳定模式：首先，从空间位置来看，人们生活在同一个小天地里，空间已经不能成为阻碍他们互相了解的因素，而且小天地多少是孤立的，与其他社群的居民基本上没有多少接触；其次，从时间维度上来看，乡土社会的每一代人都在重复着大致相同的生命周期，按照父辈生活的公式生活，并不断地传递给后代，年轻人虽然没有体验过年长者生活，不能很好地了解年长者的思维与想法，年龄因素因此多少成了代际交往的是一层隔膜，但这层隔膜只是单方向的（即年轻→年长）隔膜，反过来却不存在这层隔膜，即年长者能够深入了解年轻人，他们甚至可以预知这些年轻人在人生的各个阶段将会遇到什么样的问题。

几十年来，这种相对静止与稳定的社会导致了我国农村地区的通婚距离仅在5—15公里。③ 中国几千年的发展历史表明：农村年轻女性大多数不愿意远嫁，通常的选择是在邻村。这种婚姻策略的意义在于：首先，可以扩大原有的亲属关系网络；其次，避免同村血缘关系很近的异性结婚。④ 稍微远一点的通婚地域范围也主要局限在本乡（或本镇）和本县区范围以内，而跨地市和跨省区的通婚都属于比较少见的现象。地理空间上相邻村落间往往由于地缘关系建立起稳定的通婚圈，通婚往往还成为维持村落关系的一条重要纽带。

在改革开放以后，由于各种新思想观念广泛传播，打破了传统婚育观念的束缚，从而使通婚圈得到了扩展。在社会经济转型与文化嬗变的时代，我国人口各个领域也发生了翻天覆地的变化。低生育水平的持续保持、平均预期寿命的不断延长、人口老龄化水平不断提高、流动人口规模剧增并出现长期化与家庭化的趋势、人口城镇化快速发展以及婚姻模式的变化等。在此过程中，青年人的婚恋观念也不可避免地受到现代化思想的

---

① 费孝通：《乡土中国》第三版，北京出版社、北京出版集团公司2011年版，第3—4页。
② 同上书，第73—74页。
③ 宋丽娜：《打工青年跨省婚姻研究》，《中国青年研究》2010年第1期。
④ Davin, Ddlia, *Internal Migration in Contemporary China*. London：MacMillan Press, 1999, pp. 141 – 142.

冲击。在过去 20 年左右的时间里，中国远距离婚姻迁移现象越来越频繁。[①] 另外，改革开放带动了人口迁移流动的蓬勃发展，并导致人们的社交圈子不断扩大。[②] 这对通婚圈扩展起到了显著的促进作用，人口大范围流动会加强这一趋势的继续发展。可是，在计划生育政策严厉执行以及经济发展带动的生育观念转变下，我国生育水平急剧降低，家庭生育孩子数量明显减少，这一代出生的独生子女比例非常高，尤其在城市地区，据中国人民大学人口与发展研究中心利用 2005 年全国 1% 人口抽样调查数据计算得到，全国城市青年（20—34 周岁）独生子女比例，平均水平为 31.58%[③]，我国 0—30 岁的独生子女规模已经达到 1.68 亿人，占同龄群体比重超过 30%（据 2009 年抽样调查计算结果）[④]，大约每三个城市青年中就有一个是独生子女，人们的生育意愿已经随着社会经济的发展逐步走低。目前出生于核心小家庭的青年男女一代，将陆陆续续步入婚姻的殿堂，而独生子女比例增加却会对通婚圈扩展起到一定的阻碍作用。[⑤] 因为在传统的家庭养老模式下，父母都希望将儿女留在身边照顾自己，不愿女儿远嫁他乡，至于儿子也担心他们远娶的媳妇可能"站不稳"脚跟。因此，计划生育政策与经济发展带动下的生育转变，可能从另一个方向对通婚圈发生影响。那么在这一正一负的政策作用影响下，将会导致我国通婚圈发生怎样的变化？其基本特征有哪些？这些变化背后有哪些因素在起作用？其作用机制如何？这些变化将会给婚姻事件当事人本身、家庭和社区带来哪些影响？又如何处理这些变化所带来的社会问题？解决好以上的问题，对促进整个社会和谐发展都具有十分重要的现实意义。

就理论层面而言，目前国内对通婚圈的研究还处于起步阶段，仅取得一些初步研究成果，现有研究主要从局部区域来考察，得出的很多结论都是针对某个特定地区而言，缺乏整体性的系统研究，目前连最基本的通婚

---

[①] ［美］范芝芬：《流动中国：迁移、国家和家庭》，邱幼云、黄河译，社会科学文献出版社 2013 年版，第 87 页。

[②] 周皓、李丁：《我国不同省份通婚圈概况及其历史变化——将人口学引入通婚圈研究》，《开放时代》2009 年第 7 期。

[③] 中国人民大学社会与人口学院人口与发展研究中心"中国城市青年状况调查"课题组，2009 年 11 月。

[④] 国家人口和计划生育委员会流动人口服务管理司：《德国城镇化进程中推进基本公共服务均等化学习考察报告》，中国人口出版社 2012 年版，第 57 页。

[⑤] 梁海艳、阳茂庆：《中国城市青年通婚圈变化及其影响因素研究——基于中国青年状况调查数据的实证分析》，《人口与发展》2014 年第 3 期。

圈变化态势也还没有完全把握清楚，存在各种各样的观点，并且各种观点之间的差异还非常大，甚至相反。为此本书将利用全国范围的抽样调查数据，使用统计分析方法对不同群体、不同代际和不同初婚队列人口的通婚圈进行深入分析，力图从全国范围上来把握我国通婚圈的现状及其变化，并结合中国国情运用"资源交换理论"、"社会同化理论"、"社会分层理论"等理论来分析流动人口通婚圈发展变化的内在机制。另外，拟使用空间分析方法（ArcGIS）从省域层面和地区层面两级地理单元，构建我国流动人口通婚圈的地域模式。

## 第二节 国内外研究综述及评介

### 一 国外研究综述

国外学者关于婚姻家庭问题的研究历史非常早。如苏格兰人类学家麦克伦南早在1865年就提出了内婚与外婚的概念；此后，美国人类学家托马斯·亨特·摩尔根（Thomas Hunt Morgan）于1877年在《古代社会》中提出了不准在氏族内部通婚的婚姻禁忌；1891年芬兰人类学家韦斯特马克在其《人类婚姻简史》中详细地论述了人类择偶行为的内婚制规则与外婚制规则。但具体关于人口迁移流动与婚姻家庭关系的研究（或移民的婚姻家庭）比较少，很多有关人口迁移的研究主要聚焦于劳动力及其工作等方面。[1] 进入当代社会以后，美国学者在这方面作出了巨大的贡献，由于美国特殊的人口种族结构，他们研究婚姻时一个重要的视角就是关于异族通婚的研究。国外特别是美国在移民婚姻和异族通婚方面的研究，有日益增多的实证研究，并在此基础上形成了多种有代表性和经典的理论，这些理论大致可以归纳为资源交换理论、社会同化理论、社会分层理论、碎片化理论、影响族际通婚的主要因素、族际通婚带来的社会经济影响、移民的通婚地域模式、人口迁移与婚姻之间的因果关系分析等方面。

（一）关于资源交换理论方面的研究

资源交换理论是社会学中的一个非常经典的理论，该理论兴起于20

---

[1] Watts, Susan J., "Marriage Migration, a Neglected Form of Long Term Mobility: A Case Study From Ilorin, Nigeria". *International Migration Review*, 1983, 17 (4), pp. 682–698.

世纪60年代的美国，此后在全球范围内迅速广泛传播。由于资源交换理论强调了心理因素在人类行为中的作用。[1] 该理论也称社会心理学理论，它主张人类的一切行为都会受到某种能够带来奖励和报酬的交换活动支配，因此该理论认为，人类的一切社会活动都可以归结为一种交换行为。资源交换理论由霍曼斯（Homans）创立，主要代表人物有布劳（Blau）和埃默森（Emerson）等。

霍曼斯（1961）认为，资源交换理论的基本原则是利己主义、趋利避害。每个人都想在各种交换行为中实现自己的利益最大化，结果导致交换行为变成了相对的得与失。[2] 在资源交换理论的基础上，社会学家斯普雷切和施瓦茨（Sprecher and Schwartz，1994）进一步提出了比较系统、完善的关于择偶方面的资源交换理论。该理论的基本观点是：人们的一切行为都是建立在交换的基础之上，择偶的本质也是一种交换行为。[3] 林奇特和安德森（Lichter and Anderson，1995）认为，婚姻市场中，人们首先往往会对自己的婚姻资源总量进行一个大概的评价，然后据此来选择与自己婚姻资源量比较匹配的异性作为配偶，所以夫妻双方选择的过程实际上就是一个讨价和还价的过程。[4] 爱德华（Edward，1969）在其著作《作为社会交换的家庭行为》中也认为，择偶本身是一种交换行为，双方把自己的资源在婚姻市场上进行交换以期获得最大的收益。[5] 经济学家斯特龙和德瓦尔特（Strong and Devalt，1986）认为，婚姻是当事人及家庭各自拥有的资源交换的结果。异地创业的不稳定性和巨大压力加剧了外来人口的婚姻交换意识，促成婚姻市场上许多社会经济方面具有优势的人与不具备社会经济优势的人相互交换而形成了婚姻关系。[6] 配偶选择就是婚姻当

---

[1] 邹琼：《基于诱因—贡献模型的雇佣模式对员工绩效的影响分析》，硕士学位论文，湖南师范大学，2012年，第20页。

[2] Homans, G. C., *Social Behavior*. London: Routledge and Kegan Paul, 1961.

[3] Sprecher, S. and Schwartz, 1994, "Equity and Balance in the Exchange of Contribution in Close Relationships". In M. J. Lerner and G. Mikula (eds.), *Entitlement and the Affectional Bonds*, New York: Plenum.

[4] Lichter, D. T. and R. N. Anderson, 1995, "Marriage Markets and Marriage Choice". *Journal of Family Issues*, 16 (4), p. 412.

[5] Edward, J. N., 1969, "Familiar Behavior Social Exchange". *Journal of Marriage and the Familiy*, 31, 16 (4), pp. 518–526.

[6] Strong, B. and C. Devalt, 1986, *The Marriage and Family Experiences*. West Publishing Company.

事人各自拥有的资源理性交换的结果，一个人在婚姻市场中是否有机会被异性选中，主要是由他（她）可以提供的婚姻资源的数量与质量来决定，如果某一方面的资源量不足，可以通过其他方面来弥补。[1]

在一段时期内，国外研究种族通婚时，发现美国黑人男子娶白人女子的比例剧增，因此他们使用"资源交换理论"或者说上行嫁娶的婚姻模式来解释这一现象。格利克（Glick，1981）认为，社会经济地位高的黑人男子可以娶到社会地位较低的白人女子。[2] 在这种通婚模式中，他们认为，白人女子与黑人男子都有各自优势（或资源），社会地位较低的白人女性以其肤色优势来满足她们对社会经济地位的需求，而在事业和社会经济中比较成功的黑人男子则会炫耀自己娶到了漂亮的白人妻子。

美国社会学家莫顿（Merton，1941）[3]、戴维斯（Davis，1941）[4] 认为，少数民族以较高的社会经济地位在婚姻市场中交换较高的种族地位。后来很多学者对此进行实证研究，并根据资源交换理论提出以下假设：具有更高受教育程度的移民，族际通婚的可能性越大。不过莫顿和戴维斯都认为地位交换理论仅适用于黑人男子—白人女子之间通婚情况。因为黑人男子的教育背景与他们潜在职业和声望的关系比黑人女子更为密切。此后其他学者，巴巴拉·F. 威尔逊（Barbara F. Wilson，1984）对美国35个州种族通婚研究同样发现，娶白人为妻的黑人男子比娶黑人为妻的受教育程度较高。[5] Linda Y. Wong（2003）发现20世纪90年代黑人男子与白人女子通婚比例只有5.5%，相对于随机婚配概率来说非常低，其中一个重要原因就是受教育程度低。[6] 阿尤·古利克森（Aaron Gullickson，2006）使用美国1980—2000年三次人口普查5%的抽样调查数据，研究了受教育程度对黑人与白人通婚的影响，其结果部分证明了交换理论的合理性，

---

[1] Strong, B., C. Devault and T. Cohen Grumney, 2004, *Marriage and Family Experience: Intimate Relationships in a Change Society*. Wadsworth Publishing Company.

[2] Glick, P. C., 1981, "*A Demography Picture of Black Families*", Harriette Pipes McAdoo, ed., Black Families, Beverly Hills: Sage Publications, pp. 106 – 126.

[3] Merton, R. K., 1941, "Intermarriage and Social Structure: Fact and Theory". *Psychiatry*, 4, pp. 361 – 374.

[4] Kingsley Davis., 1941, "Intermarriage in Caste Societies". *American Anthropologist*, New Series, Vol. 43, No. 3, Part 1, pp. 376 – 395.

[5] Barbara F. Wilson, 1984, "Marriage's Melting Pot". *American Demographics*, pp. 34 – 38.

[6] Linda Y. Wong, 2003, "Why Do Only 5.5% of Black Men Marry White Women?". *International Economic Review*, Vol. 44, No. 3, pp. 803 – 826.

但社会结构同化理论却没有得到证实。① 此外，伯纳德（Bernard, 1966）②、波特菲尔德（Porterfield, 1978）③、罗森费尔德（Rosenfeld, 2005）④ 等学者对资源交换理论提出了挑战，在他们的研究中，该假设并没有被证实，其原因是受教育程度方面具有同类匹配的特点，夫妻之间的教育层级差异并不显著。

（二）关于社会同化（融合）理论方面的研究

社会同化理论认为，移民刚开始进入流入地，与当地居民有着不同的文化习俗和社会经济特征，因此阻碍着不同种族间通婚行为，但随着时间推移，移民掌握当地的语言和文化之后，增加了不同群体之间互相交往的可能性与机会。在这种方式下，通婚就成为同化的一个自然结果，只是不同族群在融合过程所需要的时间长短可能不一样，这又取决于移民与当地族群之间的社会经济文化差异的大小。有研究证实：美国移民的社会融合在不同代际中，所面临的困难类型和难易程度具有明显的不同，第一代移民的社会融合面临的主要问题是经济与文化，因为语言和教育背景的差异，移民同迁入国当地居民之间会存在交流障碍与思想隔阂，而这些差距又会进一步阻碍着移民的职业选择；可是第二代的移民情况就有所变化，他们出生在美国，这一代移民的社会化任务都在美国完成，掌握了当地的语言与生活习俗，与美国主体社会逐渐融合，并且他们在谋职的时候也相对容易，有了更多的发展机遇；到了第三代移民，已经出现了比较常见的族际通婚现象。⑤ "亚文化假说"认为，外来务工人员的观念与行为主要取决于对迁出地文化的保持程度。⑥ 社会同化（融合）理论认为，移民婚前在迁入地居住的时间越长，逐渐适应了流入地的文化习俗，掌握了该族群的语言，因此同当地居民通婚的可能性就会相对较高，而且迁移者作为

---

① Aaron Gullickson, 2006, "Education and Black – White Interracial Marriage". *Demography*, Vol. 43, No. 4, pp. 673 – 689.

② Bernard, J., 1966, "Note on Educational Homogamy in Negro – White and White – Negro Marriages, 1960". *Journal of Marriage and the Family* 28, pp. 274 – 276.

③ Porterfield, E., 1978, "*Black and White Mixed Marriages*". Chicago: Nelson – Hall.

④ Rosenfeld, M. J., 2005, "A Critique of Exchange Theory in Mate Selection". *American Journal of Sociology* 110, pp. 1284 – 1325.

⑤ 马戎：《民族社会学——社会学的族群关系研究》，北京大学出版社2004年版，第104页。

⑥ Swicegood, G. C. et al., 1998, Language Usage and Fertility in the Mexican – orgin Population of the United States. *Demography* 25 (1), pp. 17 – 33.

文化的载体，在接受了流入地的文化之后，又会衍生出一种新的亚文化，并可能将这种文化带回到原流出地，从而对流出地具有一种示范和模范效应，因而改变了流出地的婚姻家庭文化和制度。[1] 结构同化理论认为，外来移民与当地居民在社会经济方面的特征逐渐趋同的过程，也必然会消除二者的婚姻家庭观念与行为方面的差异。[2] 相关研究还表明：美国第二代移民的族内通婚趋势在减弱，而与当地居民通婚的现象在增多，这可以从结构同化理论中找到解释。关于社会同化研究使用的指标中，"族际通婚"是一个备受青睐的指标。道格拉斯·T. 古拉克和约瑟夫·P. 菲茨帕特里克（Douglas T. Gurak and Joseph P. Fitzpatrick, 1982）[3] 认为，"族际通婚"是衡量族群同化与种族社会距离一个很好的指标。戈登（Gordon, 1964）也认为，族际通婚是社会同化研究的一个重要维度（或指标），考虑婚姻的持久性与亲密性，异族通婚也许是比其他任何关系类型更好地被用于测量社会距离和结构同化的指标。[4]

澳大利亚学者，如普赖斯（Price, 1982）[5]、Zubrzycki（1962a）[6]、Zubrzycki（1962b）[7]、格雷（Gray, 1987）[8] 等也把"族际通婚"作为测量同化的一个主要指标。根据布劳、贝克和菲茨帕特里克（1984）的观点，如果不同族际之间通婚比较普遍，就可以大致认为不同族群的社会融合比较好，因为通婚可以代表不同群体或不同阶层之间的亲密关系。[9] 爱德华·E. 特勒斯（Edward E. Telles, 1993）认为，在巴西实际上相对高

---

[1] Massey, Douglas S. and Nancy A. Denton, 1987, "Trends in the Residential Segregation of Blacks, Hispanics, and Asians: 1970 - 1980". *American Sociological Review*, 52, pp. 802 - 825.

[2] Stehpen, E. H. and F. D. Bean, 1992, "Assimilation, Disruption and the Fertility of Mexican - origin Women in the United States". *International Migration Review*, 26 (1), pp. 67 - 88.

[3] Douglas T. Gurak and Joseph P. Fitzpatrick, 1982, "Intermarriage Among Hispanic Ethnic Groups in New York City". *American Journal of Sociology*, Vol. 87, No. 4, pp. 921 - 934.

[4] Gordon, Milton M., 1964, *Assimilation in American Life*. New York: Oxford University Press.

[5] Price, C., 1982, "The Fertility and Marriage Patterns of Australia's Ethnic Groups", Part A, Canberra: Department of Demography, the Australian National University.

[6] Zubrzycki, J., 1962a, "The Use of Inter - marriage Statistics as an Index of Assimilation". *Population Studies*, 16, pp. 58 - 69.

[7] Zubrzycki, J., 1962b, "Immigrant Marriage Patterns in Australia". *Population Studies*, 16, pp. 123 - 33.

[8] Gray, A., 1987, "Intermarriage: Opportunity and Preference". *Population Studies*, 41, pp. 365 - 379.

[9] Blau, P. M., C. Beeker and K. Fitzpatrick, 1984, "Intersecting Social Affiliations and Intermarriage", *Social Forces*, 62, pp. 585 - 606.

的种族通婚率一般可以说明这个社会不存在种族问题。[①] 但也有学者 C. A. 普赖斯和 J. Zubrzycki（1962）对该指标用于测量同化提出质疑，他们认为用"族际通婚"作为测量社会同化指标，其可靠性存在一些问题，因为"通婚"与"同化"是两种有区别的社会现象，而不能混为一谈，他们把"同化"与"融合"进行严格的区分，认为同化是社会融合的高级阶段，同化不仅包括融合的过程，还包括经济联合、社会适应与身体适应等多个方面。[②]

（三）关于社会分层理论方面的研究

社会分层理论研究的主要内容是，某个国家或地区中所有成员在社会经济地位上的流动和分化，表现为各类人群的结构性方面的不平等，并且认为处在不同社会等级或阶层中的成员具有不同的资源和获得社会报酬的机会。[③] 根据一定的标准，可以将处于社会中的人划分为高低不同的等级序列。"分层"一词起源于地理学，原本指地质构造的不同层面，后来社会学家对社会现象的研究，发现人与人、集团与集团之间也存在和地层构造类似的不平等分层结构。[④] "社会分层"概念由此而来。社会分层理论并没有直接研究通婚圈有关问题，而是从不同族群分层的角度来阐释族群之间的通婚现象。根据分层理论的基本假设，不同社会阶层的群体具有不同的资源禀赋，这种由资源的不平等带来社会地位的不平等将会阻碍各阶层成员在日常生活中的交往，因此影响到族群间的通婚状况与发展。在研究通婚时，可以根据夫妻双方所处社会等级序列的匹配特征进行深入具体的分析，布劳、布鲁姆和施瓦茨（Blau, Blum and Schwartz, 1982）[⑤]、布

---

[①] Edward E. Telles, 1993, "Racial Distance and Region in Brazil: Intermarriage in Brazilian Urban Areas". *Latin American Research Review*, Vol. 28, No. 2, pp. 141 – 162.

[②] C. A. Price and J. Zubrzycki, 1962, "The Use of Inter – Marriage Statistics as an Index of Assimilation". *Population Studies*, Vol. 16, No. 1, pp. 58 – 69.

[③] Ian Robertson, 1981, *Sociology*, 2nd Edition, New York: Worth Publishers, Inc., p. 301.

[④] http://baike.baidu.com/link?url = OtewSswDXjK0FRlJuPbjK70syrbN_mEa1wbUT292mBB1igsgMCVDunF4hbx – CeXO.

[⑤] Blau, P. M., Blum, T. C. and Schwartz, J. E., 1982, "Heterogeneity and Intermarriage". *American Sociological Review*, 47, pp. 45 – 62.

劳和施瓦茨（1984）[①]、索思和梅斯纳（South and Messner, 1986）[②] 认为，当讨论异族通婚时需要考虑人口（规模或结构）与社会经济地位的因素。少数民族的人口规模、种族地位、社会经济地位和住宅空间分布情况都会影响到族际通婚的可能性。金斯利·戴维斯（Kingsley Davis, 1941）认为，每个等级社会的基本原则是多数人应该和他（她）们地位等级相同或相近的人结婚，这种原则叫作阶级内婚制，结婚则意味着婚姻当事人及其家庭之间的阶级地位大致是平等的。[③] F. L. Jones 和 Ruud Luijkx（1996）利用教育程度、职业和收入数据对澳大利亚种族通婚研究发现，社会经济的不平等程度限制了不同族群之间的社会交往，社会经济分层限制族外通婚的机会，同时加剧族内婚的趋势。[④] Deanna L. Pagnini 和 S. Philip Morgan（1990）认为，尽管心理距离是影响配偶选择行为的一个因素，但社会距离也是一个非常重要的因素。[⑤] 例如，说英语的能力是社会距离的一个重要方面。Charles Castonguay（1982）认为，男性与女性之间具有相同或相近社会经济特征的婚姻要比具有不同社会特征婚姻更容易发生。[⑥] 切斯特·L. 高特和理查德·W. 科勒（Chester L. Hunt and Richard W. Coller, 1957）对菲律宾人与美国人通婚研究发现，丈夫和妻子之间教育水平差异非常小。[⑦]

大多数婚姻都趋向于选择与自己年龄、民族、受教育程度、居住地、宗教信仰、种族类型、社会阶级等属性相近或类似的异性为配偶。[⑧] 古德

---

[①] Blau, P. M. and Schwartz, J. E., 1984, "Crosscutting Social Circles. Testing a Macrostructural Theory".

[②] South, S. J. and Messner, S. F., 1986, "Structural Determinants of Intergroup Association. Interracial Marriages and Crime". *American Journal of Sociology*. 91, pp. 1409 – 1430.

[③] Kingsley Davis, 1941, "Intermarriage in Caste Societies". *American Anthropologist*, New Series, Vol. 43, No. 3, Part 1, pp. 376 – 395.

[④] F. L. Jones and Ruud Luijkx, 1996, "Post – War Patterns of Intermarriage in Australia: The Mediterranean Experience". *European Sociological Review*, Vol. 12, No. 1, pp. 67 – 86.

[⑤] Deanna L. Pagnini and S. Philip Morgan, 1990, "Intermarriage and Social Distance Among U. S. Immigrants at the Turn of the Century". *American Journal of Sociology*, Vol. 96, No. 2, pp. 405 – 432.

[⑥] Charles Castonguay, 1982, "Intermarriage and Language Shift in Canada, 1971 and 1976". *The Canadian Journal of Sociology*, Cahiers Canadiens de Sociologie, Vol. 7, No. 3, pp. 263 – 277.

[⑦] Chester L. Hunt and Richard W. Coller, 1957, "Intermarriage and Cultural Change: A Study of Philippine – American Marriages". *Social Forces*, Vol. 35, No. 3, pp. 223 – 230.

[⑧] 陈宇鹏：《经商青年择偶标准与行为的实证分析——以义乌为例》，《中国青年研究》2011年第2期。

认为,"一切择偶制度都倾向于同类匹配"①,这与我国传统社会中的"门当户对"原则比较吻合。马戎(1996)对西藏的藏族通婚研究后发现,夫妇结婚时的受教育程度、职业类型以及家庭生活水平也符合趋同性这一规律。②再如,新加坡学者Saw Swee-Hock(2008)在研究新加坡的新郎和新娘的宗教信仰、受教育程度时也得出了这一结论。③韩国学者朴晟榑(Park Song-Yong)在《韩国农村和渔村的通婚圈变迁:四个村庄的个案研究》一文中认为,在全球化的背景下,与外界居民通婚存在的各种障碍正在逐渐消融,当今社会地理距离已经不再是婚姻联盟的主要障碍,全国性和全球性的交通网络日益发达。地理距离、社会经济特征多样化的转变,导致了因社会等级制度而结构化的通婚圈也渐渐被取代,20世纪70年代及以前,韩国居民以两班[文班(文官)、武班(武官)]和常民区分不同身份地位、不同等级之间的通婚比较少见,通常新郎和新娘家庭的社会经济地位和生活条件比较相似。而现代化发展导致了年轻人的"阶级歧视"得以消除,家庭条件富裕的青年也可以和两班阶层居民通婚,韩国人的通婚圈扩大到整个国家乃至国外,不同等级之间通婚也比较常见。④

(四)关于碎片化理论方面的研究

在社会同化理论基础上,一些学者又发展了碎片化理论,认为一个国家或地区的同化过程不可能同步进行,而只有局部地区或部分群体最先实现同化,而其他群体并没有(或没有完全)实现同化,因此出现了碎片化特征。其英文为"Fragmentation",原意指完整一体的东西被破成许多碎块。其实也可以将"碎片化"理解成"多元化"的一种形式,碎片化在本质上是多元化的一个具体体现。根据碎片化理论,新来的移民若与当地居民(或其他移民)具有相同的国籍、民族、宗教、语言、文化等社会属性,那么他们的联系就会比较密切,而与自己具有不同社会经济特征的群体间的联系较为疏松。因此,不同地区或族群之间的同化过程不一

---

① 转引自孙秀艳《青年择偶标准的历史演变和现实思考》,《社会》2002年第4期。
② 马戎:《西藏的人口与社会》,同心出版社1996年版,第118页。
③ [新]Saw Swee-Hock:《新加坡人口研究》,薛学了等译,厦门大学出版社2008年版,第119页。
④ [韩]朴晟榑:《韩国农村和渔村的通婚圈变迁:四个村庄的个案研究》,载瞿明安、施传刚《多样性与变迁:婚姻家庭跨文化研究》,知识产权出版社2011年版,第118页。

样，最终的族际通婚状况和模式也就不可能一样。康斯坦丁（Constantine Panunzio，1942）根据1924—1933年美国洛杉矶种族通婚研究发现：不同种族、不同区域的异族通婚存在明显差异。洛杉矶的墨西哥人（地位较高）、菲律宾人和美国印第安人有很高的异族通婚率，而日本人、华人和黑人的异族通婚率却很低。① 此外，洛杉矶地区比其他区域的异族通婚率也较高。C. A. 普赖斯和J. Zubrzycki（1962）利用澳大利亚1947—1960年的婚姻登记数据分析了移民的通婚后发现，来自不同国家的移民，其通婚模式的变化特征并不相同。② 来自英国的澳大利亚移民，在整个时期的异族通婚率都很高，来自荷兰和波罗的海的异族通婚率呈稳定增加，而来自波兰的移民，异族通婚率却出现了下降。M. 贝林达·图克和克劳迪亚·米切尔·凯南（M. Belinda Tucker and Claudia Mitchell - Kernan，1990）利用1980年美国人口普查5%的抽样调查数据研究认为，美国族际通婚率在不同区域、不同种族和男女之间都存在明显差异，西部地区、男性种族间的通婚率较高，进一步通过Logistic回归分析发现，年纪越轻的人群，族际通婚可能性越大；另外，出生于北部地区和国外的人群更容易与非黑人通婚，主要原因是社会网络控制力量在婚配选择过程中发挥作用。③ 美国族际通婚通常是从国家层次来考察，这显然会掩盖不同种族、地区和性别之间的差异，通婚模式还会随着时间的推移而迅速变化。帕里莫尔·罗伊和伊安·汉密尔顿（Parimal Roy and Ian Hamilton，1997）对澳大利亚第一代和第二代移民的种族通婚模式研究发现也存在明显的代际差异。④

（五）关于异族通婚影响因素研究

国外学者在研究移民与迁入地居民通婚时，大多认为不同文化背景的族际通婚是衡量社会融合的一个很重要的指标。Martin Dribe 和 Christer

---

① Constantine Panunzio, 1942, "Intermarriage in Los Angeles, 1924 – 1933". *American Journal of Sociology*, Vol. 47, No. 5, pp. 690 – 701.

② C. A. Price and J. Zubrzycki, 1962, "Immigrant Marriage Patterns in Australia". *Population Studies*, Vol. 16, No. 2, pp. 123 – 133.

③ M. Belinda Tucker and Claudia Mitchell – Kernan, 1990, "New Trends in Black American Interracial Marriage: The Social Structural Context". *Journal of Marriage and Family*, Vol. 52, No. 1, pp. 209 – 218.

④ Parimal Roy and Ian Hamilton, 1997, "Interethnic Marriage: Identifying the Second Generation in Australia". *International Migration Review*, Vol. 31, No. 1, pp. 128 – 142.

Lundh（2008）根据瑞典的移民研究认为，受教育程度越高、婚前在流入地的生活时间越长、迁入的城市规模越大，移民更有可能同当地居民通婚，并进一步指出：移民通婚与经济融合之间具有很强的正向关系。从就业和收入两个方面看，与当地居民通婚的移民，在就业选择时有更多的机会，同时也有更高的个人以及家庭收入。① 理查德·D. 阿尔巴和里德·M. 戈登（Richard D. Alba and Reid M. Golden, 1986）利用美国1979年的CPS数据对通婚模式的研究发现，影响种族通婚的主要因素包括族群规模、血统类型（单一/混合）和种族关系的融洽程度（种族距离）三个，但出生队列、地理邻近性、宗教等因素也会影响异族通婚。② 德雷斯乐（Drachsler）从人类体质特征出发进行研究发现，不同人种的体格肤色是阻碍他（她）们通婚的主要原因，黑人的族际通婚率低就是其肤色的缘故所致。③ 康斯坦丁（1942）认为，族群的性别结构与文化是影响种族通婚的两个基本因素，当一个族群的性别结构不平衡时，则会促使族内的人群到族外去择偶，但该族群的风俗习惯、宗教信仰等文化特性也会对配偶选择行为产生作用。④ 关于影响通婚的因素，从人口学的角度提出了人口结构理论，该理论认为流动人口（或移民）的婚姻家庭行为会受到本族群的人口规模、婚龄人口性别比以及居住空间的隔离程度三个因素共同影响。一般来说，来自同一个迁出地人口越多，性别比越均衡，居住隔离程度越小，那么同乡婚配的比例就会越大，婚姻的稳定性相应也较好。⑤ 但是，C. A. 普赖斯和 J. Zubrzycki（1962）认为，人口性别结构并不能完全解释通婚模式的变化，还有其他很多社会因素。⑥ 如可以很方便地和来源地居民交流、家乡的民风习俗、迁入地其他族群的接纳程度都会影响异族

---

① Martin Dribe and Christer Lundh, 2008, "Intermarriage and Immigrant Integration in Sweden: An Exploratory Analysis". *Acta Sociologica*, Vol. 51, No. 4, pp. 329 - 354.

② Richard D. Alba and Reid M. Golden, 1986, "Patterns of Ethnic Marriage in the United States". *Social Forces*, Vol. 65, No. 1, pp. 202 - 223.

③ 转引自马月鑫《西安市回坊回族通婚圈研究》，硕士学位论文，陕西师范大学，2011年，第23页。

④ Constantine Panunzio, 1942, "Intermarriage in Los Angeles, 1924 - 1933". *American Journal of Sociology*, Vol. 47, No. 5, pp. 690 - 701.

⑤ Cuttentag, M. and P. Secord, 1983, *Too Many Women: Sex Ratio Question*. Beverly Hill: Sage.

⑥ C. A. Price and J. Zubrzycki, 1962, "The Use of Inter - Marriage Statistics as an Index of Assimilation". *Population Studies*, Vol. 16, No. 1, pp. 58 - 69.

之间的通婚。Ceri Peach（1980）利用美国来自不同国籍的移民，如德国人、斯堪的纳维亚人、爱尔兰人、犹太人和黑人1900年、1930年和1950年的婚姻登记数据都证明：异族通婚程度与种族居住空间分布隔离程度有关。其基本原理是：如果不同族群的居住空间分布存在重叠或混合，那么他们的社会交往机会就会最大化，族群间通婚就会成为一个不可避免的社会交往结果。反之，如果是不同族群的居住空间上呈隔离状态，那么各族群之间互相交往的机会就会最小化，因此，族际通婚率也就较低。[1] Matthijs Kalmijn（1993）也认为，美国自从20世纪60年代以来，不同种族之间互相通婚的比例迅速升高的主要原因，除法律允许不同种族之间通婚外，法利（Farley，1991）[2]、马塞和登顿（Massey and Denton，1987）还发现，这种婚姻的变化趋势与该时期美国主要城市和大都市区的居住隔离程度在不断减弱的趋势有很大的关系。[3] 他们认为，由于居住隔离减弱，白人与黑人在他们居住社区中日常交往机会大大增加，因而通婚现象也会逐渐增多。另外，法利和艾伦（Farley and Allen，1989）认为，随着时间的推移，黑人和白人的职业分布的相似性也促进了族际通婚的增加。[4] 理查德的研究也表明，拥有不同社会经济地位的职业的个体，与族际通婚率的高低也有很强的关系。[5] 一般来说，从事社会经济地位较高职业的个体更倾向于族外通婚。

---

[1] Ceri Peach, 1980, "Ethnic Segregation and Intermarriage". *Annals of the Association of American Geographers*, Vol. 70, No. 3, pp. 47 – 62.

[2] Farley, 1991, "Residential Segregation of Social and Economic Groups among Blacks, 1970 – 1980", pp. 274 – 298, in *Thie Urban Underdass*, Edited by Christopher Jencks and Paul E. Peterson. Washington: The Brookings Institution.

[3] Massey, Douglas S. and Nancy A. Denton, 1987, "Trends in the Residential Segregation of Blacks, Hispanics, and Asians: 1970 – 1980". *American Sociological Review*, 52, pp. 802 – 825.

[4] Farley, Reynolds, and Walter R. Allen, 1989, *The Color Line and the Quality of Life in America*. Oxford University Press.

[5] Richard D. Alba and Reid M. Golden, 1986, "Patterns of Ethnic Marriage in the United States", *Social Forces*, Vol. 65, No. 1, pp. 202 – 223.

（六）关于异族通婚带来的影响研究

1. 对语言发展变化的影响

Charles Castonguay（1982）利用加拿大 1971 年、1976 年人口普查数据分析，认为族际通婚与语言发展变化的关系比较复杂。① 人们一般认为，异族通婚是影响语言变迁的一个基本因素，但实际上二者的关系并不这么简单，到底谁是因谁是果并不能十分明确区分，二者之间具有相互影响和相互作用的关系，非本族群语言的学习促进不同群体相互交流沟通，结婚也因此便成为可能；反过来，不同民族（种族或群体）间的相互通婚也会对语言的发展变迁、使用人群结构、语言地理分布等方面产生影响。但该文的分析结果发现，语言变化可能发生在前，而族际通婚行为在后发生。也就是说，异族通婚可能是语言发展变迁的结果，而不是语言变化的原因。

2. 对生育水平的影响

弗兰克·D. 贝恩等（Frank D. Bean et al., 1978）利用 1965 年美国生育率调查数据，根据 5617 名妇女的宗教信仰、受教育程度和年龄三个方面分析了异质婚姻与非意愿生育率之间的关系，发现宗教异质婚姻容易导致意外怀孕，往往具有更高的非意愿生育率，而受教育程度、年龄方面的异质婚配并没有出现较高的非意愿生育率，所以认为，夫妇间的宗教信仰对其婚姻关系的影响比受教育程度、年龄因素更加明显。② 莱恩沃特（Rainwater, 1965）认为，宗教异质婚姻的非意愿生育率较高的原因可能与异质婚配带来的婚姻关系、性关系紧张而导致的无效避孕行为有关。③ Uriah Zevi Engelman（1940）对德国犹太人研究发现，混合群体间的通婚夫妇几乎没有孩子，1927 年德国平均每两个犹太混合家庭只有一个孩子，这种犹太混合夫妇少育可能与他们的婚龄较高、大多属于自由的、被释放的团体有关。④ 关于人口迁移流动与生育水平之间的关系，国内专家辜胜

---

① Charles Castonguay, 1982, "Intermarriage and Language Shift in Canada, 1971 and 1976", *The Canadian Journal of Sociology*, Cahiers Canadiens de Sociologie, Vol. 7, No. 3, pp. 263–277.

② Frisbie W. Parker, Frank D. Bean and Isaac W. Eberstein, 1978, "Patterns of Martial Instability among Mexican Americans, Blacks, and Anglos", F. D. Bean and W. P. Frisbie eds., *The Demography of Racial and Ethnic Groups*. New York: Academic Press, pp. 143–146.

③ Rainwater, Lee, 1965, "Family Design". Chicago: Aldine.

④ Uriah Zevi Engelman, 1940, "Intermarriage among Jews in Germany, U. S. S. R., and Switzerland". *Jewish Social Studies*, Vol. 2, No. 2, pp. 157–178.

阻和刘传江（2000）根据雷文斯坦1885年提出的人口迁移年龄选择性规律，进一步认为，流入城市的人口大多处于婚育年龄期间，占流动人口总体比例较高，他们流入城市后一方面可以提高城市人口的出生率，另一方面可以降低农村地区的人口出生率，人口迁移流动有助于稳定或提高城市人口自然增长率。① 因此可以认为，人口迁移流动对生育的影响可能因地而异，对不同地区具有的影响并不一致。

### 3. 对婚姻质量的影响

婚姻质量主要指已婚者对自己的配偶、夫妇关系以及由婚姻衍生出来的其他关系的总体感知、态度和看法等。具体每一对夫妇的婚姻质量，就是指他（她）们对自己婚姻的幸福感知和满意程度，关于婚姻关系的调适方式与效果构成婚姻质量的基本理论。布拉德和沃尔夫（Blood and Wolfe, 1960）认为，与同质婚姻相比，异质婚姻的自我满意度评价得分相对较低。②

兰迪斯（Landis, 1949）③、托马斯（Thomas, 1951）④ 根据局部地区数据分析发现，不同宗教间的通婚比宗教内通婚的离婚率更高。Bumpass 和 Sweet（1972）认为，某些特定方面的异质婚姻的不稳定（离婚或分居）的可能性要比同质婚姻高。⑤ Matthijs Kalmijn、Paul M. de Graaf 和 Jacques P. G. Janssen（2005）对 1974—1984 年荷兰不同宗教、不同国籍的族群通婚研究，再次印证了异质婚姻的离婚风险更大的结论，但夫妻双方因为不同国籍对离婚率的影响比不同宗教的影响更加明显。⑥ 这种现象比较容易理解，其原因是不同社会经济特征差异会导致夫妻之间并不能轻而易

---

① 辜胜阻、刘传江：《人口流动与农村城镇化战略管理》，华中理工大学出版社2000年版，第231页。

② Blood, Robert O. Jr. and Donald M. Wolfe, 1960, *Husbands and Wives: The Dynamics of Married Living*. New York: The Free Press.

③ Landis, Judson T., 1949, "Marriages Mixed and Non-mixed Religious Faith". *American Sociological Review*, 14, pp. 401–406.

④ Thomas, J. L., 1951, "The Factor of Religion in the Selection of Mates". *American Sociological Review*, 16, pp. 487–491.

⑤ Bumpass, L. and J. Sweet, 1972, "Differentials in Marital Instability: 1970", *American Sociological Review*, 37, pp. 754–766.

⑥ Matthijs Kalmijn, Paul M. de Graaf and Jacques P. G. Janssen, 2005, "Intermarriage and the Risk of Divorce in the Netherlands: The Effects of Differences in Religion and in Nationality, 1974–1994". *Population Studies*, Vol. 59, No. 1, pp. 71–85.

举地彼此深入理解，大大减少了夫妻一起参加各种社会活动与家务劳动，同时还限制了他们彼此的价值与世界观的认同。

4. 对文化变迁的影响

切斯特·L. 亨特和理查德·W. 科勒（1957）认为，异族通婚可能会对文化产生影响，他们根据菲律宾人与美国人通婚对文化变迁造成的影响进行研究，发现异族通婚是影响文化变迁的一个主要因素。[1] 人是文化的载体，人的迁徙流动会带来文化的传播与扩散，婚姻迁移是一种具有长久性、稳定性的迁移，对文化的影响更为深刻持久。文化反过来也会对婚姻产生作用，首先需要对不同场景中所蕴含的文化价值进行理解，因为来自不同地区，婚姻缔结双方及其家庭在择偶标准和考虑的因素等方面会存在较大差异。

5. 对移民就业的影响

德利亚·弗塔多（Delia Furtado）利用 2000 年美国人口普查数据研究发现，控制了一系列人力资本变量之后，与当地居民结婚的男性移民就业的可能性仍然比较高，其原因是通过婚姻缔结而获得的社会关系在他们找工作过程中起着非常重要的作用，娶迁入地女性为妻子比娶移民为妻子的受教育程度较高，具有稳定的社会关系，可以帮助外来的丈夫寻找更好的工作。

（七）关于通婚模式的研究

Uriah Zevi Engelman（1940）对 1901—1929 年德国犹太人研究发现，他们更倾向于和新教徒通婚（77%），而不愿意和天主教徒联姻（23%）。其原因一是德国总人口中新教徒相对规模较大，二是犹太人的聚居区德国城镇中心新教徒非常多。[2] 克里斯托弗·巴格利（Christopher Bagley, 1972）研究了英国种族通婚模式发现，英国男子更倾向于娶印度或巴基斯坦的女子为妻，其原因可能与这些出生于印度和巴基斯坦的女子大多属于欧洲人种有关。[3] 吉尔伯森等（Gilbertson et al., 1996）使用 1991 年美

---

[1] Chester L. Hunt and Richard W. Coller, 1957, "Intermarriage and Cultural Change: A Study of Philippine - American Marriages". *Social Forces*, Vol. 35, No. 3, pp. 223 - 230.

[2] Uriah Zevi Engelman, 1940, "Intermarriage among Jews in Germany, U. S. S. R. and Switzerland". *Jewish Social Studies*, Vol. 2, No. 2, pp. 157 - 178.

[3] Christopher Bagley, 1972, "Patterns of Inter - Ethnic Marriage in Great Britain. Phylon (1960 - )." Vol. 33, No. 4, pp. 373 - 379.

国婚姻登记数据，分析了来自西班牙的纽约移民的三种通婚模式：第一种模式是与西班牙群体通婚；第二种模式是与西班牙二代移民通婚，他们与非西班牙人通婚的比例非常高；第三种模式是西班牙群体内部的通婚。[①] Hyoung-jin Shin（2011）使用2005—2007年美国社区抽样调查数据分析了来自墨西哥、古巴和多米尼加三个国家的美国移民通婚模式的影响因素发现，来自这三个国家的美国移民和非西班牙白人通婚，都与英语使用的熟练程度、受教育程度呈正相关关系，种族身份认同影响更加明显。[②]

（八）人口迁移与婚姻之间的因果关系研究

国外关于人口迁移流动行为与婚姻之间的因果关系研究主要有两种观点：第一种观点认为，人口迁移流动是婚姻行为的结果，人口只有从一个地区婚嫁到另外一个地区，才能实现流动，尤其是对妇女而言。[③] 该学派把婚姻看作是引起人口迁移流动的一个原因。第二种观点认为，人口迁移流动行为是引起婚姻状态变化的原因，人口迁移流动对婚姻产生了重大的影响作用，而且人口迁移流动对婚姻既有积极影响，也有消极影响。一方面，站在流出地的角度看，帕雷多（Parrado，1998[④]）认为，人口外出流动增加了婚姻的机会与可能性，提前步入婚姻群体之行列，同时外出务工增加家庭经济收入来源，较高的收入可以促进婚姻经费筹备，加速婚姻关系的建立。由于多数流动人口正处于婚恋时期，迁移流动为他（她）们增加了流出地以外的婚姻市场，争取到更多的择偶机会，有利于选择配偶，便利的交通也促进了许多流动人口在城市与乡村之间周期性的往返流动，所以，具备了流出地与流入地的双重婚姻市场，择偶范围扩大，婚姻

---

① Gilbertson, G., Fitzpatrick, J. and Yang, L., 1996, "Hispanic Intermarriage in New York City: New Evidence from 1991", *International Migration Review*, 30 (2), pp. 445 – 459.

② Hyoung-jin Shin, 2011, "Intermarriage Patterns among the Children of Hispanic Immigrants". *Journal of Ethnic and Migration Studies*, 37: 9, pp. 1385 – 1402.

③ Fan and Huang, C., 1998, Waves of Rural Brides: Female Marriage Migration in China. *Annal of the Association of American Geography*, 88, pp. 227 – 251.

④ Parrado, E. A., 1998, Marriage and International Migration: Timing and Ordering of Life Course Transition among Men in Western Mexico. Paper presented at the Seminar on Men, Family Formation, and Reproduction, IUSSP/CENEP, Buenos Ares, May, pp. 13 – 15.

选择机会增加。[1] 另外，Jampaklay（2003）认为，有迁移流动经历的个体在不同地区通婚的可能性更高。[2] 另一方面，有一部分学者站在流入地的角度看，如 Limanonda（1983）[3]、帕雷多（1998）[4]、Chattopadhyay（1999）[5] 等都认为，由于流动人口需要在流入地（迁入地）调整一段时间，并且还可能会面临着经济的压力，导致他们的结婚时间延迟。另外，由于流动人口的相对弱势地位也加剧了他们在流入地寻找配偶的困难程度。

通过对国外文献梳理发现：他们在研究婚姻时主要从种族的角度去研究，并且主要是移民的族际通婚，提出了四个相关的通婚理论，即资源交换理论、社会同化（融合）理论、社会分层理论与碎片化理论，但对移民的地理通婚圈研究成果比较薄弱，关于通婚地域模式的研究也非常有限。关于人口迁移流动与婚姻之间的因果关系，实际上是一个"鸡生蛋，还是蛋生鸡"的问题。二者到底谁因谁果？两种情况都可能存在。一方面，虽然婚姻的缔结会引起人口迁移，但毕竟婚姻不是人口迁移流动的唯一原因，也有可能由于其他原因而流动；另一方面，人口迁移流动也确实会影响到婚姻，既可能对已婚群体的婚姻稳定性造成影响，也可能对未婚群体的择偶行为产生影响。

## 二 国内研究综述

国内学者对通婚圈的研究起步较晚。截至 2014 年 11 月，在中国期刊网（CNKI）上可以查到最早关于通婚圈的研究是《人口学刊》1989 年第 6 期刊登的《农民通婚圈未超出 25 公里》。聚焦于流动人口通婚圈的研究

---

[1] Arre Jampaklay, 2006, How Does Leaves Home Affect Marital Timing? An Event - History Analysis of Migration and Marriage in Nang Rong, Thailand. *Demography*, Vol. 43, No. 4 (Nov., 206), pp. 771 - 725.

[2] Jampaklay, A., 2003, Migration, Marital Timing, and Mate Selection in the Content of Thailand. Ph. D. Dissertation. Department of Sociology, University of North Carolina at the Hill.

[3] Limanonda, B., 1983, Marriage Patterns in Thailand: Rural - Urban Differentials. Unpublished Manuscript. Institute of Population Studies Chulalongkorn University.

[4] Parrado, E. A., 1998, Marriage and International Migration: Timing and Ordering of Life Course Transition among Men in Western Mexico. Paper presented at the Seminar on Men, Family Formation, and Reproduction, IUSSP/CENEP, Buenos Ares, May, pp. 13 - 15.

[5] Chattopadhyay, A., 1999, Marriage and Migration in the Changing Socioeconomic Content of Nang Rong, Thailand. Paper presented at the Meeting of the Population Association of American. New York, March, pp. 25 - 27.

就更晚了，据可查到的文献资料统计发现，最早关于流动人口通婚圈的研究是1992年开始出现的，游正林学者在《社会学研究》1992年第5期发表了《农村妇女远嫁现象研究——河北省香河县外来妇女情况调查》。[①] 自王春光教授（2001）首次提出了"新生代流动人口"[②]以后，与新生代流动人口相关问题逐渐进入了很多研究者的视野，其中对新生代（青年）流动人口婚姻恋爱问题研究最早、最具有代表性的专家是风笑天教授，2006年他在《人口研究》第1期上发表了题为《农村外出打工青年的婚姻与家庭：一个值得重视的研究领域》的论文（风笑天，2006）。[③]

从研究成果的数量上来看不容乐观，这说明学界对此关心不够，早期只有一些零散性的研究，每年公开发表的学术成果相当有限（均在10篇以下）。比较系统的研究主要是在2000年之后，尤其是在最近十年才明显增加。每年在中国知网上公开发表的学术论文数量逐年递增，并在2013年达到了最高峰，全年共发表与"通婚圈"相关的论文45篇，但2014年突然下降（见图1-1）。图1-1的统计结果反映了我国20世纪90年代以来通婚圈研究的数量及分布，其基本特点：第一，以期刊论文为主体，以学位论文为补充，而会议论文和报纸只是零散性研究；第二，1989—2004年，研究成果数量无明显的增长，2005—2014年增长非常明显。进一步对上述文献的研究内容梳理后发现，目前国内关于通婚圈的研究内容主要包括以下几个方面：第一，通婚圈发展变化态势判断；第二，通婚圈变化原因分析；第三，通婚圈变化带来的社会经济影响；第四，人口迁移流动对通婚圈的影响，随着流动人口代际结构的转变，有学者开始专门对新生代流动人口的婚恋问题进行研究；第五，婚姻迁移方向和地域模式的研究。这些研究的地理区域主要局限于部分省区，鲜有全国性的宏观性分析，受国外族际通婚研究的影响，多数研究以民族通婚为切入点进行剖析，缺乏从流动人口最基本的地域转移视角分析。

---

① 游正林：《农村妇女远嫁现象研究——河北省香河县外来妇女情况调查》，《社会学研究》1992年第5期。

② 王春光：《新生代农村人口的社会认同与城乡融合之间的关系》，《社会学研究》2001年第3期。

③ 风笑天：《农村外出打工青年的婚姻与家庭：一个值得重视的研究领域》，《人口研究》2006年第1期。

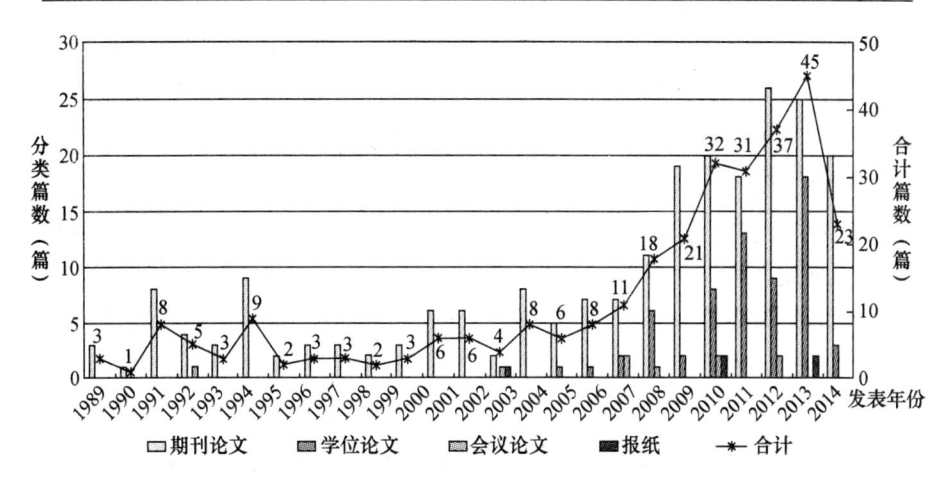

**图 1-1 国内通婚圈研究成果的数量与分布**

资料来源：中国期刊网，http://epub.cnki.net/kns/brief/default_result.aspx。

(一) 通婚圈发展变化态势判断

对通婚圈的变化趋势做出准确的判断和把握具有十分重要的理论意义，因为可以根据通婚圈的发展变化来剖析社会经济现象。就宏观层面而言，通婚圈变化可以反映出社会的流动性以及开放程度；就微观层面来说，通婚圈可以反映出一个人的流动能力及其社会地位变动。[1] 目前，国内学术界对通婚圈发展态势的判断主要存在五种情况：

第一种观点认为，我国居民的通婚圈呈不断扩大的发展趋势。持该观点的代表人物主要有：刘传江（1991）[2]、王金玲（1992）[3]、李富强（2000）[4]、史清华（2001）[5]、谭琳等（2003）[6]、段成荣等（2003）[7]、邓

---

[1] 许传新：《地域扩大与阶层内卷——新生代农民工通婚圈研究》，《中国特色社会主义事业与青少年发展研究报告——第八届中国青少年发展论坛暨中国青少年研究会优秀论文集》，2012年，第72—82页。

[2] 刘传江：《择偶范围与农村通婚圈》，《人口与经济》1991年第4期。

[3] 王金玲：《浙江农民异地联姻新特点》，《社会学研究》1992年第4期。

[4] 李富强：《壮族婚姻文化的变迁：以田林那善屯为例》，《广西民族学院学报》2000年第3期。

[5] 史清华：《浙江省农户家庭婚姻生育及期望研究——来自浙江省三村的调查》，《中国人口科学》2001年第4期。

[6] 谭琳、苏珊·萧特、刘惠：《双重外来者的生活——女性婚姻移民的生活经历分析》，《社会学研究》2003年第2期。

[7] 段成荣等：《北京市海淀区夫妻家庭户口异地家庭调查研究》，《市场与人口分析》2003年第2期。

智平（2004）①等其他专家学者。黄佩芳（2004）对浙江省萧山后坛村的通婚圈研究发现，改革开放后，中国社会经济迅速发展，后坛村通婚圈出现不断扩大的特征。② 20世纪六七十年代，通婚圈大多局限在本村或邻村范围之内，可是八九十年代以后，吸引了大量的外地女性嫁入本村，通婚圈有了明显的扩展。甘品元（2008）认为，改革开放30年以来，我国年轻女性外出务工人数不断增多，以广西的环江毛南族自治县下南乡毛南族L屯为例进行分析，发现毛南族的通婚圈呈扩大的趋势，不仅通婚的地理范围在扩大，而且异族通婚的现象也在不断增加，这有助于更新民族血缘，推动毛南族的发展，但也可能带来本地毛南族男性婚姻挤压的问题。③ 周皓和李丁（2009）利用中国第五次人口普查资料对全国省级通婚圈研究，发现总体上各地的通婚圈都呈扩大的趋势。④ 许传新（2012）从婚恋双方家庭的绝对距离和跨越的行政地域范围来分析，发现新生代农民工的地理通婚圈都呈明显扩大趋势：2000年以前婚恋平均距离为158.4公里，2001—2006年显著扩大到295公里，2007—2011年进一步增长到299公里，接近300公里的通婚范围。⑤ 周旗和杨媛（2012）以关中地区咸阳市正阳镇为例，分析了新中国成立六十周年以来，不同年龄组已婚人群的通婚圈演变特征后发现，随着年龄的降低，通婚圈平均距离由3.13公里扩大到13.11公里，样本总体的平均通婚距离为6.85公里，超过70%的样本通婚距离在7公里以上，可见，关中地区的乡村通婚距离虽有扩大之势，但总体上通婚圈还是比较狭小⑥，远远小于全国25公里⑦的平均通婚距离。在坚持通婚圈呈扩展的观点中，有专家进一步根据地理通婚

---

① 邓智平：《打工妹的婚姻逆迁移研究》，《社会》2004年第3期。

② 黄佩芳：《嬗变中的东部发达地区农村人口性别比例及家庭结构和婚姻圈》，《中华女子学院学报》2004年第2期。

③ 甘品元：《改革开放以来毛南族婚姻行为变化的社会性别解读——以广西环江毛南族自治县下南乡L屯为例》，《第18届中国社会学年会"改革开放30年与女性发展"论坛论文集》，2008年，第118—124页。

④ 周皓、李丁：《我国不同省份通婚圈概况及其历史变化——将人口学引入通婚圈研究》，《开放时代》2009年第7期。

⑤ 许传新：《地域扩大与阶层内卷——新生代农民工通婚圈研究》，《中国特色社会主义事业与青少年发展研究报告——第八届中国青少年发展论坛暨中国青少年研究会优秀论文集》，2012年，第72—82页。

⑥ 周旗、杨媛：《关中地区乡村通婚圈60年演变研究——以咸阳正阳镇为例》，《宝鸡文理学院学报》（社会科学版）2012年第1期。

⑦ 汪庆希：《近村通婚害处大》，《农家参谋》2001年第3期。

圈的扩展形态将其分为"嵌入式"扩展和"触须式"扩展，前者指通婚圈的扩展具有一定延续的特征，不同圈层之间具有相互连接的特点，随着通婚圈的扩大，传统社会的地域封闭格局被逐渐打破，如同社会之"轮"上新生了很多"齿"一样不断向外延伸；而后者则指随着我国外出务工经济与旅游业发展等新的社会经济活动出现，导致通婚圈并没有严格按照"圈层"的结构向外展延，而是不规则的散点分布于全国范围。总之，在出现通婚圈由"村内通婚"向"村外通婚"的急剧转变过程中，呈现了一种文化齿轮与文化触须的形态学特征。① 有的研究根据夫妇双方的出生地行政区划来定义和测量通婚圈，发现广东省省内婚姻占九成以上，其中又以同县和同乡镇范围内通婚为主，而且随着时代的发展，农村的通婚圈出现了扩大的趋势。具体表现为同村婚姻大幅度降低，而省内跨市、跨省通婚的比例成倍增多，70年代及以后出生的一代与70年代前一代之间具有显著的差异。② 随着农村青年外出务工的增加，正值婚龄期青年群体的择偶观念和方式也正在发生变化，一部分农村青年依靠外出务工这种方式来择偶，由于业缘关系，他们将可能接触来自不同地方的异性朋友，导致择偶范围扩大，出现了不同省份甚至不同地区的婚姻组合。③ 随着流动人口交际圈的迅速扩展，通婚圈也在不断扩大。

第二种观点认为，通婚圈在不断趋于缩小和内卷化。其主要代表学者包括邱泽奇和丁浩（1991）对湖北省麻城市王福店乡三个村356对已婚夫妻的婚嫁距离调查，发现通婚半径在7.5公里以下的占绝大多数，其中5公里以下的占了近60%，近距离通婚中的本村内通婚又占了较高的比例。④ 随年龄的降低，近距离通婚现象在加强，即通婚圈在不断缩小。吴重庆（1999）对莆田孙村的通婚圈研究也得出类似的结论，从孙村的通婚圈情况来看，通婚平均距离由解放前的6.2公里缩减到解放后至1982年的4.2公里，再到当前的2.5公里，婚嫁距离不断缩短，通婚圈缩小的

---

① 朱炳祥：《民族文化转型的形态学特征——以摩哈直彝族村和周城白族村的通婚圈为例》，《社会转型与文化转型——人类学高级论坛》，2012年，第113—127页。
② 王世斌：《南方农村婚姻家庭变动的代际比较》，《人口与社会》2014年第3期。
③ 张红霞：《传统与现代：外出务工经历对农村青年的影响——外出务工农村青年的个案调查》，《河北旅游职业学院学报》2014年第2期。
④ 邱泽奇、丁浩：《农村婚嫁流动》，《社会学研究》1991年第3期。

趋势非常明显。① 其他学者，如新山（2000）于1997年2月将鲁中山区康村775人中的260名已婚妇女1923—1997年间的通婚圈变化分为三个时期：新中国成立前（1923—1949年）时期、改革前（1950—1981年）时期、改革后（1982—1997年）时期，康村各个时期的平均通婚距离分别为2.8公里、3.3公里和1.9公里。通过进一步分析发现，在我国农村经济体制改革之后，由于城镇化与工业化进程打破了改革之前的社会均质状态，从而导致了村落经济发展的空间不平衡，而农村的经营方式转变以及初级市场圈的复兴对通婚圈都产生了一定影响，导致该村的通婚圈出现了快速缩小、婚嫁距离明显缩短、通婚区域内卷化、与外部通婚的村落减少，导致婚入与婚出不对称。② 王跃生（2006）③、周丽娜等（2006）④ 学者也持同样的观点。周丽娜以西北地区的一个村落为例分析发现，改革开放以来，随着我国现代化与社会流动的发展，农村流动人口规模急剧增加，农村社会结构发生了重大的变化，但这些变化对农村的择偶地域范围影响不大，尽管从总体上看通婚圈在趋于扩大，可是，在很多农村地区却出现了内卷与缩小的迹象，许多农村地区的同村择偶现象还比较普遍，该村1978—2005年的通婚圈变化如下：1978年以前结婚的89对夫妻，平均通婚距离为5.9公里，3对村内联姻；1978—1992年结婚的41对夫妻，平均通婚距离为4.3公里，5对村内联姻；1992—2005年结婚的37对夫妻，平均通婚距离为3.1公里，9对村内联姻，从中可以明显看出通婚圈在缩小的痕迹。李爱芹（2009）以徐州市青年农民工为例研究发现，外出务工并没有促进通婚圈扩大，他们虽然暂时脱离了世代延续的农村生活场域，进入城市寻找工作，但是，他们在城市里的社会交往范围非常狭窄，择偶的范围仍然受到极大的限制。⑤ 她的调查资料显示，青年农民工（18—35岁）中有38%的群体愿意选择与自己在同一城市务工的老乡结

---

① 吴重庆：《社会变迁与通婚地域的伸缩——莆田孙村通婚地域调查》，《开放时代》1999年第4期。
② 新山：《婚嫁格局变动与乡村发展——以康村通婚圈为例》，《人口学刊》2000年第1期。
③ 王跃生：《社会变迁与婚姻家庭变动——20世纪30—90年代的冀南农村》，生活·读书·新知三联书店2006年版，第125页。
④ 周丽娜、王忠武：《值得关注的农村通婚圈缩小》，《新疆社会科学》2006年第5期。
⑤ 李爱芹：《青年农民工择偶观念与行为的实证分析——以徐州市青年农民工为例》，《河北青年管理干部学院学报》2009年第3期。

婚，31.4%的选择没有外出流动或者是在其他城市打工的老乡，外出后仍然选择老乡作为择偶对象的比例合计约为70%，只有13.61%的青年农民工选择在同一个城市务工相互结识的外地人结婚，而选择与当前城市里的人结婚的比例不到10%。他们的择偶心理正处于与自身身份被边缘化一样的困境，在城市难以找到自己渴望的爱情与婚姻，回农村又找不到符合自己择偶标准的配偶，处在一种进退为难的尴尬位置，青年农民工通婚圈受限制主要原因在于他们的择偶范围仍然以血缘或地缘为基础。石林和罗康隆（2006）对苗族婚姻的演变历程研究认为，通婚圈变得越来越小，通婚圈缩小势必会影响到人口素质的发展。[①] 卢春梅和高发元（2012）根据贵州威宁彝族"果"支系的通婚圈变迁趋势研究发现，该彝族支系的通婚圈在过去20年出现了缩小的趋势，并且越来越多的女性倾向于在本村民小组择偶，在威宁其他"果"支系聚居区也存在类似的现象，导致通婚圈内卷的原因主要有三个：一个民族的集体意识和族群认同程度、国家有关土地改革、计划生育等政策和教育发展水平。最近，有专家研究发现大城市通婚距离也出现了缩短的趋势。[②] 北京一直是一个高度开放的特大城市，反映在通婚圈上就是跨省、跨市婚配现象非常普遍，自新中国成立以来北京各个时期的跨省区通婚比重都是国内比较高的，可是，自2004年以来北京跨省通婚的比重变化并不明显，基本维持在50%的水平波动，通过进一步的量化分析表明，不论是京外人口，还是跨地区通婚夫妇的原籍之间的距离，以及京外并且原籍不同夫妇的"探亲"距离在时序上都表现出逐渐缩短的趋势。[③]

第三种观点认为，我国的通婚圈并没有发生明显的波动变化。主要代表人物有雷洁琼、满永等。近距离通婚一直是我国比较普遍存在的现象，20%的通婚圈在1公里以内，60%的通婚圈在1—5公里以内，而且各年龄组的地理通婚圈差异不大，由此可知，我国通婚圈地域范围变化不是特

---

[①] 石林、罗康隆：《草苗的通婚圈和阶层婚姻研究》，《广西民族大学学报》（哲学社会科学版）2006年第6期。

[②] 卢春梅、高发元：《贵州威宁彝族"果"支系通婚圈变迁趋势研究》，《思想战线》2012年第4期。

[③] 高颖、祝维龙：《为爱需要走多远？——依据北京市今年数据对通婚距离变动情况的估算和分析》，《人口与发展》2014年第4期。

别明显。① 再如，满永（2005）通过对安徽省北部 M 村适龄男性的婚姻形成过程研究也认为，我国自改革开放以来，尽管大量农村劳动力由农村向城市流动，但并没有从根本上改变农村青年的通婚圈，所带来的变化主要是促使婚姻关系形成的"中间人"发生了变化。②

第四种观点认为，通婚圈在横向的空间层面上呈现扩大与内卷并存的局面。韦美神（2008）认为，我国农村地域辽阔，情况比较复杂，除通婚圈存在缩小、扩大和变化不大之外，还存在通婚圈"内卷"和"扩大"共存的现象。③ 她以广西田东县一个瑶族村落为例，分析了该村 1985—2007 年的通婚圈变化，发现在偏远的少数民族地区，由于人们的交际范围比较小，通常在方圆几十公里，这种狭小的交际圈形成的通婚圈也比较狭隘，但是，在打工潮出现以后，该村的通婚圈在通婚地域、通婚距离和通婚族群范围三个方面都发生了显著的变化。首先，在地域方面出现了屯内联姻迅速增长的"内卷化"趋势的同时，跨乡镇、跨县、跨省联姻的"扩大化"特征也非常明显；其次，在通婚距离方面，远距离通婚逐渐增多，出现通婚距离的扩大化；最后，在通婚族群关系方面，在以族内婚为主保持不变的前提下，族外婚也不断凸显出来。综合地看，可以将其归结为内卷与扩大并存的特点。李长印（2012）对河南省一个村 1985—1987 年出生的女性青年通婚圈进行研究后也认为，改革开放之后，随着农村青年的择偶观念与行为的变化，通婚圈出现了内卷与扩展两级分化的趋势，内卷的标志就是村内联姻现象增多。④ 有研究认为，男性与女性的通婚圈变化趋势不一致。如李文纲（2012）对我国两个佤族村落的通婚圈研究发现，在偏远的佤族村落中，传统地理通婚圈主要是以村内为主的近距离通婚，其通婚范围十分狭小，大致以村落为中心向外辐射 5—10 公里的范围，传统的等级通婚圈主要是以民族内部为主，很少与周边居住的其他民

---

① 雷洁琼等：《改革以来中国农村婚姻家庭的新变化》，北京大学出版社 1994 年版，第 187 页。

② 满永：《关系圈与婚姻圈：当代乡土中国的婚姻形成》，《洛阳师范学院学报》2005 年第 1 期。

③ 韦美神：《内卷与扩大：外出务工对瑶族通婚圈的影响——以广西田东县 L 屯为例》，《广西民族大学学报》（哲学社会科学版）2008 年第 6 期。

④ 李长印：《当代农村青年村内通婚现象调查》，《沈阳农业大学学报》（社会科学版）2012 年第 4 期。

族（傣族、汉族等）之间通婚，即使有也是为了政治需要。[①] 改革开放以后，在人口流动日益活跃的社会背景下，大量佤族女性外出务工并外嫁，导致了女性通婚圈的扩张，由于人口性别结构的不平衡，造成了佤族男性的婚姻挤压问题，虽然也有男性外出打工，但是，对于佤族男性流动人口而言，他们在外出过程中只有极少数能够在流入地成功地找到结婚对象，绝大多数很无奈地回到了家乡寻找配偶，结果不但没有促成通婚圈的扩展，反而导致通婚圈内卷化，具体表现在两个方面：同姓婚增多与婚龄差扩大，而同姓结婚是佤族婚姻习俗的大忌。余练（2013）以皖中大鼓村通婚圈的结构变迁与农民分化之间的关系为例研究发现，当地的通婚圈出现了内卷与扩大并存的双重趋势，其发生机制在于彩礼性质的变化，使得不同收入阶层的农民将其择偶目光投向相应的阶层。[②]

第五种观点认为，通婚圈在纵向的时间维度上也出现了扩大与缩小并存的特征。孙燕（2009）以广东省花都区华侨农场为例，分析了该农场在1955—2007年的通婚圈变化特征后，认为在这50多年的变化中，通婚圈具体可以分为农场内部通婚主导期、农场外部通婚主导期和萎缩期三个历史阶段，据此发现通婚圈的变化趋势并不是恒定不变的，而是扩大—缩小—不变，不断交替出现的波动变化。[③] 马占斌（2014）以山东省马家村为例，分析1885—1945年不同时段历史资料发现，通婚圈具有内敛与外扩的特征，在1885—1910年的26个外来媳妇中，娘家距离在2里以内（"同片区"）的有10人（38.5%），2.5—4.5里（"内圈"）的有3人（11.5%），5—9.5里（"中圈"）的有8人（30.8%），10里及以上（"外圈"）的有5人（19.2%）；1911—1926年（国民党建立政权）期间马家村的37个外来媳妇中，娘家距离在2里以内的有8人（21.6%），2.5—4.5里的有3人（8.1%），5—9.5里的有20人（54.1%），10里及以上的有6人（16.2%）；1927—1945年（北伐战争至土改前）期间马家村的41个外来媳妇中，娘家距离在2里以内的有13人（31.7%），2.5—4.5里的有9人（22%），5—9.5里的有16人（39%），10里及以上的有

---

① 李文纲：《内卷与扩张：当代佤族通婚圈变化及其对佤族社会的影响研究》，《思茅师范高等专科学校学报》2012年第4期。
② 余练：《农民分化与通婚结构变迁——基于皖中大鼓村婚姻市场的考察》，《华中科技大学学报》（社会科学版）2013年第1期。
③ 孙燕：《广东花都华侨农场通婚圈的田野调查》，《八桂侨刊》2009年第1期。

3人（7.3%）。① 由此可见，外圈比例在不断减少，逐渐向中圈和内圈转移，通婚圈表现为内向收敛。另外，由于城市工商业发展，农村居民逐渐迁往城市，传统的地域通婚圈逐渐被打破，通婚圈由原来7—8里迅速扩展到百里甚至千里之外。

  关于我国通婚圈发展变化态势判断差异原因不同学者有不同看法。唐利平（2005）把造成上述观点差异的原因归结为，研究者的调查时间点（段）不同，调查地点（区域）的选择不同，甚至是调查角度的不同等，都可能会影响到最后研究结论。② 当前关于通婚圈的研究仅仅是一些小规模的非随机抽样调查，具有一定的典型性但不足以推论总体，研究结果也只能说明某个局部的状况和特征。同时，其他学者认为，导致这一现象的原因不仅如此，还有其他因素，如吕德文（2005）认为，目前关于通婚圈变化态势判断结论不一致的主要原因在于，学者们混淆了两种形式的通婚圈扩展。③ 通婚圈扩展存在两种最基本的演变形式：其一，在原有通婚半径上的自然延伸，具有连续扩展特征；其二，与原有通婚圈之间没有连续性，呈散点状的断裂式扩展。前一种情况，通常会因人类学田野调查的时间与地点的选择不同而有所不同，两个没有可比性的个案当然不存在矛盾的问题；后一种情况，通常是经济学或社会学的宏观研究结果，而从宏观层面来看，随着人口流动的常态化发展，乡村通婚半径扩大是必然的趋势，也就是说，村庄通婚距离的扩大与传统通婚圈的缩小是同时并存的，这种看似矛盾的研究结果在村庄语境下其实并不矛盾。孙燕（2009）还认为，造成通婚圈发展态势判断不一致的原因，不仅像唐利平认为的那样，研究对象、研究层次与方法的不同所致，其根本原因在于通婚圈本身是多种因素的综合产物。④ 影响通婚圈变化的因素，诸如择偶标准、经济变迁等因素本身就具有较大的不稳定性，所以，随时代变化的特征比较明显。

  （二）通婚圈变化原因分析

  国内学者和国外学者对中国通婚圈变化原因分析主要从社会制度、社

---

① 马占斌：《内宗外姻——从胶东马家村姻亲网络看清末以来乡村社会的嬗变》，广西师范大学出版社2014年版，第36页。
② 唐利平：《人类学和社会学视野下的通婚圈研究》，《开放时代》2005年第2期。
③ 吕德文：《婚姻形式与村庄性质——转型期乡村婚姻形式的一项考察》，《文史博览》2005年第12期。
④ 孙燕：《广东花都华侨农场通婚圈的田野调查》，《八桂侨刊》2009年第1期。

会资本、经济发展、择偶方式与婚姻观念现代化、生活方式转变、婚龄人口性别结构、自然地理环境等方面进行解释。

从经济因素来看，经济基础决定上层建筑。通婚圈的发展变化必然受到经济发展水平的制约，尤其是在我国经济体制转轨以后的现代社会中更为明显。日本学者冈田谦根据中国台湾北部的研究提出了通婚圈、祭祀圈与经济交往圈的概念，并发现通婚圈与经济交往圈和祭祀圈之间存在重叠的现象。此后，美国人类学家 G. 威廉·施坚雅（G. William Skinner, 1998）① 利用1949 年11 月13 日至1950 年1 月15 日在四川省的实地调查资料，对我国四川省成都市东郊高店子村的市场与社会结构进行研究，在《亚洲研究》连续发表三篇文章②，正式提出了"市场体系"理论。他认为，中国农村地区的市场体系可以分为三个层次：

第一层是基层市场，主要功能是为其下属的区域提供商品或农产品交易的场所，农村剩余产品或者日常生活用品可以在这里出售或购买，这是市场体系的最低一层（相当于农村地区的集市，在特定的时间和地点实现交换）。

第二层是中心市场，通常处在商品流通网络的节点位置，具有商品批发功能，一方面接收商品并发配到下属或附近的区域，另一方面也收集地方产品并输往其他中心市场或者高一级都市中心，"中心市场"所在地一般为集镇。

第三层是中间市场，这是最高一级的市场，不仅只有商品，还包括劳务在垂直流动中的中间位置。同时，"市场体系"理论还认为，市场圈等同于社交圈，地理通婚圈与基层的初级市场比较一致，人们一般从市场中搜寻自己理想的配偶。

此后，英国人类学家莫里斯·弗里德曼（Mauruice Freedman）的研究也支持施坚雅的市场体系观点。③ 但也有学者对施坚雅的理论做了修改补充，认为社会上层阶级的家庭以及同族通婚的少数民族可能有所不同，

---

① 施坚雅：《中国农村的市场和社会结构》，史建云、徐秀丽译，中国社会科学出版社1998 年版，第136 页。

② G. William Skinner, Marketing and Social Structure in Rural China, Parts I, II and III, *Journal of Asian Studies* 24, 1 (Nov. 1964): 3 – 44, 24, 2 (Feb. 1965): 195 – 228, 24, 3 (May 1965): 363 – 399.

③ 转引自何生海、王晓磊《论西部农村婚姻圈的广延性与内卷化——基于西部 G 村为考察对象》，《内蒙古民族大学学报》（社会科学版）2013 年第3 期。

他们将从初级市场辐射范围之外去寻找配偶。甚至有学者还对该理论提出了质疑，认为婚姻圈以自然村为中心，婚姻圈独立于集市圈，二者有不同的发展变化规律。[1]

杨彦杰（1996）考察了永平乡的地理通婚圈时也发现通婚圈与经济圈是一致的现象。[2] 王铭铭根据福建省晋江县塘东村与安溪县美法村的族谱田野调查资料分析，发现通婚圈与祭祀圈、市场圈存在一定的相关性，通婚圈的地理分布大致与人文经济圈对称、与祭祀圈范围一致。杜赞奇（Duara Prasenjit）（1995）对满铁1940—1942年的调查资料分析发现，通婚圈与市场圈只有部分重合，毕竟通婚圈有着自己独立的地域中心，通婚圈与文化圈的联系更为密切。[3]

国内也有其他学者的相关研究支持通婚圈与市场圈不完全重合的理论，周贤润和杨达（2010）据黔中安顺地区屯堡族的实际调研资料研究发现，虽然通婚圈与市场圈存在一定的重合关系，但是，在以村内通婚为中心而形成的"核心圈"、"中层圈"中，虽然存在多个贸易集市场所，可是通婚的地域范围要远远大于集市辐射的范围，据此推断通婚圈一般要大于市场圈的结论。两者之间是一种包含与被包含的关系，假设集合M＝市场圈，集合I＝通婚圈，则有M⊂I的关系（市场圈包含于通婚圈），他们还认为，即使通婚圈包含于市场圈（I⊂M）的范围之内，也有理由相信初级市场中心也不一定是婚姻关系确立的地方，在屯堡族中，市场圈与通婚圈有一定的关系，但并不是通婚圈的形成中心，实际上，每个村庄都以本村作为自己的通婚圈中心。[4]

郭云涛（2003）对江西省的一个宗族村落的日常生活空间进行研究发现，该村虽然在明代以前，其集市贸易圈、通婚圈与祭祀圈三者所辐射的地理范围基本重叠，并且相互影响，因而导致该村落的日常生活空间十分稳定，可是到了清代以后，随着东南山区的开发以及交往中心的转移，使得集市贸易圈子也相应地发生了南移，结果导致了通婚圈与基层市场圈

---

[1] 马占斌：《内宗外姻——从胶东马家村姻亲网络看清末以来乡村社会的嬗变》，广西师范大学出版社2014年版，第126页。

[2] 杨彦杰：《闽西客家宗族社会研究》，《国际客家学会》1996年第3期。

[3] ［美］杜赞奇：《文化、权力与国家：1900—1942年的华北农村》，王福明译，江苏人民出版社1995年版，第114页。

[4] 周贤润、杨达：《屯堡族群通婚圈的社会人类学考察》，《人口·社会·法制研究》2010年第1期。

子的偏移,这说明市场体系理论对通婚圈的解释力度是有限的,并进一步推论市场确实是人们日常交往的活动空间,但通婚是人们另外一种交往方式,这两种交往活动之间会产生影响,但非必然,各种交往活动都具备自己独立的活动空间。[1]

另有研究发现,较富裕的村庄同村婚嫁比例在增高,她们不愿意远嫁到经济条件较差的地方。[2] 霍宏伟(2002)对山东省某村的通婚圈研究,发现该村在近五十年通婚圈一直呈比较狭小的状态,其平均通婚距离一直在十华里的范围之内,并认为村落人口规模较大和经济富裕的女孩不愿意外嫁是导致通婚圈狭小的重要原因,但随着时代的发展,经济因素影响力在减弱,非经济因素的影响在加强。[3]

唐利平(2005)认为,影响通婚圈发展变迁的因素主要包括社会制度和经济因素两大类,但这两类因素在不同地区的影响效果和程度并不完全一致,经济条件相对较好地区的女性不愿嫁到经济条件差的地方。[4] 马宗保和高永久(2005)对宁夏回族自治区一个回族村落的地理通婚圈研究也得出类似的结论,该村落内部通婚比例较高的一个主要原因是该村的经济发展水平高于周边地区,导致村里人不愿把女儿外嫁到经济条件较差的地方。[5] 郭显超(2013)认为,农民工的收入对其择偶范围也有影响,收入越低的农民工越倾向于在本乡范围以内找配偶,在城市发展的可能性小。[6] 从以上研究成果可以看出,通婚圈的形成及其变化与经济、文化因素有着密切的关系,但社会政策制度也可能是引致通婚圈变迁的另一个因素。

从社会制度因素看,曹锦清等(2001)认为,户籍管理制度的改革与松弛有利于人口外出流动,人口迁移流动空间的扩大相应地促使了婚配对象选择的空间的扩大。[7] 谭琳等(2003)认为,我国自改革开放以来,

---

[1] 郭云涛:《明清时期一个宗族村落的日常生活空间及其嬗变——以江西省永丰县层山村为中心的个案研究》,硕士学位论文,广西师范大学,2003年,第106页。
[2] 曹锦清等:《当代浙北乡村的社会文化变迁》,上海远东出版社2001年版,第136页。
[3] 霍宏伟:《我国北方一个农庄的婚姻圈研究》,《社会》2002年第12期。
[4] 唐利平:《人类学和社会学视野下的通婚圈研究》,《开放时代》2005年第2期。
[5] 马宗保、高永久:《乡村回族婚姻中的聘礼与通婚圈——以宁夏南部单家集村为例》,《民族研究》2005年第1期。
[6] 郭显超:《青年农民工的社会资本对择偶模式的影响研究》,博士学位论文,西南财经大学,2013年,第10页。
[7] 曹锦清等:《当代浙北乡村的社会文化变迁》,上海远东出版社2001年版,第104页。

由于户籍制度的松动与经济快速发展，婚姻观念和生活方式的改变，特别是户籍制度的松动导致了女性婚姻迁移的距离大幅度增加，嫁到不同县市甚至外省的女性越来越普遍。① 除了户籍制度，计划生育政策也具有重要的影响，但与户籍制度改革对通婚圈影响方向不同，计划生育政策尤其是"一孩政策"的实施，使独生子女比例明显增高，这将会阻碍通婚圈的扩张。在我国农村地区，主要依靠家庭养老，农村户均人口不断减少，父母希望近距离通婚来补充家庭养老资源。所以，计划生育政策在一定程度上阻碍了通婚圈的扩展，而且这种影响力的持续时间会比较长久。② 徐红（2008）对我国早期居民通婚地域研究认为，社会关系愈益宽广，婚姻的选择机会也就越多，不仅本人的通婚圈在逐步扩大，而且其家族的通婚地域也在扩大。③ 黄润柏（2010）以我国壮族为例分析发现，影响壮族通婚圈的主要因素包括户籍制度、经济发展水平和社会交往圈子三个方面，自20世纪80年代中期以来，伴随我国城镇化的快速发展，青年男女外出务工经商的人数逐年递增，壮族的社会流动日益加速，传统社会的封闭体系逐渐走向衰落瓦解，人们交往范围脱离了熟人圈子的约束，婚姻迁移也逐渐打破了民族与地域的限制，从而带动了壮族传统通婚圈的变迁，通婚的空间距离迅速扩大、族际通婚的现象也逐渐增多。④ 传统社会，壮族受地理环境、交通条件和经济发展水平的限制，很少在地理空间上做长距离的迁徙流动，其社会交往以血缘和地缘关系为纽带，通婚圈趋于封闭而且相对稳定，大致以当地村落为中心，在相距10公里范围以内通婚，少数人在延伸至10—20公里范围内，只有极少数人超过20公里的范围。人们在择偶结亲时必须对空间距离加以考虑，大多数人以半天之内可以到达对方家庭的距离为宜（即在一天的时间内返回）。由此可见，不同的社会政策对通婚圈的影响，不仅在程度上可能存在一定的差异，而且在影响的方向上也不一致，当多种政策共同作用时，最终的变化方向则取决于影响程度较大的那一个政策。

---

① 谭琳、苏珊·萧特、刘惠：《双重外来者的生活——女性婚姻移民的生活经历分析》，《社会学研究》2003年第2期。
② 唐利平：《人类学和社会学视野下的通婚圈研究》，《开放时代》2005年第2期。
③ 徐红：《北宋进士的交游圈对其家族通婚地域的影响》，《史学月刊》2008年第12期。
④ 黄润柏：《村落视野下壮族通婚圈的嬗变——壮族婚姻家庭研究之一》，《广西民族研究》2010年第4期。

从社会资本因素看，武向征（2012）运用社会资本理论对豫北 L 村的通婚圈研究后发现，具有不同社会资本存量的家庭所形成的通婚圈具有明显的差异，家庭的社会资本拥有量对通婚圈大小、质量具均有正向影响作用：社会资本丰富的家庭，通婚圈的形成途径呈现多样化的特征，通婚的地理范围较大，通婚圈的质量（通婚圈中蕴含的社会资本存量）也较高；而社会资本比较缺乏的家庭，通婚地理范围最小，通婚圈质量也较差，但不管家庭的社会资本拥有量如何，每个家庭中都有一个特殊的子女，其地理通婚圈很小，通常在本村落或者相邻村落范围内，其原因是在社会保障制度不健全的农村地区，"养儿防老"依然是农村居民最可靠的养老方式，这主要是基于家庭养老资源的整合而做出的一种理性选择，父母希望自己的女儿婚嫁距离较近，以方便女儿回娘家探亲、慰问等。[①]

从人口学角度看，性别属性是人类最基本、最直观和最稳定的自然构成。它不但直接影响婚姻、家庭和生育行为，同时也与人口再生产、迁移流动等存在着密切的联系。[②] 自古以来，人类婚姻就需要男性与女性的自然结合（尽管在现代社会中，部分国家或地区[③]的"同性婚姻"已经合法化，但那类婚姻毕竟难以成为人类婚姻的主流），所以通婚圈的变迁不可能离开性别结构。就局部地区通婚圈而言，通婚圈的扩展动力主要是由于某一地区适婚年龄的男女人口数量不平衡造成的，而适婚男女数量的平衡与否又与出生人口性别比密切相关，所以，出生人口性别比与通婚圈演变之间存在间接的联系。20 世纪 80 年代以来，我国出生人口性别比（SRB）偏高已成为不可否认的事实，局部地区的性别比甚至还出现了异常偏高的现象。21 世纪以来，我国部分省区的出生性别比已经达到了重度失衡的状况，SRB 超过了 130 的水平，如 2005 年江西省、陕西省和安徽省的出生性别比都在 130 以上。[④] 出生性别比不平衡会进一步引发婚姻

---

① 武向征：《对豫北 L 村通婚圈的研究——基于社会资本理论的视角》，硕士学位论文，华中师范大学，2012 年，第 18 页。

② 戴波：《转型与嬗变中的都市少数民族人口——以昆明市为例》，民族出版社 2011 年版，第 125 页。

③ 目前世界上同性恋婚姻合法化的国家主要分布在欧洲，如荷兰、瑞典、丹麦、挪威、比利时、德国、法国、西班牙的部分地区等；北美洲的加拿大，亚洲国家现在还没有将同性恋婚姻合法化。

④ 杨菊华、宋月萍等：《生育政策与出生性别比》，社会科学文献出版社 2009 年版，第 110 页。

挤压问题，在我国主要表现为男性的"婚姻挤压"。刘爽教授（2009）认为，婚姻挤压可能会导致更多的"异质性"婚姻，进而影响婚姻的稳定性。这里的"异质性"可以从不同维度去理解，泛指夫妻双方差异扩大。① 就夫妻双方居住地的匹配特点而言，地理方面的"异质性"主要表现为通婚距离和范围的扩大。周启昌（1993）对江苏省南京市远郊区的工人镇20世纪50—70年代的地理通婚圈进行研究后发现，村内婚的比例不断下降，其中一个主要原因是该镇的总人口性别比偏高（1990年总人口性别比达到127），导致男性青年在本镇找对象十分困难，迫使他们不得不到附近的村镇去择偶，而旁边村镇的男性必然又要到更远的村落去择偶以填补他们所"空缺"的女性，通过这样连锁反应而促进通婚圈不断地向外层层外延。② 婚龄人口的性别比与出生人口性别比密切相关。因此，出生人口性别结构失衡也可能是导致通婚圈的扩大一个主要因素。郭永昌和丁金宏（2013）对我国跨省通婚的空间选择进行分析发现，人口性别结构对省际婚姻迁移具有显著的正向影响，性别比越高的地区，婚姻迁移的可能性也越大，性别比和婚姻市场之间存在直接的关联性。③ 其实，国外这方面也有相关研究成果，国外学者认为，一个族群的人口规模和结构都会对异族通婚产生影响。当一个地区的男女比例失衡时，将会刺激那些在本地区找不到婚配对象的人群到更远的地区去寻找配偶，因此促进了跨地区通婚现象的增加。

  从地理因素来看，地理环境是通婚圈形成的前提基础。我国大部分农村地区处于资源匮乏，交通条件不畅的落后贫困山区，这些地方的青年择偶范围必然受这种客观的地理局限所困。赵喜顺（1991）认为，双方家庭居住地点之间的距离远近，对婚姻的联合具有重要的影响。④ 通常说，地理距离越近，联合的机会越大；地理距离越远，联合的机会就越少。这是因为人们的活动范围会受到地理空间以及交通条件的限制，在现代交通

---

 ① 刘爽：《中国的出生性别比与性别偏好现象、原因及后果》，社会科学文献出版社2009年版，第145页。
 ② 周启昌：《工人镇郊区人口迁移和消费的一些特点》，《农村经济与社会》1993年第1期。
 ③ 郭永昌、丁金宏：《进城还是回村——跨省婚迁者的空间选择》，《南方人口》2013年第4期。
 ④ 赵喜顺：《论婚姻的社会流动》，《西南民族学院学报》（哲学社会科学版）1991年第6期。

工具不发达的条件下，人们主要依靠徒步或畜力车等传统交通运输方式，其活动范围仅在几十里的距离之内，如果距离太远，一次往返耗费巨大，自然倾向于就近选择完婚。程归燕（1994）也认为，我国农村通婚圈狭小的原因，除农村居民的文化教育水平低以外，另一个重要的原因就是地理环境的影响，由于地理环境偏僻、交通不便、信息不灵等，将会导致人们的择偶范围大多限定在熟人或亲朋好友的范围之内。[①] 孙淑敏（2005）对西北地区赵村的研究也发现，自然地理环境是影响该村择偶半径的一个重要因素，在某种程度上甚至还起着决定性的作用。[②]

当代中国社会流动人口与城市人之间的诸多隔离，既有客观历史原因，也有主观人为因素。地理距离与文化差异属于历史客观因素，而户籍桎梏、社会保障等制度性因素以及由此带来的经济差距则是主观的人为因素。但随着城乡交流日益频繁、交通运输条件的改善和各种制度性障碍的取消，越来越多的农村青年流入城市，城乡通婚也将伴随着关系的融合而出现。[③] 这不仅是未婚流动青年自身的美好愿望，也将是社会良性发展的必然结果。城乡通婚打破了传统的二元通婚格局，不仅有利于城乡社会经济的统筹发展，也有利于促进城乡之间的思想观念与科技文化的交流传播。

（三）通婚圈变化带来的影响

关于通婚圈变化带来的影响主要从通婚圈扩大和缩小带来的影响两个方面进行分析：

首先，通婚圈扩大带来的影响有杨爱民和刘善来（1994）认为，通婚圈扩大可能会导致"骗婚"现象的发生，随着人口迁移流动范围的扩大，夫妻双方婚前难以深入了解，加剧了婚姻的风险性。[④] 宋丽娜（2010）研究发现，跨省、跨区域远距离婚姻，虽然可以简化婚姻仪式和各种繁文缛节、节约结婚的经济成本，但也提高了结婚后两个家庭间互动的成本，在一定程度上削弱了姻亲关系。[⑤] 赵建国（2012）认为，由于我

---

[①] 程归燕：《提高农村人口素质必须重视农村通婚圈的拓展》，《浙江师大学报》（社会科学版）1994 年第 1 期。

[②] 孙淑敏：《农民的择偶形态》，社会科学文献出版社 2005 年版，第 114 页。

[③] 冷文娟：《新生代女性农民工的婚恋研究——基于 S 区 D 电子厂的调查》，硕士学位论文，华东理工大学，2012 年，第 63 页。

[④] 杨爱民、刘善来：《外来女管理的现状及对策》，《人口与计划生育》1994 年第 6 期。

[⑤] 宋丽娜：《打工青年跨省婚姻研究》，《中国青年研究》2010 年第 1 期。

国实行从夫居制度，通婚圈扩大对女性婚后生活提出了很多新的挑战。如适应婚入地区的风俗习惯就是一个非常重要的方面。[1] 宋月萍等（2012）认为，通婚圈的扩大，还可能对婚姻的稳定性产生冲击，其主要原因有三个方面：第一，流动过程中结婚降低了家庭与社会对婚姻的约束，婚姻解散的成本比较低。第二，部分新生代流动人口未婚同居，没有法律保障。第三，跨省夫妻在思想文化和风俗习惯等方面都可能存在较多的冲突。[2]

20世纪80年代以来，我国出生人口性别比严重失衡（尤其是农村地区），待该代人口进入婚龄期，将会出现婚配人口性别比不平衡现象，而且女性流动人口在流入地结婚机会要比男性从流入地娶回老婆较大，这样将会导致性别比本已失衡的农村地区的婚姻市场更加不平衡。王家宝（2005）认为，在上海光棍汉恰逢喜笑颜开的同时，外地的光棍汉却愁眉苦脸，因为上海人娶了外来妹使上海地区阴阳趋于平衡，但是，某地（指"人口流出地区"）的婚龄男女比例必然会因此变得更加不平衡，并且他还认为，这种靠"拆东墙、补西墙"的做法对平衡婚龄人口性别比将无济于事。[3] 在中国，婚姻迁移可以使女性命运发生改变，不论从家庭还是社会期望来看，都对女性持有一种"上嫁"的社会期望，如果一个女孩嫁了一个比自己社会地位较低的丈夫，那么社会对此难以接受。在这样的婚配格局下，邓国胜（2003）指出，大量从农村贫困地区流动出来的女青年外出打工之后不愿回嫁家乡，将会产生流出地男青年的择偶困难问题，导致婚姻挤压现象的地域集中比较明显，主要在那些贫穷和落后的地区。[4] 另外，由于我国民族分布主要聚居在自然条件较差的山区，石人柄（2006）认为，这些民族地区经济发展缓慢，出生在这些民族地区的女性流动出去嫁在外地，将导致未婚男性在出现区域聚集特征时，还表现出明显的民族性特点。通婚圈扩大还会对婚姻满意度产生影响。[5] 徐安琪

---

[1] 赵建国：《人口迁移与传播》，中国社会科学出版社2012年版，第201页。
[2] 宋月萍、张龙龙、段成荣：《传统、冲击与嬗变——新生代农民工婚育行为探析》，《人口与经济》2012年第6期。
[3] 王家宝：《法国人口与社会》，中国青年出版社2005年版，第38页。
[4] 邓国胜：《出生性别比偏高对择偶问题的影响》，《人口研究》2003年第5期。
[5] 石人柄：《性别比失衡的后果及其特点——来自台湾人口的观察》，《人口研究》2006年第2期。

和叶文振（2002）研究发现，中国总体的婚姻满意度都处于较高的水平。[①] 但仰和芝（2007）认为，女性跨地区通婚的满意度要低于中国总体的婚姻满意度。[②] 黄润龙（2007）认为，其主要原因是：从农村流动出来的打工女性婚姻是基于跨地区以及流动的男女形成的，影响他们婚姻质量的因素比一般人要复杂，他们的婚姻质量会遇到更多的挑战。同时，女性在迁移流动过程中，为了缓解心理压力、寻找安全和依靠和提高社会地位，通常最直接的办法就是在流入地找一个结婚对象迅速结婚，获得当地的户口，摘掉"打工妹"的标签，成为一名地道的"本地人"。[③] 大范围的婚姻迁移疏远了亲属和熟悉的环境，通常跨区婚姻缺少家庭与社会网络的支持，婚姻的稳定性也可能会受到挑战。[④] 陶自祥和邢成举（2012）对赣南 H 乡研究发现，与传统通婚圈（夫妻双方在同一乡镇范围内）的夫妻相比，跨省通婚发生"逃婚"的可能性较高，跨省婚姻自开始就埋下了不稳定的隐患，主要是因为在打工过程中认识并建立起来的感情与婚姻不是很牢固，他（她）们之所以成为夫妻只是为了摆脱寂寞与空虚，还有跨省婚姻缺乏社会舆论的压力，夫妻双方都抱着"试婚"态度相处，缺乏信任。但是，有专家利用全国 9 省千户调查数据，对农村婚姻迁移女性的社会融合进行研究发现，并没有得出乡—乡农村婚迁女性的融合差、存在弱势的结论；相反，在行为融合方面还显著高于本地女性。[⑤] 对女性的社会交往、经济融合、行为融合等不同维度与本地婚迁女性比较发现，社会融合有了较大的改善。但存在区域差异，欠发达地区婚迁女性的融合较好，个人因素也会对农村婚迁女性的社会融合存在显著的影响，非农职业、结婚时间越长、通婚圈较小的农村婚姻迁移女性有较高的社会融合程

---

① 徐安琪、叶文振：《中国人口婚姻研究报告》，中国社会科学出版社 2002 年版，第 35 页。

② 仰和芝：《农村打工女性跨地区婚姻满意度分析》，《中国组织工程研究与临床康复》2007 年第 30 期。

③ 黄润龙：《女性流动人口婚姻状况及其影响因素研究》，《南京人口管理干部学院学报》2007 年第 3 期。

④ Fan and Huang, C., 1998, Waves of Rural Brides: Female Marriage Migration in China. Annal of the Association of American Geography, 88, pp. 227–251.

⑤ 陶自祥、邢成举：《摇摆的家庭：农村"新逃婚"的呈现及其产生机制——基于对赣南 H 乡新逃婚现象的调查与分析》，《南方人口》2012 年第 4 期。

度。① 另外，通婚圈的扩大也具有积极意义。杨云彦（1992）认为，通婚范围日益扩大，不仅有利于人口素质的提高和社会进步，也可以促进地区之间经济交流与文化交融。② 此外，通婚圈扩大将不仅有利于促进婚姻结构优化，促进优生优育和提高人口质量，还有利于促使劳动生产技能、手工艺技术等多方面的交流。③

其次，关于通婚圈缩小带来的社会影响。中国台湾地区学者楚清兰在《婚姻圈与人种》一文中重点分析了通婚圈大小对人种进化的影响，认为通婚圈狭小将会危机及人种的进化。④ 我国山区人口分布格局比较零散，而且容易受到交通条件与通讯技术的限制形成相对封闭的社会交往圈子，进而形成狭小的通婚圈，因而近亲婚配的概率大大提高，山区近亲结婚率比平原地区较高，这在我国传统农业地区比较普遍。近亲婚配的结果是导致其子女患遗传病的概率增加，所以，山区人口素质普遍较低，这与山区零散的人口分布格局所形成的通婚圈狭小有很大的关系。⑤

地理通婚圈过于狭窄，除对其后代人口身体素质与智力会造成负面影响以外，还可能对家庭的姻亲关系产生不良影响，不利于姻亲家庭之间的和谐相处。近距离通婚可能会带来更多的民事纠纷，双方家庭可能因新建的小家庭一些琐屑之事而争吵，甚至恶化到械斗的极端冲突形式。⑥

（四）人口迁移流动对通婚圈的影响

受市场经济牵引力作用，我国人口迁移流动发展进入了高级阶段，国内有学者开始研究人口迁移流动对婚姻的影响。代表性成果主要有阎蓓（1999）在《新时期中国人口迁移》著作中认为，人类的婚姻行为与迁移活动是一个相互作用的过程，人口迁移行为必定会对其本人现实的婚姻状况或未来的婚姻选择产生深刻的影响，迁移是行为，婚姻是制度，所以个

---

① 韦艳：《农村婚姻迁移女性的社会融合：更好还是更差——来自全国千户调查的发现》，《新型城镇化与流动人口社会融合论坛2014年论文集》，2014年7月5日，第210—211页。

② 杨云彦：《我国人口婚姻迁移的宏观流向分析》，《南方人口》1992年第6期。

③ 许传新：《地域扩大与阶层内卷——新生代农民工通婚圈研究》，《中国特色社会主义事业与青少年发展研究报告——第八届中国青少年发展论坛暨中国青少年研究会优秀论文集》，2012年，第72—82页。

④ 转引自何生海、王晓磊《论西部农村婚姻圈的广延性与内卷化——基于西部G村为考察对象》，《内蒙古民族大学学报》（社会科学版）2013年第3期。

⑤ 张善余：《人口垂直分布规律和中国山区人口合理再分布研究》，华东大学出版社1996年版，第20页。

⑥ 辛布安：《近源婚配问题该谁管？》，《中国农垦》1993年第1期。

人无论迁移到何处，都会与婚姻生活发生必然的联系，具体可以从四个方面来看：第一，当婚姻是人口迁移原因之一时，人口迁移行为与婚姻状况改变则将同时发生；第二，人口迁移拓展了通婚的地理空间，并提高婚姻质量，改变近亲通婚的恶风陋习，打破人们的择偶地域障碍；第三，改革后的主动性自愿迁移，一旦打破了迁出人口或迁入人口性别结构的平衡性，则会引起一定地域范围内的婚龄人数失衡，产生区域性的婚姻困扰问题，而为了克服这一困扰，必然带动下一轮迁移流动以达致新的平衡；第四，改革下的人口迁移流动更有利于婚姻的稳定（此处指未来的婚姻稳定），这是因为人口迁移使高质量的、建立在感情基础之上的婚姻更为普遍，此外，人口迁移流动也是对现有婚姻的一种检验，导致部分脆弱婚姻解体，淘汰低质量的婚姻，尽管可能导致暂时的离婚率上升，但也促成新的高质量婚姻的缔结。[1] 风笑天（2006）认为，在正常的社会化过程中，农村青年外出打工的经历无疑会对其生命历程产生重大的影响。[2] 而婚姻是人生必经的重要生命历程，所以，人口迁移流动肯定会对婚姻观念甚至行为产生影响。韦小鹏（2008）以广西南宁市二冬坡村为例分析发现，社会经济发展带动的人口迁徙流动，血缘与地缘纽带对人的束缚力量大大弱化，在20世纪90年代后，受务工经济影响，农村剩余劳动力大规模地向第二产业、第三产业转移，打破了长期处于封闭禁锢的生活状态，这些务工青年中的未婚群体在务工生涯中逐渐与对象相识、相爱，还有一部分步入了婚姻的殿堂，通婚圈逐渐由村内或村际联姻扩大到乡镇和跨市县范围，甚至还突破了省级行政区的地域范围，通婚圈的地域范围不断扩大。[3] 李继萍（2009）以大理州白塔村为例分析，发现自20世纪90年代以来，该村族际通婚明显增多和通婚圈不断扩大的一个主要原因是人口迁移流动所发挥的作用。[4] 熊星星（2012）以湖北省J村100名打工女孩的通婚地域研究之后发现，"打工"这一重大事件确实对青年女性的婚姻产生了影响，表现为通婚圈不断扩大，打工潮之前（1978—1982年）J村

---

[1] 阎蓓：《新时期中国人口迁移》，湖南教育出版社1999年版，第29页。
[2] 风笑天：《农村外出打工青年的婚姻与家庭：一个值得重视的研究领域》，《人口研究》2006年第1期。
[3] 韦小鹏：《壮族婚姻圈的变迁——以南宁市二冬坡为例》，硕士学位论文，广西民族大学，2008年，第59页。
[4] 李继萍：《人口流动对族际通婚的影响——以大理州白塔村为例》，《玉溪师范学院学报》2009年第11期。

女性的通婚地域多为本村或本乡范围以内，跨县和跨省通婚的现象还非常少，而在打工潮爆发以后（1983—2010年）J村的通婚圈逐渐由村内、村际通婚转向跨乡、跨县和跨省通婚，而且这种趋势还在不断增强。[①] 近年来，从外省外市与外乡嫁入本村的女性也在不断增多。可见，不论从婚出视角还是婚入视角看，该村的通婚地域都在不断扩大。农村青年从封闭的农村社区进入相对开放的大城市，这一人生经历将会从很多方面去改变他们的人生轨迹，尤其是对择偶标准与观念、婚恋观念与行为的影响，并促进他们在这些方面朝着现代化的方向发展。流动人口进入大城市后经历一段时间的文化适应，逐渐接受当地的思想观念和生活习惯，包括择偶观念与行为与城市逐渐趋同，并且随着在城市居留时间越长，这种趋同性就越明显。[②] 随着外来流动人口与户籍人口趋同性的增强，流动人口在流入地社会融合度不断提高，两类群体间的通婚也就成为自然的结果，反过来，族际通婚也是促进外来流动人口社会融合的一条重要途径，二者相辅相成、相互促进。非本地户籍的外来人口为户籍人口的婚配提供了机会，2004—2008年的结婚登记数据表明，珠三角地区夫妻双方中一方为非本地户籍人口的比例逐渐增加。说明外来流动人口与户籍人口之间的通婚现象在不断增加，地理通婚圈明显扩大，但是，男性和女性存在明显的差别：首先，外地媳妇的比例（67.4%）远远高于外地女婿的比例（32.6%）；其次，外来女性流动人口与户籍人口之间的通婚具有明显的年龄选择性（主要在27岁以前），超过了该年龄之后的通婚可能性迅速降低，而男性外来流动人口与户籍人口的通婚之间通婚的可能性，随年龄的增加而增加。这反映了人口迁移流动对女性流动人口和男性流动人口通婚圈的影响存在显著的差别。吴海龙（2013）认为，随着人口的流动，农民工的择偶范围更加广泛，他们在流动过程中有了在流出地婚姻市场以外认识更多朋友的机会，这非常有利于选择配偶，假如没有这一流动浪潮，那么农村女性的通婚范围80%以上将不超过25公里，婚迁流向也主要（95%以上）在农村社区，可是，现在他们与不同地区居民结婚的可

---

① 熊星星：《农村打工女跨地域婚姻问题研究》，硕士学位论文，长春工业大学，2012年，第80页。

② 陈卫、吴丽丽：《中国人口迁移与生育率关系研究》，《人口研究》2006年第1期。

能性提高了，不再仅仅局限于狭小的范围之内。① 陈娜（2008）对农村外出打工青年的通婚圈及其影响因素进行研究发现，"外出打工"这一事件对农村青年的择偶途径和地理通婚圈都具有显著影响，但对其等级通婚圈（婚姻匹配性）没有影响②，打工之后才择偶或结婚的通婚圈比打工前就已经结婚的更大，平均通婚距离由打工前的 9.21 公里扩展到打工后的 27.19 公里。虽然农村青年外出务工人员的等级通婚圈也发生了一定的变化，但这种变化毕竟不是"外出务工"这一经历所致，而是受他们固有的个人特征所影响。高鑫韦（2013）从社会变迁视野角度对青年农民工通婚圈变化进行分析，发现农民工涌入城市以后，他们的思想和行为都会发生变化，尤其是择偶范围的扩大和择偶途径的多元化，并且第一代农民工（出生于 20 世纪 80 年代以前）与第二代农民工（出生于 20 世纪 80 年代及以后）之间存在明显差距，第一代农民工的婚嫁距离与改革开放前相比并没有多大的改变，大多集中在 0—20 公里的范围之内，但是第二代农民工，已经不再是传统意义上的农民，婚嫁距离有了突破性的进展，调查结果显示：超过 1/5 的新生代农民工的择偶半径超过了 50 公里，7% 的超过了 100 公里，与第一代农民工相比，择偶区域有了明显的扩展，但与地理通婚圈变化不同的是，等级通婚圈的变化并不明显。③ 田先红（2009）以鄂西南山区坪村为例，分析了我国打工潮背景下农村青年婚姻流动的变迁现象，发现传统与现代的碰撞所形成的张力促使村庄的通婚圈出现伸缩共存的局面，传统通婚圈解体，越来越多的农村青年流入大城市，并在城市找对象谈婚论嫁，许多跨市跨省的远距离通婚不断涌现。④ 崔燕珍（2007）以安徽省崔村的个案为例，分析了农村人口外出流动对当地婚嫁行为的影响，发现在现代化过程中，农村青年的婚嫁行为越来越具有现代性：通婚距离急剧增大，结识途径的自主性逐年递增。⑤ 邓智平

---

① 吴海龙：《新生代农民工婚姻模式与家庭稳定性研究综述》，《铜陵学院学报》2013 年第 2 期。

② 陈娜：《农村外出打工青年的通婚圈及其影响因素研究》，硕士学位论文，华中科技大学，2008 年，第 26 页。

③ 高鑫韦：《社会变迁视野下青年农民工通婚圈变化》，《边境经济与文化》2013 年第 4 期。

④ 田先红：《碰撞与徘徊：打工潮背景下农村青年婚姻流动的变迁——以鄂西南山区坪村为例》，《青年研究》2009 年第 2 期。

⑤ 崔燕珍：《农村人口外出流动对当地婚嫁行为的影响——以崔村实地个案为例》，《中国青年研究》2007 年第 1 期。

（2004）对打工妹的婚姻逆迁移进行研究，发现随着我国经济体制与户籍制度的改革，人口流动席卷全国，大批农民工从农村流入了城市，之后他们的交际圈迅速扩大，通婚圈也随之扩大。[①] 景晓芬（2013）基于西安市的调查数据，从代际差异的视角研究了两代农民工通婚距离，发现老一代农民工的通婚距离明显比新生代小，并且影响通婚圈变化的因素也有所不同，老一代主要受结识途径和受教育程度的影响，而新生代农民工主要受外出时间长短、结识途径和性别的影响。[②] 郭显超（2013）在其博士学位论文中根据青年农民工的社会资本对择偶模式的影响进行了系统的研究，认为在社会转型时期，青年人的择偶模式正处于由传统向现代的转变过渡。在这个过程中，青年农民工的生活场域从农村转到了城市，发生了较大变化，相对于老一代农民工，他们想留在城市发展的愿望更强烈，因此，他们的婚恋问题与城市适应和社会融入紧密地联系在一起。[③] 高颖和张秀兰（2014）以北京市为例，利用2004—2012年婚姻登记数据研究，发现随着区域间的人口流动增多，大城市"两地婚姻"也大量涌现，并且由于城市与乡村之间以及区域之间的经济发展差距将会一直推动人口的可持续流动，大城市强大的引力和人口集聚能力必将造就出更多的"两地婚姻"，相对于本地婚姻而言，两地婚姻的结婚时间普遍较晚，而且多为高知群体间的组合。[④] 城市化进程中的人口迁徙推动了族际交往，扩大跨区域、跨民族的社会交往，也为通婚圈的扩大创造了条件。[⑤] 大规模的外出务工开始之前，农村无论生产活动还是社交活动都受到了极大的限制，人们的交际空间局限于血缘、地缘和亲缘空间范围之内，婚姻对象的选择也主要来自这个范围，当务工经济盛行之后，不同地域、不同民族的青年人可以聚集到一起，个人交际空间不断扩大，获得了在更大地理范围内与异性相识的机会，同时由于自由恋爱的发展，必然导致青年人口跨县、跨省通婚成为可能。

---

[①] 邓智平：《打工妹的婚姻逆迁移研究》，《社会》2004年第3期。
[②] 景晓芬：《代际差异视下农民工通婚距离变迁研究——基于西安市的调查数据》，《人口与经济》2013年第3期。
[③] 郭显超：《青年农民工的社会资本对择偶模式的影响研究》，博士学位论文，西南财经大学，2013年，第113页。
[④] 高颖、张秀兰：《北京近年族际通婚状况的实证研究》，《人口学刊》2014年第1期。
[⑤] 王晓艳：《从民族内婚到跨国婚姻：中缅边境少数民族通婚圈的变迁》，《思想战线》2014年第6期。

随着"80后"新生代流动人口逐渐成为我国流动人口的主体,部分学者开始对新生代流动人口的婚姻与家庭进行研究,但是,专门对新生代农民工婚恋问题的研究才处于起步阶段,主要研究成果有风笑天(2006)认为,新生代流动人口与老一代相比在很多方面都发生了显著的变化。因此,研究农村地区的通婚圈变化情况就必须考虑新生代农民工外出务工带来的影响,他将青年农民外出务工看成是一种"重大事件"来分析它对婚姻家庭的影响。① 满永(2005)对安徽北部某村适龄男子婚姻过程研究认为,农村劳动力外出并没有导致农村婚姻圈发生根本性的变化,发生变化的是婚姻形成过程中的"媒人"范围进一步缩小。② 崔燕珍(2007)对安徽省芜湖市南陵县崔村近十年(1997—2006年)的实地情况进行调查认为,在农村青年在外出务工的影响下,通婚圈逐渐由传统的地缘、血缘关系向现代的业缘关系转变,突破了传统的地域限制,婚嫁距离迅速增加,县外甚至省外通婚现象在逐年递增,通婚范围不断扩大,其中一个重要的原因就是地域空间禁锢被打破,这为大范围的通婚提供了必要的客观条件与社会背景。③ 还有研究表明,21.7%的新生代农民工通婚半径超过50公里,跨过了县域,大概有7%的通婚半径超过100公里,跨过了省域范围。④ 尹子文(2010)对我国两代农民工在婚恋观和通婚圈比较发现,第二代农民工表现出由传统向现代的转变,但是这种转变并不彻底。⑤ 曹锐(2010)利用问卷调查数据,对我国新生代流动人口在城市务工时间与通婚圈变化的关系研究发现,随着在外务工时间的延长,受流入地社会化影响越深,家乡观念就越淡薄,对婚恋对象的地域要求也较少,他们越不倾向于选择家乡人作为婚恋对象。⑥ 范叶超(2011)对江苏省武进市新生代流动人口抽样调查研究发现,新生代流动人口婚恋特征的现代性比较明显,但仍然受到传统模式的影响,已婚者的通婚圈主要是在同乡范围以

---

① 风笑天:《农村外出打工青年的婚姻与家庭:一个值得重视的研究领域》,《人口研究》2006年第1期。
② 满永:《关系圈与婚姻圈:当代乡土中国的婚姻形成》,《洛阳师范学院学报》2005年第1期。
③ 崔燕珍:《农村人口外出流动对当地婚嫁行为的影响——以崔村实地个案为例》,《中国青年研究》2007年第1期。
④ 潘永、朱传耿:《"80后"农民工择偶模式研究》,《西北人口》2007年第1期。
⑤ 尹子文:《第二代农民工婚姻家庭问题探析》,《中国农村观察》2010年第3期。
⑥ 曹锐:《新生代农民工婚恋模式初探》,《南方人口》2010年第5期。

内,而未婚者的通婚圈意愿也主要倾向于选择自己的老乡,男性选择外乡的意愿较高,其择偶范围已经由传统的以血缘、地缘关系为主向业缘关系转变,新生代流动人口的通婚圈正在逐渐扩大。① 吴新慧(2011)认为,新生代流动人口正处于婚恋的黄金时期,在城市工作的青年男女交往的机会增多和范围扩大为自由择偶提供了可能,传统的农村社区过去通婚圈主要发生在一定地域范围的农村青年之间,而新生代流动人口则有很大的不同,由于人口流动空间的扩大,他(她)们的婚配对象突破了原有的地域局限,跨县、跨省通婚占了相当的比例。② 宋月萍等(2012)利用国家卫计委 2011 年流动人口动态监测数据研究发现,新生代流动人口的跨省通婚比例比老一代高出一倍多,并且他们更容易受流动经历影响,与他乡异性婚恋的比例明显增加,地理通婚圈呈扩展趋势,但不同区域之间的社会经济和生活水平差异导致了不同地区跨区域通婚出现了多样化的特征,西南、西北等经济较落后地区的女性婚姻迁移中,大致均有 25% 都嫁入了华东地区。另外,中南地区的跨区域通婚比较复杂,与东部的华东地区和西部的西南地区通婚情况较多,而华北地区与东北地区之间的通婚特点具有一定的规模。③ 熊文娟(2012)通过对新生代农民工与市民通婚进行研究发现,在传统户籍制度隔离之下,城市与乡村之间互不通婚,具有"二元通婚"的特征。④ 农村居民与城市居民间的通婚现象还非常少,但是随着户籍制度的松动,以及择偶的自主化和自由化发展,新生流动人口与城市青年之间互相通婚已经不是一件可望而不可即的事情。这不仅标志着城市的宽容,也是体现城乡平等的一种形式,但由于受长期的传统思想和价值观等方面的影响,在突破的过程中可能会遇到种种矛盾。常蕾雷(2012)提出了新生代农民工的择偶困境需要政府、社区和第三部门共同参与的社会支持网络这一对策。⑤ 冷文娟(2012)花了一个月的时间,用

---

① 范叶超:《传统还是现代:新生代农民工的婚恋现状》,《法制与社会》2011 年第 1 期。

② 吴新慧:《传统与现代之间——新生代农民工的恋爱与婚姻》,《中国青年研究》2011 年第 1 期。

③ 宋月萍、张龙龙、段成荣:《传统、冲击与嬗变——新生代农民工婚育行为探析》,《人口与经济》2012 年第 6 期。

④ 熊文娟:《新生代农民工与市民通婚问题研究》,硕士学位论文,长春工业大学,2012 年,第 64 页。

⑤ 常蕾雷:《新生代农民工择偶困境的对策研究》,硕士学位论文,中国社会科学院研究生院,2012 年,第 98 页。

参与式调查方法深入到新生代女性农民工的工作环境中进行长时间的观察聊天和深入访谈后,发现新生代女性农民工的婚恋圈子在迁移流动中得以延展。[1] 吴海龙(2013)对新生代农民工婚姻模式与家庭稳定性方面的研究成果进行了全面的综述。[2]

(五)关于婚姻迁移方向的研究

婚姻迁移方向可以分为两大类:社会意义上的方向和地理空间意义上的方向。从地理空间角度看,婚姻迁移和一般人口迁移流动,既有共性又有其独特之处。其共性主要表现在迁移方向性,即存在迁出地和迁入地之分,因此有婚姻迁移方向一说,所谓的独特性主要表现在迁移原因的独特性上。杨云彦(1994)根据中国第四次人口普查10%的抽样汇总数据,分析了我国1985—1990年期间婚姻迁移流向特征之后发现,华东地区是我国婚姻迁入的主要地区,其次华北地区也有较多的净迁入,这两个区域中的多数省区都是婚姻净迁入地区,其中最多的省份是江苏,其次是浙江,而经济条件落后的西南地区则主要是婚姻净迁出区,其中四川省净迁出最多,其次是贵州省和云南省。我国婚姻迁移的宏观流向与总迁移大致接近,具有明显的经济发展指向性。[3] 这表明地区经济发展差距在一定程度上在婚姻的迁移当中得到了反映,但婚姻迁移流向并不完全与经济发展水平成比例,有些省份(如河南、安徽等)经济虽然不发达,总迁移表现为净迁出,可是婚姻迁移却表现为净迁入,这些经济不是非常发达的地区由于历史与文化等因素,导致婚配年龄段女性比例失调,只有通过经济条件更为落后地区引入移民以实现本地的婚姻市场平衡。从我国婚迁流向格局中可以看出我国婚姻迁移具有跳跃性的特点,即主要净迁入区并不是从邻近的地区吸引而入,而是从偏远的西南地区吸收进来。法国著名人类学家、哲学家克洛德·列维·斯特劳斯(Claude Lévi - Strauss)关于印度尼西亚亲属制度和通婚状况的研究被认为是通婚圈研究的代表作,他于1995年在《结构人类学》中指出人类通婚圈结构具有相对稳定性,一个集团总是向另一个集团提供婚配对象,而该集团的婚配对象再由其他集团

---

[1] 冷文娟:《新生代女性农民工的婚恋研究——基于S区D电子厂的调查》,硕士学位论文,华东理工大学,2012年,第66页。

[2] 吴海龙:《新生代农民工婚姻模式与家庭稳定性研究综述》,《铜陵学院学报》2013年第2期。

[3] 杨云彦:《中国人口迁移与发展长期战略》,武汉出版社1994年版,第48页。

来提供，即形成 A→B→C→…→A 的封闭循环结构，人们的择偶范围是被固定起来的，只能在这个限定圈子范围内通婚。① 谭琳等（2003）对我国的省域婚迁研究认为，云南和贵州的迁出人口中，婚迁就占50%以上，广西和四川也在10%以上，这些西部贫困省区的女性主要嫁到沿海经济比较发达的省区，江苏省70%以上的女性婚姻移民来自四川（29%）、安徽（13%）、贵州（16%）、云南（13%）。② 有国外学者利用我国"四普"和"五普"数据分析发现，除河北向北京、天津迁移外，婚姻净迁出主要来自云南省、贵州省、广西壮族自治区和四川省等西南经济欠发达省区，而婚姻净迁入较多的是山东省、河北省、江苏省、浙江省、福建省和广东省等中国沿海经济发达地区，这种婚姻迁移空间分布模式证实了两个观点：第一，女性为了实现婚姻向上流动，大多数女性婚姻迁移者从内陆远嫁到沿海地区，从贫困山区嫁到富裕的平原地区；第二，在不同迁移流中，迁出地和迁入地都相对集中，反映了在促进包括远距离在内的婚姻迁移中，社会关系网络发挥了重要作用。③ 陆益龙（2001）将列维·斯特劳斯的择偶地域结构表示为 A→B、B→C、C→A，并认为择偶范围决定于通婚结构，人们所能选择的婚配对象仅在结构范围以内。④ 邓智平以女性为研究对象，将新时期的女性流动人口的婚姻迁移方向分为三类：第一类是虽然流动出去，但是又嫁回到户籍流出地的男子，并认为这种婚姻与传统农村通婚圈没有什么质的差别，仍然发生在传统"熟人社区"之中；第二类是流动出去以后就嫁给流入地当地男性，主要与流入地户籍男性结婚；第三类是嫁给一个与自己具有同样身份的异地流动男性。严格来讲，第一类并不算真正的婚姻迁移，因为不管从地理距离还是文化差距来看，与传统乡镇或村落通婚圈并没有实质性差异，但是后两者却与第一类具有完全不同的意义。关于第二类迁移，已经有学者做过相关的研究。邓智平对第三类情况进行考察分析，并认为在这种情况中，打工妹一生经历了两

---

① 廖梦华：《侗族传统婚恋习俗研究——以广西三江侗族自治县独峒乡为例》，硕士学位论文，广西师范大学，2010 年，第 79 页。

② 谭琳、苏珊·萧特、刘惠：《双重外来者的生活——女性婚姻移民的生活经历分析》，《社会学研究》2003 年第 2 期。

③ [美] 范芝芬：《流动中国：迁移、国家和家庭》，邱幼云、黄河译，社会科学文献出版社 2013 年版，第 47 页。

④ 陆益龙：《户籍隔离与二元化通婚圈的形成——基于一个城郊镇的分析》，《开放时代》2001 年第 9 期。

次不同意义的迁移,第一次迁移是从本人出生的农村地区流入城市,其主要目的是打工赚钱;第二次迁移是从当前流入城市迁入另一农村地区(指丈夫户籍地),其主要目的是结婚。如果第一次迁移被看作是城市化过程,那么第二次迁移就理所当然地被视为一个逆城市化的过程,所以他将第三类情况称作女性婚姻的逆迁移。婚姻逆迁移扩大了农村的地理通婚圈,因为女性的婚姻逆迁移大多属于跨省的远距离通婚。达文(Davin,2005)认为,中国的婚姻迁移一般是从西南贫困地区向比较富裕的东部沿海地区迁移。① 姜全保和李树茁(2009)对 1995—2000 年我国各省市区的女性婚迁水平进行研究发现,婚姻净迁入率的省市区也主要是在东部,但也包括山西、重庆、宁夏、新疆和西藏,婚姻净迁出率最高的为云南和贵州。② 艾大宾等(2010)在研究四川通婚圈时发现,通婚过程中具有一定的地域流倾向性,并按自然经济条件分为正向迁移及逆向迁移及平行迁移,四川盆地主要是平行迁移。③

除了地理空间意义上的方向,不同社会属性或阶层之间的通婚也具有社会意义上的方向性。根据夫妻双方社会经济地位相对高低可以分为上向婚和下向婚。以女性为视角,婚姻迁移的方向具有从落后地区向富庶地区上向流动特点。农村婚嫁流动的地域特征基本规律是:落后的山区女性向平原地区流动;经济较发达的平原地区女性向城郊区流动;城郊区女性向城镇地区流动,形成了"男高女低"的婚姻梯度格局。④ 根据四川省绵竹市的通婚方向,在 20 世纪 80 年代以前到 90 年代后期之间的变化可以发现,妇女从经济水平较低的地区向经济水平较高地区流动的比例迅速由 12.3%上升到 47.4%,另外,绵竹市本地农村女性的婚姻迁移方向还出现了阶梯性特征:从地形来看,主要由西北山区向东南平原地区流动;从居住地类型来看,主要由农村地区向城市郊区和城区迁移流动,而市域外部经济条件更差的农村女性向绵竹市部分乡镇流动以进行补充本地女性的

---

① Delia Davin, "Marriage Migration in China: The Enlargement of MarriageMarkets in the Era of Market Reforms". *Indian Journal of Gender Studies*, 2005(12), pp. 173 – 188.
② 姜全保、李树茁:《女性缺失与社会安全》,社会科学文献出版社 2009 年版,第 62 页。
③ 艾大宾等:《四川盆地农村人口婚姻迁移空间演变分析及对策探讨》,《人口学刊》2010 年第 6 期。
④ 傅义华:《农村的通婚圈》,《乡镇论坛》1991 年第 7 期。

流失。① 可见，婚姻迁移的阶梯性特征十分鲜明。许传新（2006）认为，男性在同类联姻以外的通婚倾向于"下向婚"，而女性在同类联姻以外的通婚倾向于"上向婚"。② 但陈淑珍（2011）根据"80后"新移民与户籍人口的通婚研究发现却出现与此相反的特征，"80后"女性新移民更倾向于"下向婚"，即嫁给各方面略低于自己的户籍男子，而男性移民以"上向婚"居多，即娶各方面略高于自己的户籍女性为妻子。③

从国内已有研究成果看，关于流动人口的通婚圈研究明显不足，而且现有研究，也很少从通婚圈的变化机制去深入分析，关于通婚圈的地域模式如何也没有相关的研究。同时，在已有研究中也还存在一定的问题和不足，主要表现在以下几个方面：

（1）通婚圈变化态势判断上现了很大的分歧，但认为通婚圈在不断扩展的观点是主流。导致研究结论巨大差异的一个主要原因是，目前关于通婚圈的研究仅仅是一些小规模的非随机抽样调查，虽然具有一定的典型性但不足以推论总体，研究结果只能代表某个地区的局部情况。而我国地域辽阔，情况复杂，调查的时间、地点以及空间范围的大小、居住地的性质不同，得出的结论都很可能不一致，这是不可避免的现象。如从农村地区和城市地区考察得出的结论就很可能不一致。在城乡差异还没有消除情况下，而且如果女性选择配偶时又强调婚姻的向上流动的话，通婚圈的扩大更可能是城市居民的通婚圈在扩大。还有研究对象的不同，也可能得出不一致的结论。在通婚圈的看法上存在比较明显的性别差异，女方及其父母明确表示"不允许远嫁"，最好找个老乡，而绝大部分男性及其原生家庭并不反对儿子找外地媳妇。

（2）关于通婚圈扩展的原因分析，也主要是从宏观的社会经济或者制度因素简要地泛泛而谈，并没有做出更细致深入的分析研究。虽然有部分研究都"蜻蜓点水式"地论及了人口迁移流动与通婚圈之间的关系。普遍的逻辑推理是：人口流动的空间范围扩大，人际交往圈子，通婚圈因

---

① 罗孝花、艾大宾：《绵竹市乡村婚姻地域特征演变研究》，《内江师范学院学报》2005年第6期。
② 许传新：《新生代农民工与市民通婚意愿及影响因素研究》，《青年研究》2006年第9期。
③ 陈淑珍：《学历、地域、职业"80后"新移民的婚配选择》，《当代青年研究》2011年第4期。

此扩大。这种轻描淡写的论述显然不够,至于背后隐藏的动力机制是什么?以及这种机制是如何发挥作用的?几乎没有学者给予关注。

(3) 关于通婚圈扩大带来的影响主要从消极方面分析,而忽略了积极的影响。不可否认,通婚圈扩大固然会带来很多负面的影响,很多家庭还曾因为代际之间关于"距离到底是不是问题"的争论闹出了家庭不和的局面。

(4) 就研究对象而言,主要从某一特定民族或族际通婚的角度进行研究,而从流动人口角度去研究还比较少,对新生代流动人口婚姻问题的关注就更为薄弱。可是,当前新生代流动人口是一个年龄跨度较大的群体,新生代内部正在经历不同的生命历程。根据生命历程的不同阶段,大致可以将新生代流动人口分为未婚适龄群体、未婚大龄群体、未婚恋爱群体、已婚未育和已婚已育五类群体。处在不同生命历程阶段的新生代流动人口,他们的卫生计生服务需求和关注的重点问题显然也就不可能一样,这些研究可以为政策部门提供科学依据。

(5) 就研究地理区域而言,大多以某一省(市)甚至更小的村庄范围为研究区域,而大范围的跨省、跨地区通婚的相关研究成果寥寥无几。这主要与学科研究方法的特性有关,因为目前对通婚圈的研究主要是人类学。

(6) 就资料收集方法而言,目前国内主要从人类学或民俗学的田野调查来获取资料的研究较多,这种资料覆盖地理覆盖面很窄,大多基于局部的村落进行调查。

(7) 就具体的数据分析方法而言,已有的研究主要使用简单的描述统计进行分析,而很少根据相关理论提出研究假设,并通过模型来量化研究。假设检验式的模型定量分析十分薄弱,对通婚圈的研究没有更多的理论探索,而目前更多是以人类学的田野调查资料来支撑,将个案深度访谈资料与宏观分析相结合的研究就更少。

通过对国内外通婚圈研究成果梳理后发现:国外主要偏重于通婚理论方面的研究,国内则注重实证方面的分析,但主要使用简单的描述统计进行分析,没有与相关的理论分析相结合。另外,目前国内研究和国外研究共同存在的弱点是,研究视角主要从人类学或社会学的角度出发,而从人口学的角度研究成果还非常少,关于通婚圈的研究主要从社会意义上的等级通婚圈或地理意义上的地理通婚圈的独立性研究较多,而把两者结合在一起的研究比较少。

　　通婚圈的发展变化与人口再生产与人口可持续发展密切相关。地理通婚圈大小直接决定着家庭和社会关系网络的支持程度以及女性婚迁后的社会适应问题。但目前关于我国通婚地域模式及其通婚圈的基本状况并没有完全搞清楚。因此，对我国通婚圈进行系统深入的研究不仅具有很强的理论意义，也具有十分重要的社会现实意义。本书以流动人口为研究对象，以婚姻行为为切入点，对中国流动人口的通婚圈进行研究，不仅是一个新鲜课题，同时也是摆在我们每一个研究者面前一份沉甸甸的社会责任。通婚圈的发展变迁，不仅直接关系到后代人口素质的提高与本代人口的思想技术交流，同时还会影响到婚姻家庭的功能与效用的发挥，尤其是在生产力发展水平极其低下的农村落后地区，婚姻的缔结可以联合两个家庭的劳动力资源，提高劳动生产效率，促进社会经济的协调发展。

# 第二章 基本概念、理论与研究方法

## 第一节 基本概念与理论基础

### 一 基本概念

（一）人口迁移与人口流动

学界有关人口迁移与人口流动的概念众说纷纭，但核心认识还是基本一致。关于"人口迁移"的概念界定一般都离不开三个要素：第一个是时间要素，第二个是地域空间要素，第三个是户口要素，主要识别户口是否发生了迁移。如阎蓓《新时期中国人口迁移》一书根据人口迁移的时间属性、空间属性和目的属性（是否定居）将学界现有关于"人口迁移"的概念界定分为四大类：（1）注重人口迁移的空间属性特征；（2）在空间属性的基础上补充时间属性或者目的属性；（3）用时间属性和目的属性对"人口迁移"的空间属性加以双重限定；（4）具体对空间属性做了明确的界定。她最后根据这四类定义总结了人口迁移的本质特征：人口的空间移动。[1] 以上关于"人口迁移"的四类定义侧重点各有所趋，而且不同的定义所涵盖的地域范围也存在较大的差距，这主要与研究者的研究目的、研究方向等因素有关，侧重理论研究者一般只注重人口空间移动的这一本质特征，而进行实证研究者则需要对"人口迁移"进行严格的界定，以便可操作化。

在实际研究中，有学者将"人口迁移"和"人口流动"做严格区分，但也有学者将二者模糊对待，共同视为人口在地理空间上的位移现象。《中国大百科全书·地理学》将人口迁移解释为"一定时期内人口在地区

---

[1] 阎蓓：《新时期中国人口迁移》，湖南教育出版社1999年版，第35页。

间的永久性或半永久性的居住地变动，人口迁移的形式为移民"。《多种语言人口学辞典》中将人口迁移解释为"在一个地区单位同另外一个地区单位之间进行的人口地区移动或者空间移动的一种形式，通常包括从迁出地到目的地的永久性的居住地的变动"。[1] 人口流动一般是指"离家外出工作、读书、旅游、探亲和出差一段时间等，但没有改变居住地的人口空间移动，人口流动不能成为移民"。[2] 由于我国户籍制度的存在，人口流动成为我国特有的人口现象，与人口迁移存在较大的区别，二者最明显的区别在于人口空间变动的过程中户口是否发生迁移。

有的专家将我国人口流动定义为"人们超过一定时间和空间范围，但户口没有发生相应变动的空间位移过程"。[3] 严格地讲，人口迁移与人口流动是有区别的。如《中国大百科全书》及翟振武、段成荣的《跨世纪的中国人口迁移与流动》、刘铮的《人口理论教程》、田家盛的《人口科学教程》、盛来运的《流动还是迁移——中国农村劳动力流动过程的经济学分析》等著作都将二者做了明确的区分。而且从某种程度上看，当前对我国"流动人口"的研究比"迁移人口"的研究更重要，因为流动人口规模远大于迁移人口。但在实际研究中，存在一些没有将二者严格区分的情况。如《辞海》中将"人口迁移"也叫"人口移动"，即人口在地理空间上的位置变动。发生人口迁移和人口流动行为所对应的主体分别为"迁移人口"和"流动人口"，本书中的流动主要是指流动人口的流动行为和经历，而没有对改变户籍的迁移人口进行考察。

另外，本书中"流动人口"统计口径与国家统计局人口普查中的统计口径不完全一致，具体差别在于：时间统计口径相对缩短（半年→一个月），而空间统计口径相对放宽（乡或镇→县市区）。此处主要根据国家卫生和计划生育委员会流动人口司动态监测调查资料中对流动人口的界定：即在流入地居住一个月及以上，非本区（县、市）户口，年龄在15—59周岁的流动人口。虽然该界定与国家统计局的界定有出入，从年

---

[1] 国家统计局人口和就业统计司、中国人民大学社会与人口学院编：《人口和就业统计分析技术》，中国统计出版社2012年版，第101页。

[2] 于志国：《苏州连通外来工回城营销策略研究》，硕士学位论文，陕西师范大学，2013年，第19页。

[3] 国家统计局人口和就业统计司、中国人民大学社会与人口学院编：《人口和就业统计分析技术》，中国统计出版社2012年版，第101—104页。

龄方面来看，没有囊括全部年龄段的流动人口，但由于本书的核心问题是婚姻，结婚年龄几乎完全集中在这一年龄段，所以，对最终的研究结论不会产生太大的偏差。

（二）流动人口、迁移人口及其转化

人口流动和人口迁移是从事件本身来考察，是一种动态过程，但是，当我们关注的是事件结果和事件发生的主体时，就会看到在流入地或目的地形成的静态表象是流动人口或迁移人口，将发生人口迁移和人口流动事件的主体分别称为"迁移人口"和"流动人口"。根据上述定义，虽然二者具有明显区别，但是，流动人口可以转化为迁移人口，迁移人口同样也可以再次转化为流动人口，而且随着我国流动人口的家庭化与长期化趋势逐渐凸显，流动人口转化为迁移人口的意愿可能会逐渐提高。根据段成荣教授等（2013）提出的流动人口发展演变的"四阶段论"，揭示了我国流动人口及其家庭发展过程的基本特征。[①] 马克思主义量变与质变的辩证关系原理告诉我们，量变是质变的必要准备，而质变是量变的必然结果。一切事物的发展过程，首先总是从量变开始，当量变积累到一定程度，必定会引起事物质的变化，转变为新的事物。流动人口在地理空间上的移动，不论从局部地区的数量增减，还是从整体居住场所变更以及各个组成部分在空间排列组合上的变化，刚开始都只是处于量变的阶段，逐渐由单个的个体外出发展到夫妻共同外出，随着在流入地慢慢适应以后，开始考虑举家迁移流动，并在流入地落户长久发展，一旦有了流入地的户口，就可以享有流入地的教育、医疗卫生、公共交通等社会基本公共资源和服务，实现了从流动人口向迁移人口的转变，此时，他们将被视为本地户籍人口，而不再是流动人口，但部分迁移人口并非一次迁移之后就一定永久居留在此，有可能会进行下一次流动甚至迁移过程，就这样通过流动和迁移途径实现了流动人口与迁移人口的相互转化，实现人口在空间上移动的质变与量变统一过程。

（三）新生代与老一代流动人口

"新生代流动人口"是随着我国流动人口内部结构的分化而产生的一个流动人口亚群体，他们不仅与"老一代流动人口"存在一定的差别，

---

[①] 段成荣、吕利丹、邹湘江：《当前我国流动人口面临的主要问题与对策——基于2010年全国第六次人口普查数据的分析》，《人口研究》2013年第2期。

也与国外的"二代移民"不同。我国的新生代流动人口不是根据出生地来划分，而是按出生年代来划分的。王春光在研究农村流动人口时，发现了流动人口代际变化的新特点，与20世纪80年代的流动人口相比，90年代的流动人口在流动动机和其他许多社会特征上呈现很大的不同，并从社会认同的角度提出了"新生代农村流动人口"概念。① 全国总工会在《关于新生代农民工问题的研究报告》中将新生代农民工概念界定为："出生于20世纪80年代以后，年龄在16岁以上，在异地以非农就业为主的农业户籍人口。"目前，学术界普遍按"1980年出生"划分方法来区分新生代和老一代流动人口，年龄下限一般在16岁。尽管学界关于新生代流动人口的争议非常大，认为按年龄标准来界定存在一定问题。因为随着时间推移，年龄也在不断变化。为此，段成荣教授对"新生代流动人口"概念的再界定提出了一些新的看法，建议从"出生地"的角度来考虑，可将"父母流动过程中，出生在流入地城市"的人界定为新生代流动人口，并将其细分为在当前流入地出生、曾流入地出生两类。② 随时间推移，关于新生代流动人口概念的再界定迫在眉睫，段成荣教授提出的"出生地"法非常值得考虑和采纳，因为一个人的年龄会随着时间推移而变化，但出生地却是唯一的和固定不变的。在以后大型调查中，最好把婴儿的出生地信息补充进来，为进一步研究"新生代流动人口"提供翔实的数据资料。但是，由于受到数据可获得性的限制，本书的"新生代流动人口"仍然沿用"出生年代法"的界定。原国家人口计生委将新生代流动人口界定为"在本地居住一个月及以上，非本区（县、市）户口，年龄在16—31周岁的流动人口"。③（调查时点为2011年9月），虽然原国家计生委是按年龄来界定新生代流动人口，但结合调查时点进行推算，实际上也是采用出生年代法（时点界限为1980年）来定义新生代流动人口。

综述已有研究成果可以看出，以"1980年出生"为时间界限是多数研究者的选择，为了便于与以往的研究具有较好的可比性，本书也将采用

---

① 王春光：《新生代农村流动人口的社会认同与城乡融合的关系》，《社会学研究》2001年第3期。

② 段成荣等：《2012级人口学专业博士研究生人口学专业研究指导课》，中国人民大学，2013年6月。

③ 原国家计生委2011年流动人口动态监测调查数据。

该办法来界定新生代流动人口。

（四）通婚与结婚

婚姻是人类社会中一种普遍存在的社会制度。在任何社会形态下，都存在男女两性结合形式，但在不同的社会形态下表现为不同的结合方式。在生产力水平低下的原始社会，是一个男人（或男人们）与一个女人（或女人们）之间的结合。① 威廉·A. 哈维兰把婚姻定义为"一个或多个男人（男性或女性）与一个或多个女人（女性或男性）之间的关系"。② 随着生产力的发展，出现了一夫一妻的婚姻制度，吉登斯将婚姻界定为"两个成年人之间被社会所承认的性结合"。婚姻虽然被赋予了自然与生物性之特征，但并非所有的性结合都能称之为婚姻，只有被纳入一定的社会规范之中，并赋予相应社会权利与义务的性关系才能称之为婚姻。婚姻的本质在于男女性关系的社会规范化、合法化，即婚姻是一定社会制度和规范所确认的男女两性结合的社会形式。婚姻除了受社会制度的制约外，还会受到历史文化传统以及民风民俗的影响。其实，婚姻不仅仅是夫妻俩之间的事情，受中国传统文化的影响，特别是家庭文化的影响，婚姻的内核是"小家"（核心家庭），而外延是"大家"，在这个"大家"里面包括了夫妻双方的父母及其他亲属群体，在古代社会中甚至还包括同姓同宗等其他有血缘关系的人。③

在中国古代，"通婚"亦作"通昏"用。因为男方去女方家迎亲娶媳时间总是在夜里进行，所以叫通昏，《仪礼·士婚礼》谓"婚礼下达"，"姻"做"因"，意思是"关系"，具体是指由婚姻结合而衍生出来的社会关系。《礼记·昏义》称"婚礼者，将合二姓之好，上以事宗庙，下以继后世也"。④ 我国的大百科全书对婚姻的定义是这样的："两性基于一定的法律、习俗和伦理道德等规定所建立起来的夫妻关系。"⑤ 婚姻关系的缔结是家庭建立的标志和基础，而家庭是婚姻缔结的结果。婚姻制度是一个社会所作出的有关夫妇关系确立的一整套社会规范，不同的社会制度都

---

① ［美］罗伯特·F. 墨菲：《文化与社会人类学引论》，商务印书馆2004年版，第119页。
② 转引自刘锋《论婚姻理论歧义性之由来》，《吉首大学学报》（社会科学版）2006年第3期。
③ 何琪：《婚姻论》，中国文史出版社2014年版，第87—90页。
④ 汤兆云：《人口社会学》，华中科技大学出版社2010年版，第99—110页。
⑤ 转引自蒋彬《四川藏区城镇化进程与社会文化变迁研究——以德格县更庆镇为个案》，博士学位论文，四川大学，2003年，第91页。

有相应的婚姻制度，虽然随着时代的发展可能会有所变化，但其本质比较稳定。具体地说，婚姻是指男女两性确立合法的夫妻关系、组织家庭、共同承担抚育后代职能的社会形式。① 我国著名社会学家费孝通在《生育制度》中提及了婚姻的概念：认为男女相约共同担负抚育他（她）们所生孩子的责任就是婚姻。费老认为，婚姻不是两个异性个体间的私事，也不仅仅是两性的关系，婚姻更多的是社会方面的属性，婚姻关系要受到社会规范的限制与约束，其意义就在于建立社会结构中的三角关系，夫妇不只是两性间的关系，还有共同对儿女抚育的合作关系，在这个契约中同时缔结了夫妇关系和亲子关系，并且这两种关系不能独自成立，夫妇关系以亲子关系为前提，而亲子关系以夫妇关系为必要条件，这是构成三角形的三条边，三者缺一不可。② 正如史学家迪帕基埃所说：婚姻在人口变化中占有重要的地位，因为它是人类生物性与社会性的连接点。同样，罗伯特·F. 墨菲也认为，结婚沟通了自然现象与文化现象，它不仅包括性与生育的自然功能，还通过文化设置的法律得以实现，人类是自然的一部分，同时也是文化的创造者，具有一身兼二的特点。③ 齐美尔曾经也写道：婚姻涉及性，但又不仅仅局限于性，而是超越了性，婚姻中的性已经转化为某种高于生理行为的东西，客观上性就是性，但是在婚姻中却得到不同的阐释，婚姻中的性行为被社会认为是善的、正常的、符合角色期望的，因为它繁衍后代以保持人类的持续发展。④

通婚是个世界通用的名词，含义基本相同，均指双方结成姻亲的过程。可是在日常生活中，我们经常听到或谈论的不是"通婚"，而是"结婚"，那么二者又有何联系和区别？"结婚"一般指两个人（个体）之间婚姻的缔结过程，是就微观的个体而言的异性结合，而"通婚"是特指两个家庭（或家族），尤其是两个群体之间出现的婚姻缔结现象。但二者还是存在着密切联系，没有个体结婚，就不可能出现就群体而言的通婚现象，两个群体间的通婚现象正是通过个体结婚事件表现出来，通过婚姻的缔结过程，一个人不仅从外在的地理空间上可以看到她从一个地区迁移到

---

① 刘铮：《人口理论教程》，中国人民大学出版社1985年版，第201页。
② 费孝通：《生育制度》，商务印书馆1999年版，第25—40页。
③ [美] 罗伯特·F. 墨菲：《文化与社会人类学引论》，商务印书馆2004年版，第76—72页。
④ 刘铮：《人口理论教程》，中国人民大学出版社1985年版，第54—60页。

另外一个地区，也可以从内在的社会关系属性上看到她从一个群体融入了另外一个群体之中。① 因此，个体与群体总是紧密联系在一起的，不可能有离开群体而孤立存在的个体，也不可能有离开个体而存在的抽象群体。马克思主义认为，人的本质属性是社会性，人总是处在一定社会关系网络中的人。每个人都必须以一定的群体组织关系为依托，尽管人类社会从最微观的层面来看，是由不同的个体构成，但是个体从来就不可能脱离于最基本的组织单位——家庭而长期存在。另外，在人们的日常生活与工作中，又会自然而然地缔结出各种正式与非正式的次级社会关系群体。如同事、邻居、同学关系等。总之，人类社会就是一个由各种不同群体组成的团体。因此，在出现个体结婚的同时，也必然会出现两个异性个体所属的群体间的通婚现象。

（五）跨省婚姻与跨省通婚

跨省婚姻在中国早期一直存在，只是进入现代社会以后逐渐增多。所以，人们对跨省通婚概念其实并不陌生。但是，需要注意的是，"跨省婚姻"与"跨省通婚"在概念上存在一定的差异。"跨省婚姻"强调的是婚姻缔结后果，无论是否在流动过程中出现，只要夫妻双方的婚前户籍地为不同省份的婚姻都可以称为"跨省婚姻"；但"跨省通婚"更多地强调发生在个体社会行为变迁过程中的一种婚姻（择偶）过程，更具有一种动态含义。在本书分析中，当强调择偶过程时，使用"跨省通婚"的概念，当说明婚姻结果时，则使用"跨省婚姻"这一概念。

（六）通婚圈界定及其测量方法

不同学者对通婚圈的理解和定义不尽相同。有学者提出，通婚圈（或婚姻圈②）是指伴随着两性婚姻关系的确立而形成的一个社会圈子。③ 也有学者认为，通婚圈是由于婚姻所导致的人们社会经济地位以及居住空间的改变而形成的不同分布图。④ 它是用于描述婚姻现象的主要手段之一，同时也是用来测量通婚范围的一个重要指标。通婚圈主要关注婚姻匹

---

① 赵喜顺：《论婚姻的社会流动》，《西南民族学院学报》（哲学社会科学版）1991年第6期。

② 韦小鹏：《壮族婚姻圈的变迁——以南宁市二冬坡为例》，硕士学位论文，广西民族大学，2008年，第103页。

③ 唐利平：《人类学和社会学视野下的通婚圈研究》，《开放时代》2005年第2期。

④ [美] 罗伯特·F. 墨菲：《文化与社会人类学引论》，王卓君、吕迺基译，商务印书馆2004年版，第93页。

配对象之间的地理意义上的距离和社会意义上的距离两个方面。[1] 概括起来，主要可以从两个维度界定通婚圈：一个是地理空间；另一个是社会空间。还有学者认为，通婚圈是个体择偶行为结果的表征，具体指某一区域内婚姻当事人可以选择配偶的范围。[2] 包括某一婚姻个体在选择配偶时可能选择的地域范围或群体范围，有专家将择偶的范围分为自然空间和社会空间。前者主要指一定地理范围，因为人总是生活在一定的地域范围之中，以地理环境为生存基础，所以婚嫁行为与地域有着不可分割的联系；后者指基于地理空间基础之上形成的社会距离，人不仅要生活在一定的地域范围之中，同时也必须以一定的群体组织为依托，所以婚嫁行为还与群体有关，而这种群体间的距离通常以社会属性的差异大小为基准。[3] 婚姻的本质属性是文化性与社会性。因此，婚姻会直接受到社会习俗、伦理道德和制度规范的影响和制约。现实生活中，人们总是根据一定文化、地理和经济等不同标准来选择婚配对象。从不同的角度出发选择配偶，可以形成不同性质的通婚圈。如从文化角度出发，可以形成通婚的文化圈；从地理的角度出发，可以形成通婚的地理圈[4]；从年龄角度来看，根据夫妻双方的年龄差异和范围可以形成年龄圈，从经济角度出发，根据婚姻当事人双方的经济地位差异可以形成通婚的经济圈。[5] 通婚圈通常可以分为两大类：一类是等级通婚圈（也有学者将等级通婚圈称为"婚姻匹配"[6]），主要是指某个社会阶层或民族，把他们的择偶范围限定在某一阶层、民族、种族和教育标准范围之内。[7] 等级通婚圈更多的是从一种无形的虚拟关系出发进行考虑，具有隐性的特点。另一类是地理通婚圈，受地理空间的限制，择偶范围基本上被限定在邻近的区域范围内，择偶机会随着地理

---

[1] 陆益龙：《门当户对的婚姻会更稳吗？——匹配结构与离婚风险的实证分析》，《人口研究》2009年第2期。

[2] 唐利平：《人类学和社会学视野下的通婚圈研究》，《开放时代》2005年第2期。

[3] 杨筑慧：《侗族通婚圈的历史变迁——以贵州榕江车寨为例》，《中央民族大学学报》（哲学社会科学版）2014年第1期。

[4] 黄润柏：《村落视野下壮族通婚圈的嬗变——壮族婚姻家庭研究之一》，《广西民族研究》2010年第4期。

[5] 傅义华：《农村的通婚圈》，《乡镇论坛》1991年第2期。

[6] 李雅南、王飞：《城镇居民婚姻匹配和家庭收入变动：1991—2009》，《人口与经济》2013年第6期。

[7] 高鑫韦：《社会变迁视野下青年农民工通婚圈变化》，《边境经济与文化》2013年第4期。

距离的增加而趋于减少。① 地理通婚圈是一种显性的通婚圈，具体又可以从两个方面进行考察：其一，夫妻双方户籍地或居住地（或出生地）之间的绝对地理距离（通婚半径）；其二，夫妻双方户籍地跨越的行政区域范围大小。但也有学者认为②，从某种意义上说，婚姻与地域没有太大的关系，只是随着人类社会逐渐由地域内婚制向地域外婚制的转变以后，婚姻才与地域结合起来。最近，又有学者提出了基于"心理距离"而言的通婚圈，强调了心理因素对通婚圈测量的影响。主要包括以下四种情况：第一，联姻的两个村落之间是否有其他村落的空间阻隔，若其中隔着一个村子，即便在地理距离上只远出了一里或半里路，心理上就会感觉远了很多；第二，地形因素的影响，若地形崎岖不平，交通不便，即便直线距离不远，但心理感觉依然很远；第三，是否有亲属或熟人网络。如果没有亲戚或熟人，交往较少，即便地理距离很近依然觉得很远；第四，身体健康状况与体质特征。如封建社会的"裹小脚"女人每次回娘家，即便就在邻村的3—5里地，但是由于走路不方便加上道路状况不好、交通条件不发达，依然感觉非常遥远。③ 李若建（1992）认为，在制度性的择偶中，其择偶范围被称为通婚圈。④ 石林等（2006）认为，通婚圈是指人们从民族、宗教、受教育程度、经济条件等角度出发而选择的通婚范围。⑤ 翟振武和段成荣（2006）认为，在一定程度上分析夫妻婚前户口登记地的情况，也可以看出通婚圈的大小。当夫妻婚前的户口登记地为同一县（市），表明他（她）们属于近距离通婚，当夫妻婚前的户口登记地不在同一县（市）但在同一省，表明他（她）们的通婚距离比较远，当夫妻婚前的户口登记地为不同的省，则表明他（她）们的通婚属于远距离。因此，可以根据户口登记地情况来甄别通婚圈的大小。⑥ 也有专家根据民政局系统提供的婚姻登记数据库中提取婚姻登记人身份证号码的前6位，

---

① 佟新：《人口社会学》，北京大学出版社2000年版，第125—140页。
② 何生海、王晓磊：《论西部农村婚姻圈的广延性与内卷化——基于西部G村为考察对象》，《内蒙古民族大学学报》（社会科学版）2013年第3期。
③ 马占斌：《内宗外姻——从胶东马家村姻亲网络看清末以来乡村社会的嬗变》，广西师范大学出版社2014年版，第77—80页。
④ 李若建：《人口社会学基础》，中山大学出版社1992年版，第33—37页。
⑤ 石林、罗康隆：《草苗的通婚圈和阶层婚姻研究》，《广西民族大学学报》（哲学社会科学版）2006年第6期。
⑥ 翟振武、段成荣：《跨世纪的中国人口迁移与流动》，中国人口出版社2006年版，第101—103页。

来识别结婚登记时夫妇双方的"户口所在地",计算了跨地域通婚夫妇所占的比例,并尝试用区域之间的铁路里程来计算夫妇居住地之间的地理距离。[①]

总而言之,通婚圈可以从绝对地理距离(通婚半径)、行政距离(通婚跨越的行政区域范围)、社会距离(阶层或民族等社会属性范围)和心理距离(是否有亲戚或熟人网络等)四个方面进行考察。但出于测量的方便性,同时由于国家卫计委流动人口动态监测调查数据中缺乏夫妻婚前户籍地之间准确的地理距离数据,而只有行政区的信息,所以本书中的通婚圈界定也将采用户口登记地的办法,即根据夫妻户籍所在地是否跨越某一行政区来衡量通婚圈。需要特别说明的是,由于样本中包含了夫妻在结婚以后户口迁移到同一地的情况,这种婚姻在分析中被当作"同地"婚姻,但实际上可能是异地婚姻,所以计算结果会存在一定程度的低估,另外,本书将流动前结婚与流动后结婚的样本做了区分。

在已有研究基础上,本书进一步将地理通婚圈的空间演化结构由内向外划分为通婚圆、通婚弧和通婚点。(1)通婚圆:当通婚距离很近时,某一中心向不同的方向可能都存在通婚现象,而且不同方向的通婚距离差距不大,近似于圆形分布的地域结构,叫作通婚圆。(2)通婚弧:随着通婚距离的增加,不同方向的通婚密度出现了差异,甚至有的方向根本不存在通婚情况,导致通婚圈的地域结构出现了局部断裂,类似于弧线分布的结构,将其称为通婚弧。(3)通婚点:当通婚距离进一步向外延伸,比如当空间范围达到跨市甚至跨省、跨国通婚时,不同通婚方向的通婚密度差距进一步扩大,可能只和局部地区存在通婚现象,通婚地域结构仅仅呈散点式的地理分布,将其称为通婚点。

**二 基本理论**

(一)资源交换理论与互补需要理论

资源交换理论认为,人类的一切社会经济行为都会受到某种能够带来奖励或报酬的交换活动所支配。[②] 因此,可以将人类的一切社会活动都归结为一种交换行为。随着资源交换理论的深入发展,爱德华进一步提出了

---

[①] 高颖、祝维龙:《为爱需要走多远?——依据北京市今年数据对通婚距离变动情况的估算和分析》,《人口与发展》2014年第4期。

[②] 王尚银、刘朝峰:《人情关系"货币化":基于社会交换理论的分析》,《贵州大学学报》(社会科学版)2011年第2期。

"人类择偶活动也是一种交换行为"的观点。此后，Pawlowski 深入发展了爱德华的择偶交换理论，认为婚姻当事人在择偶过程中，总是试图通过展现个人的"正面形象"来实现婚配利益的最大化。

"资源交换理论"与"互补需要理论"在本质上具有一定联系，互补需要理论认为，尽管婚姻当事人在选择配偶的时候，会考虑对方的年龄、相貌、种族、地域、社会经济地位等因素的一致性，但当择偶表现为心理需求和个人动机时，势必互补而非相同。[①] 人口迁移流动导致了不同群体和不同地区之间的人口互相交往，这必然会对未婚青年的婚恋观念和行为产生重要的影响，流动青年不仅有了和其他外地流动人口恋爱、结婚的机会，也有了在流入地婚嫁的机会。流动人口与户籍人口、流动人口与流动人口之间是否存在资源的交换与互补？

结合我国实际，可以利用资源交换理论来分析流动人口的通婚圈。由于我国户籍制度背后附加了很多不公平的福利待遇，流入地的城镇非农业户口可能对流入人口具有很强的吸引力，他（她）们可能会将户口及其附带的待遇视为一种优势资源。因此，在我国户口就很可能被视为一种资源在婚姻市场上进行交换。但以上只是根据资源交换理论提出的一个研究假设，但事实是否真的如此？将在下文通过实证分析给出答案，即我国流动人口的通婚圈是否会受到户口性质的影响。

（二）社会同化（融合）理论

社会同化（融合）理论认为，移民刚进入流入地的前期阶段，与当地居民有不同的文化习俗和社会经济特征。因此，将会阻碍着移民与流入地居民之间以及不同地方的迁入人口间的通婚行为发生，但随着时间的推移，移民不断掌握流入地居民的语言和文化，在不断融合推进过程中，必然增加了不同群体之间互相交往的可能性与机会。在这种情况下，族群间的通婚行为就成为社会同化与族群融合一个自然而然的社会适应结果，只是不同族群在融合过程所需要的时间长短和进度可能有所不同，这又取决于移民与当地主要族群之间的社会经济文化差异的大小。

社会同化理论是主要针对国际移民而提出的一个理论。而中国独特的国情是大量"人动户籍不动"的流动人口，不涉及国籍的问题，所以国内学者运用较多的是社会融合理论。但目前这一理论的应用范围存在一定

---

[①] J. 罗斯·埃什尔曼：《家庭导论》，中国社会科学出版社 1991 年版，第 115 页。

的局限，通婚圈的问题没有被纳入研究视野，更多的是从流入地的角度讨论融合问题。实际上，通婚圈是更宽泛意义上的社会融合，而且有更深远影响。因此，社会融合理论对我国流动人口居留时间长短对通婚的影响具有很好的启示作用。据此理论，提出如下假设：流动人口在流入的居留时间越长，与流入地居民或其他流动人口的通婚可能性越高。

（三）社会分层理论与同类匹配原则

"分层"一词起源于地理学，原指地质构造的不同层面，是一个地理学的概念。但后来社会学家发现，人与人之间、集团与集团之间存在的不平等现象和地层构造类似，也可以分成高低有序的若干等级，因而提出了"社会分层"这一概念。① 社会分层理论认为，根据一定的标准可以将处于社会中的人区分为高低不同的等级序列。主要表现为人与人或者集团与集团之间的高低有序的若干等级和不平等的状况，社会分层是社会制度渗透在人类生活中最基本的方面，每个个体都可以按照其社会经济特征归属到某一社会阶级或阶层之中。② 社会分层理论并没有直接研究通婚，而是从不同族群分层的角度来阐释族群之间的通婚现象。根据分层理论的基本假设，不平等的地位将会阻碍各族群成员在日常生活中的交往，通婚也主要局限在同一层级之内，不同层级之间的通婚往往会受到限制和阻碍。

同类匹配原则认为，个体选择配偶时偏向于选择与自己年龄、居住地、教育、种族、宗教、社会阶级以及价值观等属性相近的异性为配偶。美国社会学家古德认为"一切择偶制度都倾向于同类匹配，即阶级地位大致相当的人才可结婚"。③ 同类匹配原则与我国传统社会中的"门当户对"原则吻合，过去人们非常注重婚姻的稳定性，强调从一而终、白头偕老。同类匹配原则在地理距离方面也得到一定的体现，通常人们倾向于选择与自己居住地距离相隔较近的异性为配偶，居住空间分布状况也可能是影响通婚范围的一个主要因素。

（四）婚姻匹配的梯度模式

虽然有研究认为，从夫妻婚前的受教育程度、职业、宗教信仰以及户口性质等方面的匹配性来看，都发现同类匹配的普遍性规律，但是，男女

---

① http://baike.baidu.com/link?url = OtewSswDXjK0FRlJuPbjK70syrbN_mEa1wbUT292mBB1igsgMCVDunF4hbx - CeXO.
② 佟新：《人口社会学》，北京大学出版社 2000 年版，第 76—77 页。
③ 威廉·J. 古德：《家庭》，社会科学文献出版社 1986 年版，第 88—90 页。

两性在择偶的过程中具有明显的梯度差异，男性更倾向于找比自己各方面都较低，最多是与自己相当的女性作为配偶，包括身高、年龄、收入、受教育程度、职业阶层等方面，而女性却更多地要求配偶在上述几个方面的条件比自己高，最少是与自己相当，这就是婚姻匹配中的"择偶梯度"模式。

（五）碎片化理论

碎片化理论认为，与当地居民具有相同民族、职业、文化等社会属性的移民，与当地居民之间的社会交往更加密切，而与当地居民具有不同社会经济特征的移民，与当地居民之间的联系相对较弱，不同地区或族群之间的同化过程不完全一致，族际通婚也不可能一样，而是呈现出一定程度"碎片化"特征。

结合我国的实际情况。首先，地域面积广阔、地势复杂多样，不同地区具有不同的语言、自然地理环境和气象气候。传统农业社会的村民趋向于安土重迁，很少有人流动到自己经常活动的场域之外，因此不会遇到适应异地文化的情况，人们都是各自在各自的"碎片"范围内活动，很少与其他碎片内的群体发生社会交往关系，但随着人们活动范围的不断扩大，逐渐越过自己所属的行政区划范围。通婚模式可能存在区域差异。其次，我国民族种类多，各个民族在长期交往过程中仍然保持本民族独特的文化体系，他们使用不同语言，住着不同风格的房屋，穿有不同颜色和款式的服装，还具有不同的生产方式，也可能具有不同的婚姻结合模式。

## 第二节 研究假设

科学研究源自生活中的实际问题。科学是为解决社会问题服务的。科学问题大致可以分为两类：第一类是经验性的问题，主要关注经验事实与科学理论之间的兼容性，即用经验事实来证实或者证伪已有的理论。第二类是概念性的问题，主要关注理论自身的建构以及同其他已有理论的相互补充和相互竞争等问题。科学研究使生活中零散的经验事实联系起来，构成一个系统的理论体系，这是整个科学研究的基础与核心，没有理论的创新就不可能推动科学的发展进步。

西方学者关于移民婚姻家庭关系等问题的研究已经有很长的历史，并取得了丰硕的成果,国外学者提出的这些理论不一定完全符合我国流动人口的实际情况,由于西方国家与我国经济发展水平、文化习俗和社会制度等多方面都存在显著的差异,可能会导致某些理论在国内流动人口现象中难以找到比较圆满的解释。因此,这些理论在我国的具体应用,还需做进一步验证和探讨。本书的理论基础与研究假设如图2-1所示。

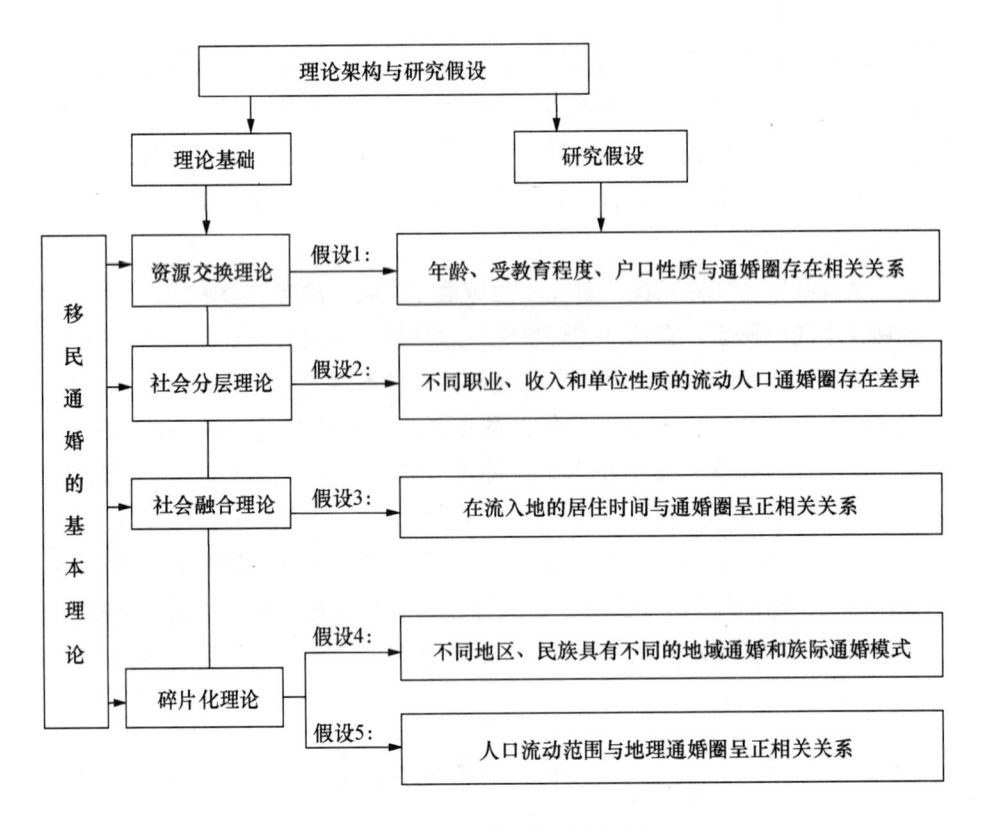

```
                    理论架构与研究假设
                   ┌────────┴────────┐
                 理论基础              研究假设
                   │
         ┌─────────┼─────────┐
         │                   │
    资源交换理论 ──假设1:── 年龄、受教育程度、户口性质与通婚圈存在相关关系
         │
    社会分层理论 ──假设2:── 不同职业、收入和单位性质的流动人口通婚圈存在差异
         │
    社会融合理论 ──假设3:── 在流入地的居住时间与通婚圈呈正相关关系
         │
    碎片化理论 ──假设4:── 不同地区、民族具有不同的地域通婚和族际通婚模式
              └─假设5:── 人口流动范围与地理通婚圈呈正相关关系
```

移民通婚的基本理论

图 2-1 理论基础与研究假设

## 一 根据资源交换理论:提出假设1

资源交换理论认为,择偶过程实际上是双方资源交换的行为。这里的资源包括的内容是多个方面的,既可以是看得见的显性资源,如相貌、身材、年龄等。如林明鲜等(2006)以中国吉林省延边朝鲜族自治州女性的涉外婚姻为例,分析了中韩建交以来(1992年)的延边朝鲜族社会涉外婚姻中的资源交换关系,认为在经济社会资源较为匮乏的中国女性将自身的"年轻"作为一种资源与韩国男性"优越的居住"资源在婚姻中进

行交换。①"资源"还可以是看不见的隐性资源,如人品、能力、道德修养、受教育程度等。丁金宏等(1999)以上海市为例分析了20世纪90年代以来我国城乡两地户口的婚姻,发现城乡通婚的"边缘性"特征,即城市群体的低端边缘与农村群体的高端边缘相结合之特征。从文化程度上看,表现为城市较低层与流入人口的中高层结合,城乡两地户口婚姻体现了我国户口的实用价值,城市户口是城乡居民通婚的重要筹码。② 有研究发现,流出人口往往是农村中年纪较轻的、受教育程度相对较高的群体,他(她)们相对于农村未流动人口具有较高的人力资本,而且受教育程度越高,尤其是在外地上大专或大学及以上,认识跨省、跨市等远距离同学可能性更大,而通过同学关系结识结婚对象是当前一条主要的择偶途径。流入地城市居民可能因为城市户籍、较高的收入而吸引着外来流动人口,因而被那些想获得城市户口,在城市落地生根的流动人口视为是一种宝贵的"资源",这样流动人口与城市居民之间通过资源的交换而出现了城乡之间的通婚,打破了过去城乡分割的"二元通婚圈"。据此提出了第一个假设:

假设1:流动人口的受教育程度、年龄、户口类型与通婚圈存在显著的相关性。受教育程度越高,其地理通婚圈越大;达到一定年龄(如成年或者达到法定结婚年龄)之后,年龄越小的流动人口,城乡居民通婚的可能性相对较大,其地理通婚圈也会较大;城市居民通婚圈大于农村居民。

二 根据社会分层理论和同类婚配的原则:提出假设2

社会分层理论认为,人在社会中处于高低不同的等级序列,人与人之间、集团与集团之间存在不平等现象。而人们的择偶范围一般都被限定在同一层级范围内,具有同类婚配的特点,每个等级社会的基本原则是多数人应该和他(她)们地位等级相同或相近的人结婚,社会经济的不平等程度限制了不同族群之间的社会交往,社会经济分层限制族外通婚的机会,同时加剧了族内婚的趋势。按照社会学家韦伯的观点,社会阶层的划分主要有政治、经济与社会三重标准,经济标准是社会成员在市场经济中

---

① 林明鲜、申顺芬:《婚姻行为中的资源与交换——以延边朝鲜族女性的涉外婚姻为例》,《人口研究》2006年第3期。

② 丁金宏、朱庭生、朱冰玲、樊华、孙小铭、林克武:《论城市两地户口婚姻的增长、特征及其社会政策寓意——以上海市为例》,《人口研究》1999年第5期。

获得的机会与资源，即个人拥有的收入或财富，政治标准主要是权力，指行动者即便在遭到反对的情况下也能实现自己意志的可能性大小，社会标准通常用职业声望来表示，表现为个人的身份、教育水平和生活方式等。人口社会学关注的是人口过程与社会分层之间的联系，而婚姻是人口再生产的基本制度，也必然与社会分层之间存在一定的联系，婚姻只能在阶层内部进行，阶级婚姻也有一个由内婚制向外婚制延伸的历史。本书为了便于操作，选择流动人口的职业、收入和受教育程度作为社会分层指标，另外还增加了"单位性质"。据此提出第二个假设：

假设2：流动人口的职业、收入、单位性质与通婚圈之间存在相关关系。流动人口的职业社会地位越高、收入越高，其选择的空间越大，通婚圈越大；至于单位性质，在机关、事业单位和国有企业、中外合资等工作的人，其通婚圈比土地承包者、个体工商或私营企业的通婚圈较大。

### 三 根据同化理论：提出假设3

同化理论认为，移民刚开始与当地居民有着不同文化习俗和社会经济特征，因此阻碍着不同种族间的通婚行为的发生，但随着移民不断掌握当地的语言和文化，在不断融合的过程中，增加了不同群体之间互相交往的可能性与机会。在这种情况下，通婚就成为社会同化的一个自然结果。据我国历次（2009—2014年共6次）流动人口监测调查数据计算发现：流动人口在流入城市的居留时间不断趋于延长，流动人口出现了"流而不动"的稳定态势，渐渐地适应了城市现代文明。同时市民也增加了流动人口的社会认同感，从而使城乡居民通婚逐步成为现实。① 根据社会同化理论与我国流动人口的实际情况，可以认为农村青年外出务工的时间越长，他们所受到城市婚恋观念的影响程度就越深，因此越有可能影响甚至改变他（她）们原有的婚恋观念。据此提出第三个研究假设：

假设3：流动人口在流入地务工时间与地理通婚圈呈正相关。流动人口在流入地务工的时间越长，他（她）们同当地居民或其他外地流动人口结婚比例越大，相应的地理通婚圈也越大。

### 四 根据碎片化理论：提出假设4和假设5

碎片化理论认为，一个国家或地区的社会同化过程不可能同步进行，

---

① 丁金宏、朱庭生、朱冰玲、樊华、孙小铭、林克武：《论城市两地户口婚姻的增长、特征及其社会政策寓意——以上海市为例》，《人口研究》1999年第5期。

而只有局部地区或部分群体最先实现同化，而其他群体并没有实现同化，不同地区或族群之间的同化过程不可能完全一致。因此，族际通婚也就不可能一样。由于我国地域辽阔，民族种类繁多，不同地区和不同民族的社会经济与文化差异十分明显，各民族在长期的历史发展过程中所创造出来的物质文化和精神文化。民族文化差异主要表现在语言、宗教信仰、风俗习惯与禁忌等多个方面，而且这些差异很可能影响到择偶行为和地理通婚圈的发展。据此提出本书的第四个和第五个假设：

假设4：不同地区、不同民族的流动人口通婚地域模式存在显著的差异；

假设5：地理通婚圈与人口迁移流动的地域范围存在一定的相关性。人口迁移流动的地域范围越大，所形成的地理通婚圈越大；反之，人口迁移流动的地域范围越小，其地理通婚圈就越小。

## 第三节 数据来源与研究方法

### 一 数据来源

本书使用的数据包括定性的个案访谈、抽样调查数据和宏观汇总数据三个层面。

#### （一）个案访谈资料

笔者在攻读博士学位期间，一直关注流动人口的婚姻恋爱问题。每年春节，总会见到本村或邻村的几个"外地媳妇"[①]，当看到她们出来玩的时候，除丈夫以外几乎不与其他群体（包括丈夫的家庭成员）接触交流，就算交流也表现得有些别扭，因为老家村民几乎都不会说普通话。最基本的语言交流不畅，婆媳间对话往往会引起周边朋友的哄堂大笑。这个现象曾引起了我的注意，通过和她们多次聊天式的轻松访谈获取了一些定性资料。此外，在北京市、山东省也做了一些典型的个案访谈。

#### （二）抽样调查数据

1. 2008年中国综合调查数据（CGSS，2008）

"全国综合社会调查"项目是中国人民大学社会学系发起的一项全国

---

[①] 这里的"外地媳妇"泛指男性打工青年从打工地领回来的媳妇，其中多数为外省姑娘，也有省内外市的。

范围内的、大型的抽样调查项目。调查对象为在现地址居住的年满18周岁及以上的人口，主要目的是了解当前我国城镇居民的就业、工作和生活情况以及对当前一些社会问题的看法，访问的对象是根据随机抽样的方法，2008年的调查在全国28个省市抽取家庭户，然后在每个被选中的居民户中按一定规则随机选取1人作为被访者，由访问员手持问卷对该被访者进行调查。整个入户调查工作在2008年10—12月进行。

2. 2009年"中国城市青年状况调查"数据

"中国城市青年状况调查"地理区域包括北京市7个城区、湖北省黄石市11个街道、河北省保定市16个街道、陕西省西安市13个街道。调查对象：出生于1975年1月1日至1989年12月31日期间的现有人口（年龄在20—34岁的青年人口）。样本总量为3832人，其中北京的样本量为820，黄石的样本量为829，保定的样本量为813，西安的样本量为820。四个省市的样本总量分布基本均衡，各占1/4左右。调查内容除人口学的基本信息外，还包括青年人口就业与经济状况、生育意愿与行为、婚姻与情感生活、家庭成员构成等方面。

3. 2010年、2011年、2012年、2013年全国流动人口动态监测数据

原国家人口和计划生育委员会分别在2010年上半年和下半年各举行了一次流动人口调查，2011—2013年，每年5—6月如期开展一次全国流动人口动态监测调查。2013年将人口和计划生育委员会与卫生部合并，新组建了国家卫生和计划生育委员会继续承担数据调查工作。目前，最新一期调查数据是2015年全国流动人口动态监测调查，2009—2015年，国家卫计委流动人口司连续7年对流动人口进行动态监测，尽管该调查不是追踪数据，但是如此大规模、连续性的监测调查数据已为相关部门和高校专家学者的科学研究工作做出了巨大贡献。该调查采用了分层、多阶段、与规模成比例（Probability Proportriate to Size Sample，PPS）的抽样方法。

本书虽然使用了三套不同来源的数据，但是"中国城市青年调查数据"和"中国综合调查数据（CGSS）"只是起到辅助和补充说明流动人口通婚圈的作用，不同数据用于说明不同的问题，在分析流动人口通婚圈的时候主要使用"流动人口动态监测调查数据"。

（三）宏观汇总数据

（1）中国第五次、第六次人口普查资料、相关年份《中国统计年鉴》

资料；

（2）《全国流动人口动态监测数据集》（2012年，2013年）。

## 二　研究方法

### （一）文献研究法

本书通过在中国期刊网（CNKI）和中国人民大学图书馆收集与通婚圈有关文献和资料，并进一步对这些文献进行整理和分析，以了解目前国内外关于通婚圈、流动人口通婚圈以及人口迁移流动与通婚圈之间的关系研究最新动态。在此基础上，总结归纳已有研究中存在的不足，据此找到研究切入点。

### （二）理论与实证相结合的方法

利用全国范围的抽样调查数据，结合资源交换理论、社会同化（融合）等理论分析我国流动人口异地通婚的内在发生机制。根据发源于国外的移民通婚理论，提出研究假设，检验国外移民通婚理论在我国的适用性。在上述理论的指导下，提出本书研究假设，并利用全国范围的抽样调查数据进行验证，做到理论与实证相结合。

### （三）比较分析法

比较分析法根据参照对象的不同，通常可以分为横向比较和纵向比较两种类型。纵向比较是对同一事物在不同时点上的变化进行比较（参照对象是自己本身在期初的状况），据此来认识事物的发展变化过程，纵向比较的本质是找变化；横向比较是指对不同区域或部门同类事物在同一时点上的差异（参照对象是其他个体或群体），横向比较的本质是找差异（或差距）。本书运用人口学中队列分析方法，比较不同初婚队列人口以及不同群体的通婚圈特征与差异。

### （四）定量研究与定性分析相结合的方法

利用抽样调查数据，在STATA统计软件平台上建立二元Logistic、多分类Logistic回归模型以及双变量交叉分析和统计检验，找出可能影响我国流动人口通婚圈变化的因素，并在定量分析的基础上，通过对个案访谈资料进行整理与深入分析。

### （五）空间分析与图表分析方法

运用地理信息系统（基于ArcGIS 9.3软件平台）空间分析统计方法，从省域层面和地区层面两个方面构建我国流动人口通婚圈地域模型，将流动人口通婚圈的地域结构在地图上进行可视化表达，简洁明了地表达模型和双因素或多因素之间的关系,运用大量的图表进行说明,做到图文并茂。

## 第四节 分析框架与技术路线

本书的分析框架与技术路线如图 2-2 所示。

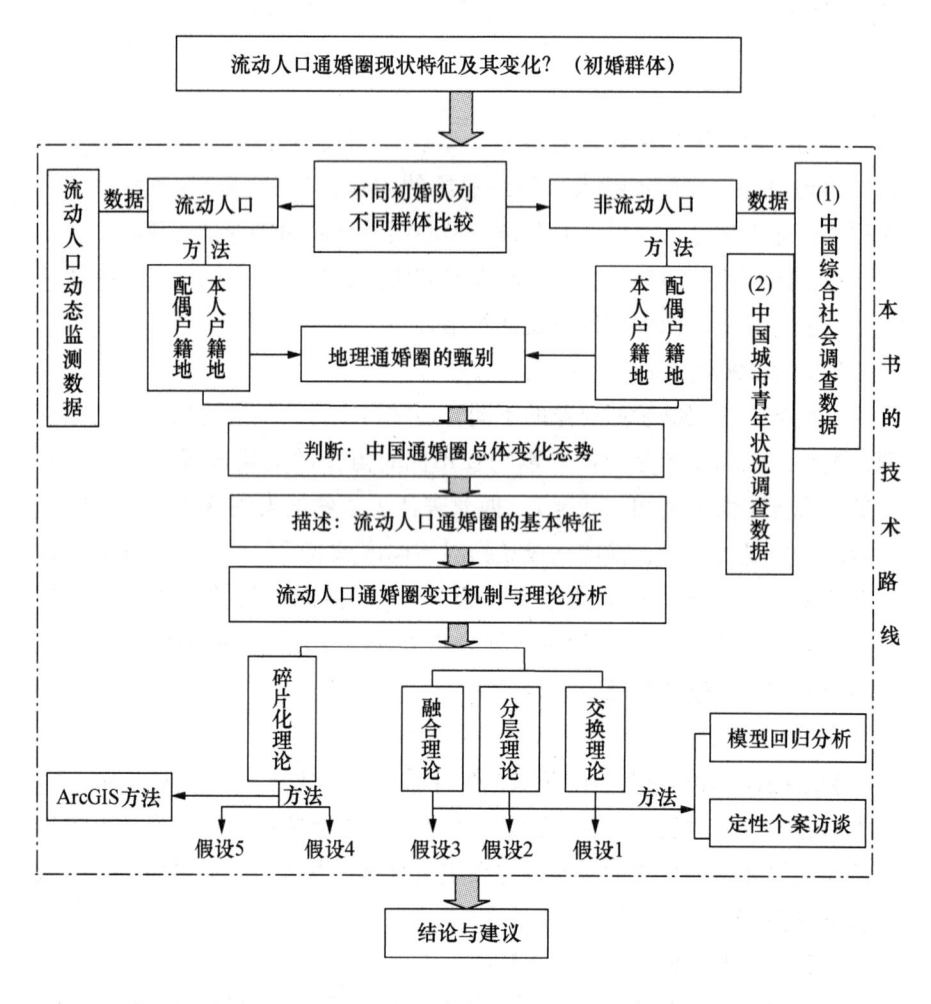

图 2-2 分析框架与技术路线

首先,对中国流动人口与非流动人口群体的地理通婚圈做一个整体性的变化态势比较，并进一步建立流动人口跨省通婚模型，但是，由于本书中的通婚圈界定缺陷，可能存在夫妇双方虽然分属于不同的行政区域管辖，但地理距离非常接近的邻省通婚的情况，所以，又把邻省通婚的情况分离出来，将跨省通婚分为邻省通婚与隔省通婚两种情况。

以上分析的对象虽然是流动人口，但事实上这些流动人口中部分群体的婚姻事件可能在流动前就已经发生，因此不能看出人口流动经历对其通婚圈产生的影响作用如何。所以，接着又把问题聚焦到调查时点，流入调查地的原因为"婚嫁"流动人口子样本中，具体分析这部分群体的地理通婚圈与其迁移流动行为关系。

其次，借鉴国外移民通婚的几个主要的经典理论对我国流动人口的通婚圈变化进行解释，以阐析流动人口通婚圈变化背后的内在发生机制，接着从经济学视角来分析我国通婚圈的发展变化。

最后，简要地分析了中国通婚圈变化可能带来的各种潜在影响，并提出一些参考建议和措施，以解决我国流动人口通婚圈发展变化过程中即将遇到的实际问题，以促进流动人口婚姻家庭和谐发展。

## 第五节　研究创新

### 一　研究进展

本书在已有研究成果基础上，主要取得以下几个方面的进展：

（1）利用全国范围的流动人口抽样调查数据，从总体上把握了我国流动人口的通婚圈变化特点和趋势，克服了从局部地区研究得出的结论不一致甚至相反的情况，形成一个总体性的认识和宏观把握，有利于对通婚圈的基本认识，在研究的区域范围方面有了一点的突破。

（2）利用地理信息系统（ArcGIS）的空间统计分析技术，构建了不同层面（省域、区域两个层面）流动人口通婚地域模型，更形象直观地反映了流动人口的通婚地域模式与差异。

（3）克服了现有的部分研究只注重通婚圈特征和状况描述的缺陷。本书除对通婚圈的基本情况进行细致的分析外，还将源于国外的移民通婚理论，主要包括资源交换理论、社会（结构）同化理论、社会分层理论、碎片化理论，并将其与我国流动人口的实际情况相结合，在理论方面也做了一点思考。

## 二 本书创新

（1）提出了我国流动人口通婚圈的"空间可及性"理论模型，解释了人口迁移流动范围扩大对通婚圈影响；并从省域和地区两个层面提出了我国流动人口的通婚圈的区域模式。

（2）提出了通婚圈随地域范围扩大的梯度演化结构，将地理通婚圈进一步分为四个圈层。其基本特征是：通婚圈结构由近及远出现了通婚圆→通婚弧→通婚点的梯度演变。

（3）关于受教育程度与通婚圈之间的关系。现有的研究主要运用从人力资本理论来进行解释，本书在赞同上述观点基础上，还做了进一步的补充：认为随着教育特别是高等教育的发展，越是到了较高层次的教育，越有可能认识来自全国乃至世界各地的同学、朋友，来自远方的同学越多。因教育而缔结的学缘关系将在未婚青年择偶活动中发挥着越来越重要的作用。

# 第三章 不同人口子群体通婚圈

改革开放以来，随着我国社会经济的快速发展和户籍制度松动，人们逐渐获得自由迁徙权利。同时，受经济利益的驱动导致大规模的农业剩余劳动力大军源源不断地从农村地区输往经济发达地区的大城市从事务工经商等经济活动。开始出现大批劳动力人口往东南沿海发达地区流动。人口迁移流动促使人们的社会经济活动范围得到了空前的扩展，突破了乡土社会中"生于斯，长于斯"的"熟人空间"，转入城市或城中村的"半熟半生"生活场域。人口迁移流动经历对正值婚恋黄金时期的未婚青年的择偶观念与行为、择偶空间都将产生重大的影响。我们可以从云南省某家族连续三代人的地理通婚圈变化记录中找到证据，如图3-1所示。

**【个案分析1】** 云南某家族的通婚圈代际变化历程

从图3-1中可以看出，该家族第一代（G1、G2、G3）出生于20世纪30年代，他们在50年代左右全部初婚完毕，通婚圈都在本村或邻村范围，没有出现跨省、跨市远距离通婚的现象。第二代大概于七八十年代初婚，这一代通婚圈和第一代没有显著的差异，也主要在邻村范围内，有一部分跨县但主要也是发生在县界旁边，虽然通婚圈的行政地域在扩大，但是地理距离并没有发生显著的变化。前两代受计划经济制度和户籍制度禁锢的影响，很少人有机会自由迁徙流动，即使有人口流动也主要是在婚后才逐渐发生。从第三代开始，与前两代相比发生了明显变化，他们是正处于经济体制转轨中的一代，大部分青年人读完初中或高中之后，若没有机会继续念大学，他们并不会立刻回家接替父辈的遗业——务农（耕田种地），而是直奔城市走上打工之路。他们直接跳跃了传统的农业生产活动这一环节，缺乏父辈们的务农经历，这一代农村青年基本不会使用传统的农业生产工具，也不懂现代化的农业生产技术和作物种植规律。随着在城市生活时间的延长，城市的生活方式却深深地映射到他们的大脑中，对他们的婚姻观念也带来了巨大的冲击，这一代从农村流动出去的女孩基本不

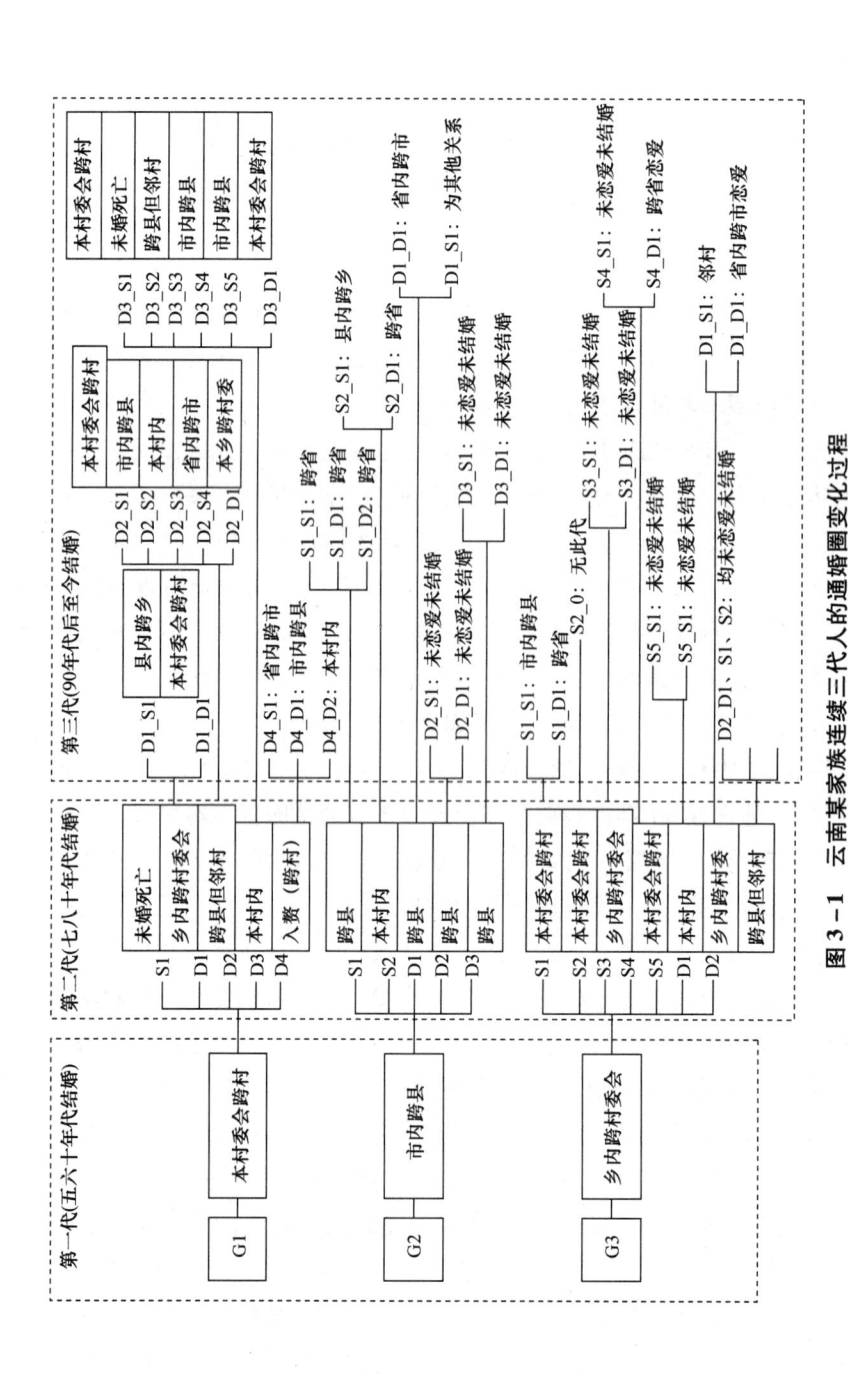

图 3-1 云南某家族连续三代人的通婚圈变化过程

注：图中的 G 表示祖辈，G1 夫妻双方分别于 2012 年、1990 年均已去世，G2、G3 夫妻双方健在，S 表示儿子，D 表示女儿，1、2、3、4 等阿拉伯数字表示出生顺序。

返回老家找结婚对象,男孩大多也是从外面(打工地)领回媳妇,他们的婚恋甚至生育主要在流动过程中陆陆续续发生。从图3-1可以看到,该家族第三代人的择偶范围已经出现了跨省通婚,与前两代相比,其地理通婚圈发生了明显的扩张。还可以和东部地区进行比较,如个案分析2所反映:

**【个案分析2】**张××(男),年龄84岁,小学文化,老伴75岁,老两口身体都比较健康,生活基本可以自理。有三个儿子和两个女儿,五个子女都已经结婚生育孩子,儿女们也都很孝顺老两口。张大爷对他现在的生活特别满意、很知足。"三个儿子轮流照顾我们老两口,每家赡养一年,依次轮流,今年轮到第二个儿子家养我们,虽然儿子不在家,到新加坡打工(砖瓦工)两年了,但过年的时候都会回家,现在家里只有儿媳妇和孙子女,儿媳妇也特别孝顺我们,我们老两口在家帮他们照顾孩子。两个女儿年龄也大了,大女儿今年54岁,嫁到下村,离我们村也只有15里地(意思是很近),也和女婿一起出去打工了,但都比较近,每年都会回来5—6次看望我们老两口,每次回来都会带点水果、买件衣服之类的,现金她们也会给,但我们不要,她们的孩子现在还在上学,家庭经济负担也很重。大女儿家里只有一个独生子,小女儿今年也52岁了,离我们老家更近,就在隔壁村(李家庄村),只有3里地远,小女儿有一个儿子(小的)和一个女儿(大的),外孙女都已经结婚有孩子了,外孙子现在还没有结婚但有恋爱的对象,现在在泰安市汽车修理厂打工,他们是在工厂认识的,那个女孩(指外孙子的女朋友)是肥城县的,距离我们村有110多公里。"[①]

从张大爷对其家庭两代人通婚圈叙述发现:地理通婚圈的代际扩展特点仍然比较明显,通婚圈的代际扩大与人口迁移流动有着密切的联系,外孙子虽然没有结婚,但是他女朋友是外县的,离家比较远,而且比他女儿或儿子一代的通婚圈有了明显的扩大。现在的年轻人大多外出打工,离开家乡到外地,可以认识更多的外地人,与外界的接触更加广泛,认识外地人的可能性也更大,随着未婚女性青年流动人口的增加,处于结婚年龄的未婚青年男女有了更多的机会相互认识,因此异地联姻的现象也必然会增多。

---

① 访谈信息:笔者在山东省泰安市岱岳区北集坡镇泉上村2014年10月23日的访谈。

以上两个个案分析的单位只是微观的"家族",这难以说明通婚圈的总体情况,下面将扩展到以"村落"为单位的分析,揭示村落通婚圈的演变趋势。具体如表3-1所示。

**【个案分析3】**陇东南G村的通婚圈代际演变情况

表3-1　　　　　G村连续三代人的通婚圈　　　　单位:对、%、公里

| 代际 | 总对数 | 本村 | 本镇 | 本县 | 本市 | 本省 | 外省 | 平均通婚距离 |
|---|---|---|---|---|---|---|---|---|
| 奶奶辈 | 8 | 0.00 | 86.00 | 14.00 | 0.00 | 0.00 | 0.00 | 4.30 |
| 公婆辈 | 91 | 7.50 | 59.40 | 29.50 | 2.60 | 1.00 | 0.00 | 6.10 |
| 媳妇辈 | 143 | 10.90 | 50.80 | 31.30 | 3.20 | 1.60 | 2.20 | 7.80 |

资料来源:何生海、王晓磊:《论西部农村婚姻圈的广延性与内卷化——基于西部G村为考察对象》,《内蒙古民族大学学报》(社会科学版)2013年第3期。

从表3-1可以发现,该村落居民的地理通婚圈,辈分越高(年龄越大)通婚圈越小,辈分越低(年龄越小)通婚圈越大。从村内联姻来看,辈分越高的代际,村内婚比例越大,辈分越低的代际村内婚比例越小;从具体婚嫁距离来看,辈分越高,婚嫁距离越近,通婚圈越小;辈分越低,婚嫁距离越远,通婚圈越大。由此可知,通婚圈随着代际延续而呈扩张的趋势。本书第一章的文献综述发现,通婚圈的变化态势在不同的历史阶段存在不同的变化方向,因此通过这种"抓拍"得到的短期内的变化难以反映通婚圈的历史演变全程,不能全面地透析出通婚圈的演变过程。所以,下面将从长达百年之久的变化历史来详尽地剖析一个村落通婚圈的变化,如表3-2所示。

表3-2　　山东省MJC清末至2012年通婚圈演变过程　　单位:人、%、里

| | 清末 | 民国 | | 土地改革 | 集体化 | 改革时期 | | |
|---|---|---|---|---|---|---|---|---|
| | 1886—1910年 | 1926年 | 1945年 | 1956年 | 1982年 | 1991年 | 2000年 | 2012年 |
| 婚入数量 | 26 | 37 | 41 | 36 | 62 | 45 | 19 | 26 |
| ≤2里 | 38.50 | 21.60 | 31.70 | 50.00 | 51.60 | 35.60 | 42.10 | 19.20 |
| 其中本村 | 0.00 | 0.00 | 0.00 | 2.80 | 27.40 | 15.60 | 15.80 | 7.70 |
| 2.5—4.5 | 11.50 | 8.10 | 22.00 | 19.40 | 9.70 | 20.00 | 5.30 | 7.70 |
| 5.0—9.5 | 30.80 | 54.10 | 39.00 | 19.40 | 33.90 | 22.20 | 47.30 | 11.50 |

续表

|  | 清末 | 民国 |  | 土地改革 | 集体化 | 改革时期 |  |  |
|---|---|---|---|---|---|---|---|---|
|  | 1886—1910年 | 1926年 | 1945年 | 1956年 | 1982年 | 1991年 | 2000年 | 2012年 |
| ≥10里 | 19.20 | 16.20 | 7.30 | 11.20 | 4.80 | 22.20 | 5.30 | 61.60 |
| 合计 | 100 | 100 | 100 | 100 | 100 | 100 | 100 | 100 |
| 平均距离 | 5.90 | 7.00 | 5.00 | 4.10 | 3.40 | 5.60 | 4.10 | 159.10 |

资料来源：马占斌：《内宗外姻——从胶东马家村姻亲网络看清末以来乡村社会的嬗变》，广西师范大学出版社2014年版。

从表3-2中可以看出，清末至民国建立前，山东省胶东地区乡村社会交往以宗族关系为主体，通婚圈有远有近，2里范围以内占38.5%，而且10里以上的通婚圈的比例也比民国时期和土地改革时期较高，这种远近交错分布的地理通婚圈保证了差序格局的稳定与发散。民国初期，通婚圈发生了变化，具体表现在2里范围以内的"同片区"、2.5—4.5里的"内圈"和10里及以上的"外圈"比例均明显下降，转向5—9里的"中圈"发展，平均通婚圈距离由5.9里扩展到7里，可是到了民国后期又出现了收敛的趋势。但整个清末至民国时期都没有出现同村通婚的现象，这主要与MJC以"马姓"为大家族，几乎全村都有血缘关系，因此不能互相通婚。但这种禁忌到了土地改革时期和新《婚姻法》的颁布发生了变化，尤其到集体化时期，很多家庭出于经济利益的考虑，将女儿嫁在本村，这样可以保证女儿在婆家也分得一份土地。新《婚姻法》鼓励人们婚姻自由，于是传统的"同姓不婚"禁忌受到了挑战，本村通婚变得越来越普遍，而远距离的外圈婚姻日益萎缩，平均通婚距离降到了低谷（仅有3.4里）。这种日益萎缩的通婚圈在改革开放以后才有所扭转，虽然在改革开放初期，胶东地区MJC的通婚圈有向传统的通婚圈回归的趋向（5.6→4.1），但进入21世纪以后发生了巨变，这可以从平均通婚距离指标上得到反映。其原因主要在于城市工商业和城市化的迅速发展，拉动了农村人口的外出流动，而且青年男女可以自由恋爱，相当一部分青年人口在外出地成功地择偶成婚，出现了跨县、跨市甚至跨省通婚的外地通婚圈，同村通婚的比例明显降低，而10里及以外的外圈通婚由5.3%猛增至61.6%，除内圈发生了微小的上升以外，其他圈层出均出现了显著降低。平均通婚距离出现了历史性的转变，由此前的10里以下陡增到

160里，该村新时期的地理通婚圈是过去任何一个历史阶段都无法比拟的。

虽然以上只是几个具体的个案分析，但是，从以上个案分析可以引发一些思考：我国总体的或者再具体一些，流动人口的通婚圈是怎么变化的？是否也发生类似的变化？如果是，那为什么会发生这样的变化？如果不是，那又会有什么变化？为什么会出现不一样的情况？是否与人口迁移流动有关？

本书主要有两个问题：第一个是中国总体通婚圈到底是如何发展变化的？第二个是流动人口通婚圈基本现状与特征如何？以这两个核心问题为主线展开分析和论述。在这两个问题导向下，首先将分析常住人口和流动人口的通婚圈变化特点。

## 第一节　常住人口通婚圈

为了分析流动人口通婚圈，首先对常住人口的通婚圈进行分析，以便更清楚地看出流动人口通婚圈的变化特征。常住人口通婚圈分析数据来源2008年中国综合调查，调查样本的基本特征如表3-3所示。

根据被调查者居住地性质，可以将居住地分为城市、集镇社区、郊区、农村和其他五类，以城市和农村为主，其中城市样本占53.87%，农村样本占33.28%；性别结构女性偏高，占51.8%；文化程度以初中及以下为主，约占样本总量的62%；该样本的民族结构和全国的民族结构较为一致，汉族占93%左右，少数民族占7%；婚姻状况分为未婚、同居、初婚有配偶、再婚有配偶、分居未离婚、离婚和丧偶，其中以初婚有配偶为主，占总样本的81.05%。本书的通婚圈分析只针对初婚有配偶的样本而言。户口所在地分为访问所在地（乡镇或街道范围内）、非访问所在地，但有在本区/县/县级（县内跨乡）、非本区/县/县级市、本省/自治区（省内跨县）、外省/自治区/直辖市（跨省）四个类别。已有研究表明，从不同角度分析通婚圈的变化趋势，得出的结果甚至是结论可能会不完全一致。根据不同居住地类型的被调查者通婚圈研究发现，总体上看，以县域范围内（包括乡镇范围内和跨乡镇通婚）的通婚为主，跨省通婚的比例非常低，仅占4%左右。但不同居住地居民的通婚圈存在显著的差异，城市、城市郊区和集镇社区的通婚圈明显比农村的通婚圈较大，跨省通婚的比例较高，而在街道或乡镇范围以内通婚的比例较低，如图3-2所示。

表3-3　　　　2008年中国综合调查数据样本基本概况　　　单位：人、%

| 居住地类型 | 人数 | 比例 | 民族 | 人数 | 比例 |
|---|---|---|---|---|---|
| 城市 | 3232 | 53.87 | 汉 | 5571 | 92.85 |
| 集镇社区 | 598 | 9.97 | 蒙 | 54 | 0.9 |
| 郊区 | 132 | 2.2 | 满 | 70 | 1.17 |
| 农村 | 1997 | 33.28 | 回 | 59 | 0.98 |
| 其他 | 41 | 0.68 | 藏 | 1 | 0.02 |
| 性别 | 人数 | 比例 | 壮 | 127 | 2.12 |
| 男 | 2892 | 48.2 | 维 | 7 | 0.12 |
| 女 | 3108 | 51.8 | 其他 | 111 | 1.85 |
| 年龄（岁） | 人数 | 比例 | 本人户口所在地 | 人数 | 比例 |
| 18—24 | 609 | 10.15 | 乡镇或街道内 | 4796 | 79.95 |
| 25—29 | 542 | 9.03 | 县内跨乡 | 513 | 8.55 |
| 30—34 | 614 | 10.23 | 省内跨县 | 397 | 6.62 |
| 35—39 | 809 | 13.48 | 跨省通婚 | 293 | 4.88 |
| 40—44 | 747 | 12.45 | 合计 | 5999 | 100 |
| 45—49 | 638 | 10.63 | 配偶户口所在地 | 人数 | 比例 |
| 50—54 | 632 | 10.53 | 乡镇或街道内 | 3988 | 82.4 |
| 55—59 | 518 | 8.63 | 县内跨乡 | 448 | 9.26 |
| 60—64 | 432 | 7.2 | 省内跨县 | 223 | 4.61 |
| 65—69 | 293 | 4.88 | 跨省通婚 | 181 | 3.74 |
| 70—74 | 93 | 1.55 | 合计 | 4840 | 100 |
| 75—79 | 50 | 0.83 | 婚姻状况 | 人数 | 比例 |
| 80—84 | 18 | 0.3 | 未婚 | 685 | 11.42 |
| 85以上 | 5 | 0.08 | 同居 | 47 | 0.78 |
| 文化程度 | 人数 | 比例 | 初婚有配偶 | 4863 | 81.05 |
| 小学及以下 | 1950 | 32.52 | 再婚有配偶 | 85 | 1.42 |
| 初中 | 1760 | 29.34 | 分居未离婚 | 15 | 0.25 |
| 高中或中专 | 1374 | 22.9 | 离婚 | 105 | 1.75 |
| 大专及以上 | 914 | 15.24 | 丧偶 | 197 | 3.28 |

资料来源：2008年中国综合社会调查数据。

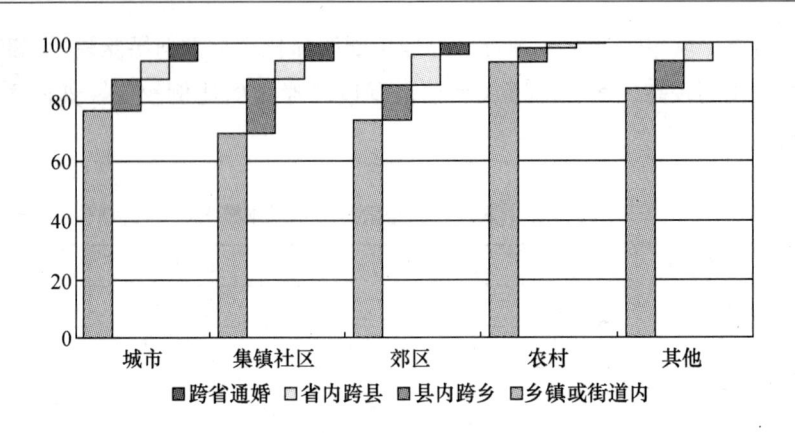

图 3-2 不同居住地类型的通婚地域

资料来源：2008 年中国综合社会调查数据。Pearson $\chi^2(12)$ = 290.8661 Pr = 0.000（样本 N = 4840）。

从上面的分析可以看出，不同居住地人群的通婚圈存在显著差别。城市与农村在诸多方面都存在显著的差异，不仅在经济发展水平、产业结构、劳动力素质、消费结构等方面都存在差别，而且在交通运输能力、通讯技术、职业构成、社会交往频率、日常活动空间等方面也存在极大的差异，导致了城市与农村之间的婚姻流动出现了不同的特征，城市尤其是大城市通常是一个国家或地区的政治经济文化中心，交通与通讯技术发达，职业分工与专业化水平较高等特征都为人们的广泛交往提供了便利的条件，城市里有更多机会认识不同地区、不同职业的人，并在频繁的交往过程中加深了解，建立感情甚至缔结婚姻。可农村地区呈现的却是另外一幅画面，那里文化娱乐非常设施缺乏，经济活动单一，职业分工简单，专业化水平很低或者根本不存在专业的分工，要说有分工最多也只是在家庭领域内的男女分工。这些客观的现实导致了他们平时的社会交往圈子十分有限，因此限制了通婚圈的扩展。所以，城市适婚青年的通婚圈与农村相比，要宽泛得多。城市吸引了全国乃至世界各地人口，所以城市居民与外地人口相识的概率相对较高，基于广泛社会交往圈子之上发展起来的城市通婚圈就会明显拓展。

随着社会经济发展，不仅不同居住地类型的通婚圈可能存在显著的差异，即便同一居住地不同历史时期的通婚圈也可能会发生较大的变化。在此，根据被调查者的初婚年份，计算了不同年份初婚队列的地理通婚圈,以从一个较长历史时期来分析通婚圈发展变化情况,结果如图3-3所示。

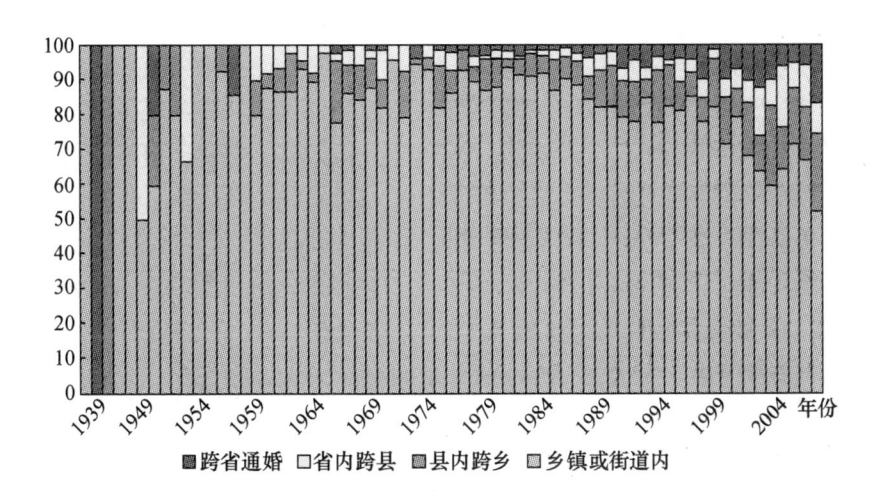

**图3-3 不同初婚年份的通婚圈**

资料来源:2008年中国综合社会调查数据(CGSS 2008)。

图3-3反映了不同年份的初婚队列人口的通婚圈变化情况,图中20世纪50年代以前结婚的人数在样本中非常少,只是极个别情况,所以其变化极不稳定,并不能看出其中的变化特点。但70年代以后的变化情况就相对稳定。总体变化特征是,随着时代的推进,大致以80年代中期为界限,在乡镇或街道范围内通婚的比例在逐渐降低,而省内跨县以及跨省通婚的比例明显上升,而县内跨乡镇的比例波动不大。我国通婚圈出现以上变化特征,主要与社会经济发展水平和思想观念的转变息息相关。改革开放以来,西方各种先进的技术和现代化思潮不断涌入国内,使人们的思想观念逐渐开放。婚姻生育观念和行为也发生了巨大的变化。如自由恋爱、自主婚姻、族际通婚等婚恋行为都发生了较大的变化。

## 第二节 城市青年人口通婚圈

以往从农村区域角度对通婚圈研究比较多,而专门对城市青年群体的通婚圈研究十分缺乏。因此，将城市青年中的流动人口与原住居民的通婚圈进行比较，从中可以更清楚地看出流动人口的通婚圈发展变化，如表3-4所示。

表3-4　　　2009年中国城市青年调查样本主要变量特征　　单位：人、%

| 性别 | 频数 | 比例 | 婚姻状况 | 频数 | 比例 |
| --- | --- | --- | --- | --- | --- |
| 男性 | 1291 | 39.34 | 未婚 | 1631 | 49.70 |
| 女性 | 1991 | 60.66 | 初婚有配偶 | 1627 | 49.57 |
| 出生时间 | | | 再婚有配偶 | 8 | 0.24 |
| 1975—1979年出生 | 1028 | 31.32 | 离婚 | 15 | 0.46 |
| 1980—1984年出生 | 954 | 29.07 | 丧偶 | 1 | 0.03 |
| 1985—1989年出生 | 1300 | 39.61 | 理想通婚圈（未婚者） | | |
| 受教育程度 | | | 在同一市/县 | 890 | 55.69 |
| 未上过学 | 4 | 0.12 | 在同省不同市/县 | 54 | 3.38 |
| 小学 | 40 | 1.22 | 在不同省份 | 19 | 1.19 |
| 初中 | 641 | 19.53 | 无所谓 | 633 | 39.61 |
| 高中/中专 | 1124 | 34.25 | 其他 | 2 | 0.13 |
| 大专 | 900 | 27.42 | 合计 | 1598 | 100 |
| 本科 | 531 | 16.18 | 实际通婚圈（已婚者） | | |
| 研究生 | 42 | 1.28 | 在同一市/县 | 1251 | 75.77 |
| 户口性质 | | | 在同省不同市/县 | 264 | 16.00 |
| 农业 | 774 | 23.58 | 在不同省份 | 136 | 8.00 |
| 非农业 | 2508 | 76.42 | 合计 | 1651 | 100 |
| 迁移流动情况 | | | 与初婚配偶的结识途径 | | |
| 无 | 2196 | 66.91 | 在学习/工作中相识 | 598 | 36.00 |
| 有 | 1086 | 33.09 | 朋友介绍/通过朋友认识 | 871 | 53.00 |
| 有无兄弟姐妹 | | | 父母介绍/通过家人认识 | 140 | 8.00 |
| 有 | 1808 | 55.09 | 在有目的性社交活动中认识 | 32 | 2.00 |
| 无 | 1474 | 44.91 | 通过其他途径 | 1 | 0.00 |
| 合计 | 3282 | 100 | 通过网络认识 | 9 | 1.00 |
| | | | 合计 | 1651 | 100 |

资料来源：《中国城市青年状况调查课题组》调查资料，2009年12月。

从城市青年状况调查样本与六普数据中的汇总（城市）数据比较看，

其特征是女性偏多，样本性别比低至 65，低于六普中的城市青年总人口性别比 103.2，也比总人口性别的正常值（95—102[①]）明显偏低。城市青年的年龄[②]结构以 20—24 岁为主，即在 1985—1989 年期间出生的队列。另外，年龄结构与全国六普数据相比，也具有明显的区别，二者的年龄性别结构比较，如图 3-4 所示。

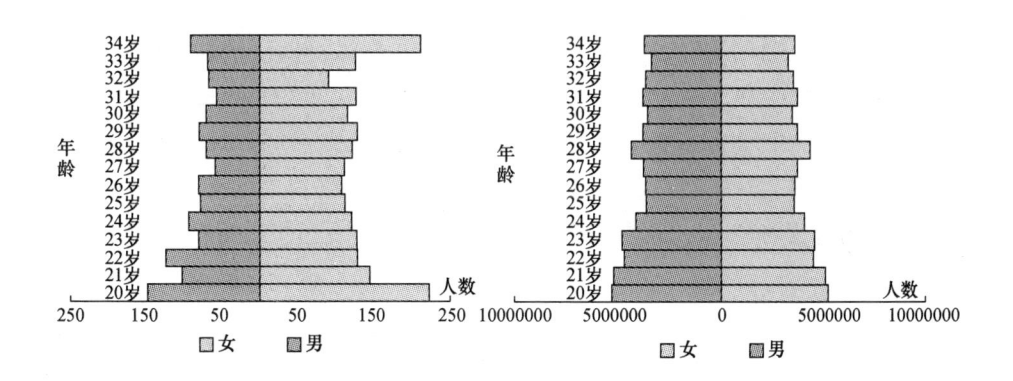

**图 3-4 城市青年人口金字塔结构**

资料来源：（左图）来源于《中国城市青年状况调查课题组》调查资料，2009 年 12 月；（右图）来源于国家统计局网站，2010 年第六次人口普查数据（城市）。

由于城市青年状况调查样本的居住地集中于城市，并且人口年龄结构集中于青年的双重"选择性"特征，导致该样本的受教育程度相对较高，文化程度为未上过学以及小学的比例均异常偏低，显著低于包括农村区域和老年人口在内的比例，而高等教育和非农业人口所占的比例明显偏高。非农业人口超过了总样本的 3/4，而农业人口的比例不到 1/4。从城市青

---

① 国家统计局人口和就业统计司、中国人民大学社会与人口学院编：《人口和就业统计分析技术》，中国统计出版社 2012 年版，第 112 页。
② 关于"青年人口"的年龄界定，国际上不同国家或同一国家不同部门的界定差异都非常大。如联合国（UN）对青年的年龄界定为：17—24 岁；世界卫生组织（WHO）的界定为：16—44 岁；联合国教科文组织（UNESCO）的界定为：13—34 岁。我国不同部门以及不同地区对"青年人口"的界定也有所不同，如国家统计局的界定为：11—34 岁；共青团的界定为：12—28 岁；青年联合会的界定为：18—40 岁，港澳台地区界定为 10—24 岁。本书由于具体研究问题为婚姻，考虑未成年和没有达到法定结婚年龄就结婚的情况比较少，而 1980 年第五届全国人民代表大会第三次会议通过的新的《中华人民共和国婚姻法》中明确规定，男性结婚年龄的下限为 22 岁，女性结婚年龄不得早于 20 岁，所以将女性的法定结婚年龄下限（20 岁）界定为城市青年年龄的下限，而年龄上限与国家统计局保持一致。

年的迁移流动经历来看，大概仅有1/3的城市青年曾经有迁移流动经历，约2/3的城市青年从来没有流动经历；未婚群体和初婚群体各约占1/2。根据被调查对象的婚姻状况将通婚圈分为理想通婚圈与实际通婚圈。这两类通婚圈是针对不同婚姻状态的群体而言的。"理想通婚圈"针对未婚群体而言，具体根据未婚青年对他（她）们理想中的配偶家庭所在地进行甄别。通过对理想通婚圈的分析，可以进一步掌握未来通婚圈的变化趋势。而"实际通婚圈"是针对已婚群体而言，具体根据已婚城市青年的初婚配偶家庭所在地确定。分析发现："同县市"的理想通婚圈比已经形成的"同县市"实际通婚圈比例较低，而"跨县市"甚至"跨省"通婚未来可能出现上升的趋势。因为一部分被调查者填答了"无所谓"选项，假如把该选项均等地分配到前三个选项中，就会发现理想通婚圈中的跨市和跨省通婚的比例较高，而同县市通婚的比例较低。据此可以判断：未来我国城市青年的通婚圈很可能还会出现扩大的趋势。

流动人口居住长期化对地方归属感和定居意愿均具有显著的正相关性。另外，不同的婚姻状况也会对地方归属感和相处融洽程度产生影响，"已婚"身份可以增强流动人口的归属感。[①] "异地联姻"可以促进流动人口的社会融合。人口从农村流向城市，城乡经济、文化等各种资源与信息交流日益活跃。正处于婚恋期的新生代农村流动人口从学校毕业直接进入城市，奔上打工之路。在此过程中，他们有机会结识到各地的远方朋友，并且同辈群体形成的朋友圈通过扩散效应促使社会关系网的层层扩展，最终对未婚青年的择偶机会与择偶范围产生深刻的影响。调查结果显示，自20世纪90年代末期以来的初婚群体中，跨省通婚的比例也在稳步增长，如图3-5所示。

从图3-5中可以清楚地看到，自20世纪90年代以来中国城市青年的"同县市"和"同省跨县市"通婚在逐渐降低，而"跨省"通婚的比例在持续增加。为什么城市青年通婚圈会出现如此迅速的增长？下面将结合他们的迁移流动经历、结婚对象认识途径和兄弟姐妹情况进行分析。

---

① 吴瑞君：《流动人口家庭婚育模式及其与社会融合的关系——基于2013年上海常住人口状况和社会融合调查数据分析》，《新型城镇化与流动人口社会融合论坛2014年论文集》，2014年7月5日。

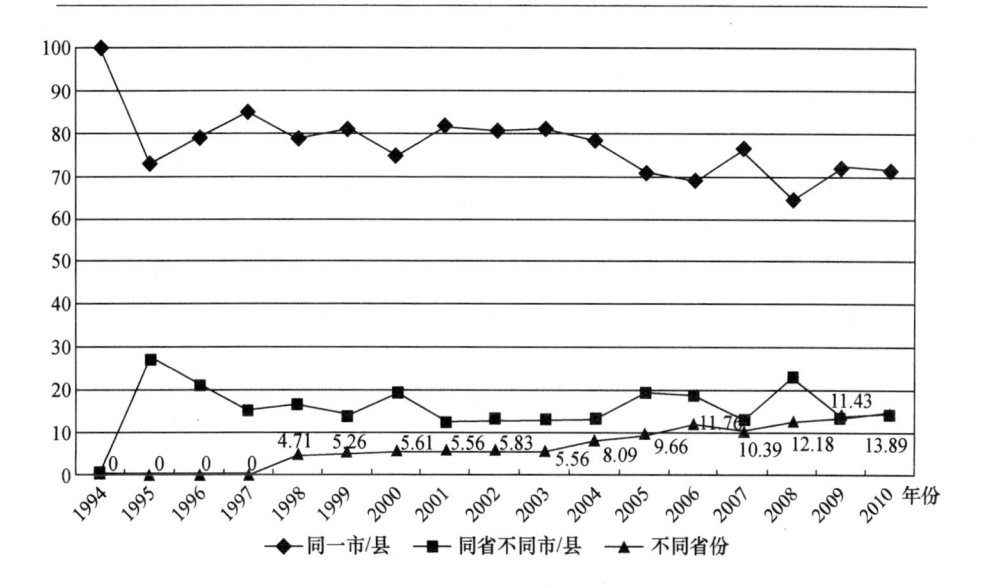

**图 3-5　中国城市青年不同初婚年份地理通婚圈变化趋势**

资料来源：《中国城市青年状况调查课题组》调查资料，2009 年 12 月。

人口迁移流动涉及社会关系、经济活动和居住空间转移等诸多方面的变化。如居住圈的邻居关系、工作中的同事关系和娱乐中的朋友关系等。根据中国城市青年状况调查数据的统计结果发现，他们的结婚对象主要是自己在工作或学习中认识的同事或同学或朋友等。所以，随着流动人口规模的增加和流动范围的扩大，通婚圈也会与流动范围出现亦步亦趋的发展态势。根据有关专家从农村角度对我国地理通婚圈的研究发现，随着时代的发展，年青一代的择偶范围，不论从行为还是意愿方面看，都呈不断扩大的趋势：在本村、本乡镇以内的小范围择偶行为和意愿都在不断下降，而在本乡镇以外包括城镇在内的更大范围之外择偶不断增加。[①] 下面分别对城市青年的人口迁移流动经历与理想通婚圈、实际通婚圈之间的关系进行分析，统计结果如表 3-5 所示。

表 3-5 的统计结果显示，具有人口迁移流动经历者配偶（或理想中的配偶）的家庭所在地与自己在"同县市"均显著低于没有迁移流动经历者，而在"不同县市"和"跨省"的比例明显偏高。由此可以说明，人口迁移流动对通婚圈的扩展具有促进作用，尤其是在实际通婚圈中的

---

① 刘传江：《择偶范围与农村通婚圈》，《人口与经济》1991 年第 4 期。

"跨省"通婚更加明显，迁移流动者的"跨省"通婚高出没有流动经历者两倍多，其间的差异如此明显。

表3-5　　　　中国城市青年通婚圈与迁移流动之间的关系　　　　单位:%

| 理想通婚圈（未婚者） | | 同市或县通婚 | 不同市或县通婚 | 跨省通婚 | 无所谓 | 其他 |
|---|---|---|---|---|---|---|
| 迁移流动 | 显著性　P=0.0000 | | | | | |
| | 无迁移流动 | 64.7 | 2.3 | 0.7 | 32.3 | 0.1 |
| | 有迁移流动 | 38.2 | 5.5 | 2.2 | 53.9 | 0.2 |
| | 合　计 | 55.7 | 3.4 | 1.2 | 39.6 | 0.1 |
| 实际通婚圈（已婚者） | | | | | | |
| 迁移流动 | 显著性　P=0.0000 | | | | | |
| | 无迁移流动 | 84.6 | 10.8 | 4.7 | — | — |
| | 有迁移流动 | 57.6 | 26.8 | 15.6 | — | — |
| | 合　计 | 75.8 | 16.0 | 8.2 | — | — |

资料来源:《中国城市青年状况调查课题组》调查资料，2009年12月。

婚姻选择与结合过程，既有自然属性的特点，又有社会属性的特点，婚姻不仅是夫妻双方个体之间的事情，也体现了两个家庭或族群之间的联合。因此，婚配对象的选择除受婚姻当事人双方的相互影响外，还可能会受当事人的父母、兄弟姐妹以及其他家庭成员影响。虽然1950年颁布的《婚姻法》中明确规定：禁止封建时代的包办婚姻。[1] 但也不可否认，父母对其子女结婚对象的选择仍然具有相当程度的影响力，虽然失去了决定权，但没有彻底放弃"参谋权"，尤其是对女儿。父母为20岁刚出头的"适婚年龄"女儿们施加找对象的结婚压力，甚至帮助女儿找对象的现象在很多地区已经司空见惯。[2] 相比而言，父母比其他家庭成员对子女结婚对象的选择影响要大，而且不同代际之间或同一代际在不同的历史年代对婚姻选择所考虑的因素可能存在较大的差异。就地理因素而言，父母一代

---

[1] Croll, Elisabeth, 1984, "The Exchange of Women and Property: Marriage in Post - Revolutionary China", in Renee Hrischon (ed.), *Women and Property - Women as Property*, London: Croom Helm, 44-61.

[2] ［美］范芝芬:《流动中国:迁移、国家和家庭》，邱幼云、黄河译，社会科学文献出版社2013年版，第132页。

通常比较反对远距离的通婚，特别是跨省婚姻。父母总是心疼女儿远嫁后的语言交流障碍、家庭之间的成员交往不方便等问题，被婆家人欺负没有人"撑腰"等，容易导致姻缘关系淡化。还有更为严重的看法是，有的父母竟然认为女儿嫁到很远①的地方以后，感觉这辈子像没有养过她们一样。在这些父母看来，"嫁出去的女儿，就像泼出去的水"、"远嫁＝没生"等极端而传统的思想观念相当严重。

目前，我国农村地区一部分家庭往往因为代际之间关于婚配对象的"距离"到底是不是问题而发生分歧闹得家庭不和睦。其中有很大一部分是因为父母担心女儿远嫁的缘故，父母反对女儿远嫁的理由通常有以下几点：其一，距离太远，结婚以后回娘家特别不方便，父母想了也不能轻而易举地回家见上一面；其二，父母担心女儿远嫁到一个人生地不熟的地方，被婆家的人欺负而没有娘家的人帮忙说话；其三，夫妻双方及其家庭很难做到知根知底，对婚姻的稳定性持怀疑态度。根据此次调查资料来看，城市青年和父母考虑的比较重要的几个择偶因素都高度一致，均把对方的"人品"作为最重要的因素，其次是"能力"，第三个择偶因素是"健康"状况，我国城市青年不同代际的择偶因素差异，具体结果如表3-6所示。

表3-6　　　　中国城市青年不同代际择偶因素差异　　　　单位：人、%

| 择偶因素 | 第一因素 本人 频数 | 第一因素 本人 比例 | 第一因素 父母 频数 | 第一因素 父母 比例 | 第二因素 本人 频数 | 第二因素 本人 比例 | 第二因素 父母 频数 | 第二因素 父母 比例 | 第三因素 本人 频数 | 第三因素 本人 比例 | 第三因素 父母 频数 | 第三因素 父母 比例 |
|---|---|---|---|---|---|---|---|---|---|---|---|---|
| 性格 | 568 | 35.54 | 340 | 21.3 | 110 | 6.93 | 53 | 3.53 | 76 | 4.90 | 64 | 4.45 |
| 人品 | 691 | 43.24 | 641 | 40.1 | 461 | 29.03 | 302 | 20.1 | 78 | 5.03 | 96 | 6.67 |
| 学历 | 48 | 3.00 | 52 | 3.25 | 124 | 7.81 | 108 | 7.19 | 65 | 4.19 | 40 | 2.78 |
| 能力 | 77 | 4.82 | 84 | 5.26 | 381 | 23.99 | 269 | 17.9 | 275 | 17.7 | 127 | 8.83 |
| 经济状况 | 61 | 3.82 | 140 | 8.76 | 174 | 10.96 | 252 | 16.78 | 224 | 14.4 | 197 | 13.69 |
| 年龄 | 11 | 0.69 | 15 | 0.94 | 48 | 3.02 | 61 | 4.06 | 50 | 3.22 | 50 | 3.47 |
| 外貌 | 86 | 5.38 | 33 | 2.07 | 122 | 7.68 | 88 | 5.86 | 222 | 14.3 | 93 | 6.46 |
| 身高 | 13 | 0.81 | 19 | 1.19 | 46 | 2.9 | 27 | 1.80 | 46 | 2.96 | 51 | 3.54 |

---

① "很远"指的是外省或者乘坐火车/汽车需要花费一天以上时间才能到对方老家的情况。——笔者注

续表

| 择偶因素 | 第一因素 本人 频数 | 第一因素 本人 比例 | 第一因素 父母 频数 | 第一因素 父母 比例 | 第二因素 本人 频数 | 第二因素 本人 比例 | 第二因素 父母 频数 | 第二因素 父母 比例 | 第三因素 本人 频数 | 第三因素 本人 比例 | 第三因素 父母 频数 | 第三因素 父母 比例 |
|---|---|---|---|---|---|---|---|---|---|---|---|---|
| 户口 | 2 | 0.13 | 4 | 0.25 | 7 | 0.44 | 19 | 1.26 | 19 | 1.22 | 28 | 1.95 |
| 健康 | 22 | 1.38 | 48 | 3.00 | 72 | 4.53 | 121 | 8.06 | 294 | 18.9 | 267 | 18.6 |
| 家庭住地 | 1 | 0.06 | 46 | 2.88 | 2 | 0.13 | 48 | 3.20 | 19 | 1.22 | 77 | 5.35 |
| 家庭条件 | 13 | 0.81 | 83 | 5.19 | 23 | 1.45 | 133 | 8.85 | 132 | 8.51 | 264 | 18.4 |
| 家人态度 | 1 | 0.06 | 7 | 0.44 | 18 | 1.13 | 21 | 1.40 | 52 | 3.35 | 84 | 5.84 |
| 不清楚 | 4 | 0.25 | 86 | 5.38 | 0 | 0.00 | 0 | 0.00 | 0 | 0.00 | 1 | 0.07 |
| 合计 | 1598 | 100 | 1598 | 100 | 1588 | 100 | 1502 | 100 | 1552 | 100 | 1439 | 100 |

资料来源:《中国城市青年状况调查课题组》调查资料,2009年12月。

表3-6中的数据显示,父母和子女对择偶因素的考虑,最重要的几个因素代际之间保持基本一致,可是在一些次要的几个因素中,代际之间出现了明显的分歧,如"家庭所在地"父母一代比子女一代更加重视,"家庭所在地"也是择偶过程中一个非常重要的因素。关于家庭成员对结婚对象选择的影响,除父母以外的其他成员,最重要的就是兄弟姐妹。首先,兄弟姐妹的看法和意见,有时候同辈群体影响力比父母更加明显。因为同辈群体之间不存在思想代沟,容易在心理方面达成共识,年轻人之间有更多相似的话题可聊,但此次调查并没有涉及这方面的数据,还有待以后的继续研究。其次,婚姻当事人在家庭中的出生特征,如兄弟姐妹数量、出生顺序等也可能对通婚圈产生影响。

在计划生育政策与社会经济发展的共同作用下,我国生育水平发生了由高生育水平向低生育水平的历史性转变,家庭理想规模生育数量不断减少,在低生育水平下,父母都不愿意把自己的女儿远嫁,女儿被看作是父母的"贴心小棉袄",有研究表明,我国农村社会保障制度不完善是阻碍农村青年地理通婚圈扩展的一个主要因素。虽然一个家庭中的兄弟姐妹数量与通婚圈的大小没有必然的联系,但是独生子的通婚圈和非独生子女之间确实存在显著的差异,独生子女比例的提高不利于通婚圈的扩展。[1] 邓

---

[1] 梁海艳、阳茂庆:《中国城市青年通婚圈变化及其影响因素研究——基于中国青年状况调查数据的实证分析》,《人口与发展》2014年第3期。

晓梅（2011）对我国苏南地区异地联姻进行研究也得出类似的结论，异地联姻和我国计划生育背景下的独生子女政策存在一定的关系，在20世纪80年代初期推行的"一孩政策"导致独生子女家庭不断增多，特别是独生女儿家庭，出于养儿防老以及传宗接代的考虑，父母不愿把女儿远嫁。[①] 在传统的家庭养老方式和十分重视家庭感情纽带社会背景下，兄弟姐妹数量可能会对通婚圈的发展变化产生影响，家庭养老的基本功能包括三个方面：一是经济供养；二是生活照料；三是精神慰藉。经济功能主要由儿子承担，但随着社会性别平等观念的发展变化，女儿发挥经济功能现象也在增多，而精神慰藉的功能主要落在了女儿的身上。因此，女儿的婚嫁距离与家庭养老之间存在一定的关联性，远距离的婚嫁不利于家庭养老功能的发挥。在独生子女"能见度"较高的城市地区，当他（她）们即将步入婚姻殿堂时，父母尤其是母亲可能更舍不得让独生女远嫁。下面利用中国城市青年调查数据，来具体分析兄弟姐妹数量与通婚圈之间的关系，结果如表3-7所示。

表3-7　　城市青年的兄弟姐妹数量与通婚圈之间的关系　　单位：%

| 本人有或无兄弟姐妹 | 同一市或县通婚 | 不同市或县通婚 | 跨省通婚 | 无所谓 | 其他 |
| --- | --- | --- | --- | --- | --- |
| 理想通婚圈（未婚群体） | 显著性　P=0.000 | | | | |
| 有兄弟姐妹 | 49.7 | 4.1 | 1.4 | 44.6 | 0.1 |
| 无兄弟姐妹 | 61.3 | 2.7 | 1.0 | 35.0 | 0.1 |
| 合　计 | 55.7 | 3.4 | 1.2 | 39.6 | 0.1 |
| 实际通婚圈（已婚群体） | 显著性　P=0.031 | | | | |
| 有兄弟姐妹 | 74.0 | 17.8 | 8.2 | — | — |
| 无兄弟姐妹 | 78.7 | 13.0 | 8.3 | — | — |
| 合　计 | 75.8 | 16.0 | 8.2 | — | — |
| 兄弟姐妹数量 | 显著性　P=0.1142 | | | | |
| 1个 | 50.5 | 3.6 | 1.1 | 44.7 | 0.2 |
| 2个 | 48.6 | 5.5 | 2.7 | 43.2 | 0.0 |
| 3个 | 48.9 | 4.4 | 0.0 | 46.7 | 0.0 |
| 4个 | 36.4 | 9.1 | 0.0 | 54.6 | 0.0 |
| 5个 | 50.0 | 0.0 | 0.0 | 50.0 | 0.0 |
| 总计 | 49.7 | 4.1 | 1.4 | 44.6 | 0.1 |

资料来源：《中国城市青年状况调查课题组》调查资料，2009年12月。

---

① 邓晓梅：《国内异地联姻研究述评》，《人口与发展》2011年第4期。

从表3-6统计结果发现，不论对已婚群体的实际通婚圈，还是对未婚群体的理想通婚圈来说，本人没有兄弟姐妹（即"独生子女"）的通婚圈都明显小于有兄弟姐妹（"非独生子女"）的通婚圈。虽然独生子女与非独生子女的通婚圈存在显著的差异，但是从表3-7中的结果发现：通婚圈的扩展与兄弟姐妹的数量（当兄弟姐妹数量大于1时）不存在显著统计相关性，也就是说，通婚圈不会因为兄弟姐妹数量增多而出现明显的扩展。因此，综合以上两方面的分析可以得出结论：独生子女通婚圈小于非独生子女的通婚圈，但通婚圈并不会因为兄弟姐妹的数量而存在显著的差异。

另外，在家庭中的出生顺序也可能会对通婚圈带来一定的影响。关于出生顺序与婚姻之间的关系研究，国外早在100多年前就开始有所关注，西方学者艾德勒（Adler）于1918年，首次提出了有关出生顺序的理论，此后有学者开始关注个体在家庭中的出生顺序与其未来的婚姻感情生活之间的相关关系。[1] 其中Toman是较早提出了出生顺序与婚姻稳定性理论的西方学者代表。他认为，个体在家庭中的出生顺序是决定其未来婚姻稳定程度的重要指标。[2] 霍尔（Hall）的研究结果也证明了这一结论，他花费了长达20左右的时间，对1000对夫妇进行跟踪调查后发现：在家庭中不同出生顺序以及家庭规模都会导致不同的离婚率。更有趣的是：排行第一的男性离婚率相对较低，可是排行第一的女性离婚率却表现为最高。霍尔对此现象的解释是，家庭规模越大，排行老大的男性无论作为丈夫还是父亲角色都同样富有责任心，而排行老大的女性却倾向于在婚姻生活中扮演母亲角色，而不能非常成功地扮演妻子的角色，这明显不利于夫妻之间的关系趋于和谐。[3] Alkistis Skalkidou研究发现：来自小家庭子女结婚以后更容易导致婚姻的解散，婚姻的稳定性较低，与非独生的男性婚姻相比，独生男性成年后的离婚率是非独生男性的3倍之多。[4] 因此可以看出，出

---

[1] 汪小勤：《我国城镇独生子女婚姻稳定性研究》，硕士学位论文，华东师范大学，2008年，第14页。

[2] Gold, Stephen B., Dobson, Judith E., Birth Order, Marital Quality and Stability: A Path Analysis of Toman's Theory. *Individual Psychology*, 1988, 44 (3), pp. 355.

[3] Hall, E., Ordinal Position and Success in Engagement of Marriage. *Journal of Individual Psychology*, 1965, 21 (2), pp. 154 – 158.

[4] Alkistic Skalkidou, Parental Family Variables and Likelihood of Divorce. *Sozial – Praventivimed*, 2000 (45), pp. 95 – 101.

生特征与婚姻稳定性之间存在一定的关系,但需要说明的是,国外学者虽然注意到了个体在家庭中出生顺序、家庭的出生数量与其成年后的婚姻稳定性之间的关系,但并没有深入研究出生顺序、家庭中兄弟姐妹数量与地理通婚圈之间的关系。

在同一家庭中,不同出生特征的通婚圈可能存在一些差别。过去出于家庭生计的需要,出生较早的哥哥姐姐相对于弟弟、妹妹被留在父母"身边"的可能性更大,尤其是对于女性来说,父母希望嫁出去以后还能回娘家帮忙,所以姐姐的通婚圈可能会相对较小。另外,出生较晚的人口,受现代化思想的影响越大,婚姻的自主性权力也相对较高,受父母影响的程度较低;而出生较早的人口,基于家庭生计因素考虑,尤其是在多子女家庭中,长女出嫁后还需经常回家帮助娘家从事农业生产劳动,以在经济生活中有尽可能多的机会照顾年幼的弟弟妹妹。因此,兄弟姐妹的出生顺序也可能会对其婚姻大事产生影响,出生顺序与实际通婚圈之间的关系,如表3-8所示。

表3-8 中国城市青年出生顺序与实际通婚圈之间的关系 单位:%

| 出生顺序 | 同一县市 | 同省不同县市 | 不同省份 |
| --- | --- | --- | --- |
| 兄弟出生顺序 | Pearson $\chi^2$ (8) = 29.1800 | Pr = 0.000 | ( N = 330 ) |
| 1 | 76.12 | 16.92 | 6.97 |
| 2 | 81.63 | 12.24 | 6.12 |
| 3 | 58.33 | 12.50 | 29.17 |
| 4 | 60.00 | 40.00 | 0.00 |
| 5 | 0.00 | 100.00 | 0.00 |
| 姐妹出生顺序 | Pearson $\chi^2$ (10) = 18.6279 | Pr = 0.045 | ( N = 696 ) |
| 1 | 74.35 | 17.10 | 8.55 |
| 2 | 75.34 | 15.98 | 8.68 |
| 3 | 66.15 | 27.69 | 6.15 |
| 4 | 60.00 | 35.00 | 5.00 |
| 5 | 25.00 | 75.00 | 0.00 |
| 6 | 50.00 | 50.00 | 0.00 |
| 兄弟姐妹出生顺序 | Pearson $\chi^2$ (14) = 28.5396 | Pr = 0.012 | ( N = 1026 ) |
| 1 | 76.65 | 14.67 | 8.68 |
| 2 | 75.58 | 17.40 | 7.01 |

续表

| 出生顺序 | 同一县市 | 同省不同县市 | 不同省份 |
|---|---|---|---|
| 3 | 71.94 | 18.37 | 9.69 |
| 4 | 69.44 | 26.39 | 4.17 |
| 5 | 57.69 | 23.08 | 19.23 |
| 6 | 60.00 | 30.00 | 10.00 |
| 合计 | 73.98 | 17.84 | 8.19 |

资料来源：《中国城市青年状况调查课题组》调查资料，2009年12月。

从表3-8统计结果发现：不论是男性的兄弟之间的出生顺序，还是女性的姐妹之间的出生顺序都与通婚圈存在显著的相关关系。此外，在整个家庭中所有兄弟姐妹中的排序也会对通婚圈产生显著的影响作用。

上述分析结果发现：中国城市青年人口在家庭中的出生顺序与实际通婚圈之间确实存在一定的关系。那么在未婚群体中的择偶意愿形成的理想通婚圈是否也与出生顺序有关，还有待进一步的分析讨论。下面将结合意愿通婚圈进行分析，具体结果如表3-9所示，该表反映了出生顺序与理想通婚圈之间的关系。

表3-9　　　　出生顺序与理想通婚圈之间的关系　　　　单位：%

| 出生顺序 | 同一县市 | 同省不同县市 | 不同省份 | 无所谓 | 其他 |
|---|---|---|---|---|---|
| 兄弟出生顺序 | Pearson $\chi^2$ (12) | = 4.8607 | Pr = 0.962 | (N = 331) | |
| 1 | 46.09 | 4.12 | 0.82 | 48.56 | 0.41 |
| 2 | 37.04 | 4.94 | 1.23 | 56.79 | 0.00 |
| 3 | 66.67 | 0.00 | 0.00 | 33.33 | 0.00 |
| 4 | 0.00 | 0.00 | 0.00 | 100.00 | 0.00 |
| 男性合计 | 44.11 | 4.23 | 0.91 | 50.45 | 0.30 |
| 姐妹出生顺序 | Pearson $\chi^2$ (12) | = 10.7422 | Pr = 0.551 | (N = 445) | |
| 1 | 55.00 | 2.33 | 2.00 | 40.67 | 0.00 |
| 2 | 52.54 | 7.63 | 1.69 | 38.14 | 0.00 |
| 3 | 45.45 | 9.09 | 0.00 | 45.45 | 0.00 |
| 4 | 75.00 | 0.00 | 0.00 | 25.00 | 0.00 |
| 5 | 0.00 | 0.00 | 0.00 | 100.00 | 0.00 |

续表

| 出生顺序 | 同一县市 | 同省不同县市 | 不同省份 | 无所谓 | 其他 |
| --- | --- | --- | --- | --- | --- |
| 女性合计 | 53.93 | 4.04 | 1.80 | 40.22 | 0.00 |
| 兄弟姐妹出生顺序 | Pearson $\chi^2$ (20) = 7.7105 | | Pr = 0.994 | ( N = 776 ) | |
| 1 | 49.53 | 4.05 | 1.25 | 44.86 | 0.31 |
| 2 | 49.40 | 4.22 | 1.81 | 44.58 | 0.00 |
| 3 | 53.00 | 4.00 | 1.00 | 42.00 | 0.00 |
| 4 | 52.63 | 5.26 | 0.00 | 42.11 | 0.00 |
| 5 | 0.00 | 0.00 | 0.00 | 100.00 | 0.00 |
| 6 | 0.00 | 0.00 | 0.00 | 100.00 | 0.00 |
| 男女合计 | 49.74 | 4.12 | 1.42 | 44.59 | 0.13 |

资料来源：《中国城市青年状况调查课题组》调查资料，2009年12月。

从表3-9统计结果发现：在理想通婚圈中，不论是兄弟、姐妹同性内部的排序，还是兄弟姐妹之间的总排序，对他（她）们的通婚圈选择意愿均没有影响。也就是说，在诸多兄弟姐妹择偶时，选择配偶的家庭所在地并不受自己兄弟姐妹的多寡而影响。这与实际通婚圈不同，在实际的通婚圈中，不论是兄弟、姐妹同性内部的排序，还是异性间兄弟姐妹排序均与实际通婚圈之间具有显著的相关性。

结合实际通婚圈与理想通婚圈比较分析发现：尽管出生顺序对理想通婚圈的选择没有影响，但在实际的婚姻选择行为中，还是不得不遵循一定的秩序。因为意愿更多的只是体现个人层面的主观因素，而实际的婚姻行为，除婚姻当事人以外，还要受家庭与社会等诸多客观因素的共同影响，而不能按其个人意志随意所行。婚姻是一种制度，每个社会都有相应的婚姻制度，虽然一般都会把婚姻看作是一种自然状态或者至少是由神意安排的，但实际上婚姻是社会为人类设置的一种精巧非凡的罗网。现实社会中的婚姻关系，不可避免地要受到各种社会制度与规范的调节支配。正如著名芬兰人类学家韦斯特马克在《人类婚姻简史》中指出的那样，社会对婚姻的调节有许多种办法，首先是确定选择配偶的规则。[1] 所以，婚姻意愿与婚姻行为之间会存在不一致甚至是相互背离的情况。

---

[1] 韦斯特马克：《人类婚姻简史》第一卷，商务印书馆1992年版，第227—230页。

城市青年出生顺序与理想通婚圈之间联系并不显著，但与实际通婚圈之间存在显著的关系，其基本特征是家庭中排序越靠前的年长者，在本县市范围内通婚比例越高，而在跨县市和跨省范围内通婚的比例越低。该结果反映了家庭中年长的哥哥与姐姐的通婚圈比年幼的弟弟与妹妹的通婚圈较小，他（她）们被留在父母身边的可能性更大。

通过本部分研究发现：城市青年的出生顺序与实际通婚圈之间存在一定关系。兄弟姐妹在家庭中的出生顺序也是影响通婚圈的一个重要因素，这在很大程度上可能与我国传统文化有关，文化影响是根深蒂固的，并非一朝一夕就可以将其除之。中国封建社会的基本结构之一，是封建宗法等级制度，社会等级结构非常明显。这不仅体现在社会公共领域之中，也可以在家庭中找到相应痕迹。不同辈分、不同年龄与性别是掌控家庭权利资源的重要基础。主要表现为家庭中的长辈对晚辈控制、年长者对年幼者控制、男性对女性控制等，家庭成员权利不平等的现象。同一代际的兄弟姐妹在家庭的决策权也具有极大的差异。如择偶次序就明显体现了这一特征，传统家庭中年长者的婚姻事件对年幼者的婚姻选择具有很强的制约作用，除对择偶时间具有一定的影响外，对择偶范围也具有一定的影响。尤其是在农村可能更为明显，因为农村地区的社会养老保障体系欠佳，老年生活主要依靠儿女，准确地说是儿子养老，女儿可能提供更多的是感情慰藉与心理疏导方面的功能，而在物质生活方面主要由儿子来负责。为了避免老年孤单，父母更愿意将女儿嫁得离家近些，在多子女家庭中，父母还希望至少有一个女儿就嫁在本村落或邻村。

目前我国独生子女比例较高，尤其是在城市地区。据2005年全国抽样调查数据计算得到全国独生子女比例高达31.59%[①]，城市平均每三个孩子就有一个是独生子女。许多经济发展水平较高的省区超过了50%，天津市的独生子女比例高达60%，最低的广东省也超过了12%。这给我们一个非常重要的政策启示："二孩生育"应该成为国家生育政策的最终归宿和落脚点，降低独生子女的比例，可以在一定程度上促进通婚圈的扩展。

2013年党的十八届三中全会通过了《中共中央关于全面深化改革若

---

① 《中国城市青年状况调查课题组》调查资料，2009年11月。

干重大问题的决定》(以下简称《决定》)①,《决定》从战略和全局高度,从中华民族长远发展出发,做出了调整完善生育政策的重大决策部署,强调坚持计划生育的基本国策,启动实施一方是独生子女的夫妇可生育两个孩子的政策,逐步调整完善生育政策,促进人口长期均衡发展。② 以下简称"单独二孩"的生育政策,尽管很多专家认为"单独二孩"对我国长期人口总量影响不是很大,但未来几年可能会出现一个小的出生高峰。"单独二孩"生育政策的调整必然减少未来独生子女的比例。结合本部分的研究结论可以判断:随着独生子女比例的降低,同时还可能会带来地理通婚圈的扩展,而通婚圈的扩展进一步促进人口健康素质的提高。因此,从这个意义上说,"单独二孩"的生育政策调整,不仅仅是单纯地人口数量的调控,更是一次以人口数量调控为契机的人口均衡发展的重要战略部署。生育政策调整降低了未来独生子女的数量及其比例,但"单独二孩"生育政策的调整只是我国人口长期均衡发展迈出的第一步,由于高昂的城市生活成本和孩子机会成本导致城市育龄群体的生育意愿不高,仅有"单独二孩"生育政策对促进独生子女降低作用可能比较有限,如果未来实践证明政策的效用力度确实不够,还需要配合其他措施以降低独生子女的比例,以实现人口数量—素质—结构—分布以及人口—社会—经济—资源—环境内外均衡发展的目标。

## 第三节 不同初婚年代流动人口通婚地域结构

人们的婚姻观念与行为随着历史发展而改变。20 世纪末,有学者研究认为,我国的传统通婚圈非常小,甚至方圆不过 25 公里。③ 从行政地域范围来看,基本都在本乡镇范围以内。我国 20 世纪 60 年代到 21 世纪初,流动人口的通婚地域变化,如图 3-6 所示。

---

① 王洋:《国家卫生计生委召开学习贯彻十八届三中全会精神座谈会》,《中国人口报》2013 年 11 月 18 日。
② 《深入学习贯彻中央〈决定〉精神 坚持计划生育基本国策 逐步调整完善生育政策》,《人口与计划生育》2013 年第 12 期。
③ 鲍永福:《扩大通婚圈 提高人口素质》,《婚育与健康》1999 年第 4 期,第 14 页。

·102· 中国流动人口通婚地域选择

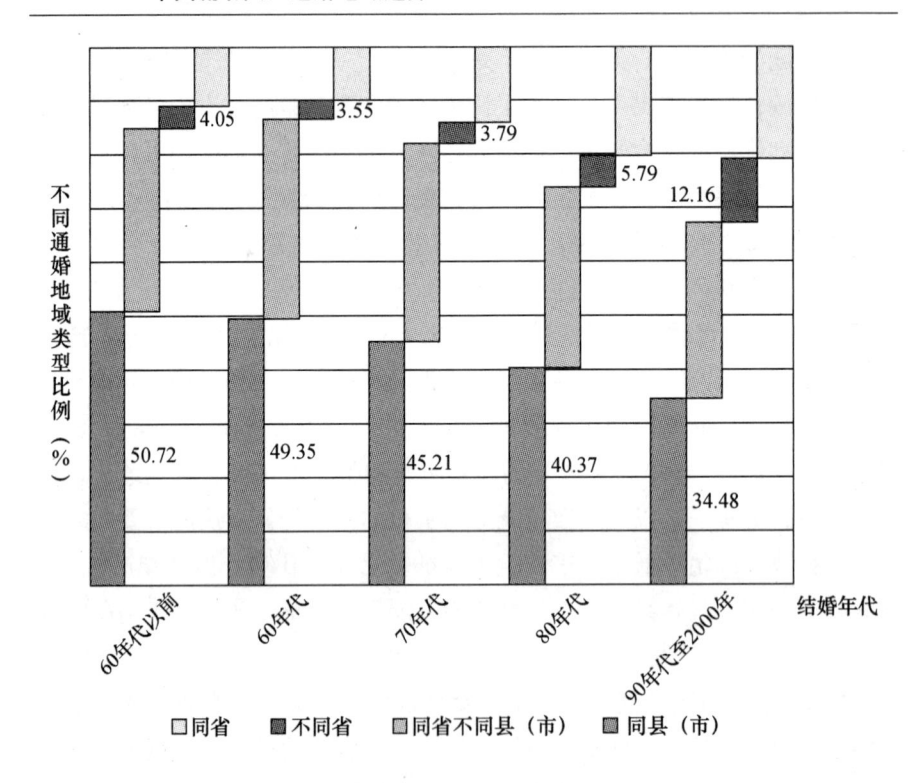

**图 3-6　中国 20 世纪 60 年代至 2000 年流动人口的通婚地域结构**

资料来源：翟振武等：《跨世纪的中国人口迁移与流动》，中国人口出版社 2006 年版，第 120 页。

图 3-6 反映的是我国 2000 年以前的流动人口通婚圈变化特征，从图 3-6 中可以清楚地看出：随着时代的推进，"同县（市）"的夫妻所占的比例在持续下降，20 世纪 60 年代以前高达 50.72%，到 90 年代至 2000 年降至 34.48%，而"跨省"通婚夫妻的比例却呈现持续上升的过程，60 年代以前仅为 4.05%，而 90 年代至 2000 年是 60 年代以前的 3 倍（12.16%），20 世纪 90 年代以来，户口在不同省份两个人结婚的比例发生了明显变化。从图 3-6 还可以发现一个明显的特点，"省内跨市"通婚的比例相对比较稳定，从 60 年代以前一直到 2000 年前后均保持在 1/3 左右。图中的"同省"夫妻表示从同一个省份来到现居住地的夫妻，无法区分他们是同县（市）还是不同县（市），所以单独列出来作为一类。

从以上三类群体通婚圈比较可以看出，不管是流动人口、常住人口，还是城市青年人口，他（她）们的"跨省通婚"自 80 年代以来都发生了显著的变化,随年代推进明显增加,但流动人口的跨省通婚增加更为明显。以上反映的是2000年以前流动人口的通婚圈变化情况。下面将利用国家卫计委流动人口司2011—2013年动态监测数据分析最近几年我国流动人口的通婚圈特征及其变化,其结果如表3-10所示。

表3-10　　　　不同初婚年份跨省—省内通婚　　　单位:人、%

| 初婚年份 | 省内频数 | 比例 | 跨省频数 | 比例 | 合计频数 | 初婚年份 | 省内频数 | 比例 | 跨省频数 | 比例 | 合计频数 |
|---|---|---|---|---|---|---|---|---|---|---|---|
| 1968 | 1 | 100 | 0 | 0 | 1 | 1991 | 3236 | 98.51 | 49 | 1.49 | 3285 |
| 1969 | 5 | 100 | 0 | 0 | 5 | 1992 | 4029 | 98.34 | 68 | 1.66 | 4097 |
| 1970 | 9 | 100 | 0 | 0 | 9 | 1993 | 4160 | 98.14 | 79 | 1.86 | 4239 |
| 1971 | 8 | 100 | 0 | 0 | 8 | 1994 | 4221 | 98.07 | 83 | 1.93 | 4304 |
| 1972 | 23 | 100 | 0 | 0 | 23 | 1995 | 4852 | 97.92 | 103 | 2.08 | 4955 |
| 1973 | 30 | 96.77 | 1 | 3.23 | 31 | 1996 | 4656 | 97.55 | 117 | 2.45 | 4773 |
| 1974 | 46 | 100 | 0 | 0 | 46 | 1997 | 4708 | 97.19 | 136 | 2.81 | 4844 |
| 1975 | 100 | 99.01 | 1 | 0.99 | 101 | 1998 | 5144 | 96.66 | 178 | 3.34 | 5322 |
| 1976 | 132 | 97.78 | 3 | 2.22 | 135 | 1999 | 4747 | 96.39 | 178 | 3.61 | 4925 |
| 1977 | 139 | 98.58 | 2 | 1.42 | 141 | 2000 | 5454 | 95.42 | 262 | 4.58 | 5716 |
| 1978 | 273 | 98.2 | 5 | 1.8 | 278 | 2001 | 4437 | 94.69 | 249 | 5.31 | 4686 |
| 1979 | 346 | 98.86 | 4 | 1.14 | 350 | 2002 | 4794 | 94.82 | 262 | 5.18 | 5056 |
| 1980 | 656 | 99.7 | 2 | 0.3 | 658 | 2003 | 5298 | 93.97 | 340 | 6.03 | 5638 |
| 1981 | 578 | 98.47 | 9 | 1.53 | 587 | 2004 | 5566 | 92.55 | 448 | 7.45 | 6014 |
| 1982 | 881 | 99.1 | 8 | 0.9 | 889 | 2005 | 5584 | 92.33 | 464 | 7.67 | 6048 |
| 1983 | 1074 | 99.08 | 10 | 0.92 | 1084 | 2006 | 6048 | 90.54 | 632 | 9.46 | 6680 |
| 1984 | 1321 | 98.73 | 17 | 1.27 | 1338 | 2007 | 5591 | 90.22 | 606 | 9.78 | 6197 |
| 1985 | 1913 | 98.71 | 25 | 1.29 | 1938 | 2008 | 6772 | 88.3 | 897 | 11.7 | 7669 |
| 1986 | 2221 | 98.8 | 27 | 1.2 | 2248 | 2009 | 6387 | 86.89 | 964 | 13.11 | 7351 |
| 1987 | 2487 | 98.85 | 29 | 1.15 | 2516 | 2010 | 6095 | 86.28 | 969 | 13.72 | 7064 |
| 1988 | 3015 | 98.82 | 36 | 1.18 | 3051 | 2011 | 5845 | 84.16 | 1100 | 15.84 | 6945 |
| 1989 | 3448 | 98.4 | 56 | 1.6 | 3504 | 2012 | 4498 | 83.57 | 884 | 16.43 | 5382 |
| 1990 | 4165 | 98.37 | 69 | 1.63 | 4234 | 2013 | 1015 | 81.92 | 224 | 18.08 | 1239 |
| 总计 | 省内通婚频数 136008 | 省内比例 93.41 | 跨省通婚频数 9598 | 跨省比例 6.59 | 合计 145606 | | | | | | |

资料来源:国家卫计委流动人口司2013年流动人口动态监测调查数据。

从表 3-10 可以看出，我国不同初婚年份流动人口的通婚圈变化过程，由于该调查对象是流动人口，而流动人口具有明显年龄选择性，70 年代以前结婚的被调查者年龄偏大，他（她）们大多已经退出流动的舞台，所以在 70 年代中期以前的变化不具有代表性，在接近 20 万人中的样本仅有几十人可以忽略不计。可是从 1975 年开始，情况发生了明显的变化，当年结婚的样本数量比 1974 年翻了一番。此后，流动人口的跨省通婚变化十分稳定，一直在持续增长。八九十年代中期，跨省通婚的比例在 1%—2% 波动，90 年代后期至 20 世纪末，跨省通婚的比例在 2%—5%①，到 20 世纪以后，跨省通婚变化更加明显，平均每年保持 1 个百分点的速度在持续增长。② 通过曲线拟合发现，我国流动人口的跨省通婚增长非常明显，其变化趋势如图 3-7 所示。

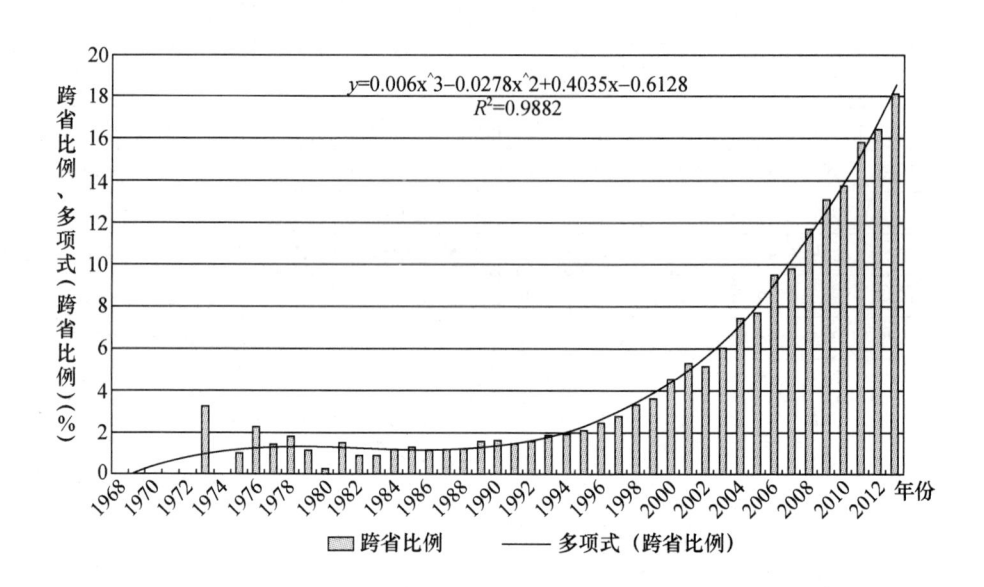

图 3-7 不同初婚年份的跨省婚姻比例

资料来源：国家卫计委流动人口司 2013 年流动人口动态监测调查数据。

跨省通婚曲线的拟合优度（$R^2 = 0.9882$）非常高，而且在 1984 年之

---

① 该比例与翟振武、段成荣教授等研究存在出入的重要原因是对"流动人口"的统计口径不完全一致。

② 梁海艳等：《中国流动人口通婚圈研究——基于流动人口动态监测数据的实证分析》，《西北人口》2014 年第 5 期。

后的点基本都落在拟合线上。如果流动人口的跨省通婚依此趋势继续发展下去，那么到 2020 年，跨省通婚的比例将进一步增长到 25% 左右，也就是说，每 4 对流动人口夫妻中，至少有 1 对夫妻跨省通婚。由此可以推断：未来流动人口的跨省通婚比例将会继续增加，流动人口跨省通婚的发展变化趋势，如图 3-8 所示。

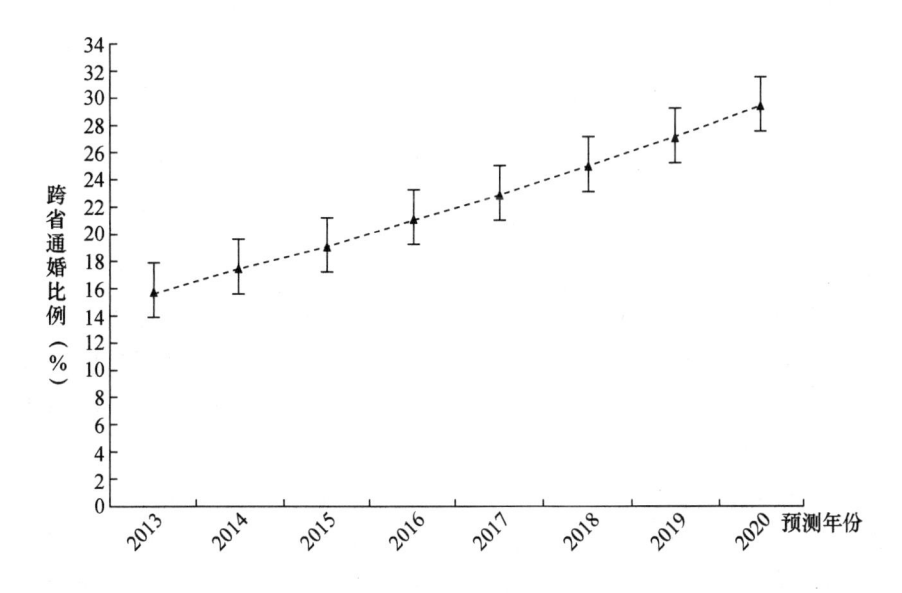

图 3-8　中国 2013—2020 年流动人口跨省通婚变化趋势预测

从流动人口跨省通婚变化趋势预测结果看，我国远距离跨省通婚在未来一段时间将会发生大幅度的增加，尤其是在我国当前正处于流动人口代际转换的关键时刻，流动人口主体逐渐由老一代向新生代转变过渡。老一代流动人口外出务工时年龄都比较大，而且多处于已婚已育状态，他们外出的主要目的是挣钱养家糊口。可是，新生代流动人口正处于婚恋黄金时期、思想彷徨期和情感依赖期，他（她）们不仅渴望在流入地成功择业，也希望能够在爱情和婚姻方面有所收获，顺利择偶。据全国总工会 2009 年的调查数据显示，新生代农民工中的已婚比例仅占 20% 左右，未婚比例较高，这意味着他们将要在外出期间完成恋爱—结婚—生子—子女上学等一系列重要的生命历程，这与老一代农民工相比，存在较大的差别，新生代流动人口的婚姻家庭问题是当下我国流动人口研究不可忽视的一个重要方面。新生代流动人口大多在流动过程中或者流动之后才开始考虑结婚生子，与老一代流动人口的"先成家，后立业"思想存在一定差别。在流动过程中，处于婚龄期的流动青年男女有了更多的相处机会，而与流出地老家的同龄群体联系可能反而减弱。因此，他（她）们选择的结婚对象也更可能发生在流入地。相比于老一代流动人口的职业和经济（立业）期望而言，新生代流动人口的家庭（成家）期望可能更高，由于不同代际流动人口群体存在多种差异，在分析通婚圈时有必要将其分开，并进一步将新生代群体分为"80后"新生代与"90后"新生代两类。

## 第四节 不同代际流动人口通婚圈分析

在我国浩浩荡荡流动人口大军发生以后，慢慢地流动人口内部也出现了一些结构性的分化。就年龄结构的分化来看，流动人口内部出现了一批出生于20世纪80年代后的新生代流动人口，目前甚至连90年代后出生的流动人口也在陆陆续续地步入这个行列之中，流动人口结构的分化导致了流动人口内部存在多方面的差异。包括受教育程度、务农经历、就业稳定性、在流入地城市所从事的职业、行业以及他们的婚姻观念和行为等方面。那么不同代际流动人口内部之间的地理通婚圈是否存在显著的差异？如果存在差异，具体有哪些方面的差异？本部分通过流动人口动态监测调查数据计算结果发现："80后"的新生代流动人口地理通婚圈明显呈扩大的趋势在发展，不同代际流动人口内部的通婚圈存在明显的差异，具体结果如表3-11所示。

从表3-11统计结果发现："80后"新生代与老一代流动人口、"90后"新生代与"90前"之间的通婚圈均存在显著差异。但通过进一步的分析发现，尽管"90后"新生代的跨省通婚比例比"90前"新生代高1个百分点左右，但是二者之间在统计上并不存在显著差异，这说明新生代流动人口目前还具有一定的"同质性"。就通婚圈而言，"90后"新生代与"80后"新生代之间的差异并不像有关专家在研究其他方面的差异那么明显。[①] 这主要与本书研究问题的特殊性有关，婚姻只有到生命历程一

---

① 如人力资本、工资收入等方面"80后"与"90后"的流动人口之间还是存在明显的不同。转引自张翼教授《流动人口与城市户籍人口的收入比较——同工不同酬问题研究》，《开题报告》评审会，2013年12月30日，212会议室。

定阶段才可能发生。随着结婚年龄的不断推迟，目前"90后"新生代流动人口大多还没有开始考虑结婚成家，"90后"占样本中已婚群体的比例仅为2.5%，他（她）们大多还没有开始考虑结婚，所以看不出其中存在的差异。

表3-11　　　　不同代际流动人口的跨省通婚比较　　　　单位：人、%

| 流动人口代际构成 | 省内通婚 ||  跨省通婚 || 频数合计 |
|---|---|---|---|---|---|
|  | 频数 | 比例 | 频数 | 比例 |  |
| 1980年前后比较 | Pearson χ² (1) | =2.4e+03 | Pr = 0.000 ||  |
| 1980年以前出生 | 83708 | 96.02 | 3469 | 3.98 | 87177 |
| 1980年及以后出生 | 52518 | 89.53 | 6142 | 10.47 | 58660 |
| 1990年前后比较 | Pearson χ² (1) | = 161.1896 | Pr = 0.000 ||  |
| 1990年以前出生 | 132949 | 93.54 | 9177 | 6.46 | 142126 |
| 1990年及以后出生 | 3277 | 88.31 | 434 | 11.69 | 3711 |
| 合计 | 136226 | 93.41 | 9611 | 6.59 | 145837 |
| 新生代内部的比较 | Pearson χ² (1) | = 2.9832 | Pr = 0.084 ||  |
| "90前"新生代 | 35631 | 89.23 | 4302 | 10.77 | 39933 |
| "90后"新生代 | 3277 | 88.31 | 434 | 11.69 | 3711 |
| 新生代合计 | 38908 | 89.15 | 4736 | 10.85 | 43644 |

资料来源：国家卫计委流动人口司2013年流动人口动态监测调查数据。

特别需要关注的群体是"90后"新生代流动人口，他们的社会融合程度相对较低，并且远离父母和家人的监管与照顾，也脱离了熟悉的社会交往圈子。[①] 生活场域和角色的双重转变难免会导致他们产生迷茫甚至失落的消极情绪。

## 第五节　不同年龄组的流动人口跨省通婚

同一时点，不同年龄组的通婚圈变化如图3-9所示。从图中可以判

---

[①] 国家卫计委流动人口司：《流动人口社会融合：理论与实践》，中国人口出版社2014年版，第12—122页。

断,年龄越大的已婚流动人口的通婚圈越小,跨省通婚的比例越低;反之,年龄越小的流动人口其通婚圈越大,跨省通婚的比例越高。

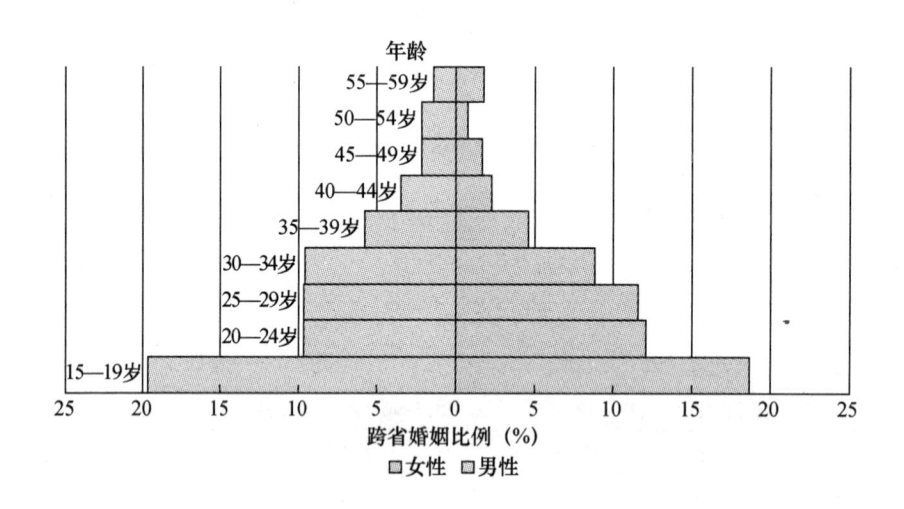

图 3-9 流动人口跨省通婚人口金字塔结构

资料来源:国家卫计委流动人口司 2013 年流动人口动态监测调查数据。

从图 3-9 可以发现,年龄越大的已婚流动人口的通婚圈越小,跨省通婚的比例越低;反之,年龄越小的流动人口其通婚圈越大,跨省通婚的比例越高。一般来说,年龄较大的已婚群体,其结婚的年代相对早,年龄较小的已婚群体,其结婚的年代就相对越晚。年龄较小的已婚人口,婚姻的选择受到现代化思想的影响越大,而年龄较大的流动人口在他(她)们结婚时,不管是地理空间上的物理流动,还是社会性的流动都相当困难。在狭小空间范围内活动,通婚圈也必然会受到一定的限制,图 3-9 已经非常清楚地印证这一点。

## 第六节 不同相对结婚时间的流动人口通婚圈比较

为了研究人口流动行为是否会对通婚圈变化产生影响,首先,将结婚(初婚)时有过迁移流动经历与没有迁移流动经历的流动人口进行比较。

根据调查资料中的首次流出时间（年份）与初婚时间（年份）的对比，可以判断流动与结婚时间早晚。当首次流动时间早于初婚时间时（即初次流动年份数值＜初婚年份的数值），可以判断为流动后结婚；相反，当首次流动时间晚于初婚时间时（即初次流动年份数值＞初婚年份数值），可以判断为流动前结婚。根据结婚与流动时间早晚，可以把流动人口的结婚分为：流动后结婚和流动前结婚。据2012年和2013年流动人口动态监测调查数据计算发现，流动后结婚和流动前结婚的通婚圈存在明显的差异，流动之后再结婚形成的通婚圈明显比流动前就已经结婚形成的通婚圈较大，跨省通婚的比例更高。由此说明，人口迁移流动经历对通婚圈具有显著的促进作用，二者差异如表3-12所示。

表3-12　　　　不同相对结婚时间流动人口的通婚圈　　　　单位：人、%

| 相对结婚时间 | 2012年 |  |  |  | 2013年 |  |  |  |
|---|---|---|---|---|---|---|---|---|
|  | 省内 | 比例 | 跨省 | 比例 | 省内 | 比例 | 跨省 | 比例 |
| 流动后结婚 | 105926 | 92.73 | 8310 | 7.27 | 49093 | 88.21 | 6561 | 11.79 |
| 流动前结婚 | 760 | 93.02 | 57 | 6.98 | 77975 | 97.17 | 2272 | 2.83 |
| 流动后/流动前 | 0.9969 |  | 1.042 |  | 0.9078 |  | 4.1661 |  |

资料来源：国家卫计委流动人口司2012年、2013年流动人口动态监测调查数据。

表3-12统计结果显示，有迁移流动经历的流动人口通婚圈比没有迁移流动经历的通婚圈明显较大，流动后再结婚的跨省通婚比流动前就结婚较高，而且二者之间的差异还有增强的趋势，由2012年的1.042倍增加到2013年的4.1661倍。以上分析结果说明，在结婚时是否有迁移流动经历对通婚圈的发展变化具有显著影响。这与其他有关学者的研究结论比较一致，结婚之前是否有过流动经历对地理通婚圈的发展变化具有显著影响，不论男性还是女性，婚前的流动经历都明显地促进了通婚圈的扩展。具体从跨市通婚的比例来看，男性婚前有流动经历是没有流动经历的3倍多，女性的差异更加突出，婚前有流动经历是没有流动经历的6倍多。与男性相比，流动经历对女性流动人口通婚圈的扩展影响程度更加明显。[①]

---

① 靳小怡、李成华、李艳：《性别失衡背景下中国农村人口的婚姻策略与婚姻质量——对X市和全国百村调查的分析》，《青年研究》2011年第6期。

## 第七节 新生代流动人口通婚圈现状与未来

我国流动人口的代际结构正处于更替时期，新生代流动人口已经成为流动人口的主体，他们具有自身独特的群体特征，在就业、发展目标期望和生活方式等方面的特征、需求都与老一代流动人口存在明显的差别，新生代流动人口大多处于青春期，生理逐渐趋于成熟，但心理发展还存在一定程度的滞后，大部分新生代流动人口还处于未婚状态，只有抓住了新生代流动人口这个主体，才能对我国流动人口未来通婚圈的发展趋势有更准确的把握。但目前对我国新生代流动人口的研究成果才刚起步，很少学者专门对新生代流动人口的婚恋问题进行深入细致的分析，而婚恋事件作为生命历程的重要环节，是人生的重要转折点，其背后蕴含着丰富的社会文化意义。

本节首先分析新生代流动人口中的已婚人群的通婚圈基本现状，与总体流动人口以及非流动人口的通婚圈有何差异。其次，对新生代流动人口中的未婚人群的择偶意愿，主要是对他们择偶意愿中的地域要求进行分析，分别从同居对象、恋爱对象和未来想找的恋爱对象户籍登记地与自己户籍登记地的匹配情况三个方面进行分析。

新生代农民工问题逐渐成为人口学界关注的热点领域，虽然新生代农民工的划分标准存在一定争议，但是被较为广泛接受的是以出生年份是否在1980年以前为划分标准。本书中的新生代是指"调查时点，在调查地居住一个月及以上，非本区（县、市）户口，年龄在16—31周岁的流动人口"。按照上述新生代的界定方法，2011年新生代流动人口调查专题调查总样本量为19083人，其婚姻基本情况如下：未婚人数有7128人（占该样本的37.35%），初婚有配偶的人数有11625人（60.92%），再婚有配偶1人（0.01%），离婚2人（0.01%），丧偶1人（0.01%），同居326人（1.71%）。本书主要通过初婚有配偶人群来分析新生代流动人口的通婚圈基本现状，其次根据恋爱、同居以及未婚未恋爱但有恋爱意愿的人群来分析未来通婚圈可能的变化情况。

**一 新生代流动人口通婚圈基本现状**

按照"出生年代法"界定的新生代流动人口，随着时间推移已经逐渐成为流动人口中坚力量。据2005年1%的人口抽样调查数据计算显示，1980年及以后出生的新生代流动人口占普查时点流动人口总量的40.6%，据此推算当时的新生代流动人口规模在5980万人左右，到2010年中国第六次人口普查时，新生代流动人口规模已经超过流动人口的一半以上，占普查时点流动人口总量的53%以上，其绝对规模高达1.18亿人。[①] 流动人口代际结构更替将导致流动人口整体不仅在规模与流向方面会发生新的变化，在社会经济结构方面也出现了明显转变，其中婚姻结构的转变就是一个非常重要的转折。新生代流动人口崛起对人口管理提出了更高要求，他们大多出生于20世纪八九十年代，与老一代农民工相比，他们是在社会更加开放、经济更加活跃的大环境中成长，因而价值观念、乡土观念、利益诉求都发生了巨大变化。老一代农民工从农村和农业生产中走出来，与农村居民血脉相承，多数老一代流动人口只是将打工地作为临时落脚点，最终归宿还得回到农村，落叶归根的思想比较严重，而且他们大多是婚后流动。可是，新生代流动人口受务工城市现代文化的熏陶，再加上几乎从来没有从事过农业生产劳动，他们对农村社区意识认同较低，不愿重返农村生活，离农意识比较强烈，而在城市安家落户的愿望相对较高。

多数新生代流动人口在流动过程中完成婚恋大事，老一代主要是"先成家，后立业"，他们大多结婚后才外出流动，而"先流动，后婚恋"却成为新生代流动人口的典型生命历程安排，与老一代流动人口相比，新生代流动人口的外出年龄较小。一项调查结果表明，一半左右的新生代流动人口在20岁及以前就开始流动，而老一代流动人口大多是在26岁之后才外出流动。[②] 新生代流动人口在外出过程中完成婚恋事件的现象比较常见，在已婚的新生代流动人口中，超过一半（53.68%）在初次外出以后才完成，大约是老一代的两倍。新生代流动人口的年龄大多集中在20—30岁之间，平均年龄在23岁左右，其中已婚者的比重仅占20%，而未婚者的比重高达80%左右，大部分新生代流动人口还处于未婚状态，他（她）们将在外出期间，甚至在外出地区完成了恋爱、择偶、结婚和生育等一系列的人生大事，老一代农民工外出打工时已经有80%是结完婚之

---

[①] 国家卫计委流动人口司编：《中国流动人口发展报告（2013）》，中国人口出版社2013年版，第90页。

[②] 宋月萍、张龙龙、段成荣：《传统、冲击与嬗变——新生代农民工婚育行为探析》，《人口与经济》2012年第6期。

后的事情，他们的通婚圈与农村非流动人口的通婚圈基本类似，受地域限制特别明显，大多局限在本村或者是邻村范围内择偶，新生代流动人口却与此不同，他们外出时只有20%左右的结了婚，而大多数还是未婚青年，由于就业空间和流动性增强，他们的婚配对象突破了原有的地域限制，跨县、跨市和跨省通婚的现象大大增加。[①]

（一）分性别的新生代流动人口配偶户籍地分布

在从夫居制度下，女性婚后一般都会到男方所在的家庭居住，所以，女性流动人口的通婚圈与男性流动人口的通婚圈会有所不同，因为在此制度下男性需要承担绝大部分经济负担，所以女性在流入地结婚的可能性要比男性较高，因此而呈现不同的通婚圈。分性别的新生代流动人口通婚圈，如表3-13所示。

表3-13　　　　分性别的新生代流动人口配偶户籍地分布　　　　单位：%

| 配偶户籍地 | 男 | 女 | 合计 |
| --- | --- | --- | --- |
| 流入地本地 | 7.79 | 7.02 | 7.36 |
| 同一县市 | 68.05 | 65.97 | 66.89 |
| 同省不同县市 | 12.49 | 12.54 | 12.52 |
| 户籍邻省 | 5.30 | 6.23 | 5.82 |
| 其他地方 | 6.37 | 8.24 | 7.41 |
| 合计 | 100.00 | 100.00 | 100.00 |

资料来源：2011年国家计生委原流动人口动态监测和2011年新生代流动人口专题调查数据。下同。

从表3-13可以看出：男性流动人口与女性存在一定的差异，在"流入地本地"通婚的比例男性为7.79%，女性为7.02%，二者的差别不大，但是在"同一县市"通婚的比例男性比女性较高，而"跨县市"通婚与"邻省"通婚，女性都表现出明显优势，与"其他地方"通婚的比例也比男性较高。上述数据表明：男性在小范围内的通婚圈内占优势，而女性在大范围内的通婚圈内占优势，随着人口流动的继续发展，这种跨地域的通婚现象可能还会继续增加。

---

① 吴新慧：《传统与现代之间——新生代农民工的恋爱与婚姻》，《中国青年研究》2011年第1期。

(二) 分代际的流动人口配偶户籍地分布

在不同时代背景下，不仅社会经济发展水平会有巨大变化，人们思想观念也会有所变化，婚姻观念与生活行为方式也会存在较大的差异，新生代流动人口与老一代流动人口之间的通婚地域范围也可能不同。出生于60年代、70年代的流动人口，他们大多"先成家，后流动"，流动事件对他们婚姻造成的影响主要表现在家庭团聚、夫妇感情培养与联络、家庭养老、儿童监护等方面，而80年代、90年代以后出生的流动人口，他们与老一代流动人口的情况不太一致，不是"先成家，后流动"，而是"边流动，边成家"或者"先流动，后成家"。严格说来，他（她）们不能算作"新生代农民工"，因为他们的前身毕竟不是完整意义的"农民"，而绝大多数是从初中、高中毕业出来的中学生，甚至是大学生或研究生，他们的受教育水平相对于在家未流动的人口以及老一代流动人口都明显较高。[①] 与中生代和老一代相比，新生代农民工教育水平显著提高。2010年新生代农民工的平均受教育年限已经达到9.8年，而同期中生代和老一代的分别只有8.4年和7.6年，新生代农民中基本没有了文盲，而且未上学的比例也只有0.6%，而老一代农民工高达10%，中生代也有3.4%。而就大学以上学历而言，中生代[②]和老一代极少，但是新生代农民工群体中，大学生所占的比例超过了5%。人们对流动人口的普遍认识是，他们是"低端"（低素质）人群，而事实上他们并不低端。因此，将其称为"新生代农民工"不太合适。他们现在正处于恋爱择偶时期，他们的流动经历将对其择偶行为产生重要的影响，最突出的表现就是择偶地域范围的扩大，如表3-14所示。

从表3-14中可以看出，以80年代为时间界限，通婚圈变化非常明显，在流入地本地结婚的比例差别不大，都比较低。反映了社会现实生活的压力，不管是老一代还是新生代流动人口打算在本地长久生存的比例都比较低，不是一件很容易的事情。但是在"同一县市"通婚的比例随着

---

① 平均受教育年限以本科以上为16年，大学专科为15年，高中、中专为12年，初中为9年，小学为6年，未上学为1年作为权重进行加权计算。

② 段成荣：《中国流动人口变动趋势再认识》，《新型城镇化与流动人口社会融合论坛》(2014)，中国人民大学，2014年7月5日。这里的"中生代"与"老一代"分别指在2010年这个时点上，1965—1979年出生的为中生代农民工（31—45岁）和1965年之前出生的为老一代农民工（46岁及以上）。

时代的发展逐渐减少，"60后"一代高达78.36%，"70后"一代降为73.99%，"80后"一代进一步降到64.99%，"90后"一代新生代流动人口在"本县市"通婚的比例只有60.12%；"省内跨县市"的通婚逐渐增多，"60后"一代只有9.4%，"70后"上升到9.53%，"80后"进一步增加到13.25%，"90后"一代已经超过14%，几乎每七对新生代流动人口夫妻中，就有一对是"跨县市"通婚，"邻省"通婚比例增加也非常明显。新生代流动人口与老一代流动人口的通婚圈相比，有了明显的扩展，通婚地域在不断向外延伸。

表3-14　　　　　　分代际的流动人口配偶户籍地分布　　　　　单位：%

| 年龄组 | 流入地本地 | 同一县市 | 同省不同县市 | 户籍邻省 | 其他 | 合计 |
| --- | --- | --- | --- | --- | --- | --- |
| "90后" | 7.51 | 60.12 | 14.16 | 10.40 | 7.80 | 100.00 |
| "80后" | 7.21 | 64.99 | 13.25 | 6.27 | 8.28 | 100.00 |
| "70后" | 7.99 | 73.99 | 9.53 | 3.71 | 4.79 | 100.00 |
| "60后" | 7.72 | 78.36 | 9.40 | 2.68 | 1.85 | 100.00 |
| 合计 | 7.36 | 66.89 | 12.52 | 5.82 | 7.41 | 100.00 |

（三）分省份的新生代流动人口配偶户籍地分布

我国自然地理环境复杂多样，社会经济发展水平差异非常大。各省（直辖市、自治区）不同的经济发展水平导致人口的吸引力差异很大。另外，不同的自然环境也可能会带来不同的迁移偏好。总体来说，东部沿海发达地区具有较强的经济优势，而西部地区比较落后。在经济牵引力的作用下，人口由落后地区逐渐向发达地区流动。北京、上海、浙江、江苏和广东都是我国流动人口的主要聚集地区。如北京市历次人口普查（或抽样调查）时的流动人口占全国流动人口的比例依次为1982年为2.07%、1990年为2.28%、2000年为2.54%、2005年为3.17%、2010年为3.51%[①]，人口流向集中趋势依然非常强劲，而西部的云贵川、陕甘宁等省区主要是流动人口的供应地。在人口迁移流动主方向下，婚姻迁移势必会形成类似的地域分布格局。流动人口输出区可能也是婚姻迁出地区，而人口流入区也可能会形成婚姻迁入区，但婚姻的迁移不可能和人口流动格

---

① 段成荣：《中国流动人口变动趋势再认识》，《新型城镇化与流动人口社会融合论坛（2014）》，中国人民大学，2014年7月5日。

局完全保持一致，毕竟婚姻迁移还会受到其他很多因素的影响。分省份新生代流动人口的通婚圈，如表3-15所示。

表3-15　　　　分省份新生代流动人口配偶户籍地分布　　　　单位：%

| 省份 | 流入地本地 | 同一县市 | 同省不同县市 | 户籍邻省 | 其他地方 |
| --- | --- | --- | --- | --- | --- |
| 北京 | 0.00 | 0.00 | 0.00 | 100.00 | 0.00 |
| 天津 | 7.14 | 42.86 | 7.14 | 0.00 | 42.86 |
| 河北 | 7.06 | 67.66 | 10.41 | 4.28 | 10.59 |
| 山西 | 6.94 | 66.32 | 18.77 | 3.08 | 4.88 |
| 内蒙古 | 4.40 | 59.34 | 9.89 | 4.40 | 21.98 |
| 辽宁 | 5.70 | 61.60 | 16.73 | 5.70 | 10.27 |
| 吉林 | 7.62 | 55.24 | 13.33 | 6.67 | 17.14 |
| 黑龙江 | 11.74 | 55.06 | 12.15 | 5.67 | 15.38 |
| 上海 | 0.00 | 100.00 | 0.00 | 0.00 | 0.00 |
| 江苏 | 8.82 | 61.16 | 13.77 | 7.44 | 8.82 |
| 浙江 | 7.14 | 70.83 | 10.12 | 3.87 | 8.04 |
| 安徽 | 5.32 | 74.66 | 8.99 | 5.13 | 5.90 |
| 福建 | 4.38 | 76.28 | 8.76 | 4.01 | 6.57 |
| 江西 | 7.86 | 66.24 | 11.04 | 8.07 | 6.79 |
| 山东 | 5.88 | 74.51 | 8.12 | 4.06 | 7.42 |
| 河南 | 6.94 | 73.91 | 11.89 | 3.66 | 3.60 |
| 湖北 | 5.73 | 68.89 | 14.32 | 5.97 | 5.09 |
| 湖南 | 8.51 | 55.98 | 13.95 | 10.87 | 10.69 |
| 广东 | 7.21 | 63.82 | 16.82 | 4.67 | 7.48 |
| 广西 | 7.14 | 51.90 | 17.14 | 12.86 | 10.95 |
| 海南 | 5.88 | 35.29 | 11.76 | 11.76 | 35.29 |
| 重庆 | 12.12 | 65.11 | 10.65 | 5.86 | 6.26 |
| 四川 | 8.24 | 62.46 | 14.10 | 7.55 | 7.65 |
| 贵州 | 8.25 | 60.19 | 15.05 | 10.68 | 5.83 |
| 云南 | 11.76 | 50.98 | 11.76 | 15.69 | 9.80 |
| 西藏 | 0.00 | 50.00 | 0.00 | 0.00 | 50.00 |
| 陕西 | 10.27 | 61.64 | 11.99 | 6.16 | 9.93 |
| 甘肃 | 4.44 | 67.78 | 12.22 | 2.22 | 13.33 |
| 青海 | 0.00 | 71.43 | 7.14 | 14.29 | 7.14 |
| 宁夏 | 30.00 | 10.00 | 30.00 | 10.00 | 20.00 |
| 新疆 | 0.00 | 55.56 | 11.11 | 0.00 | 33.33 |

·116· 中国流动人口通婚地域选择

从表 3-15 可以看出，虽然我国各省区通婚圈以"同县市"通婚为主，基本都在 50%—70% 之间，但"不同省"（直辖市、自治区）之间的通婚圈还是存在差别。青海、云南、广西和湖南的"邻省"通婚的比例较高。山西、辽宁的"省内跨市"通婚的比例较高，陕西、重庆和黑龙江在流入地本地通婚的比例较高，这可能与各个地区的社会经济发展水平和文化差异有关。

（四）分教育程度的新生代流动人口配偶户籍地分布

受教育程度是人力资本的重要内涵，最终受教育程度高低标志着一个人人力资本禀赋情况。受教育程度越高，人力资本越高，受教育程度越低，人力资本越低。人口在地理空间上迁移流动时，不仅实现了人口的聚集，同时也实现了人力资本总量的集聚过程，人力资本的集聚效应比劳动力数量的集聚对城镇化的作用更大。[1]

一个人受教育程度高低，可以反映出他在地域空间的流动情况，受教育程度与流动地域范围呈正相关，随着受教育程度的提高，流动范围越大。结婚和上学是我国社会流动的两条最主要途径。受教育程度越高，向上流动的可能性越大；反之，向上流动的可能性越小。所以，受教育程度还会对人们的社会流动产生巨大的影响。而婚姻迁移也属于一种流动，那么是否流动人口的受教育程度也会对婚姻迁移产生影响？存在什么影响？根据已有研究结论，提出以下研究假设：受教育程度与通婚圈呈正向的相关关系，即受教育程度越高，通婚圈越大，受教育程度越低，通婚圈越小。具体将通过流动人口的受教育程度与通婚圈之间的关系来进行证明，其结果如表 3-16 所示。

表 3-16　　　分教育程度的新生代流动人口配偶户籍地分布　　　单位：%

| 教育程度 | 流入地本地 | 同一县市 | 同省不同县市 | 户籍邻省 | 其他地方 | 合计 |
| --- | --- | --- | --- | --- | --- | --- |
| 未上过学 | 6.33 | 81.01 | 5.06 | 2.53 | 5.06 | 100 |
| 小学 | 8.46 | 75.38 | 9.34 | 3.85 | 2.97 | 100 |
| 初中 | 7.02 | 70.89 | 11.19 | 5.23 | 5.68 | 100 |
| 高中 | 7.43 | 64.9 | 12.77 | 6.52 | 8.39 | 100 |

---

[1]　任远、谭静、陈春林、余欣甜：《人口迁移流动与城镇化发展》，上海人民出版社 2013 年版，第 26 页。

续表

| 教育程度 | 流入地本地 | 同一县市 | 同省不同县市 | 户籍邻省 | 其他地方 | 合计 |
| --- | --- | --- | --- | --- | --- | --- |
| 中专 | 6.63 | 57.49 | 17.57 | 8.48 | 9.83 | 100 |
| 大学专科 | 8.26 | 48.36 | 20.45 | 8.52 | 14.42 | 100 |
| 大学本科 | 9.88 | 45.41 | 16.00 | 6.35 | 22.35 | 100 |
| 研究生 | 9.76 | 41.46 | 19.51 | 12.2 | 17.07 | 100 |
| 合 计 | 7.36 | 66.89 | 12.52 | 5.82 | 7.41 | 100 |

表3-16统计结果说明，受教育程度越高，在流入地通婚比例越高，受教育程度越低，在流入地通婚的比例越低；受教育程度越低，在"同一县市"通婚的比例越高，受教育程度越高，在"同一县市"通婚的比例越低；受教育程度越高，在"户籍邻省"和"省内跨市"通婚的比例越高，受教育程度越低，在户籍"邻省"和"省内跨市"通婚的比例越低。研究生文化程度的"跨市"通婚比例是未上过学的4倍左右，是小学的两倍左右，受过中专及以上教育的流动人口，其"跨市"通婚比例明显较高，"邻省"通婚也发生了类似的变化特征。总之，根据上述结果可以认为，受教育程度的提高对通婚圈扩大起着重要的促进作用。

（五）分流动范围的新生代流动人口配偶户籍地分布

随着我国户籍制度的松动，人们可以在全国范围相对自由地流动，现在几乎找不到一个没有人口流出或者流入的地方，任何一个再小、再偏僻的村落，或多或少都有人口的流出，任何一个城市，尤其是大城市都有流动人口的分布。我国刚开始出现人口流动的时候，主要是就近就地的农村剩余劳动力转移，这种流动往往以农业生产活动的安排为周期，进行"钟摆式"的来回流动，这种流动具有兼业性特点，为了照顾家里的农业生产，流动的地域范围会受到局限，一般在乡镇范围内流动，可是随着人口流动深入发展，这种"候鸟式"的迁徙已经不再满足人们的需求，从而开始出现更大范围的长周期流动，这个阶段的流动周期一般在一年左右，大多以春节为节点的周期性流动，年初流动出去，到年底返回老家。与第一个阶段相比，虽然都是周期性的流动，但是流动的周期已经大大延长，而且基本放弃了家里的农业生产活动，成为全职性的流动人口，逐渐由部分家庭成员向举家迁移流动转变，流动已经成为他们日常生活的一部分甚至全部，人口外出流动业已成为当前很多农村地区的一种独特的生活方式。

这个阶段，还有一个最明显变化就是流动范围扩大，很多流动人口都是流动到外省。流动范围的扩大，必然开阔他们的眼界，有机会结识全国各地的朋友，这样就为那些未婚流动青年的择偶活动提供一个宽阔的择偶市场，流动范围扩大对通婚圈带来了质的变化。不同流动范围的新生代流动人口通婚圈，如表3-17所示。

表3-17　　　　分流动范围的新生代流动人口配偶户籍地分布　　　　单位:%

| 流动范围 | 流入地本地 | 同一县市 | 同省不同县市 | 户籍邻省 | 其他地方 | 合计 |
| --- | --- | --- | --- | --- | --- | --- |
| 跨省流动 | 6.96 | 65.71 | 10.91 | 7.04 | 9.38 | 100.00 |
| 省内跨市 | 7.19 | 69.28 | 16.84 | 3.42 | 3.28 | 100.00 |
| 市内跨县 | 10.38 | 69.04 | 12.66 | 3.52 | 4.40 | 100.00 |
| 合　计 | 7.35 | 66.90 | 12.52 | 5.82 | 7.41 | 100.00 |

从表3-17中可以看出，不同流动范围的通婚圈具有显著差异，说明流动范围对通婚圈具有一定影响。在"流入地本地"通婚的新生代流动人口中，市内跨县流动的比例最高（10.38%），其次是省内跨市的流动人口（7.19%），而跨省流动在流入地本地通婚的比例最低，这主要可能受各地风俗习惯与地理距离的影响，在流入地通婚的主要是省内和县内近距离流动人口；在"同一县市"通婚中，主要是市内跨县（69.04%）和省内跨市（69.28%）的流动人口，跨省流动人口在同一县市地域范围内通婚的比例较低（65.71%）；在"省内不同县市"通婚的流动人口，与同一县市类似，也是省内跨市和市内跨县为主；但是跨地区的"邻省"通婚中的格局就发生了变化，在户籍地邻省通婚的流动人口，他们主要是跨省的流动人口，而省内跨市和市内跨县流动人口的"跨省"通婚的比例较低（只有3.5%左右），后者"邻省"通婚的比例只有前者的一半。从这些统计结果中可以看出，人口迁移流动范围与地理通婚圈之间存在密切的联系。人口迁移流动范围越广，结识远距离的朋友机会越多，地理通婚圈也相对较大。

二　新生代流动人口通婚圈发展趋势

以上只分析了新生代流动人口中的已婚群体，而流动人口中有相当比例群体还处于未婚状态，所以在分析未婚新生代流动人口的通婚圈时，主要从三个群体来把握：第一个群体是未婚同居流动人口的同居对象，第二个群体是目前正在恋爱的恋爱对象，第三个群体是目前还没有恋爱，但在考虑找恋爱对象的意愿通婚圈。

表 3-18　　　　　　不同婚恋状态的对象户籍地分布　　　　　单位:%

| 婚姻状态 | 流入地本地 | 同县市 | 同省不同县市 | 户籍邻省 | 其他地方 | 无所谓 |
| --- | --- | --- | --- | --- | --- | --- |
| 已婚 | 7.36 | 66.89 | 12.52 | 5.82 | 7.41 | — |
| 同居 | 11.35 | 36.50 | 21.47 | 13.19 | 17.48 | — |
| 恋爱 | 17.17 | 35.85 | 24.93 | 8.62 | 13.43 | — |
| 想找恋爱对象 | 15.80 | 18.55 | 5.67 | 1.27 | 4.51 | 54.21 |

从不同婚恋状态的对象户籍地分布表可以看出，和已婚流动人口相比，在流入地本地同居和恋爱的比例大大高于本地完婚的比例，打算在流入地本地找对象的比例也较高，达到了16%左右，说明流动人口在流入地通婚的愿望还是比较强；这些正处于恋爱中的人群，其同居或恋爱对象在同一县市的比例比已婚流动人口的相应比例低了很多，已婚流动人口的配偶和自己在同一县市的比例高达67%，而同居或恋爱的该比例只有36%左右，相比而言，这些"准夫妻"在选择对象时受地域范围的局限较小；恋爱或同居的对象与已婚相比，省内跨市和市内跨县的比例都大大增加。

新生代流动人口的调查结果说明，未来通婚圈进一步扩展的可能性非常大，尽管这些"准夫妻"不一定都能顺利结婚，但从这个潜在通婚圈里也可以看出他们的择偶地域不再局限于传统的乡村范围，而且还与那些已经结了婚的新生代流动人口通婚圈存在明显的不同，这个潜在的通婚圈顺利发展就是未来的通婚圈现状，将来的跨市和跨省通婚的比例会进一步增加，通婚圈扩大是社会进步的表现，有利于人口素质提高，但也不能忽视未来这些异地通婚带来的挑战。我们不能阻碍通婚圈的扩展，只能因势利导，早做准备，不能处于被动地位，积极处理人口流动导致的通婚圈扩展带来的各种问题，以帮助那些在流动过程中新建的家庭顺利过渡和转变，促进婚入者的社会适应与社区融入。

### 三　新生代流动人口通婚圈影响因素

在分析影响新生代流动人口通婚圈因素时，根据不同婚恋状态分别建立了四个模型进行比较，以找出哪些因素可能会影响未婚青年的同居或恋爱？未来那些正想找恋爱对象的流动人口，他（她）们在选择对象时又会受到哪些因素的影响？只有把这些问题搞清楚，才能很好地把握我国流动人口的通婚圈发展趋势。四个模型中，模型1是针对已婚新生代流动人口而建立的模型；模型2是针对未婚但同居的新生代流动人口而建立的模型，由于同居话题比较敏感，调查时可能很多人同居但没有填答，所以样本量比其他少；模型3是针对目前正在恋爱的新生代流动人口而建立的模型；模型4是针对未婚而且目前还没有恋爱对象但正想找恋爱对象的新生代流动人口而建立的模型。模型1至模型4的参照组都是双方均为同县市的对象，模型回归结果，如表3-19所示。

表3-19　　　　　新生代流动人口通婚圈影响因素分析

| 配偶户籍地 | 模型1(已婚群体) | | 模型2(同居群体) | | 模型3(恋爱群体) | | 模型4(想找对象) | |
|---|---|---|---|---|---|---|---|---|
| | 系数 | 显著性 | 系数 | 显著性 | 系数 | 显著性 | 系数 | 显著性 |
| 流入地本地 | | | | | | | | |
| 年龄（岁） | 0.0033 | 0.6120 | 0.1202 | 0.0570 | 0.0261 | 0.2860 | 0.0098 | 0.4040 |
| 性别（男） | -0.0557 | 0.4460 | 1.0259** | 0.0240 | 0.2810 | 0.0890 | 0.4076*** | 0.0000 |
| 受教育程度（未上过学） | 0.1585*** | 0.0000 | -0.0712 | 0.6650 | 0.0721 | 0.2780 | 0.4076*** | 0.0000 |
| 户口（农业） | -0.0510 | 0.6600 | 1.2733** | 0.0150 | 0.7162** | 0.0010 | 0.2858** | 0.0390 |
| 流动范围(跨省) | 0.0410 | 0.4900 | 0.3144 | 0.3120 | 0.0902 | 0.4740 | 0.1385 | 0.0660 |
| 流入地区(东部) | 0.0798 | 0.1110 | 0.5713** | 0.0490 | 0.3897*** | 0.0000 | 0.4676*** | 0.0000 |
| 流出地区(东部) | 0.1413*** | 0.0050 | -0.2277 | 0.4830 | 0.1448 | 0.1910 | 0.1228 | 0.0520 |
| 流入时间(月) | -0.0002 | 0.7650 | 0.0205** | 0.0050 | 0.0023 | 0.3660 | 0.0055*** | 0.0000 |
| 常数项 | -3.2038 | 0.0000 | -8.6636 | 0.0000 | -4.3594 | 0.0000 | -3.5487 | 0.0000 |
| 同一县市　　对照组 | | | | | | | | |
| 省内跨县市 | | | | | | | | |
| 年龄 | -0.0336*** | 0.0000 | 0.0199 | 0.7010 | 0.0324 | 0.1260 | -0.0067 | 0.7020 |
| 性别 | 0.0311 | 0.5950 | -0.4330 | 0.1780 | 0.0978 | 0.4910 | 0.0774 | 0.5490 |
| 受教育程 | 0.2443*** | 0.0000 | 0.0907 | 0.4700 | 0.1034 | 0.0780 | 0.1649** | 0.0030 |
| 户口 | 0.0834 | 0.3470 | 0.2531 | 0.5730 | -0.3177 | 0.1390 | 0.0121 | 0.9520 |
| 流动范围 | 0.2087*** | 0.0000 | 0.6941** | 0.0190 | 0.1006 | 0.4060 | 0.1608 | 0.1900 |
| 流入地区 | -0.1183*** | 0.0080 | -0.3430 | 0.2310 | -0.1029 | 0.2990 | -0.2798** | 0.0050 |
| 流出地区 | 0.1556*** | 0.0000 | 0.1496 | 0.5540 | 0.0706 | 0.4800 | -0.0472 | 0.5870 |

续表

| 配偶户籍地 | 模型1(已婚群体) 系数 | 显著性 | 模型2(同居群体) 系数 | 显著性 | 模型3(恋爱群体) 系数 | 显著性 | 模型4(想找对象) 系数 | 显著性 |
|---|---|---|---|---|---|---|---|---|
| 流入时间 | 0.0011 | 0.0760 | 0.0008 | 0.9070 | 0.0003 | 0.8850 | -0.0008 | 0.6510 |
| 常数项 | -2.2270 | 0.0000 | -1.8883 | 0.1660 | -1.4590 | 0.0120 | -1.4787 | 0.0020 |
| 户籍邻省 | | | | | | | | |
| 年龄 | -0.0664*** | 0.0000 | 0.0186 | 0.7660 | -0.0309 | 0.3600 | 0.0045 | 0.8870 |
| 性别 | 0.1867** | 0.0250 | 0.1420 | 0.7070 | -0.0741 | 0.7220 | 0.0890 | 0.7170 |
| 受教育程度 | 0.2378*** | 0.0000 | -0.1268 | 0.4310 | 0.2532** | 0.0030 | 0.1517 | 0.1500 |
| 户口 | 0.0397 | 0.7530 | 0.7486 | 0.1520 | 0.1064 | 0.7120 | -0.2959 | 0.4640 |
| 流动范围 | -0.4126*** | 0.0000 | -0.3999 | 0.3370 | -0.4482** | 0.0260 | -0.0695 | 0.7710 |
| 流入地区 | -0.1885** | 0.0020 | -0.2783 | 0.3560 | -0.1564 | 0.2600 | -0.1667 | 0.3400 |
| 流出地区 | 0.3445*** | 0.0000 | 0.2723 | 0.3230 | 0.2521 | 0.0610 | 0.0529 | 0.7420 |
| 流入时间 | 0.0038*** | 0.0000 | 0.0117 | 0.1010 | 0.0020 | 0.5240 | 0.0040 | 0.1730 |
| 常数项 | -1.8301 | 0.0000 | -2.0422 | 0.2150 | -1.5243 | 0.0770 | -3.0374 | 0.0010 |
| 其他地方 | | | | | | | | |
| 年龄 | -0.0620*** | 0.0000 | 0.0444 | 0.4450 | 0.0049 | 0.8570 | 0.0467** | 0.0050 |
| 性别 | 0.3218*** | 0.0000 | 0.7235** | 0.0420 | 0.1048 | 0.5510 | 0.3687** | 0.0090 |
| 受教育程度 | 0.3788*** | 0.0000 | -0.0354 | 0.8070 | 0.0720 | 0.1550 | 0.2303*** | 0.0000 |
| 户口 | 0.3396*** | 0.0010 | 0.8240 | 0.0820 | 0.3763 | 0.1210 | 0.3891** | 0.0480 |
| 流动范围 | -0.6929*** | 0.0000 | -1.0985** | 0.0120 | -0.6039*** | 0.0000 | -0.2180 | 0.0970 |
| 流入地区 | 0.0053 | 0.9150 | -0.0736 | 0.7680 | -0.1077 | 0.3310 | -0.0179 | 0.8450 |
| 流出地区 | 0.2290*** | 0.0000 | 0.2420 | 0.3310 | 0.2884** | 0.0100 | 0.0670 | 0.4580 |
| 流入时间 | 0.0038*** | 0.0000 | 0.0090 | 0.1850 | -0.0003 | 0.9180 | -0.0023 | 0.2940 |
| 常数项 | -2.5474 | 0.0000 | -3.0336 | 0.0530 | -1.7213 | 0.0160 | -4.1453 | 0.0000 |
| | N=11606 | | N=326 | | N=1388 | | N=5657 | |
| | $LR\chi^2(36)=869.25$ | | $LR\chi^2(32)=94.82$ | | $LR\chi^2(32)=174.35$ | | $LR\chi^2(40)=471.38$ | |

注：括号内为参照组；*表示$p<0.05$；**表示$p<0.01$；***表示$p<0.001$。

从模型结果来看，对于已婚有配偶的流动人口来说（模型1），与同一县市相比：受教育程度和流出地类型均会影响他们在流入地本地结婚。受教育程度越高，选择在流入地结婚而不在同一县市通婚的可能性更大，与东部地区流动出来的流动人口相比，从其他地区流动出来的流动人口在流入地本地结婚的可能性更大。

影响新生代流动人口在本省其他县市通婚因素有：年龄、受教育程度、流动范围、流入地区和流出地区类型。与同县市相比，年龄越大，选择在省内跨县市通婚的可能性越低，受教育程度越高、流动范围越大，选择在省内跨县市通婚的可能性越高，与流入东部地区的流动人口相比，流入其他地区的流动人口，选择在省内跨县市通婚的可能性越低，与从东部地区流动出来的流动人口相比，从其他地区流动出来的新生代流动人口更倾向于选择省内跨县市通婚，而不太可能选择同县市的通婚。

影响新生代流动人口在户籍地邻省通婚的因素有：年龄、性别、受教育程度、流动范围、流入地区、流出地区的类型以及流入本地的时间长短。与同一县市相比，年龄越大，选择邻省通婚的可能性越低；和男性相比，女性流动人口选择邻省通婚的可能性更高，主要受择偶的邻近性原则支配，在外务工的流动女性择偶的邻近性表现在两个方面，居住地的邻近性与工作场所的邻近性。因为地理距离相近，有更多的机会相识，交往的物质资本、时间成本和心理成本都会相对较少，女性离开家乡来到一个社会经济与文化都更发达的现代化都市，客观上说，他们的通婚圈可能会扩大，而且由于流出地的传统文化干扰也比较弱，选择外地异性联姻的可能性会增加。可是通过数据分析发现，他们选择邻近的省份比男性更高，这可能与她们的工作强度与工作时长有关，平时总是加班加点根本没有时间去结识那些熟悉圈子以外的男性，加上城市高昂的生活成本也让她们望而却步，而且自己要想与其他外地陌生异性交往，心理成本比较高，毕竟女性在外容易遭到性侵害危险。因此，流动过程中女性的生活圈子相比于男性更为封闭，与老乡、同事或户籍地邻近的男性则可能成为她们的首选目标。关于人类行为的性别差异分析。费孝通教授认为，我国乡土社会中阻碍着共同生活的人们之间充分了解的是生理上的差别，但这些差别并非来源于遗传特质，这在世代互相通婚的小社区里表现得并不明显，生理差别永远划分着生理特征不同的男性和女性，正因为没有人能够亲身体验两性的差别到底何在？对性别差异的认识永远只是一个猜想，也无法领会。① 因此，关于通婚圈的性别差异，虽然在模型的统计上具有显著差异，但也许返回到生活中还是一个未知的谜，具体为什么男性通婚圈与女性通婚圈

---

① 费孝通：《乡土中国》第三版，北京出版社 2011 年版，第 36—50 页。

之间会存在差异，我们任何人都无法亲自领会。另外，从同类联姻的原则来看，老乡或者地理位置邻近的生活习惯乡土风俗也更加接近，这可以减少双方在生活上的摩擦与矛盾，有利于婚后家庭的和睦与融洽。所以，不少流动女性的择偶圈子与没有流动出来的女性相比，她们通婚圈的变化可能从户籍地的乡镇或邻村扩大到邻县市或邻省之间，可能表现为扩大中的邻近匹配。受教育程度越高，选择在邻省通婚的可能性越高；流动范围越大，他们选择在邻省通婚的可能性越低；与流入东部地区的相比，流入其他地区选择邻省通婚的可能性越低；与从东部地区流动出来的新生代流动人口相比，从其他地区流动出来的在邻省通婚的可能性较高；在流入地工作的时间越长，选择邻省通婚而不选择同一县市通婚的可能性较高。

与同一县市相比，选择在其他地方通婚的影响因素比较复杂，受多种因素影响。年龄、性别、受教育程度、户口、流动范围、流出地区的类型以及流入本地的时间长短都会对其产生影响。

模型2中，影响流动人口与流入地本地人同居的因素有性别、户口、流入地区和流入时间。男性相比女性更倾向于选择与流入地本地居民同居，而不愿意选择与自己同一县市的流动人口同居，非农业户口的流动人口选择与流入地本地流动人口同居的可能性更高；流入的时间越长，选择与流入地本地居民同居的可能性越大，时间越长，流动人口逐渐适应流入地的文化和习俗，慢慢地被流入城市的文化所同化，慢慢地习惯了现代的城市生活方式，与流入地本地的流动人口同居的可能性也随之增大，这可以促使流动人口在流入地获得一个相对安全的有效办法。

模型3中，影响流动人口与流入地本地人恋爱的因素有：户口性质和流入地区。与同一县市相比，非农业户口的流动人口选择在流入地本地谈恋爱的可能性要高于农业户口的流动人口；与流入东部地区的流动人口相比，流入其他地区的流动人口选择与流入地本地的流动人口恋爱的可能性更高。

模型4中，影响流动人口想要找恋爱对象的因素有性别、受教育程度、户口、流入的地区类型和流入时间。与想找同一县市为恋爱对象的流动人口相比，女性想在流入地找对象的可能性比男性较高；非农业户口比农业户口的流动人口想在流入地找恋爱对象的可能性较高，与流入东部地区的流动人口相比，在其他地区的流动人口想在流入地而不想在同一县市找对象的可能性要大；在流入地居住时间越久，他们想在流入地找对象的可能性就越大。

通过以上四个模型分析发现，流动人口的受教育程度、流动范围、流入地区和流出地区以及流入时间的长短都与他们的婚恋对象的选择有关，但是这些变量的作用和影响机制在四个不同的模型中略有差异。随着流动人口代际结构的更替，越来越多的未婚新生代流动人口将会在流动过程中结识对象，甚至完成结婚、生育等一系列的重要人生事件。

# 第四章 人口社会经济因素与通婚圈

## 第一节 最后一次迁移流动范围与通婚圈的关系

20世纪80年代以后,我国人口迁移流动才开始活跃,当时主要是在乡镇范围内的就近就地转移,即所谓"离土不离乡,进厂不进城"的短期钟摆式流动,这是第一次浪潮。随着农村劳动力开始摆脱了土地、农业生产和户籍制度的绝对束缚,并为了避免外出找不到工作的风险和实现家庭利益最大化,他们通常不敢放弃家里的农作物耕种,而是处于外出打临工与家里的农作物耕种收割交替进行,多数家庭是丈夫单方外出,妻子在家照顾孩子与老人、看管庄稼等其他常规性家务劳动。由于我国农业现代化水平总体不高,尤其是在地势崎岖交通阻塞的偏远山区,农业的耕作和种植离不开男性劳动力,这是老一代(大概在五六十年代出生)流动人口在早期的流动特征。随着我国的义务教育的普及和高等教育的快速发展,老一代流动人口的孩子(即出生于80年代及以后新生代)大多数都有机会至少读完初中、高中甚至大学,当他(她)们从学校出来时,不是立刻回家继承父辈遗业,也不满足于老一代流动人口的就近就地转移,而是常年外出到沿海等经济发达的地区,这是流动人口的第二次流动浪潮,即以城市为目的地的"离土又离乡,进厂又进城"的暂居型流动,开始主要集中分布于广东、上海和北京等大城市。与老一代相比,"钟摆"周期一般为一年甚至更长,还有一个最大的变化是他(她)们的婚姻状况发生了改变,多数新生代流动人口处于未婚状态,因此,人口迁移流动范围的扩大就可能会对其婚姻产生影响,人口流动范围与跨省通婚之间的关系如图4-1所示。

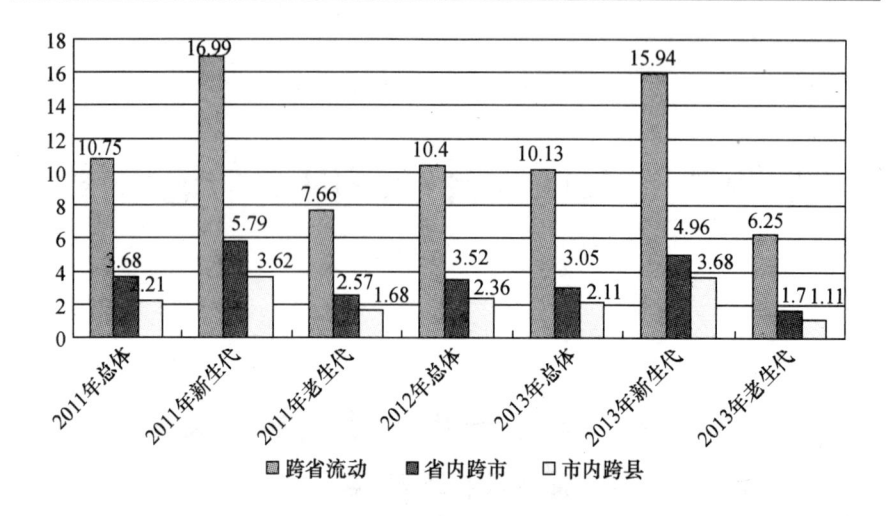

图 4-1 迁移流动范围与通婚圈的关系

资料来源：国家卫计委流动人口司 2011 年、2012 年、2013 年流动人口动态监测数据。

从图 4-1 中还可以看出，无论新生代，还是老一代流动人口，他们的跨省通婚比例均随流动范围的扩大而增加，随流动范围的缩小而降低，流动人口跨省通婚出现了有规律的变化：跨省流动 > 省内跨市 > 市内跨县，地域梯度变化特征非常明显。

## 第二节　首次迁移流动范围与通婚圈的关系

根据上面的研究结论，可进一步提出以下假设：首次流动范围与通婚圈也存在正相关关系。即有流动经历之后结婚且首次流动范围越大，通婚圈越大，而没有流动经历就已经结婚或者虽然有流动经历但首次流动范围地域较小的流动人口，其通婚圈可能就越小，尤其是针对新生代流动人口群体表现得可能更为明显。下面通过 2011 年流动人口动态监测——新生代流动人口专题调查数据进行分析说明，其结果如表 4-1 所示。

从表 4-1 统计结果可以看出，就总体而言，新生代流动人口首次流动范围与通婚圈存在显著相关性。首次流动范围越大，通婚圈就越大，配偶来自外地的比例越高，而来自本地比例越低。但不同相对结婚时间并不完全一致，流动后结婚的通婚圈与首次流动范围之间存在显著的相关关系，而流动前就已经结婚的通婚圈与首次流动范围不存在显著的相关关系,这充分说明人口迁移流动确实对通婚圈有重要的促进作用。

表4-1　新生代流动人口不同相对结婚时间—流动范围的通婚圈　　单位:%

| 相对结婚时间 | 流动范围 | 配偶户籍 ||||| 
|---|---|---|---|---|---|---|
| | | 本地 | 同县市 | 同省不同县市 | 邻省 | 其他地方 |
| 流动后结婚 | Pearson $\chi^2$(8) =48.8750　Pr=0.000 |||||| 
| 首次流动范围 | 省内跨县 | 11.38 | 57.32 | 14.63 | 7.72 | 8.94 |
| | 省内跨市 | 6.71 | 62.42 | 19.80 | 5.20 | 5.87 |
| | 跨省流动 | 5.10 | 61.94 | 13.14 | 9.50 | 10.31 |
| 流动前结婚 | Pearson $\chi^2$(8) =13.5377　Pr=0.095 ||||||
| 首次流动范围 | 省内跨县 | 7.41 | 75.00 | 12.96 | 1.85 | 2.78 |
| | 省内跨市 | 12.87 | 68.42 | 11.11 | 3.51 | 4.09 |
| | 跨省流动 | 5.13 | 74.91 | 11.90 | 3.66 | 4.40 |
| 不分结婚时间 | Pearson $\chi^2$(8) =47.9968　Pr=0.000 ||||||
| 首次流动范围 | 省内跨县 | 10.14 | 62.54 | 14.37 | 5.92 | 7.04 |
| | 省内跨市 | 8.19 | 63.72 | 17.82 | 4.81 | 5.46 |
| | 跨省流动 | 5.10 | 64.97 | 12.85 | 8.13 | 8.96 |

资料来源:2011年流动人口动态监测大调查数据和2011年新生代流动人口专题调查数据。

## 第三节　受教育程度与通婚圈的关系

受教育程度不仅直接制约青年男女的职业与婚姻选择行为,还会间接地通过改变每个人的观念与态度,对配偶选择产生影响作用。因此,人们的文化素养会对择偶行为起到一个至关重要的导向作用。而地理通婚圈是择偶行为结果在地域空间上的表现形式,关于受教育程度与通婚圈的关系,可以从微观层面与宏观层面两个方面进行考察。即分析个人的受教育程度与通婚圈的关系、一个地区的平均受教育年限与该地区跨省通婚的比例,以全面地揭示教育与通婚圈之间的关系。

首先,从个人角度看,受教育程度是人力资本的重要内涵,它影响着个人的选择机会与选择空间。① 配偶的选择乃是人生一次重要的选择，事关终身的幸福，受教育程度的高低可能会对配偶的选择产生影响。婚姻的选择是一个复杂的过程，除了需要考虑对方的年龄与品貌以外，更重要的是夫妻双方具有相近的价值观以及相同的志趣、性格等，所以，受教育程度必将成为配偶选择过程中一个至关重要的因素。② 当择偶过程中考虑对方受教育程度时，必然会将与自己文化程度相差太大的异性排除在考虑范围之外，而将那些与自己比较接近（绝大多数相差一个文化层次）的异性纳入择偶的范围，所以择偶活动中的双方受教育程度都可能会影响到通婚圈的大小。不同受教育程度流动人口的跨省通婚变化情况，如图4-2所示。

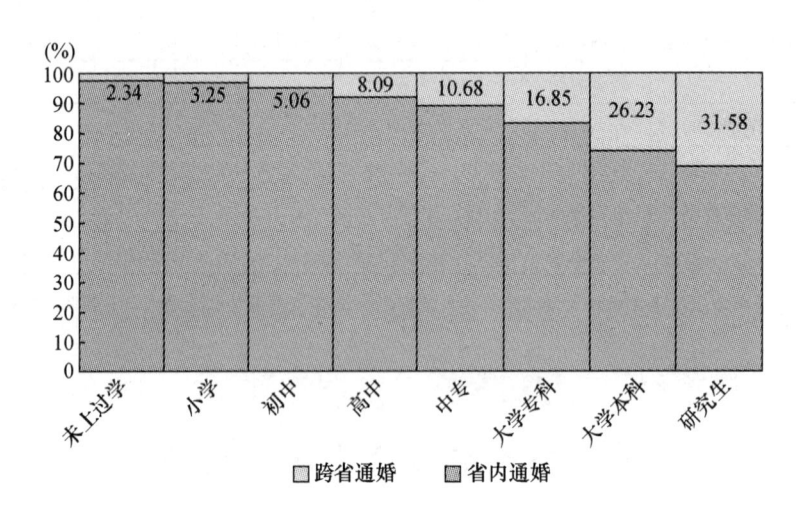

**图4-2 不同受教育程度的跨省通婚比例**

资料来源：2013年流动人口动态监测数据。Pearson $\chi^2(7) = 4.9e+03$, $Pr = 0.000$, $N = 145837$。

图4-2非常直观地反映了个人受教育程度与通婚圈之间的相互关系，二者大致呈正相关关系，即流动人口的受教育程度越高，跨省通婚的比例也就越高；受教育程度越低，跨省通婚的比例就越低。未上过学

---

① 翟振武、段成荣等：《跨世纪的中国人口迁移与流动》，中国人口出版社2006年版，第112—114页。

② 刘爽：《台湾人口婚姻：现状、特点与问题——兼与大陆地区人口婚姻状况的比较》，《人口研究》2000年第4期。

的流动人口，其跨省通婚的比例非常低（2.34%），小学文化程度流动人口的跨省通婚比例为3.25%，初中文化程度流动人口的跨省通婚比例为5.06%，初中及以下的流动人口的跨省通婚比例整体性偏低，随着流动人口的文化程度不断提高，达到高中及以上时，跨省通婚比例显著增加，中专文化程度流动人口的跨省通婚占比达到了10.68%，大学专科文化程度流动人口跨省通婚占比为16.85%，大学专科与大学本科之间也存在显著的差别，后者比前者高出约10个百分点，文化程度为研究生的流动人口跨省通婚比例更高（31.58%），受教育程度对通婚圈扩展影响非常明显。

从区域角度考察，由于我国地域差异，导致不同地区对流动人口的吸引度（某一地区流入人口数/该地区常住人口数）也具有显著的差异。[①]总体而言，经济与教育发展水平高的地区，对人口的吸引力也很强，多为人口流入地区，对全国各地的人口都具有较强的吸引力。因此，这些地区适婚青年在配偶的选择过程中，择偶机会与空间范围也会大大增加，跨省通婚的机会也可能更多，而经济与教育发展水平较低的地区青年男女在配偶选择上就可能会受到一定程度的限制，尤其是对男性而言。经济落后和交通闭塞的农村偏僻地区，他们受教育程度较低，所从事的职业等级也比较低，存在男性过剩现象。[②]我国不同地区之间的教育水平差距非常明显：北京（11.71年）、上海（10.73年）和天津（10.38年）等发达地区远远高于西部地区，如表4-2所示。

表4-2　　　2010年中国不同地区的平均受教育年限　　　单位：年

| 地区 | 合计 | 男 | 女 | 男-女 | 地区 | 合计 | 男 | 女 | 男-女 |
| --- | --- | --- | --- | --- | --- | --- | --- | --- | --- |
| 北京 | 11.71 | 11.81 | 11.59 | 0.22 | 湖北 | 9.2 | 9.7 | 8.68 | 1.02 |
| 天津 | 10.38 | 10.52 | 10.21 | 0.31 | 湖南 | 9.16 | 9.51 | 8.81 | 0.7 |
| 河北 | 9.12 | 9.41 | 8.82 | 0.59 | 广东 | 9.55 | 9.94 | 9.13 | 0.81 |
| 山西 | 9.52 | 9.74 | 9.28 | 0.46 | 广西 | 8.76 | 9.15 | 8.35 | 0.8 |
| 内蒙古 | 9.22 | 9.54 | 8.88 | 0.66 | 海南 | 9.22 | 9.78 | 8.61 | 1.17 |
| 辽宁 | 9.67 | 9.89 | 9.45 | 0.44 | 重庆 | 8.75 | 9.1 | 8.4 | 0.7 |

---

① 段成荣、杨舸、马学阳：《中国流动人口研究》，中国人口出版社2012年版，第76页。
② 姜全保、李树茁：《女性缺失与社会安全》，社会科学文献出版社2009年版，第116页。

续表

| 地区 | 合计 | 男 | 女 | 男-女 | 地区 | 合计 | 男 | 女 | 男-女 |
|---|---|---|---|---|---|---|---|---|---|
| 吉林 | 9.49 | 9.68 | 9.29 | 0.39 | 四川 | 8.35 | 8.74 | 7.96 | 0.78 |
| 黑龙江 | 9.36 | 9.56 | 9.15 | 0.41 | 贵州 | 7.65 | 8.34 | 6.95 | 1.39 |
| 上海 | 10.73 | 11.07 | 10.38 | 0.69 | 云南 | 7.76 | 8.18 | 7.3 | 0.88 |
| 江苏 | 9.32 | 9.87 | 8.78 | 1.09 | 西藏 | 5.25 | 5.88 | 4.57 | 1.31 |
| 浙江 | 8.79 | 9.22 | 8.34 | 0.88 | 陕西 | 9.36 | 9.74 | 8.95 | 0.79 |
| 安徽 | 8.28 | 8.96 | 7.6 | 1.36 | 甘肃 | 8.19 | 8.82 | 7.55 | 1.27 |
| 福建 | 9.02 | 9.53 | 8.5 | 1.03 | 青海 | 7.85 | 8.41 | 7.25 | 1.16 |
| 江西 | 8.86 | 9.45 | 8.27 | 1.18 | 宁夏 | 8.82 | 9.3 | 8.31 | 0.99 |
| 山东 | 8.97 | 9.52 | 8.43 | 1.09 | 新疆 | 9.27 | 9.39 | 9.13 | 0.26 |
| 河南 | 8.95 | 9.38 | 8.54 | 0.84 | | | | | |

资料来源：国家统计局：《中国2010年人口普查分县资料》，中国统计出版社2012年版。

为了分析通婚圈与一个地区教育水平、流动人口吸引度的关系，本书据相关资料计算了2010年我国各省的跨省通婚比例与平均受教育年限和流动人口吸引度（见图4-3）。进一步计算跨省通婚与平均受教育年限的相关系数为0.43、与流动人口吸引度之间的相关系数为0.74。因此，可以认为通婚圈与流动人口吸引度的相关性强于教育水平，跨省通婚与流动人口吸引度的变化趋势比较一致。

由于不同地区的受教育水平存在一定的差异，所以不同地区的通婚圈也可能存在差异。从图4-3可以看出，虽然跨省通婚与平均受教育年限的相关系数较低，但是，少数几个地区，如北京、上海和广东的平均受教育年限与跨省通婚的比例还是比较一致，二者都非常高。

虽然不同地区通婚圈存在明显差异，但只是表面现象，为什么不同地区通婚圈会存在如此大的差异？除不同地区固有的自然地理环境和气候等自然因素的影响外，更重要的因素可能在于不同地区的社会经济发展水平不同。在一定程度上，教育水平、流动人口吸引度可以作为衡量一个地区经济社会发展水平高低的"指示器"，吸引力强的地区往往是经济发展中心，而对人口吸引力弱的地区，通常是那些经济落后、城市化水平较低的地区。

结合宏观与微观层面分析结果发现：受教育程度与跨省通婚存在一定的相关性，尤其是在微观层次上，二者联系特别密切，受教育程度越高，跨省通婚的可能性就越高，一个地区的跨省通婚比例就可能越高。

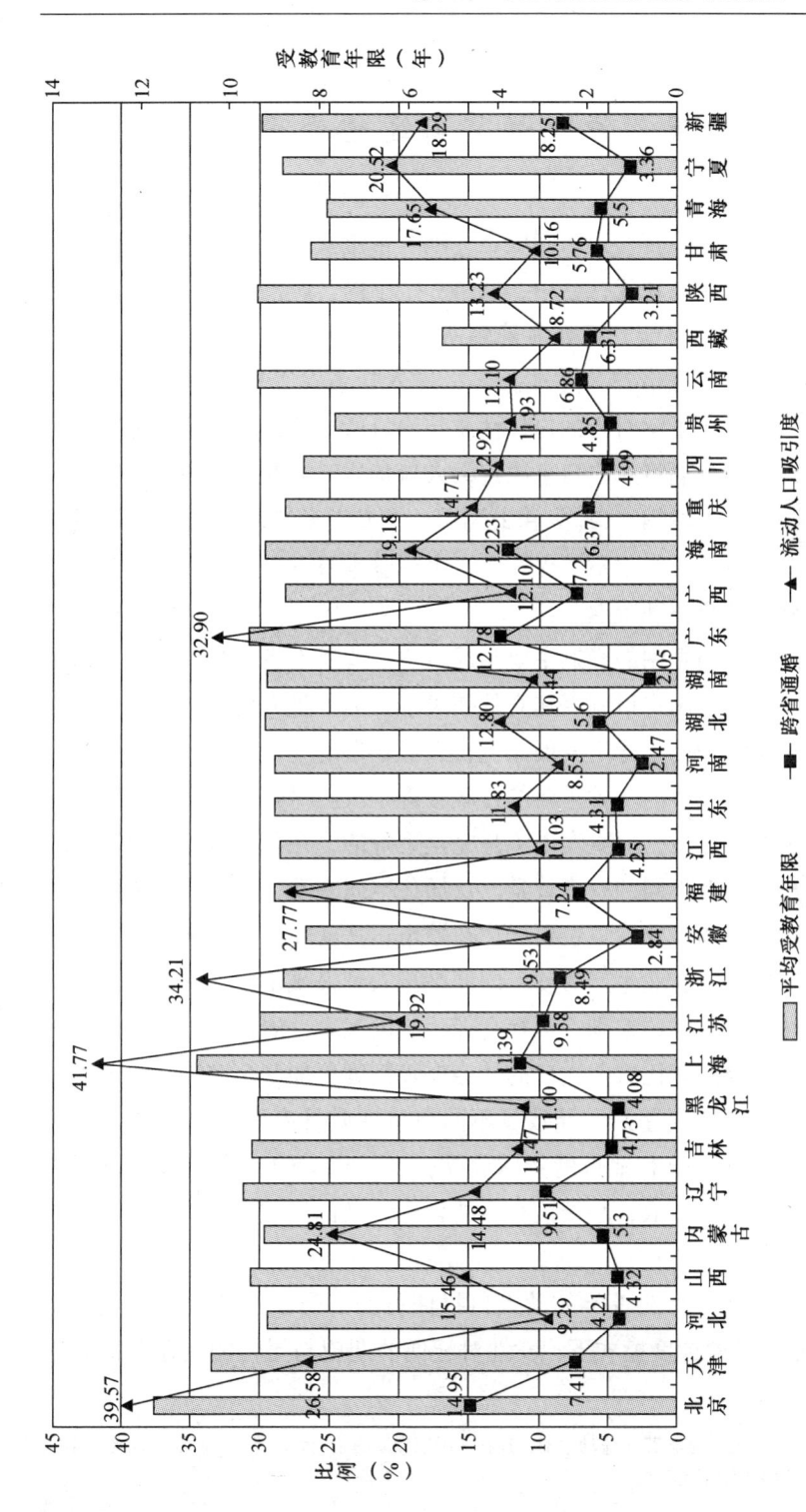

第四章 人口社会经济因素与通婚圈 ·131·

图4-3 不同地区平均受教育年限、流动人口吸引度与跨省通婚的关系

资料来源：平均受教育年限数据来源同表4-2；流动人口吸引度根据"六普"数据按照流动人口的吸引度公式计算整理；跨省通婚数据来自2011年流动人口动态监测数据。

## 第四节 户口性质与通婚圈的关系

对于中国公民而言，户籍制度是一项非常重要的制度，它伴随着每个人的终身，可以说在现代社会中，如果一个中国公民没有户口将会举步维艰，就连上学都不可能。正如俞德鹏所言，一个人出生后要落户登记户口，上幼儿园需要凭借户口才能报名，进入社会找工作优先考虑当地户口，谈婚论嫁需要了解对方的户口性质与户口所在地，许多票证也需要凭户口发放，很多待遇将由户口来决定，人口移居时需要迁移户口，就算人死了还要其他人去注销户口。① 由此可见，户口是每个中国公民不可或缺的一个标签。更重要的还不仅仅在于这个标签本身，而是在于这个标签背后暗藏的种种社会福利待遇差异。

户口因素对通婚圈的影响主要是通过户口背后附带的社会福利待遇差异而发挥作用。我国户口制度建立的初衷不是为了将人所处的社会进行分层，而是为了维护社会稳定发展而进行人口管理的一种方式，只是到了后来才演变为区隔城乡的一种重要的行政管理手段。尽管两类户口性质在本质上处于平等的地位，但事实上不是完全平等的，在我国现行的户籍制度中，不同户口具有不同的权责背景。从居住空间来看，农业户口主要居住在农村地区，而非农业户口主要居住在城市；从就业的性质来看，农业户口主要在农村从事农业生产活动，即便是流入到大城市中，两类人口的就业性质仍然存在巨大的差别；从社会保障制度来看，居住在城市的非农业人口的社会保障制度比农业人口的社会保障制度更加健全完善。由于附加在户口上的种种待遇差别，导致了不同户口性质具有不同的"含金量"，户口成了一种有价值和地位的特殊商品，农村户口的"含金量"及其价值显然要比城市户口低，小城镇户口的含金量又比大城市和特大城市的含金量较低。

户口含金量对女性青年流动人口择偶行为的影响可能更为明显，在"男高女低"择偶梯度模式下，女性对配偶的期望与男性相比存在很大的

---

① 转引自［美］范芝芬《流动中国：迁移、国家和家庭》，邱幼云、黄河译，社会科学文献出版社2013年版，第147页。

不同，其中有相当一部分群体将"城市户口"作为结婚甚至恋爱的重要条件与交换筹码，期待在流入地找一个经济条件好或者有城市户口的男性恋爱结婚，以便早日摆脱拮据的经济生活状况，顺利融入城市生活。如一位土生土长的上海本地户口女孩在寻找对象时，她说，"很多同事都是外地户口人，我又不愿意找外地人，所以就很难找到合适的对象"。①

**一　流动人口婚姻中的户口匹配**

20世纪50年代后期我国户口制度实施以来，户口性质也可能成为我国多数人择偶过程中所考虑的一个极其重要的因素，通常人们倾向于选择那些与自己户口性质相同的异性作为配偶，至少在择偶的时候，户口等级是相同或相近的，这可以认为是"门当户对"的择偶观念在这一时期通过户口而表现出来的特征。在户口迁移转换严格受控的时代背景下，很少人能够选择与自己户口异类的人作为婚配对象。城市户口男性通常不会选择农村户口女性作为婚配对象，除了极少数非常有姿色的女性才有可能被城里人选中；城市女性也不愿意低就嫁给农村男性。但可能存在一些因本人及家庭条件较差、职业地位较低的城镇户口居民在城市婚姻市场中择偶成功的机会较少，他（她）们也会迫不得已在农村户口圈子里去挑选婚配对象。② 相关研究表明，若以人口迁移流动这一重大事件为"分水岭"来考察夫妻的户口匹配情况，则出现了较大的分化，户口同类匹配明显降低，在打工之前就结婚的青年中，婚恋双方为同类户口的比例高达93%，而在打工之后才择偶成婚的青年中，婚恋双方为同类户口的比例降至76%③，这清楚反映了人口迁移流动对户口的等级内匹配产生了重要的冲击作用，人口迁移流动对户口异类匹配具有明显的促进作用，但是在户口异类匹配中由于受择偶梯度规律的作用，主要表现为城镇男性娶农村女性，而城镇女性下嫁给农村男性的情况比较少，女性择偶过程中往往要求配偶的职业阶层至少与自己相当或高于自己。

户籍制度是中国独特的社会管理办法。长期以来，很多公共管理部门都将户口作为分配资源和享受基本公共服务等福利待遇的一张"入场

---

① 庄庆鸿、谢宛菲：《都市"通婚圈"下的无奈》，《百姓生活》2013年第10期。
② 陆益龙：《户籍隔离与二元化通婚圈的形成——基于一个城郊镇的分析》，《开放时代》2001年第9期。
③ 陈娜：《农村外出打工青年的通婚圈及其影响因素研究》，硕士学位论文，华中科技大学，2008年，第10页。

券",户口不再仅仅起到登记人口作用,而被看作具有不同"含金量"的重要资源或者是一种隐性财产。户口可以当作一种资源在婚姻市场中得以交换,夫妻之间不同户口匹配,其通婚圈也存在明显的差异。以男性为例,农业户口选择配偶的地理范围可能就要比非农业的选择范围较小,这其中隐藏的一个基本前提是非农业户口比农业户口好,享受的福利待遇更高。

表4-3　　　　2000年流动人口婚姻中夫妻户口匹配　　　　单位:人、%

| 本人 | 流动类型 | 配偶户口（频数） 农业 | 配偶户口（频数） 城镇 | 配偶户口比例 农业 | 配偶户口比例 城镇 |
|---|---|---|---|---|---|
| 流动女性 | $F_1$ 农业户口→城镇 | 8032 | 1912 | 80.77 | 19.23 |
| 流动女性 | $F_2$ 农业户口→农村 | 4319 | 360 | 92.31 | 7.69 |
| 流动女性 | $F_3$ 城镇户口→城镇 | 346 | 3946 | 8.06 | 91.94 |
| 流动女性 | $F_4$ 城镇户口→农村 | 351 | 1120 | 23.86 | 76.14 |
| 农业户籍女性 | | 199766 | 10553 | 94.98 | 5.02 |
| 城镇户籍女性 | | 2452 | 59236 | 3.97 | 96.03 |
| 流动男性 | $M_1$ 农业户口→城镇 | 7892 | 700 | 91.85 | 8.15 |
| 流动男性 | $M_2$ 农业户口→农村 | 2794 | 92 | 96.81 | 3.19 |
| 流动男性 | $M_3$ 城镇户口→城镇 | 842 | 3886 | 17.81 | 82.19 |
| 流动男性 | $M_4$ 城镇户口→农村 | 1547 | 1124 | 57.92 | 42.08 |
| 农业户籍男性 | | 201671 | 2428 | 98.81 | 1.19 |
| 城镇户籍男性 | | 10284 | 59788 | 14.68 | 85.32 |

注:下标1—4分别表示乡→城、乡→乡、城→城和城→乡流动。F表示女性,M表示男性。

从表4-3可以看出,流入城镇的农业户口女性$F_1$,其配偶为城镇户口的比例(19.23%)高于流入城镇农业户口男性$M_1$(8.15%);流入农村的农业户口女性$F_2$,其配偶为城镇户口的比例(7.69%)同样高于流入农村的农业户口男性$M_2$(3.19%)。这反映了不管流入城镇还是农村,假如农业户口等级低于城镇户口,那么农业户口女性上嫁给城镇户口比例均比男性要高。在夫妻的户口匹配方面,男性和女性有所不同,这和我国"男高女低"的婚姻匹配梯度模式相吻合。女性主要体现为农业户口流向城镇的人群与城镇户口男性结合(上嫁),这与美国种族通婚现象十分相似。而男性主要体现为城镇户口流向农村的人群与农业户口女性结合(下娶),流动人口婚姻的户口相异匹配比例比户籍人口较高。笔者曾于

2013年10月在北京市海淀区牡丹园向两个外地未婚打工女孩（一个来自新疆、一个来自河北）调查她们选择配偶时都谈到一个关键的条件是必须要有北京户口，而年龄、收入等其他条件可以作为次要因素考虑。问其理由，认为自己嫁给一个具有北京户口的男性，以后就可以成为真正的北京人，摘下"外地人"的标签，身份得到了认同；另外一个重要原因是"孩子一出生就是地地道道的北京人"，与北京的孩子具有相同的起点，绝对不能让孩子输在"起跑线"上。

户口性质因素对通婚圈的影响，在不同居住地（城镇与乡村）、不同等级的城市（大城市与中等城市和小城市）可能具有明显的差异。例如在农村地区，择偶过程中可能很少关注对方的户口，但是，在城市就完全不一样，在城市找对象，对方是否具有本地户口是一个核心的要素。

另外，同样是城市户口但城市等级不同，户口"含金量"也存在很大差异，许多大城市例如北京、天津、广州、上海等一般都执行严格的人口规模控制，难以取得这些城市的户口，这些城市户口除了具有象征性的社会资本以外，还有很多诸如孩子上学、高考、就业、晋升等优惠。若具有这些大城市的户口，对择偶的机会与空间都会大大提升。而流动人口的流入地主要集中于城市，尤其是大城市，所以这些城市的居民对外地户口的异性可能具有更高的吸引力。2013年不同流动类型的流动人口流动前结婚与流动后结婚的户口匹配情况，如表4-4所示。

表4-4　　2013年流动人口婚姻中夫妻户口匹配　　单位：%

| 流动类型 | 户口匹配 本人—配偶 | 合计 | 相对结婚时间 流动前结婚 | 相对结婚时间 流动后结婚 |
| --- | --- | --- | --- | --- |
| 乡→城流动 | 男农—女农 | 4.50 | 2.13 | 7.50 |
| 乡→城流动 | 男农—女非 | 25.65 | 20.36 | 28.56 |
| 乡→城流动 | 女农—男农 | 4.99 | 2.31 | 9.63 |
| 乡→城流动 | 女农—男非 | 24.29 | 12.14 | 30.82 |
| 城→城流动 | 男非—女农 | 19.48 | 9.40 | 24.93 |
| 城→城流动 | 男非—女非 | 10.67 | 4.52 | 17.23 |
| 城→城流动 | 女非—男农 | 23.52 | 14.01 | 29.88 |
| 城→城流动 | 女非—男非 | 12.37 | 4.31 | 21.36 |

资料来源：国家卫计委流动人口司2013年流动人口动态监测调查数据。

根据表4-4中夫妻户口匹配情况可以得出一个结论：总体上，流动人口夫妻户口"异类匹配"婚姻比例，不管是从乡→城流动还是城→城流动来看，都比户口"同类匹配"高，但总体还不能完全反映出流动行为对户口异类匹配的作用。因为其中包括了一部分首次流动前就已经结婚，而这一部分人的通婚圈与其本人的流动没有直接关系，不能排除流动带来的间接作用，比如亲人或朋友在外出流动认识给介绍对象的情况。据2009年11月中国人民大学人口与发展中心组织的"中国城市青年状况调查数据"发现，经朋友介绍或通过朋友认识的比例占初婚配偶认识途径的52.76%，居于首位。其次是在学习或工作中相识，占36.22%。人口流动有利于扩大朋友圈子。所以，人口流动不仅对通婚圈扩展具有直接作用，还可以通过间接途径发挥作用，但限于数据，本书不能具体分析这种间接影响作用。

通过首次流动时间与初婚时间比较可以判断结婚时是否有流动经历。据此将流动后结婚这一群体分离出来，就可以更清楚地看到，流动人口户口"异类匹配"比例均比"同类匹配"较高。其中在乡→城流动中，女性农业人口嫁给男性非农业人口的比例最高，跨省通婚比例为30.82%，这与美国种族通婚现象十分相似。在此可以借鉴他们总结的"资源交换"理论来解释上述现象，但在具体运用该理论时有所变通，我们可以从不同的角度来理解所谓的"资源"，对资源内涵的理解不同，解释就会有所不同。结合我国流动人口的实际情况，这里的"资源"具体可以理解为户口背后附带的福利待遇，而美国种族通婚中的"资源"是不同种族的肤色，这是与国外在运用"资源交换"理论来解释族际通婚的不同之处。

通过以上分析可以发现，由于我国户籍制度限制以及户口迁移控制，从根本上赋予了不同户口的权利与待遇分化，这就意味着与不同户口性质人互相通婚，将会获得不同的婚姻预期收益，户口性质不同，婚姻的产出效果也存在较大的差异，再加上户口转换的严格限制，无形中导致与不同性质、不同等级的户口异性之间的通婚成本加大，打破传统的城乡二元通婚圈禁锢格局，不仅有利于降低社会交往成本，还有利于促进社会关系的整合。

## 二 常住人口婚姻中的户口匹配

表4-4中的分析对象只包括了流动人口，为了更清晰地揭示人口迁

移流动对"异类匹配"的影响作用，下面利用包括流动人口、农村居民和城镇居民在内的 CGSS 数据，对比分析常住人口的户口匹配情况，结果如表 4-5 所示。从表中可以看出，常住人口婚姻中户口"异类匹配"的比例总体上比流动人口低，军籍人口的比例为 100% 主要因为样本中只有一个属于军籍户籍，该比例没有统计意义。除此之外，其他几类户口匹配中，"异类匹配"婚姻比例都较低，就常住人口内部比较而言，集镇或县级市户口的异类匹配较高，和流动人口的差距较小，而直辖市、省会城市、地级市和农村户口的异类匹配比例均比流动人口中的明显偏低。

表 4-5　　　2008 年中国常住人口婚姻中的夫妻户口匹配　　　单位:%

| 男女合计 | 配偶户口　Pearson $\chi^2$ (49) = 2.0e+04　Pr = 0.000　N = 4850 |||||||||
|---|---|---|---|---|---|---|---|---|---|
| 本人户口 | 直辖市 | 省会城市 | 地级市 | 县级市 | 集镇或自理口粮 | 农村 | 军籍 | 其他 | 异类匹配 |
| 直辖市 | 92.71 | 0.91 | 1.22 | 1.22 | 0 | 3.95 | 0 | 0 | 7.3 |
| 省会城市 | 0.57 | 92.16 | 2.29 | 1.34 | 0.19 | 2.87 | 0.38 | 0.19 | 7.64 |
| 地级市 | 0.33 | 0.66 | 90.1 | 3.41 | 0.88 | 4.18 | 0.44 | 0 | 6.49 |
| 县级市 | 0.34 | 1.2 | 5.85 | 82.27 | 1.2 | 9.12 | 0 | 0 | 17.71 |
| 集镇或自理口粮 | 0.34 | 0.69 | 2.07 | 6.9 | 75.86 | 14.1 | 0 | 0 | 24.14 |
| 农村 | 0.5 | 0.95 | 1.49 | 2.4 | 1.99 | 92.4 | 0.14 | 0.14 | 7.61 |
| 军籍 | 0 | 0 | 0 | 0 | 100 | 0 | 0 | 0 | 100 |
| 其他 | 0 | 0 | 0 | 0 | 0 | 20 | 0 | 80 | 20 |
| 男性 | 配偶户口　Pearson $\chi^2$ (49) = 1.0e+04　Pr = 0.000　N = 2305 |||||||||
| 本人户口 | 直辖市 | 省会城市 | 地级市 | 县级市 | 集镇或自理口粮 | 农村 | 军籍 | 其他 | 异类匹配 |
| 直辖市 | 93.08 | 0.63 | 1.89 | 0 | 0 | 4.4 | 0 | 0 | 6.92 |
| 省会城市 | 0 | 90.09 | 2.25 | 2.25 | 0 | 4.95 | 0.45 | 0 | 9.9 |
| 地级市 | 0.22 | 0.44 | 88.62 | 3.72 | 1.31 | 5.69 | 0 | 0 | 7.66 |
| 县级市 | 0 | 0.65 | 6.19 | 81.76 | 1.95 | 9.45 | 0 | 0 | 18.24 |
| 集镇或自理口粮 | 0 | 0.67 | 0.67 | 6.71 | 71.14 | 20.81 | 0 | 0 | 28.86 |
| 农村 | 0.2 | 0.5 | 1.19 | 1.49 | 1.09 | 95.32 | 0.1 | 0.1 | 4.67 |
| 军籍 | 0 | 0 | 0 | 0 | 100 | 0 | 0 | 0 | 100 |
| 其他 | 0 | 0 | 0 | 0 | 0 | 20 | 0 | 80 | 20 |
| 女性 | 配偶户口　Pearson $\chi^2$ (42) = 9.3e+03　Pr = 0.000　N = 2545 |||||||||
| 本人户口 | 直辖市 | 省会城市 | 地级市 | 县级市 | 集镇或自理口粮 | 农村 | 军籍 | 其他 | 异类匹配 |
| 直辖市 | 92.35 | 1.18 | 0.59 | 2.35 | 0 | 3.53 | 0 | 0 | 7.65 |

续表

| 女性 | 配偶户口 | | Pearson χ² | (42) | =9.3e+03 | Pr=0.000 | N=2545 | |
|---|---|---|---|---|---|---|---|---|
| 本人户口 | 直辖市 | 省会城市 | 地级市 | 县级市 | 集镇或自理口粮 | 农村 | 军籍 | 其他 | 异类匹配 |
| 省会城市 | 1 | 93.69 | 2.33 | 0.66 | 0.33 | 1.33 | 0.33 | 0.33 | 5.98 |
| 地级市 | 0.44 | 0.88 | 91.59 | 3.1 | 0.44 | 2.65 | 0.88 | 0 | 5.29 |
| 县级市 | 0.73 | 1.82 | 5.47 | 82.85 | 0.36 | 8.76 | 0 | 0 | 17.14 |
| 集镇或自理口粮 | 0.71 | 0.71 | 3.55 | 7.09 | 80.85 | 7.09 | 0 | 0 | 19.15 |
| 农村 | 0.75 | 1.33 | 1.74 | 3.15 | 2.74 | 89.97 | 0.17 | 0.17 | 10.05 |
| 军籍 | 0 | 0 | 0 | 0 | 0 | 0 | 100 | 0 | 100 |
| 其他 | 0 | 0 | 0 | 0 | 0 | 0 | 0 | 0 | 0 |

资料来源：2008年中国综合社会调查数据（CGSS2008）。

根据表4-5中分性别户口匹配情况，并将户口所在地的行政管辖范围从高到低，由直辖市→省会城市→地级市→县级市→集镇→农村的变化方向规定为"下向"；反之则规定为"上向"。因此，这样规定，对于行政管辖范围最高的直辖市没有上向，而行政管辖范围最小的农村没有下向，并将与上述方向对应的户口匹配婚姻分别称为"下向婚"和"上向婚"。所以，表4-5中的户口异类匹配婚姻按照婚配方向可以分为下向婚和上向婚，再根据被调查者本人的性别，进一步将男性婚姻分为上娶婚和下娶婚，将女性婚姻分为上嫁婚和下嫁婚四类，我国2008年的常住人口的户口婚配方向，如图4-4所示。

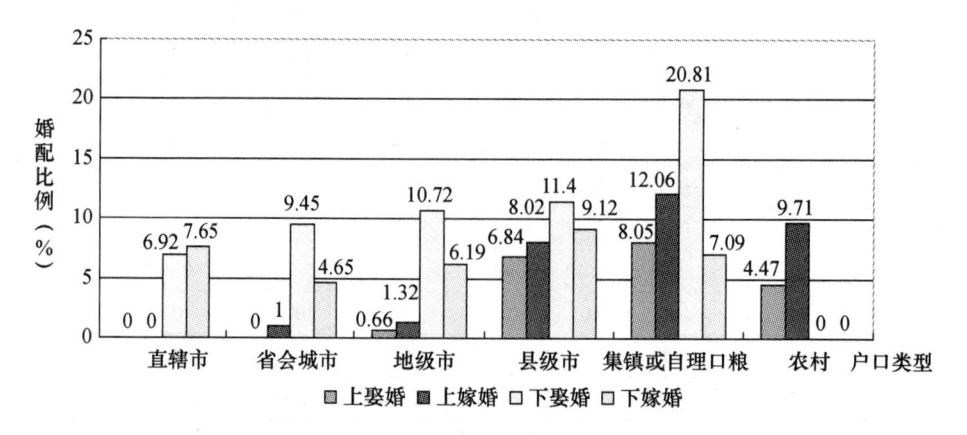

图4-4 分户口类型的婚配方向及其比例

资料来源：2008年中国综合社会调查数据（CGSS2008）。

由于在此将直辖市的户口规定为方向的最高点，将农村户口规定为方向的最低点。所以直辖市只有下向婚，农村只有上向婚。除此之外，从省会城市到集镇都同时具有上向婚和下向婚。从图4-4可以看出，下娶婚是各类户口匹配的主体婚姻，集镇或自理口粮户口下娶婚更为明显，达到了20.81%。女性户口下嫁婚比男性户口下娶婚比例明显偏低，而女性户口上嫁婚比男性户口上娶婚比例明显偏高。这说明我国常住人口的婚姻中户口匹配仍然表现出典型的"男高女低"的婚配模式，但在直辖市中这种婚配模式失去了生命力，下嫁婚比例反而比下娶婚较高，大城市的女性下嫁比例较高，这可能与四大直辖市的社会经济发展水平和现代化发展水平有关，现代化越发达的城市，两性社会地位就越趋于平等，受传统思想观念的影响就越小，传统的婚配模式也可能相应地发生了变化。

## 第五节 民族与通婚圈的关系

### 一 族际通婚

改革开放以来，我国各民族地区的社会经济发生了翻天覆地的变化，社会转型与变迁深深影响着各民族之间的日常交往。一般认为，族际通婚是衡量民族关系的一个核心指标。分属于不同民族属性的异性个体之间的婚姻缔结被称为族际通婚[1]，又称为族际婚姻或异族通婚或民族外婚。[2]不同民族根据文化标识将人群分为同族与异族，异族通婚意味着把一个与自己具有不同文化体系的异性吸引到自己的群体之中，随着市场经济在各个领域的渗透，基于民族经济交往之上的社会交往将会日益频繁，族际通婚也将会变得更为普遍。其优点主要有：在向少数民族政策倾斜下的中国社会，族际婚配生育的孩子民族一般选择少数民族或者人口数量较少民族，这有利于人口基数较少民族人口的持续发展；同时，族际婚姻大多属于绝对的远缘婚配，有利于后代身体素质和智力水平的提升。在实际生活中，对异族通婚是反对还是赞成，很多情况下取决于这两个民族之间的政治、经济、语言、文化、风俗习惯等方面的融合程度，只有彼此之间的族

---

[1] 李晓霞：《试论中国族际通婚圈的构成》，《广西民族研究》2004年第3期。
[2] 路遇：《新中国人口五十年》下册，中国人口出版社2004年版，第583页。

际身份得到高度认同之后才可能出现大规模族际通婚现象。不同民族之间互相通婚水平可能由各民族的人口相对规模、居住空间形态（聚居/散居）、历史文化传统、语言沟通是否顺畅、宗教信仰是否一致等因素共同决定。① 中国是一个多民族聚居国家，和谐的民族关系是促进国家繁荣、民族团聚的重要基础。遗憾的是，我国一直没有关于族际通婚这方面的定量研究或调查，一直到2000年我国第五次人口普查才第一次公布了族际通婚基本状况。从中可以看出，民族通婚的基本特征是形成了一个以汉族为中心，包括各少数民族在内的大族际通婚圈，以及几个地方性的小族际通婚圈，这种族际通婚的格局是我国各民族人口长期交流与融合的产物。② 具体结果如表4-6所示。

表4-6　　　　　　我国各民族族际通婚率　　　　　单位:%

| 民族 | 第一个民族 | 第二个民族 | 第三个民族 |
| --- | --- | --- | --- |
| 汉族 | 满（0.45） | 蒙古（0.2） | 壮（0.17） |
| 蒙古族 | 汉（37.49） | 满（2.64） | 回（0.14） |
| 回族 | 汉（11.85） | 东乡（0.43） | 满（0.16） |
| 藏族 | 汉（6.49） | 土（0.25） | 回（0.18） |
| 维吾尔族 | 汉（0.62） | 哈萨克（0.12） | 回（0.09） |
| 苗族 | 汉（14.02） | 土家（4.54） | 侗（2.01） |
| 彝族 | 汉（16.29） | 哈尼（0.58） | 白（0.48） |
| 壮族 | 汉（12.66） | 瑶（0.85） | 仫佬（0.22） |
| 布依族 | 汉（14.86） | 苗（2.37） | 水（0.88） |
| 朝鲜族 | 汉（7.59） | 满（0.58） | 蒙古（0.08） |
| 满族 | 汉（41.94） | 蒙古（1.3） | 锡伯（0.24） |
| 侗族 | 汉（15.16） | 苗（6.01） | 土家（1.79） |
| 瑶族 | 汉（19.34） | 壮（5.54） | 苗（0.48） |
| 白族 | 汉（18.76） | 彝（2.03） | 土家（1.65） |
| 土家族 | 汉（18.61） | 苗（4.78） | 侗（0.63） |
| 哈尼族 | 汉（9.08） | 彝（3.2） | 傣（0.72） |
| 哈萨克族 | 维吾尔（0.91） | 回（0.42） | 汉（0.21） |

---

① 李晓霞：《中国各民族间族际婚姻的现状分析》，《人口研究》2004年第3期。
② 数据来源于李晓霞《试论中国族际通婚圈的构成》，《广西民族研究》2004年第3期。

续表

| 民族 | 第一个民族 | 第二个民族 | 第三个民族 |
| --- | --- | --- | --- |
| 傣族 | 汉（13.49） | 彝（2.35） | 哈尼（0.9） |
| 黎族 | 汉（12.7） | 苗（0.29） | 布依（0.26） |
| 傈僳族 | 汉（7.42） | 白（1.91） | 彝（1.33） |
| 佤族 | 汉（10.27） | 拉祜（1.04） | 彝（0.8） |
| 畲族 | 汉（49.9） | 苗（0.93） | 布依（0.68） |
| 高山族 | 汉（71.78） | 满（4.21） | 瑶（1.85） |
| 拉祜族 | 汉（15） | 彝（3.57） | 哈尼（1.41） |
| 水族 | 汉（10.34） | 苗（6.97） | 布依（6.47） |
| 东乡族 | 回（10.04） | 汉（0.23） | 撒拉（0.22） |
| 纳西族 | 汉（15.02） | 白（3.21） | 傈僳（2.21） |
| 景颇族 | 汉（12.64） | 傣（1.01） | 傈僳（0.47） |
| 柯尔克孜 | 维吾尔（1.89） | 哈萨克（1.5） | 汉（1.05） |
| 土家族 | 汉（25.1） | 藏（4.26） | 苗（0.35） |
| 达斡尔族 | 汉（41.5） | 蒙古（5.8） | 鄂温克（4.5） |
| 仫佬族 | 汉（24.78） | 壮（18.63） | 苗（3.68） |
| 羌族 | 汉（18.35） | 藏（2.16） | 回（0.41） |
| 布朗族 | 汉（17.56） | 彝（3.65） | 佤（1.93） |
| 撒拉族 | 回（9.93） | 汉（1.14） | 东乡（1.13） |
| 毛南族 | 壮（18.44） | 汉（8.68） | 布依（3.86） |
| 仡佬族 | 汉（17.42） | 苗（14.33） | 土家（5.33） |
| 锡伯族 | 汉（58.11） | 满（14.93） | 蒙古（1.55） |
| 阿昌族 | 汉（19.76） | 傣（4.67） | 白（2.45） |
| 普米族 | 汉（10.91） | 纳西（8.5） | 白（6.01） |
| 塔吉克族 | 汉（6.11） | 维吾尔（1.24） | 满（0.13） |
| 怒族 | 傈僳（15.64） | 汉（5.65） | 白（4.27） |
| 乌兹别克 | 维吾尔（34.41） | 哈萨克（12.74） | 汉（1.84） |
| 俄罗斯族 | 汉（74.04） | 蒙古（2.64） | 满（1.49） |
| 鄂温克族 | 汉（32.56） | 达斡尔（21.31） | 蒙古（10.13） |
| 德昂族 | 汉（8.77） | 傣（3.16） | 景颇（1.14） |
| 保安族 | 回（16.17） | 撒拉（6.54） | 东乡（3.35） |
| 裕固族 | 汉（34.08） | 藏（4.48） | 蒙古（0.7） |

续表

| 民族 | 第一个民族 | 第二个民族 | 第三个民族 |
|---|---|---|---|
| 京族 | 汉（41.45） | 壮（8.43） | 瑶（2.8） |
| 塔塔尔族 | 哈萨克（43.5） | 维吾尔（17.45） | 汉（7.85） |
| 独龙族 | 汉（27.38） | 傈僳（8.51） | 怒（4.07） |
| 鄂伦春族 | 汉（65.62） | 达斡尔（7.49） | 蒙古（4.63） |
| 赫哲族 | 汉（77.6） | 满（3.76） | 回（0.78） |
| 门巴族 | 汉（6.58） | 藏（6.58） | 珞巴（5.4） |
| 珞巴族 | 藏（19.54） | 门巴（9.66） | 汉（5.4） |
| 基诺族 | 汉（12.28） | 彝（3.21） | 哈尼（2.78） |

婚姻关系普遍存在于人类社会之中，因结婚而形成的姻缘关系是人际交往的重要形式之一，也是社会交往的结果，由通婚而形成的社会关系圈子是衡量人际关系与群体关系的一个重要指标，在考察民族关系的时候，民族之间的通婚率是测量民族关系的重要尺度。① 米尔顿·戈登认为，只有当两个民族之间的语言能够相通、世界观与价值观彼此认同、在法律上和权力上分配大致平等、不存在偏见与歧视才会出现大规模的民族通婚现象。② 马戎教授（2004）认为，当两个民族或者集团之间的通婚率达到10%及以上时，他们的族群关系大致可以被认为是良好的，这是因为他们至少具备以下几个方面的条件才可能出现大规模的通婚：文化程度比较高、族际之间没有语言交流障碍、宗教信仰不相冲突、不存在民族偏见与歧视等，以及个体所属的群体或家庭对族际通婚不持反对态度甚至是持赞同态度。③

不同民族之间的通婚我国自古有之，只是不同年代族际通婚的范围大小和规模可能存在差别。但多数民族的族内婚仍然占据主导地位（见表4-7）。从表中可以看出，不同民族的族际通婚存在显著的差别。汉族、回族、藏族和维吾尔族的族内婚比例明显高于其他民族，而且汉族的族内婚比较稳定。

---

① 马戎：《西藏的人口与社会》，同心出版社1996年版，第138—143页。
② Gordon, Milton M., *Assimilation in American Life*. New York: Oxford University Press, 1964.
③ 马戎：《民族社会学——社会学的族群关系研究》，北京大学出版社2004年版，第204—214页。

表4-7　　　　　　流动人口的族际通婚状况及其变化　　　　　单位:%

| 民族 | 2011年 族内婚 | 2011年 族际婚 | 2012年 族内婚 | 2012年 族际婚 | 2013年 族内婚 | 2013年 族际婚 |
|---|---|---|---|---|---|---|
| 汉族 | 98.46 | 1.54 | 98.63 | 1.37 | 98.49 | 1.51 |
| 蒙古族 | 49.01 | 50.99 | 41.27 | 58.73 | 45.45 | 54.55 |
| 满族 | 38.70 | 61.30 | 37.17 | 62.83 | 41.01 | 58.99 |
| 回族 | 92.37 | 7.63 | 93.64 | 6.36 | 94.80 | 5.20 |
| 藏族 | 89.55 | 10.45 | 87.68 | 12.32 | 89.35 | 10.65 |
| 壮族 | 74.58 | 25.42 | 74.62 | 25.38 | 71.83 | 28.17 |
| 维吾尔族 | 98.24 | 1.76 | 96.04 | 3.96 | 98.36 | 1.64 |
| 苗族 | 71.40 | 28.60 | 67.66 | 32.34 | 67.25 | 32.75 |
| 彝族 | 64.48 | 35.52 | 55.19 | 44.81 | 58.14 | 41.86 |
| 土家族 | 64.94 | 35.06 | 65.87 | 34.13 | 62.42 | 37.58 |
| 布依族 | 57.27 | 42.73 | 62.79 | 37.21 | 64.45 | 35.55 |
| 侗族 | 60.66 | 39.34 | 56.93 | 43.07 | 52.85 | 47.15 |
| 瑶族 | 46.25 | 53.75 | 48.62 | 51.38 | 38.82 | 61.18 |
| 朝鲜族 | 87.36 | 12.64 | 79.82 | 20.18 | 84.34 | 15.66 |
| 白族 | 67.06 | 32.94 | 59.83 | 40.17 | 67.18 | 32.82 |
| 哈尼族 | 80.60 | 19.40 | 78.21 | 21.79 | 72.12 | 27.88 |
| 黎族 | 36.92 | 63.08 | 32.50 | 67.50 | 50.00 | 50.00 |
| 哈萨克族 | 80.00 | 20.00 | 63.64 | 36.36 | 89.66 | 10.34 |
| 傣族 | 17.65 | 82.35 | 31.58 | 68.42 | 34.78 | 65.22 |
| 其他 | 58.96 | 41.04 | 60.61 | 39.39 | 57.44 | 42.56 |

资料来源:国家卫计委流动人口司2011年、2012年、2013年流动人口动态监测调查数据。

由于我国民族在地域分布上具有一定的聚居性,所以从族际通婚也可以大致判断出地理通婚圈的基本情况。可以粗略地认为:族际通婚比例越高,通婚圈相对越大;反之则通婚圈较小,因为不同民族的聚居地呈"大分散,小聚居"之分布特征。我国传统社会中,很多少数民族有着严格的族内婚制度,他(她)们从不与外族通婚。改革开放以后,随着人口流动大潮波及,即便是深处内陆的少数民族也仍然免不了这一大潮的袭击和影响,内地与沿海之间交流开始频繁、活跃,这不仅体现在经济活动方面,也可以在通婚圈上找到迹象。在人口迁移流动加快以后,传统的封闭社会逐渐瓦解，一些少数民族在出现婚嫁距离不断扩大的同时，族际通婚现象也逐渐增多。当前，我国56个民族间的族际联姻已经相当普遍，有的民族甚至还超过了族内婚，可以预见未来一段时间随着民族隔阂的消除和人口流动规模与速度的增加，社会整合趋势不断加强，族际通婚的现象也将日益增加而变得更为普遍。① 近年来，我国大规模人口迁移流动在很大程度上促进了不同民族之间的族际通婚的发生，表现为族际通婚圈的扩大。族际通婚圈包括汉族与少数民族之间的通婚和不同的少数民族之间通婚两大类。有研究发现，我国大城市（如北京）的不同少数民族之间的通婚有很大的比例来自人口迁移流动的贡献。② 人口迁移流动，首先带动了族群间的频繁交往，从而实现外在形式上的融合；其次，在形式融合的基础上进一步促进不同民族的生产、生活方式等经济活动以及语言、饮食等民风习俗、文化内涵、民族心理以及身份的认同，最终导致族际通婚成为可能。族际通婚行为的发生与民族交往具有较强联系，而且是一个逐级递进关系，因为通婚是民族融合的高级表现形式，达到了血缘的融合，只有民族之间互相认同才允许不同民族的青年男女通婚。

20世纪90年代以后，我国出现了大量的族际通婚现象，如佤族随着外出务工人员的增多，历史上长期封闭的婚嫁格局逐渐被打破，西南边疆地区佤族与周边民族之间通婚越来越多，据2000年第五次中国人口普查资料显示，已经有39个民族同佤族通婚，其主要原因很大程度可以归结为佤族女性青年的外嫁。③

以上是从客观的通婚事实进行的族际通婚行为分析，为了了解流动人口对族际通婚的主观看法，我们还进一步对流动人口的族际通婚态度进行了深入的调查与分析，数据来自《滇藏川毗连藏区流动人口的族际关系调适与演变》课题组，2012年7月15日至9月7日在西藏林芝地区、昌都地区，云南的迪庆州和四川省的甘孜州4个地区开展的流动人口的调查。调查结果显示，滇藏川毗连藏区流动人口的族际通婚态度比较乐观，

---

① 李晓霞：《中国各民族间族际婚姻的现状分析》，《人口研究》2004年第3期。
② 高颖、张秀兰：《北京近年族际通婚状况的实证研究》，《人口学刊》2014年第1期。
③ 李文纲：《当代佤族男性择偶北京近年族际通婚状况的实证研究》，硕士学位论文，云南大学，2012年，第52—55页。

大多持赞成态度，而反对族际通婚的比例较低[1]，如图4-5所示。

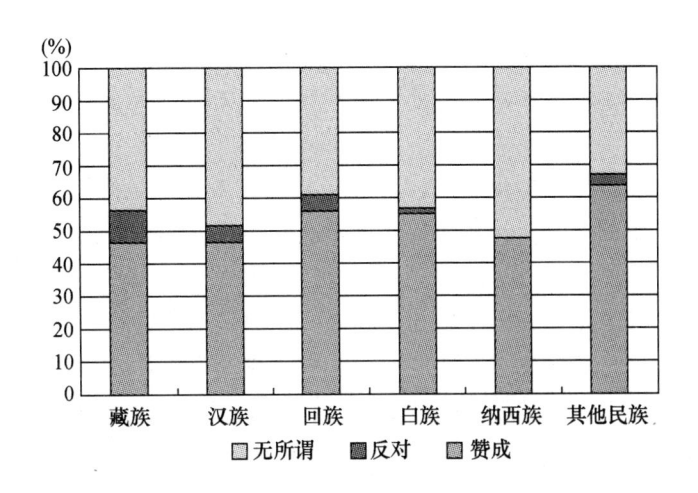

**图4-5 分民族的流动人口族际通婚态度**

资料来源：《滇藏川毗连藏区流动人口的族际关系调适与演变》课题组，Pearson $\chi^2$（10）= 18.4069　Pr = 0.048。

从图4-5可以看出，不管汉族还是少数民族，对族际通婚都很赞成，至少是对族际通婚持中立态度，而持反对态度的比例非常低。相比较而言，藏族、汉族和回族持反对态度的比例较高，这与表4-7的族际通婚行为十分吻合。白族同胞由于受传统汉文化的影响较早，早在公元前2世纪就开始与中原汉族居民发生较为密切的经济联系，从而对其婚姻观念和习俗也产生了影响，他们除在本族内通婚外，还与汉族通婚，20世纪80年代以来，白族婚俗发生了很大变化。[2]纳西族基本没有人反对族际通婚，虽然各个民族对族际通婚的态度存在差别，但是差别并不十分显著，每个民族对族际通婚都不强烈反对，这就非常有利于促进通婚圈的扩展，突破了以往仅仅在本族内通婚的现象，族际通婚的扩展对提高国民身体素质起着十分重要的作用。另外，族际通婚还有利于通婚圈的扩大，有利于族群的开放与交融，传统的严格族内婚是限制族际社会交往的主要障碍，

---

① 李灿松、梁海艳：《滇川藏毗连藏区流动人口族际关系调查与思考》，《南方人口》2014年第4期。

② 戴波：《转型与嬗变中的都市少数民族人口——以昆明市为例》，民族出版社2011年版，第110页。

也是导致一个地区封闭、贫穷落后的原因之一。① 严格的族内婚虽然具有一定的稳定性，但是与外界的沟通交流有限，不利于外界信息的输入和内部更新，缺乏横向的区际联系，导致人们的视野变得狭窄、观念守旧，异质文化难以被当地居民认可，而同质的村落文化又无法建立自我更新的机制，在这种状态下，贫困地区的人口素质无法得到提高与改善，进一步导致贫困的代际传递。但也必须注意到通婚圈扩展并不是绝对地只有好处，也会带来一定的弊端。比如风俗习惯差异、宗教信仰、语言使用障碍、饮食口味、婚后两个"母家庭"② 以及"子家庭"与"母家庭"之间的互动成本加大等。比如我国土族与汉族之间以前是不通婚的，但这种情况随着代际的推移已经发生了很大的变化。有研究发现，甘肃临夏积石山三二家村族际通婚中，祖父母一代最低（15%），父母一代增加到了27%，到了被调查者这一代发生了显著的增加，族际通婚率高达60%。③ 由此可见，土族的族际通婚存在明显的代际扩展，老一辈族际通婚率非常低的一个主要原因就是饮食习惯差异，土族人民不吃狗肉、驴肉、马肉，而汉族人民吃这些肉。

**二 分民族跨省通婚**

从族际关系的角度分析通婚圈发现：不同民族的族际通婚差异非常明显，如回族和维吾尔族的族际通婚比例很低，而黎族、满族等民族的族际通婚比例却非常高。由于族际通婚存在显著的差异，而且我国的民族地域分布具有"小聚居"的特征，所以各民族的通婚地域也可能存在较大的差异。非常赞成不同民族之间通婚的民族，其通婚在地域上可能也比较广泛，而那些十分反对不同民族间通婚的民族，思想相对保守，不愿意"引进来"，更不愿意"走出去"，如回族，他们担心自己的民族与其他民族通婚，血统就会变得不纯正，历史上回族就比较反对族际通婚，尤其是反对族内女子的族外婚。由于一个民族在地域分布上具有聚集的特征，所以不同民族之间的通婚状况不同，其通婚的地域也会具有不同的特征。

---

① 过竹、潘春见、邵志忠：《从婚育文化看红水河流域少数民族地区的贫困——红水河流域少数民族地区贫困原因研究之四》，《经济与社会发展》2011年第12期。

② "母家庭"即指丈夫亲生父母所在的家庭和妻子亲生父母所在的家庭，也有学者将其称为"原生家庭"。相应地，将夫妻（和孩子）组成的小家庭叫"子家庭"，也有学者将其称为"次生家庭"。——笔者注

③ 李洁、黄青卓：《散居地区土族婚姻圈变迁研究——以甘肃临夏积石山三二家村为例》，《北方民族大学学报》2014年第1期。

结合图 4-6 以及统计检验的结果发现，不同民族通婚地域具有很大的差别，而且这种差异具有相对稳定性。回族、维吾尔族和哈尼族的跨省通婚比例较低，而傣族、黎族、朝鲜族和侗族的跨省通婚比例较高。大体上，族际通婚比例较高的民族，其跨省通婚的比例也相对较高，通婚圈也较大。

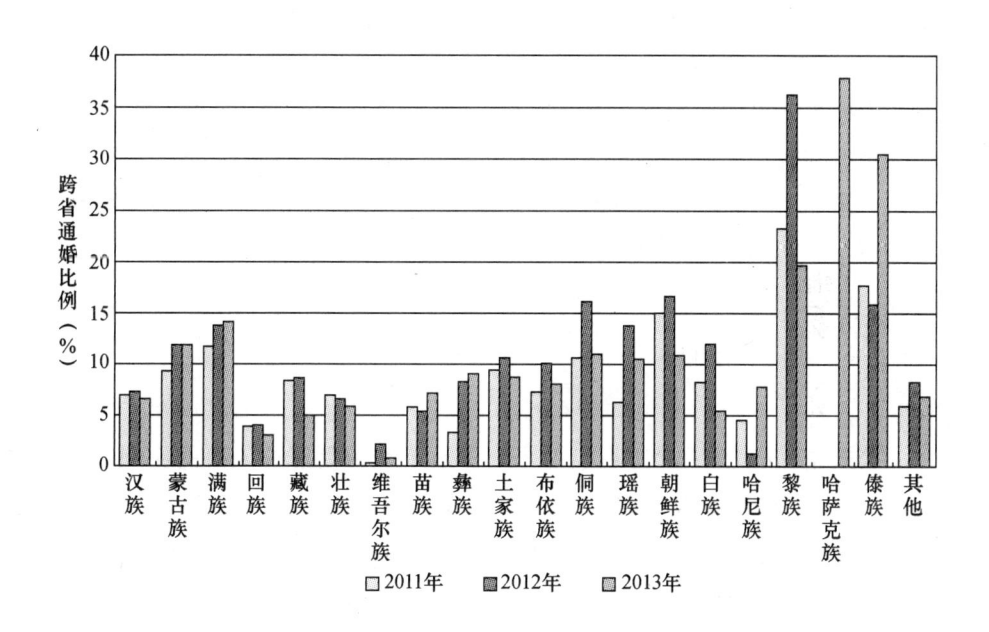

**图 4-6 分民族的流动人口跨省通婚**

资料来源：国家卫计委流动人口司 2011 年、2012 年、2013 年流动人口动态监测调查数据，Pr = 0.000。

## 第六节 职业与通婚圈的关系

在现代社会中，职业不仅代表着青年劳动力的社会经济地位和个人综合素质的高低，同时也会影响到年轻人的生活方式与社会交往圈子，所以职业也可能成为未婚青年在择偶过程中一个不可忽视的重要因素。[①] 婚姻和职业是人生中非常重要的两种选择。婚姻与职业的选择顺序都会对个人

---

① 刘爽、郭志刚：《北京市大龄未婚问题的研究》，《人口与经济》1999 年第 4 期。

发展具有重要的影响。职业对于劳动力人口具有非常重要的社会经济意义。在现实生活中，有不少人将职业作为判断人生成功与否和社会地位高低的主要标志。它不仅可以反映一个人的经济地位，还同一个人的社会地位密切相关。因此，职业转变的同时也会带来社会经济地位变动，尤其是当职业发生了从体力型到智力型转变时，对其社会经济地位的影响就会更加突出。我国一般将职业按大类划分为 7 类：分别是国家机关、党群组织、企业事业单位负责人，专业技术人员，办事人员和有关人员，商业服务人员，农林牧渔业水利人员，生产运输设备人员，不便分类的其他从业人员。按职业特点可以把前 3 类归为智力型职业，把后 4 类划归为体力型职业。① 一个区域就业人口的职业转变可以通过公式（4-1）计算。

$$I = \frac{\sum_{i=1}^{3} P_i}{\sum_{i=1}^{7} P_i} \times 100\% \qquad (4-1)$$

公式中，$I$ 表示一个地区就业人口中从事智力型职业人口的比例；$P_i$ 表示第 $i$ 职业的就业人口数；$i$ 表示职业类别（$i=1$ 代表国家机关、党群组织、企事业单位负责人，$i=2$ 代表专业技术人员，$i=3$ 代表办事人员和有关人员，$i=4$ 代表商业服务人员，$i=5$ 代表农林牧渔业水利人员，$i=6$ 代表生产运输设备人员，$i=7$ 代表不便分类的其他从业人员）。当 $I<50$ 时，表示该地区就业人口的职业转变尚未完成；当 $I=50$ 时，表示该地区的职业结构正处于转变过程；当 $I>50$ 时，则表示该地区的就业人口的职业转变已经完成。

随着科学技术发展进步，一个区域就业人口的职业结构从体力型向智力型转变是社会发展的主流方向与期望。但不是智力型职业比例越高越好，况且也不可能达到 100% 就业人口完全从事智力型职业。就算科学技术再发达，整个社会还是需要一定数量的体力型劳动者。而且不论是从一个区域职业结构转变还是从个人的职业升迁情况来看，其变迁方向都不是单向唯一的，而是可以逆转的，即从智力型职业向体力型职业转变。如果一个人的职业发生了显著的变动，那么职业背后的"含金量"也会随之发生改变。未婚群体的职业转变可以通过社会经济地位的改变对其婚姻选

---

① 邬沧萍、侯文诺：《世界人口纲要》，中国人民大学出版社 1987 年版。

择空间产生重要的影响。比如做销售的人，经常到外面跑业务，人际关系网络十分广泛，可能会促进通婚圈的扩展。而一个一辈子只会在家务农的农民，每天只局限于同村里或邻里的几个熟人交往，最多一个星期或一个月到镇上赶一次集，这种有限的活动范围怎么也不可能和一个远在天涯海角的异性相识，更不用谈结婚生子。又如一个在民政局工作的公务员，当他们天天面对那些络绎不绝的夫妻前来办理离婚手续，可能使他们对婚姻稳定性和结婚有了更深入的认识，进而对这一类人的通婚圈产生影响。总之，职业变动可能会对通婚圈产生直接或间接影响。人口迁移流动，尤其是由农村向城镇和大城市的流动。从地域空间上看，他们大多是从经济欠发达地区向沿海发达地区的流动；从职业的变动上来看，他们大多是由农业向非农业的转移，职业转变不仅为他们提供了改善生活质量和提升社会地位的机会，同时也为那些适婚群体提供了一个约会的广阔平台。人口在迁移流动的过程中不仅地理空间位置发生了改变，同时职业也发生了较大的变化，由此而衍生的社会关系也随之而扩展，最终导致通婚圈扩展成为了可能。

不同职业可能影响通婚圈的形成与发展。从事不同职业的人，社会交往圈子也就不一样。一般来说，所从事的职业社会地位层次越高，社会关系圈子就越广，择偶的区域范围也就可能相对宽一些，职业的社会地位低，交往的范围有限，在选择配偶时可能受到的限制就会相对较大。流动人口的职业阶层相对于流入地户籍人口的职业阶层有所偏低，流动人口从事非体力劳动的职业比例较低（14.7%），而户籍人口中从事非体力职业的劳动者比例较高（44.2%），二者之间的差异极其明显，流动人口大多从事一些户籍人口不太愿意做的"脏、累、险"工作。[①] 在流动人口看来，单位（或职业）归属感可能要浓于地域归属感，在单位就业的流动人口更容易信赖他们所在的单位，日常生活往来也大多局限在自己比较熟悉的职业圈里面。因此，用工单位在为流动人口选择配偶传递信息、提供服务等方面扮演着非常重要的角色。

需要注意的是，职业的选择和变动对男女两性通婚圈的影响可能存在较大的差别。若按传统的"男高女低"的婚配模式进行选择，那么对于

---

① 国家卫计委流动人口司：《流动人口社会融合：理论与实践》，中国人口出版社2014年版。

男性来说，较高的职业地位或职业向上流动可以相对增加婚姻选择机会，而较低的职业地位或者职业逆向流动则会缩小婚姻选择的空间；但对于女性来说，当职业向上或者是向更高的职业地位流动，她们婚姻的选择空间可能会缩小。因此，职业对通婚圈的影响可能存在性别的差异。下面利用 2011 年和 2013 年流动人口动态监测数据根据公式（4-1）计算发现，全国 31 个省（自治区、直辖市）跨省通婚比例与其智力型职业比例之间存在高度的相关性（相关系数为 0.90、0.95），二者之间的拟合程度非常高，2013 年的拟合程度比 2011 年更高，如图 4-7 所示。

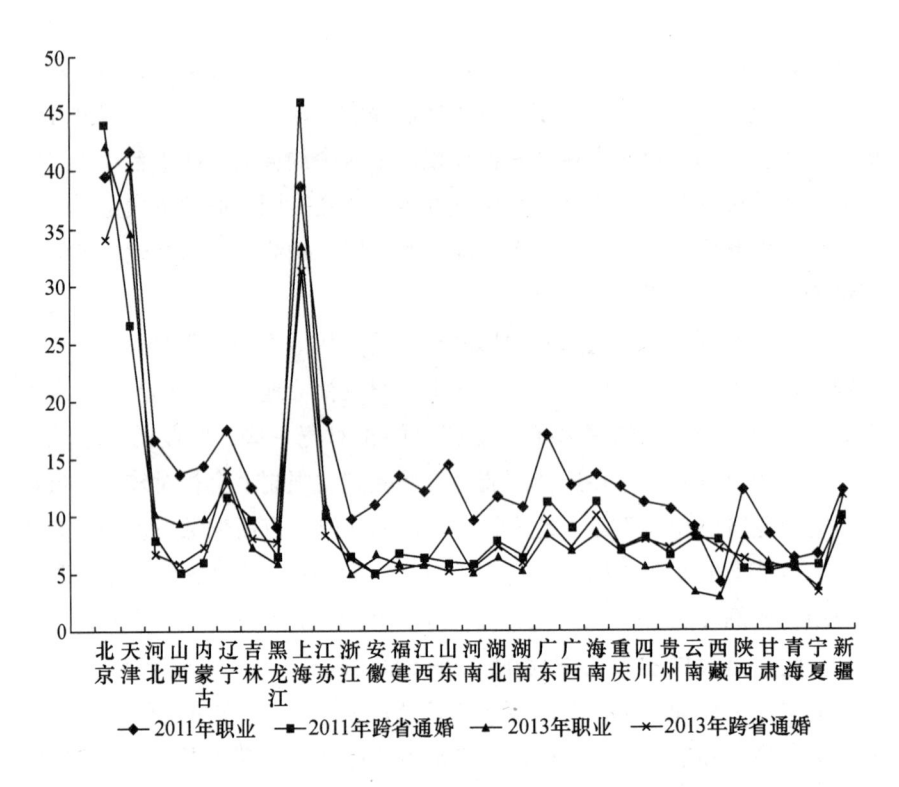

图 4-7 流动人口智力型职业与跨省通婚之间的关系

资料来源：国家卫计委流动人口司 2011 年和 2013 年流动人口动态监测调查数据。

从图 4-7 可以看出，一个地区的智力型职业从业人员比例高低与跨省通婚存在非常高的相关性，相关系数达到了 90% 以上。由于人口在迁移流动过程中往往还会伴随着职业地位的变动，因而促使他们的社会关系网络不断扩散，对于未婚而又处于结婚最佳年龄段的流动青年人口来说，这不仅是他（她）们工作的地方，也是寻找婚恋对象的"资源库"。以上是从宏观区域角度研究一个地区职业结构与跨省通婚的关系。从中可以看出，一个地区的智力型职业比例越高，该地区的跨省通婚比例就越高。接下来将从微观个体角度对职业与通婚圈的关系进行分析，结果如表4-8所示。

表4-8　　　　　不同年份流动人口分职业的跨省通婚　　　　　单位:%

| 类型 | 职业类别 | 2011年 合计 | 2011年 男 | 2011年 女 | 2012年 合计 | 2012年 男 | 2012年 女 | 2013年 合计 | 2013年 男 | 2013年 女 |
|---|---|---|---|---|---|---|---|---|---|---|
| 智力型职业 | 国家机关、党群组织 | 11.36 | 8.68 | 17.35 | 12.69 | 12.58 | 12.95 | 14.39 | 14.13 | 14.93 |
| | 专业技术人员 | 12.46 | 12.17 | 13.23 | 13.98 | 12.06 | 19.06 | 13.8 | 12.85 | 16.22 |
| | 办事人员和有关人员 | 16.02 | 13.73 | 18.34 | 17.28 | 5.91 | 19.96 | 17.28 | 13.62 | 20.56 |
| 体力型职业 | 经商 | 5.59 | 5.8 | 5.33 | 4.44 | 5.91 | 5.88 | 5.24 | 5.35 | 5.10 |
| | 商贩 | 4.48 | 4.28 | 4.75 | 6.06 | 4.52 | 4.34 | 4.17 | 4.35 | 3.95 |
| | 餐饮 | 5.94 | 6.73 | 5.13 | 2.97 | 6.65 | 5.48 | 5.61 | 5.78 | 5.47 |
| | 家政 | 7.99 | 6.90 | 8.24 | 2.26 | 2.50 | 3.05 | 3.99 | 2.11 | 4.28 |
| | 保洁 | 3.80 | 2.68 | 4.12 | 6.90 | 1.00 | 2.69 | 3.11 | 3.07 | 3.11 |
| | 保安 | 9.15 | 9.57 | 3.45 | 5.45 | 6.51 | 10.26 | 7.11 | 7.17 | 6.15 |
| | 装修 | 6.19 | 6.60 | 3.94 | 9.89 | 5.61 | 4.60 | 5.05 | 5.16 | 4.55 |
| | 商业、服务业人员 | 8.76 | 8.76 | 8.77 | 5.90 | 9.49 | 10.24 | 8.54 | 7.91 | 9.07 |
| | 农林牧渔水利 | 4.16 | 3.99 | 4.40 | 3.83 | 7.24 | 3.48 | 4.55 | 4.65 | 4.41 |
| | 生产运输设备操作 | 6.52 | 6.18 | 7.08 | 7.23 | 7.24 | 7.21 | 6.70 | 6.28 | 7.51 |
| | 生产 | 7.21 | 7.15 | 7.28 | 6.06 | 6.17 | 4.79 | 6.11 | 6.10 | 6.12 |
| | 运输 | 4.94 | 4.87 | 5.73 | 4.90 | 4.89 | 4.98 | 5.28 | 5.10 | 7.01 |
| | 建筑 | 5.46 | 5.74 | 3.99 | 6.92 | 6.53 | 7.63 | 4.31 | 4.39 | 3.81 |
| | 无固定职业 | 5.02 | 5.33 | 4.24 | 4.33 | 4.80 | 3.24 | 4.57 | 3.96 | 5.53 |
| | 其他不便分类 | 7.42 | 7.16 | 7.82 | 7.88 | 7.05 | 9.22 | 8.20 | 7.56 | 8.96 |

资料来源：国家卫计委流动人口司相应年份流动人口动态监测调查数据，Pr = 0.000。

从表4-8可以看出，国家机关、党群组织、专业技术人员、办事人员和有关人员等大体可以归结为智力型职业流动人口，其跨省通婚的比例明显比体力型职业从业人员的比例较高，前者大概是后者的2—3倍，体力型职业流动人口跨省通婚比例均在10%以下，而智力型职业的流动人口在10%—20%，二者之间差距非常明显。

## 第七节 不同地域通婚圈模式

人口迁移流动对人口的空间分布格局产生了重要的影响。近十年来，由于人口继续向人口稠密、社会经济较为发达的东部沿海地区聚集，使得人口区域分布的不均衡程度有所加剧。东部地区人口占全国人口总数的比重从2000年的35.6%上升到2010年的38.0%；而西部地区、中部地区和东北地区人口占全国人口的比重均有不同程度的降低，分别从23.4%、32.6%和8.4%降低到22.4%、31.4%和8.2%。[1] 流动人口的空间分布变动对通婚圈的地域结构可能具有重要的影响。

2011—2013年流动人口动态监测调查数据统计分析发现，虽然跨省通婚的比例总体不算很高，2011年为6.94%，2012年为7.27%，2013年为6.59%，但在跨省通婚中的邻省[2]通婚比例却非常高，而与距离较远的省区间通婚比例很低。2011—2013年的邻省通婚比例分别为3.22%、3.32%、2.92%，分别占相应年份跨省通婚的46.33%、45.66%、44.33%，即跨省通婚中接近一半左右的为邻省通婚。其原因主要有两个方面：首先，邻省之间地理距离较近是一个最主要的因素，即"近水楼台先得月"。美国地理学家托布勒（W. R. Tobler）于1970年提出了两个城市间经济联系的万有引力模型（4-2）[3]。公式（4-2）反映了两个城市或区域之间的地理距离与联系势能强弱成反比的关系。[4]

$$R_{ij}=\frac{\sqrt{P_iV_i}\times\sqrt{P_jV_j}}{D_{ij}^2} \qquad (4-2)$$

公式（4-2）中，$R_{ij}$表示经济联系势能强弱，$P_i$、$P_j$表示城市$i$与城市$j$的人口规模，$V_i$、$V_j$表示两个城市的GDP，$D_{ij}$表示两个城市之间的直

---

[1] 国家卫生和计划生育委员会《中国计划生育工作成就研究》课题组，2013年11月。
[2] 具体31个省（直辖市、自治区）的邻省目录，参见附录1。
[3] W. R. Tobler, A Computer Movie Simulating Urban Growth in the Detroit Region. *Economic Geography*, Vol. 46, No. 2, 1970, pp. 234–240.
[4] 转引自张耀军、岑俏《基于人口与经济要素的京津冀空间联系》学术报告，2013年11月20日，中国人民大学社会与人口学院，周三学术报告。

线距离。W. R. 托布勒的万有引力模型揭示了地理距离、社会经济和人口因素对两个城市或区域间经济联系强弱的关系，地理距离越近，区域之间的联系越强；地理距离越远，区域之间的联系越弱。其次，除地理距离邻近性外，还有一个非常重要的因素是文化的同质性较强，地理距离相距较近的区域，居民的文化习俗十分相似，人们的心理距离也相对较近。近距离通婚不仅有自然地理环境的因素，也有社会经济和文化习俗的因素。所以，不同地区的通婚地域模式可能会存在明显的差异。

流动人口通婚圈的区域差异从两个层面分析，省域差异和地区差异。从31个省区的通婚地域模式可以看出其中的特点：（1）每个省的流动人口通婚圈均以省内通婚为主。（2）每个省的邻省通婚特点比较明显，可能与地理距离对婚姻迁移的影响有关。地理距离扩大对婚姻迁移具有阻碍作用，随着地理距离的增加，联姻的可能性越低。地理空间上的毗邻性一般可以认为是文化、风俗习惯、语言与生活习惯的一致性，而这些因素的趋同性往往是促进异地联姻以及跨地区迁移和定居的重要条件。[①] 文化差距与地理距离的扩大均不利于婚姻的缔结。（3）几个民族自治区的省内通婚特别明显，如新疆、宁夏、青海和西藏。这可能与这几个民族自治区特殊的文化习俗有关，如宗教信仰与饮食的差异。

## 一 东部地区流动人口通婚地域模式

我国地域面积广阔，不同地区之间具有不同的自然地理环境和社会经济发展水平。婚姻迁移和一般人口流动一样具有一定方向性。因此，不同地区可能会形成不同的通婚地域格局，东部地区的地域通婚圈，如图4-8所示。

中国东部地区属于经济发展的高原地带，地理位置位于东亚大陆东缘，太平洋西岸。改革开放以前，不同区域之间的社会经济发展水平差异并不突出，随着改革的深入，东部地区经济发展速度日益加快，在提供就业机会方面遥遥领先于其他地区，于是吸引了全国各地区的人口流入，不同地区之间的大范围人口流动，使人们的社会关系网络像波浪一样向外扩散。国外学者将其称为"移民网络理论"，移民网络理论认为人口的迁移行为不仅仅受到区域经济发展不平衡的影响，同时也是人的社会资本作用

---

[①] 高颖、张秀兰：《大城市"两地婚姻"的变动趋势及特征分析——以北京为例》，《南方人口》2014年第2期。

所带来的结果,当一定规模的迁移者定居以后就会形成移民网络,移民网络的建立降低了后续移民的迁移成本,从而推动移民的持续发展。[①] 另外,在户籍制度改革以前,人们连城乡之间的流动都十分困难,更不要奢望大范围的跨省、跨区域流动,只是在户籍制度松动以后,人们才真正获得了自由迁徙的基本人权。

改革开放后,我国流动人口规模持续增长的动力机制主要受区域经济发展水平差距的推力和拉力的同时作用,即在农村推力与发达地区拉力作用下所产生的结果。[②] 但目前我国的劳动力就业市场还没有发育健全,血缘关系、地缘关系在外出就业中发挥了极其重要的推动与引导作用。因此,是否具有这种移民网络关系资源成了人口流动与否的关键因素。值得注意的是,婚姻流动与劳动力就业流动具有相似的动力机制,也会受到父母家庭所在地与配偶所在地之间的经济差距驱动,俗话说"人往高处走,水往低处流",尤其是对于多数女性的婚姻流动。还有基于血缘、地缘关系的婚姻流动也和就业流动一样,具有网络扩散效应。

在以经济原因为主要目的的人口流动过程中,人们可能还会有其他附带目的,而不仅仅是为了打工赚钱生存,而是为了更长远的发展。有研究显示,年青一代的流动人口正从"生存型"向"发展型"流动。在流入地找到了工作,受现代化大城市诱惑,打算长期居住在城市,在城市落地生根。在我国,男性和女性有不同途径实现社会流动进入上层社会,男性主要靠提高教育水平、扩大社会关系网来提高自己的社会资本以实现社会流动,而女性除了这两条途径外,还有另外一条途径就是靠婚姻迁移,在传统的"男高女低"的婚姻匹配模式下,结婚是大多数女性实现社会流动的一次"跳板"。

从图4-8中可以看出,东部地区通婚地域模式的"外延性"特点比较明显,即夫妻双方户籍地不属于东部地区包含的省区,通婚半径辐射的地理范围非常广。如女性婚姻移民比较聚集的浙江省的一个农村地区,曾经流传着这样一种说法,"60年代的媳妇来自苏北(江苏省一个较贫困的

---

① Stark, O. and Taylor, J. E., "Migration Incentives, Migration Types: The Role of Relative Deprivation". *The Economic Journal*, 1991, 101 (408), pp. 1163 – 1178.

② 林鲁生:《浅析我国改革开放以来农业人口流动的动力机制及其社会经济效应》,《松辽学刊》(社会科学版) 1998 年第 3 期。

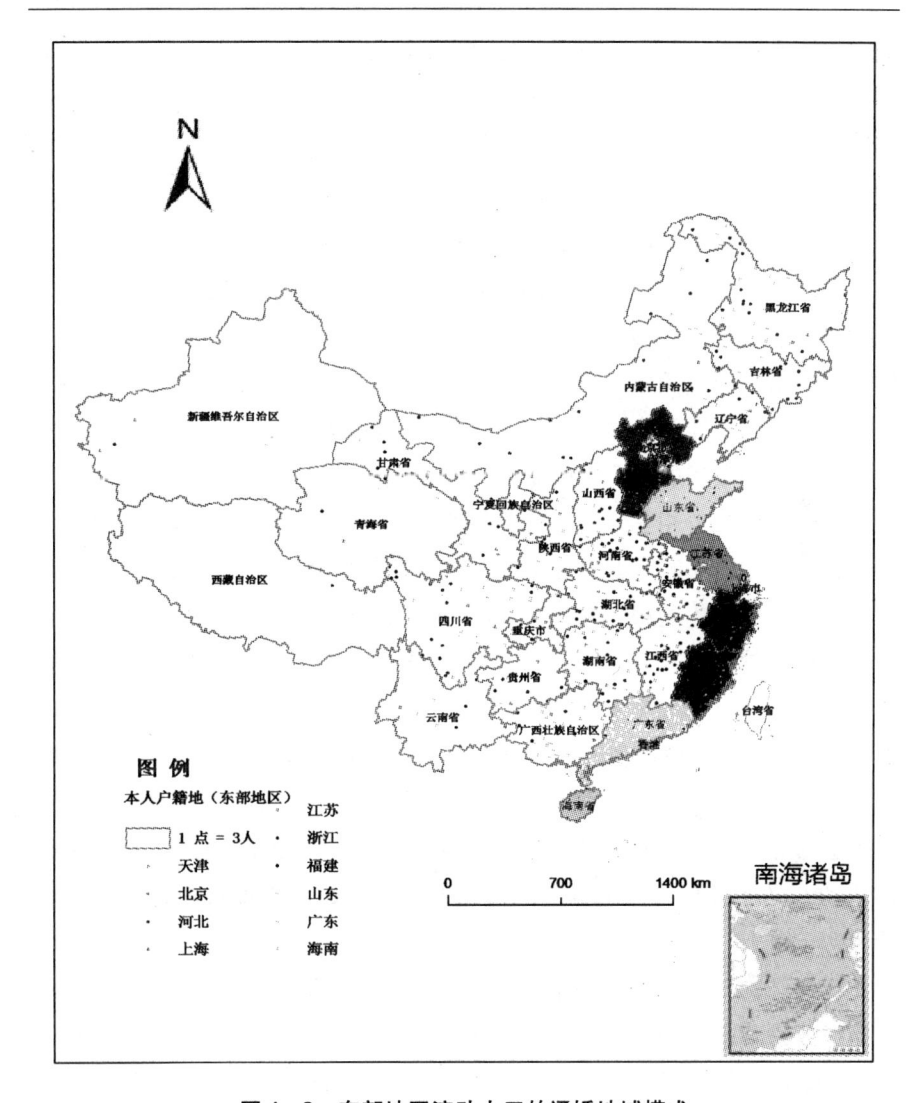

第四章 人口社会经济因素与通婚圈 ·155·

图4-8 东部地区流动人口的通婚地域模式

农村地区);70年代的媳妇来自乡下;而80年代的媳妇主要从远方来"。① 这主要因为东部地区处于我国经济发展的前沿地带,吸引了大量的劳动力人口流入,巨大的地区经济差距兴起了未婚年轻女性远距离婚迁

---

① Xu, Tianqi and Ye, Zhendong, "Analyse of Female Immigrants in Zhejiang". *Population Journal*, 1992 (2), pp. 45 – 52.

风波。远距离婚迁是我国最近出现的新现象并且在不断增长。[1] 随着社会融合的不断提高，部分未婚群体与当地人结婚，尤其是女性流动人口在流入地结婚的机会要比男性高。从中西部地区流入进来的女性在此择偶可以容易实现"上嫁"之目的。

## 二 中部地区流动人口通婚地域模式

我国中部地区不仅在地理位置上，而且在社会经济发展方面也发挥着"承东启西"的功能。2004年3月5日温总理提出了中部崛起的政策，该计划首次施行于《第十一个五年计划期间》。[2] 这个规划不仅是一个空间区域的划分，还涉及区域内部各个省乃至区际之间的建设任务与发展重点，具体到各个省的产业空间布局等非常细化的政策。人口与经济具有双向互动关系，二者相互影响。产业的调整与空间布局变动必然带来就业人口的相应变动，不同产业对劳动力数量、质量以及结构需求具有明显的差异。人口结构优化的根本举措就是产业结构的调整升级。就人口调控而言，产业引导是适度控制人口规模、优化人口结构的"治本"之策，也是一种长时间才能见效的政策措施。产业结构的调整与空间布局变动必然带来就业人口的相应变动，不同产业对劳动力数量、质量以及结构需求具有明显的差异。人口结构改变，尤其是年龄性别结构的改变必然会给社会带来一定程度的影响。一个区域因人口迁移流动而发生的性别结构变动，必然又会对流出地和流入地的人口的婚姻选择甚至婚姻稳定性造成影响。

产业结构调整是通过产业结构升级提高企业进城门槛，让低端劳动密集型产业退出特定区域内的经济市场，以此减少对流动人口总量的需求。[3] 改革开放之初，流动人口主要集中分布在外向经济比较活跃的东南沿海地区，近年由于外需不振，沿海地区劳动力成本和土地要素成本的提高，加上国家政策倾斜等因素，资源加工型和劳动密集型产业不断地向中西部地区转移。[4] 通过产业转移带动人口向中、西部地区转移和回流，使

---

[1] Yang Qifan, "The Phenomenon of Southern Women Marring to the North and It's Advantages and Disadvantages". *Population Journal*, No. 5, 1991, pp. 51 – 55.
[2] http：//baike.baidu.com/view/4884828.htm？fromId=31787&fr=wordsearch.
[3] 北京决策研究基地课题组：《调控北京人口规模的有效途径》，《前线》2007年第2期。
[4] 国家卫生和计划生育委员会流动人口司编：《中国流动人口发展报告（2013）》，中国人口出版社2013年版。

流动人口的阵地发生了转移,这不仅会导致经济领域发生变化,还会进一步引起社会现象也随之发生变化。当前我国流动人口结构正处于代际更替的转折时期,主要表现为新生代流动人口替代老一代流动人口而成为流动人口主体。国家统计局的调查数据显示,到 2011 年为止,我国外出务工半年以上的农民工数量已经达到 25278 万人,农民工内部的代际结构也出现了较大的变化,出生于 1980—1990 年,从农村流入城市或者是在城市出生、上学、工作的农民工数量已经超过 1 亿人,占农民工总体的 60%以上,这些农民工正处于适婚年龄,据全国总工会研究室 2009 年的调查资料,新生代农民工的未婚比例在 80%左右,他们将在外出期间解决婚恋等一系列的重大人生问题。[①] 另外,笔者根据国家卫计委 2013 年流动人口动态监测数据计算发现,"80 后"的新生代流动人口占流动人口总体的 51.17%,已经超过了流动人口的一半,而这些正处于婚龄期的新生代流动人口中有 40.13%的人群都还处于未婚状态。尽管不同来源数据反映的水平存在一定差异,但是从这些数据中都可以得出正处于婚龄期间的新生代流动人口已经成为流动人口的主体,并且他(她)们中未婚比例很高,他们对恋爱和婚姻的追求非常强烈这一结论。这一代流动人口的流动行为与择偶行为刚好处于同一生命历程。因此,流动行为必将会对其婚恋观念和行为带来一定的影响,而流入地的选择又是流动行为发生的第一个环节,流入地的选择不同,将会导致他(她)们形成不同的社交圈子和择偶范围,包括择偶的地域范围和群体范围。年青一代摒弃了传统的婚恋思想观念,他们很容易受到同龄群体的影响,他们在打工过程中所建构的次级社会群体关系网络,在这个特殊的时期往往比初级社会群体对他们的影响更大,这就是所谓的"近朱者赤,近墨者黑"。

从图 4-9 来看,我国中部地区的通婚地域模式与东部地区有着明显的差别。相比较而言,中部地区的通婚地域模式更具有一定的"内卷性"特点,通婚圈辐射半径较短,主要与临近的省区通婚,区域聚集现象非常明显。中部地区的这种通婚地域模式在一定程度上,也像其地理位置那样起着"承东启西"的作用。

---

① 常蕾雷:《新生代农民工择偶困境的对策研究》,硕士学位论文,中国社会科学院研究生院,2012 年。

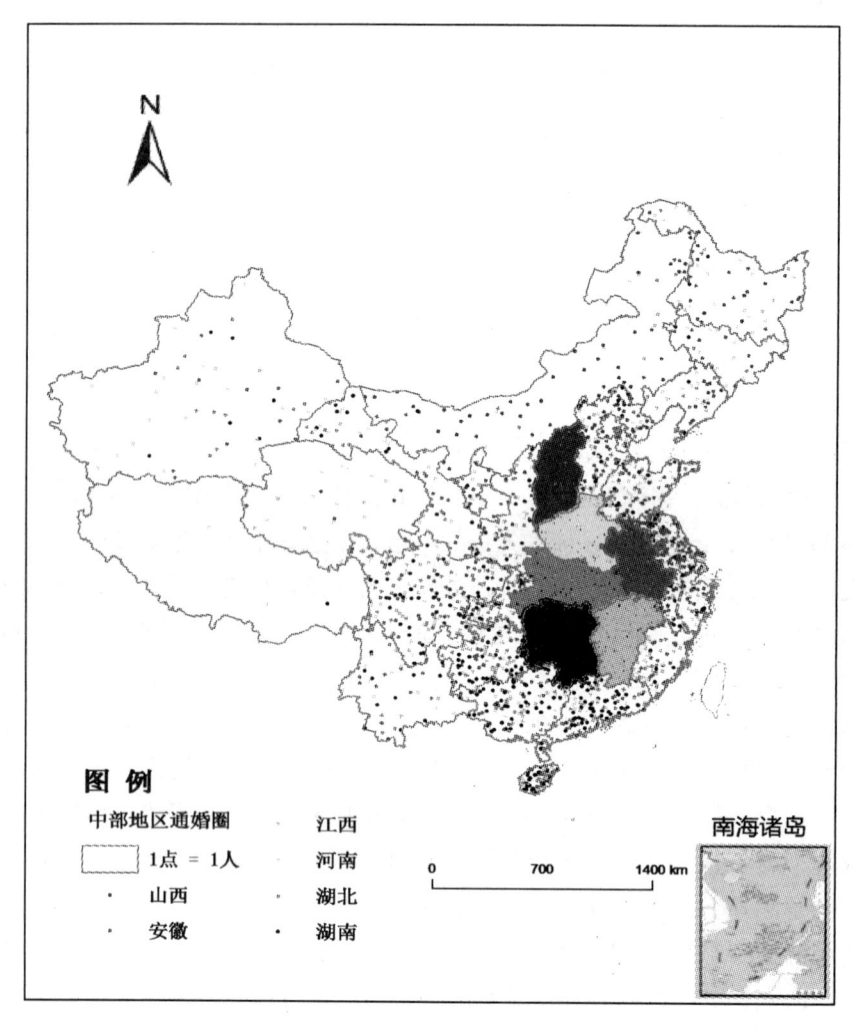

图 4-9　中部地区流动人口的通婚地域模式

### 三　西部地区流动人口通婚地域模式

西部地区由于种种原因导致对流动人口吸引能力十分有限，流动人口吸引度非常低。相关研究显示，该区域各省区的乡村流动人口吸引度均处于全国下游水平，城镇流动人口的吸引度稍高，反映了流入该区域人口主要是来自城镇地区。从城市层面来看，自 20 世纪 80 年代以来，将各个城市或地区的流动人口占全国流动人口的比例排序，发现西部地区城市或地区在全国排名前 50 位的为数不多，只有几个比较大的城市或省会城市。如重庆市、昆明市、贵阳市、西安市等，远远少于中部和东部地区。西部各省区主要为我国流动人口的输出区域，流动人口参与度（某地区的流出人口数/该地区的常住人口数）非常高，该地区乡村人口参与度处于全国最高水平。重庆市、广西壮族自治区、四川省、云南省和海南省的流动人口参与度在2000年均已经超过了12%，重庆市高达21%，居全国之首。[1]

从图4-10可以看出，西部地区流动人口的通婚地域模式，除区域内部通婚明显以外，与中部和东部地区的通婚也非常明显，其"外延性"特点也比较明显。这主要是因为西部地区社会经济发展水平整体比较落后，西部区域内部的女性外出打工之后多数通过婚姻迁移实现社会的向上流动，多数女性外出之后在外恋爱结婚就不再嫁回老家，这种现象在云南和贵州非常普遍，而在"男高女低"的婚配梯度下，西部地区的男性又很难从经济发达地区选择配偶，他们多数只能在区域内部选择，因此对其通婚圈扩展产生不利的影响。更严重的是，有一部分男子可能将处于"剩男"状态。他们的社会经济地位比较低，大多分布在偏僻的农村地区，不仅受教育程度较低，从事的职业等级也比较低。[2]

因此，西部地区的通婚地域模式表现出很强的"内卷性"和"外延性"特征，但和其他地区的共同之处都是区域内部的内卷型通婚占主导模式。具体而言，女性的外延性可能要比男性更强，但二者之间的通婚地域模式是否存在差异将在后面讨论。

### 四 东北地区流动人口通婚地域模式

20世纪90年代之前，东北地区属于我国经济非常发达的地区，也是我国重要的工业基地。随着改革的深入发展，其经济发展速度逐渐落后于东部沿海地区。据我国第五次和第六次人口普查数据计算，2000—2010年，虽然东北地区总体的流动人口的吸引度上升不大，增幅均在1%之内，辽宁省甚至出现了微微下降，但是十年间对外省的流动人口吸引力明显增强，主要是对跨省流动人口的吸引能力在增强。

东北地区的人口流迁（1958年1月9日，我国颁布了第一部户籍制度《中华人民共和国户口登记条例》，确立了一套严格的户口管理制度[3]，之后"人口迁移"与"人口流动"才被明确地区分开来）历史上早已有

---

[1] 段成荣、杨舸、马学阳：《中国流动人口研究》，中国人口出版社2012年版，第104—105页。
[2] 姜全保、李树茁：《女性缺失与社会安全》，社会科学文献出版社2009年版。
[3] 尹晓鹏：《重庆模式能否突破户籍改革瓶颈?》，《工人日报》2010年8月29日。

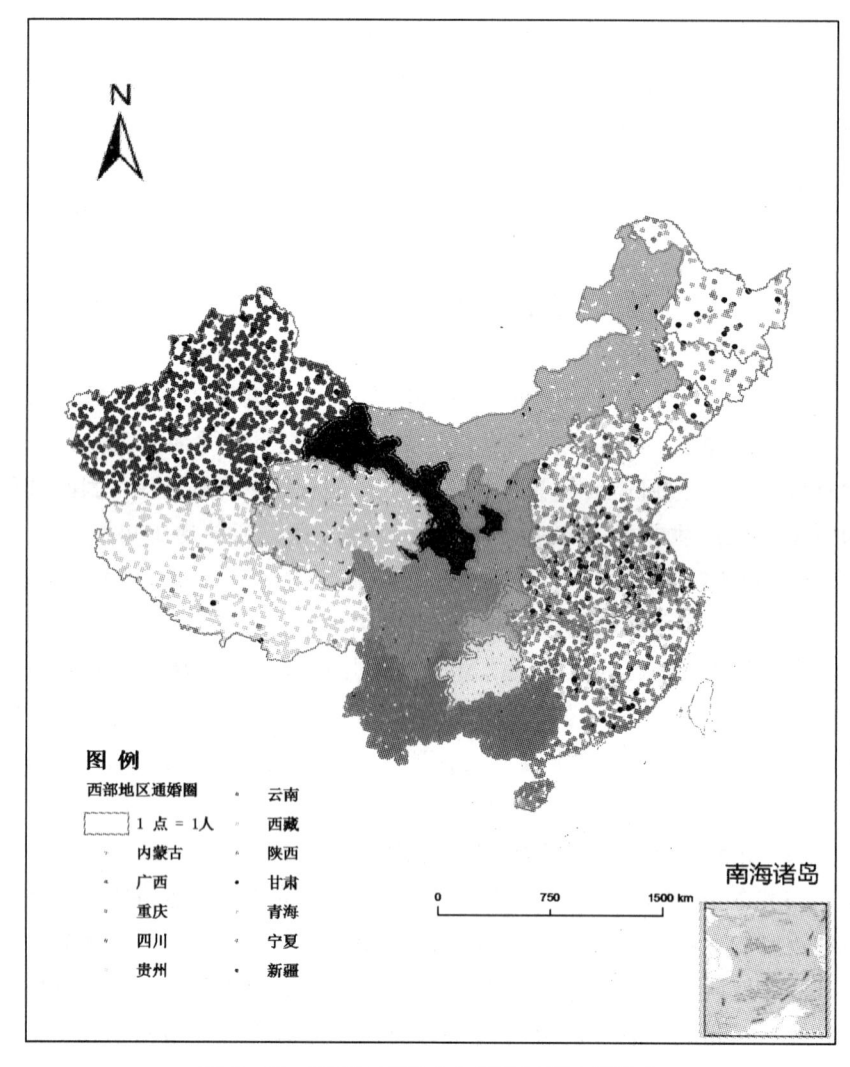

**图 4-10　西部地区流动人口的通婚地域模式**

之，只不过与现代社会的人口流动原因不完全相同，历史上的人口流迁大多不是出于人们自愿性的迁移，而是政府的组织性人口迁徙。著名的"闯关东"就是一次大规模的人口迁徙，清朝末年以及民国时期，大批中原和江北的老百姓因自然灾害等原因，被清政府号召移民到东北地区垦荒和定居。

"闯关东"所牵涉的人口规模之大中国历史罕见。新中国成立前夕大约有4000万人；1912—1949年，山东人"闯关东"人数平均每年超过48万人，总人数超过1830万人，约占全部"闯关东"人数（3700万）的1/2；新中国成立以后，闯关东留下的山东人达700多万人，约占当时东北总人口（4000万）的17%①，当时全国总人口为5.4亿人（1953年第一次人口普查）。可见，"闯关东"称得上是人类有史以来规模比较大的一次人口迁移活动。

总之，不论改革开放以后的人口自发性流动，还是历史上有组织的政治移民，空前绝后的人口流动都不可避免对人们的择偶和婚姻带来影响。从图4-11可以看出，东北地区的通婚地域主要发生在山东省和河北省，这除了地理上距离上的临近性因素以外，是否还与历史上的"闯关东"事件有关？还值得深入研究。

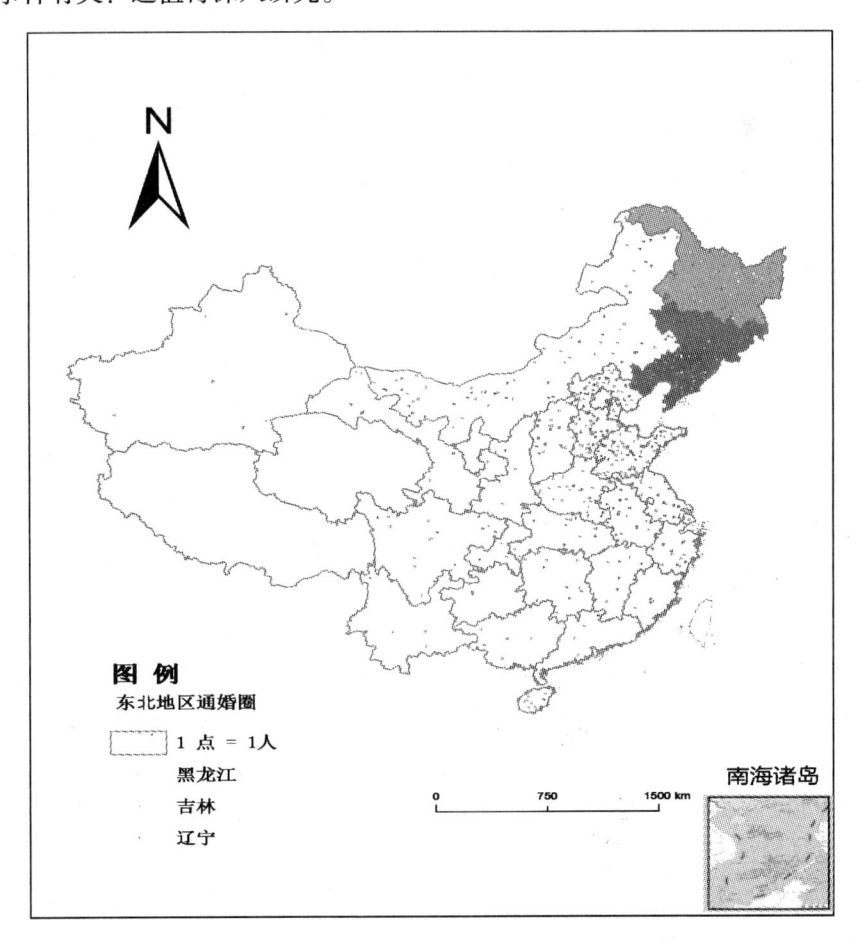

**图4-11 东北地区流动人口的通婚地域模式**

资料来源：图4-8至图4-11来自国家卫计委流动人口司2013年流动人口动态监测调查数据。

---

① http://baike.baidu.com/subview/607757/8408247.htm.

本部分利用 ArcGIS 的空间分析方法对我国流动人口通婚地域模式进行初步分析发现：不同区域的通婚地域都具有一定程度的封闭性，即在本区域内部通婚的规律非常稳定，但在这"大同"的基础上又表现出一定的"小异"，东部地区由于社会经济发展水平处于全国的前沿地带，对国家的经济发展起着"领头羊"的作用，对全国各地的人口都具有很强的吸引力，吸引外部地区人口的流入和婚入，通婚地域辐射半径大；中部地区在地理区位上发挥着"承东启西"功能。另外，在中部崛起之后，社会经济发展速度较快，对人口的吸引能力开始增加，导致最近几年东部地区人口出现一定规模的回流现象，表现在通婚地域模式上主要是跨省通婚的比例不仅比东部地区低，甚至还比西部地区低。根据施瓦茨（Schwartz）对美国婚姻的研究发现，同类婚配模式会加剧社会结构的封闭程度，因此，中部地区的地理同类联姻可能对该地区的社会结构产生一定程度影响；而西部地区由于经济发展水平较低、地理位置偏僻、地势崎岖不平，很多环境恶劣地区不适宜人类的生存和发展，人口承载能力弱，多种因素综合作用导致该地区形成了强大的人口推力，使西部地区成为我国流动人口的主要输出区。在当前正处于婚龄时期的年青一代流动出去，很容易受到东部沿海发达地区和现代化水平很高的大城市的吸引而不愿意往回流，这对未婚女性的影响可能更加明显。在我国从夫居制度下，西部地区女性外嫁的可能性非常高，从表4-9可以看出西部地区男性和女性的跨省通婚存在显著的差异，女性跨省通婚的比例（5.91%）明显比男性（5.3%）高。

有研究认为，新生代流动人口的跨省通婚比例比老一代高出一倍多，并且更容易受流动经历的影响，与他乡异性婚恋的比例明显增加，地理通婚圈呈扩展的趋势，但不同区域之间的社会经济和生活水平差异导致了不同地区跨区域通婚出现了多样化的特征。总体上看，西南、西北等经济较落后地区的女性婚姻迁移中，大致有25%的都嫁入了华东地区，另外中南地区的跨区域通婚比较复杂，与华东地区和西南地区通婚情况较多，而华北地区与东北地区之间的通婚具有一定的规模。[1] 本书从省级和地区层面分析也得出相似的结论。

---

[1] 宋月萍、张龙龙、段成荣：《传统、冲击与嬗变——新生代农民工婚育行为探析》，《人口与经济》2012年第6期。

表4-9　　　2013年流动人口跨省通婚的地区差异与性别差异　　　单位:%

| 地　区 | 合计 | 男 | 女 | 性别差异显著性 |
|---|---|---|---|---|
| 东部地区 | 8.77 | 8.16 | 9.39 | 0.000 |
| 中部地区 | 3.16 | 3.05 | 3.29 | 0.268 |
| 西部地区 | 5.58 | 5.30 | 5.91 | 0.004 |
| 东北地区 | 6.09 | 6.28 | 5.88 | 0.423 |
| 合　计 | 6.59 | 8.20 | 7.01 | 0.000 |

地区差异显著性　　Pr = 0.000

资料来源:国家卫计委流动人口司2013年流动人口动态监测调查数据。

表4-9的统计结果显示:不同区域之间的通婚地域模式具有显著差异:东部地区的跨省通婚明显高于东北地区和西部地区,中部地区处于最低水平。至于通婚地域模式的性别差异,并不是在所有地区都存在,而只在处于社会经济发展水平两个极端地区(即东部地区—西部地区)表现出明显的性别差异。东部地区可能吸引着各地区的女性人口流入,而在落后的西部地区不仅不具备很强的吸引力,还留不住内部女性,导致大量女性外流。因此,在这两个经济发展水平的极端地区,都表现为女性的跨省通婚比例明显比男性偏高。通过对我国流动人口地理通婚圈的地域模式分析后,发现地理通婚圈不仅具有迪利亚·达文(2005)提出的"空间等级分层"[1]的现象,而且还具有两个非常明显的特征,通婚圈空间演化结构如图4-12所示,其地域结构的特征主要有两个。

其一,地理通婚圈扩展的梯度分异之特征。地理通婚圈的圈层结构演化与地理距离之间存在一定的关系。通过对通婚圈的空间演化结构进行分析发现,随着地理空间距离的增加,通婚圈不但呈现出"空间等级分层"的物理结构,而且通婚圈的不同圈层本身的结构形态也存在显著的差异。

通婚圈结构自内向外,出现了通婚圆→通婚弧→通婚点的梯度演化,由连续的圆形结构,向连续的椭圆结构,再向断裂的弧线和离散的点型结构演变。

其二,地理通婚圈扩展的方向偏好之特征。随着人口迁移流动的发展和社会开放程度的加大,总体上看,通婚圈在不断地向外扩展,但并不是由通婚中心源(研究区域抽象出来的点)向不同方向均衡地扩展,而是表

---

[1] Delia Davin, "Marriage Migration in China: The Enlargement of MarriageMarkets in the Era of Market Reforms". *Indian Journal of Gender Studies*, No.12, 2005, pp.173 - 188.

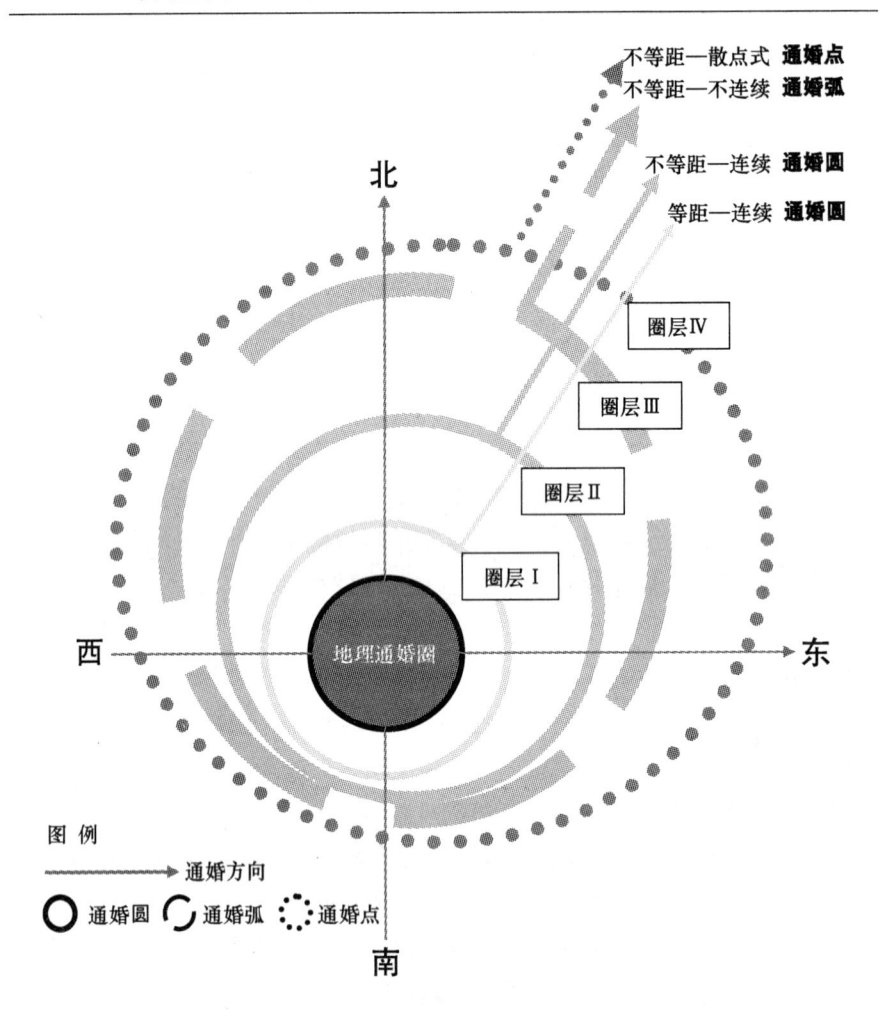

图 4-12 通婚圈的空间结构演化

现出一定的方向偏好,由圆形结构向椭圆结构演变,即不同方向的扩展距离存在显著的差异。根据通婚圈的空间分层结构及其梯度演化特征,可以将我国地理通婚圈分为以下四个圈层:

第一圈层是传统的近距离通婚圈,基本对应于同一乡镇范围内的本村或邻近村落,即便出现跨越行政区域(乡镇一级),大多分属于两个行政区域但地域毗邻的情况,而且只要附近有村落布局,同时也有可选的婚配对象,不同方向的村落与中心村落(指"研究对象所在的村落")的通婚大致呈均衡延伸的分布特征(即图中的圈层Ⅰ)。

第二圈层大致对应于县级行政区域通婚圈。与第一圈层相比，通婚圈结构也是连续分布，但是该圈层已经不太可能朝各个方向均衡扩展，往往会出现特定方向的通婚偏好（即图中的圈层Ⅱ）。如山东省莱州市胶东地区马家村的通婚圈（见图4-13）就属于这种情况。① 马家村在地形上属于平原，尽管与该村东面和东北方向的上坡村和上杨村直线距离不远，但是由于地形不好，交通运输不方便，而且经济条件相对贫困，导致该方向的通婚现象较少。

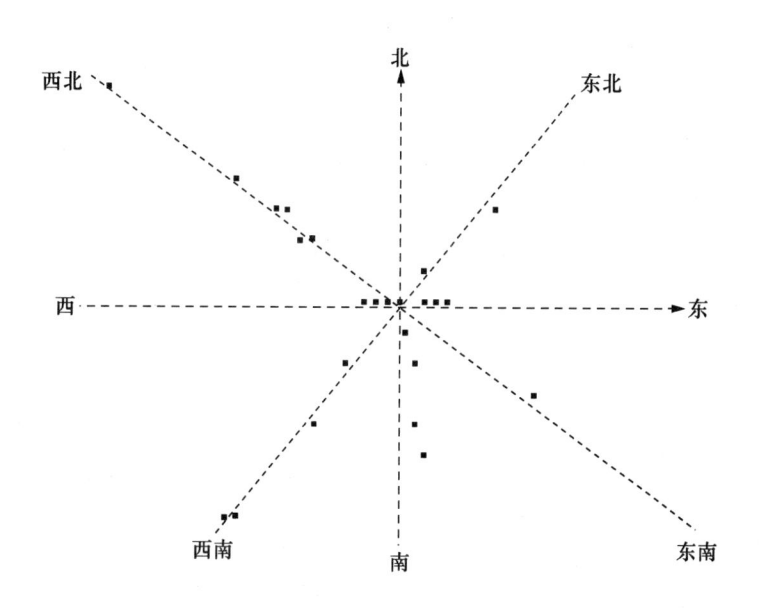

图4-13 1885—1910年马家村（中心点）外来媳妇的地域分布

第三圈层大致对应于市级行政区域的通婚圈。与前两个圈层相比发生了明显的变化，随着地理空间距离的增加，通婚圆已经难以维持连续分布之结构而出现了断裂，逐渐由通婚圆蜕变为通婚弧，并且通婚弧在各方向的扩展也不可能出现均等扩展（即图中的圈层Ⅲ）。

第四圈层大致对应于省级行政区域的通婚圈。由于地理距离的进一步扩大，通婚绝对数量越来越少，以全国范围看，远距离的跨省通婚只是散点式的分布，由通婚弧进一步缩减为通婚点（即图中的圈层Ⅳ），成百上

---

① 马占斌：《内宗外姻——从胶东马家村姻亲网络看清末以来乡村社会的嬗变》，广西师范大学出版社2014年版，第113页。

千公里的跨省通婚变成了一种不连续、不封闭、破碎式的点形通婚圈结构。而且受区域经济发展水平差异的影响，不同方向的通婚点密度也存在明显的不同。沿海发达地区为女性流动人口的主要婚入点甚至是婚入区。女性从欠发达的西部地区到经济发达的东部地区的空间指向特征非常明显，所有女性跨省婚姻迁移中有84.8%均来自西部和中部地区，东部地区占婚姻总迁入的60%，但并不是所有的发达省区都具有大量的跨省通婚，还有其他因素对婚姻迁移也具有重要的影响，户口制度是婚姻迁移的一个主要的障碍，大都市女性的远距离跨省婚姻比例较低，北京（11.3%）、天津（10.5%）、上海（5.1%）。因此，不同方向的通婚点密度差异会比较大。

导致通婚圈空间结构随地理距离增加出现由连续型向散点式梯度变化的原因主要有三点：一是随着地理距离的增加，社会关系网络变得越来越疏松，获取择偶对象信息相对比较困难，联姻的机会自然就会减少。二是从经济的角度来看，随着地理距离增加，一方面必然导致交通成本的上升，增加了婚后家庭互动的经济成本；另一方面又会减少婚姻给家庭带来的收益，如帮女儿照顾孩子不方便，女儿的养老功能被大打折扣，由于成本的增加与收益的减少，导致婚姻的净收益大大减少。三是主要是婚姻观念代际差异。虽然进入了现代社会，大多父母已经不再是儿女婚姻决策中的主角，但是父母的思想观念还有很大的影响作用，而且父母一代对远距离通婚比较反对，至少是不会支持的，父母都希望女儿嫁得离家近一些，以方便互相照应。

需要说明的是，通婚圈地域梯度结构在短期内可能保持相当的稳定性，但并不可能恒定不变。在当下人口迁移流动非常活跃的时代，而且未婚青年流动人口逐渐增多，他们的交际范围与留守在家的父母和老一代流动人口相比都有了天壤之别，即便老一代流动人口的范围也在扩大，交际范围也在扩大，但他们基本上都结束了婚姻事件，尽管流动经历对他们的婚姻也可能会带来一定的影响，但不是择偶的问题，而是婚姻关系的维系与稳定性问题。要说对择偶有影响，也只可能是通过对他们的传统婚姻观念带来的冲击，进而间接作用于其后代的择偶行为。所以，外出务工经历不论是直接作用于即将成婚的流动青年的择偶行为，还是通过改变父母一代相对保守的婚姻观念，都有利于促进通婚圈的扩大。

目前，尽管远距离的跨市、跨省通婚一时还没有成为通婚圈结构的主体,但这类婚姻已不再是过去个别地区或个别群体特殊现象,占一定的比例(10%以上),而且随着社会流动性的增强还有增长的趋势。由于远距离的跨区域通婚不断增加,以及乡镇范围内的本村或邻村近距离通婚减少,通婚圈的地域梯度结构可能会出现如下演变趋势:原来第一圈层、第二圈层由连续的通婚圆蜕变为离散式的通婚弧;而第三圈层的通婚弧逐渐增多而演进为连续的通婚圆;第四圈层的通婚点也可能会进一步增加,由通婚点增长为通婚弧。

# 第五章 通婚圈影响因素分析

上文对我国流动人口跨省通婚与个人年龄、性别、民族、受教育程度、职业、迁移流动时间—初婚时间之间的相对早晚、流动范围、户口性质以及流动人口代际属性等双变量交叉分析后发现，跨省通婚与人口迁移流动的许多因素在统计上都具有显著的相关关系，但仅通过两两因素的孤立分析难以准确地回答本书研究的核心问题。在现实生活中，人们选择配偶的过程不可能只受某单一因素的影响，而要受许多因素的共同制约。因此，还需要在控制其他变量前提下，进一步分析与人口流动有关因素影响通婚圈的发展变化。本部分所使用的数据来自国家卫计委2013年流动人口动态监测调查数据，此次调查样本的基本特征如表5-1所示。

表5-1  2013年流动人口动态监测样本的基本特征  单位：人、%

| 变量 | 频数 | 比例 | 变量 | 频数 | 比例 | 变量 | 频数 | 比例 |
| --- | --- | --- | --- | --- | --- | --- | --- | --- |
| 性别 | 198795 | 100 | 受教育程度 | 198795 | 100 | 职业序号 | 174182 | 100 |
| 男性 | 106728 | 53.69 | 未上过学 | 3304 | 1.66 | 1 | 876 | 0.5 |
| 女性 | 92067 | 46.31 | 小学 | 26252 | 13.21 | 2 | 10233 | 5.87 |
| 出生时间 | 198795 | 100 | 初中 | 107729 | 54.19 | 3 | 1940 | 1.11 |
| 1980年以前 | 97064 | 48.83 | 高中 | 30647 | 15.42 | 4 | 34528 | 19.82 |
| 1980年及以后 | 101731 | 51.17 | 中专 | 11911 | 5.99 | 5 | 8980 | 5.16 |
| 1990年以前 | 171219 | 86.13 | 大学专科 | 12395 | 6.24 | 6 | 19501 | 11.2 |
| 1990年及以后 | 27576 | 13.87 | 大学本科 | 6128 | 3.08 | 7 | 902 | 0.52 |
| 年龄分组 | 198795 | 100 | 研究生 | 429 | 0.22 | 8 | 2298 | 1.32 |
| 15—19岁 | 10813 | 5.44 | 户口类别 | 198795 | 100 | 9 | 1924 | 1.1 |
| 20—24岁 | 28439 | 14.31 | 农业 | 169650 | 85.34 | 10 | 6849 | 3.93 |
| 25—29岁 | 38216 | 19.22 | 非农业 | 28706 | 14.44 | 11 | 29158 | 16.74 |
| 30—34岁 | 34923 | 17.57 | 其他 | 439 | 0.22 | 12 | 4489 | 2.58 |

续表

| 变量 | 频数 | 比例 | 变量 | 频数 | 比例 | 变量 | 频数 | 比例 |
|---|---|---|---|---|---|---|---|---|
| 35—39 岁 | 31453 | 15.82 | 婚姻状况 | 198795 | 100 | 13 | 24514 | 14.07 |
| 40—44 岁 | 29685 | 14.93 | 未婚 | 43043 | 21.65 | 14 | 4795 | 2.75 |
| 45—49 岁 | 16721 | 8.41 | 初婚有配偶 | 149495 | 75.2 | 15 | 8911 | 5.12 |
| 50—54 岁 | 5671 | 2.85 | 再婚有配偶 | 2437 | 1.23 | 16 | 7443 | 4.27 |
| 55—59 岁 | 2874 | 1.45 | 离婚 | 3104 | 1.56 | 17 | 5158 | 2.96 |
| 民族属性 | 198795 | 100 | 丧偶 | 716 | 0.36 | 18 | 1683 | 0.97 |
| 汉族 | 184276 | 92.7 | 流动范围 | 198795 | 100 | 通婚地域范围 | 145837 | 100 |
| 蒙古族 | 673 | 0.34 | 跨省 | 103531 | 52.08 | 省内通婚 | 136226 | 93.41 |
| 满族 | 862 | 0.43 | 省内跨市 | 57221 | 28.78 | 跨省通婚 | 9611 | 6.59 |
| 回族 | 3522 | 1.77 | 市内跨县 | 38043 | 19.14 | 跨省通婚中 | 9611 | 100 |
| 藏族 | 1518 | 0.76 | 流入原因 | 198795 | 100 | 隔省通婚 | 5274 | 54.87 |
| 壮族 | 2258 | 1.14 | 务工经商 | 176017 | 88.54 | 邻省通婚 | 4337 | 45.13 |
| 维吾尔族 | 679 | 0.34 | 随迁 | 15231 | 7.66 | 相对结婚时间 | 149346 | 100 |
| 苗族 | 1085 | 0.55 | 婚嫁 | 1082 | 0.54 | 流动前结婚 | 88246 | 59.09 |
| 彝族 | 593 | 0.3 | 拆迁 | 219 | 0.11 | 流动后结婚 | 61100 | 40.91 |
| 土家族 | 903 | 0.45 | 投亲 | 1852 | 0.93 | 就业身份 | 174182 | 100 |
| 布依族 | 289 | 0.15 | 学习 | 1223 | 0.62 | 雇员 | 100596 | 57.75 |
| 侗族 | 339 | 0.17 | 出生 | 172 | 0.09 | 雇主 | 15297 | 8.78 |
| 瑶族 | 227 | 0.11 | 其他 | 2999 | 1.51 | 自营劳动者 | 53180 | 30.53 |
| 朝鲜族 | 270 | 0.14 | 经济带 | 198795 | 100 | 家庭帮工 | 5109 | 2.93 |
| 白族 | 189 | 0.1 | 珠三角 | 12000 | 6.04 | 流入地区 | 198795 | 100 |
| 哈尼族 | 163 | 0.08 | 长三角 | 33973 | 17.09 | 东部地区 | 85973 | 43.25 |
| 黎族 | 146 | 0.07 | 环渤海 | 33000 | 16.6 | 中部地区 | 33999 | 17.1 |
| 哈萨克族 | 39 | 0.02 | 其他 | 119822 | 60.27 | 西部地区 | 64824 | 32.61 |
| 傣族 | 44 | 0.02 | | | | 东北地区 | 13999 | 7.04 |
| 其他 | 720 | 0.36 | | | | | | |

注：职业序号：1. 国家机关、党群组织、企事业单位负责人；2. 专业技术人员；3. 公务员、办事人员和有关人员；4. 经商；5. 商贩；6. 餐饮；7. 家政；8. 保洁；9. 保安；10. 装修；11. 其他商业、服务业人员；12. 农、林、牧、渔、水利业生产人员；13. 生产；14. 运输；15. 建筑；16. 其他生产、运输设备操作人员及有关人员；17. 无固定职业；18. 其他。

资料来源：国家卫计委流动人口司，2013年流动人口动态监测调查数据。

需要说明的是，受数据限制，本书计算的跨省通婚只包括调查时点夫妻双方的户籍地分属于不同省份，而不能识别出结婚后户口已经迁移到配偶户籍地并且在调查时回答的是婚后户籍地的情况。因此，本书的跨省通婚比例比现实情况会有所偏低，但是，由于样本量足够大，样本中已经有9611人属于本书定义的跨省婚姻，从中可以看出差异。由于因变量为0—1分类变量，所以二元Logistic回归模型比较合适。自变量的选取根据文献综述和上文双变量交叉分析的结果与跨省通婚具有显著相关关系的变量，主要调查内容包括：被访者年龄、性别、民族、受教育程度和流动范围等。为了研究自变量与因变量的关系，部分控制变量也被纳入模型中。本书使用的通婚圈测量指标是"跨省通婚"比例，而没有使用夫妻婚前户籍地之间的地理距离，实际上反映的是夫妻之间的地域通婚圈。因此，难免会出现一种特殊情况，在行政辖区边界附近通婚的夫妻，他（她）们虽然也被视为跨省通婚。为此，将邻省①通婚从跨省通婚中分离出来，把跨省通婚又分为邻省通婚和隔省通婚。

## 第一节 流动人口跨省通婚影响因素模型

根据通婚地域是否跨越省级行政区边界，将地理通婚圈分为省内通婚和跨省通婚，依据资源交换理论，将受教育程度、年龄和户口纳入模型，分析是否有农村流动人口中的人力资本与城市户口之间存在交换的可能，即证明假设1是否成立；将职业、收入和单位性质作为社会分层变量纳入模型，证明流动人口通婚中是否存在社会分层的现象，即证明假设2是否成立；将流动人口在流入地连续工作时间纳入模型，分析居住时间是否会对通婚圈产生影响，即证明假设3是否成立；将流动人口流入地区和民族纳入模型，验证流动人口的通婚圈是否会受到地区和民族的不同影响而存在差异，即证明假设4是否成立；将人口迁移流动的地域范围纳入模型，验证假设5是否成立。我国流动人口跨省通婚影响因素的Logistic模型回归结果如表5-2所示。

---

① 两个省之间有共同边界或者没有共同边界隔海较近的省份为邻省，具体见附录1。——笔者注

表5-2　流动人口跨省通婚影响因素 Logistic 回归模型（模型1）

| 主要自变量 | OR(风险比) | SE(标准误) | Z | P>Z | 系数(β) |
|---|---|---|---|---|---|
| 年龄 | 0.9500 | 0.0022 | -22.4800 | 0.0000 | -0.0512 |
| 性别（男性） | 1.0549 | 0.0287 | 1.9700 | 0.0490 | 0.0535 |
| 流动后结婚（流动前） | 2.5608 | 0.0804 | 29.9600 | 0.0000 | 0.9403 |
| 民族（汉族） | | | | | |
| 蒙古族 | 1.8861 | 0.3506 | 3.4100 | 0.0010 | 0.6345 |
| 满族 | 1.8955 | 0.2879 | 4.2100 | 0.0000 | 0.6395 |
| 回族 | 0.7046 | 0.1005 | -2.4500 | 0.0140 | -0.3501 |
| 藏族 | 2.0528 | 0.4714 | 3.1300 | 0.0020 | 0.7192 |
| 壮族 | 0.9947 | 0.1314 | -0.0400 | 0.9680 | -0.0054 |
| 维吾尔族 | 0.2908 | 0.1703 | -2.1100 | 0.0350 | -1.2351 |
| 苗族 | 1.3217 | 0.2135 | 1.7300 | 0.0840 | 0.2789 |
| 彝族 | 1.6891 | 0.4325 | 2.0500 | 0.0410 | 0.5242 |
| 土家族 | 1.3580 | 0.2247 | 1.8500 | 0.0640 | 0.3060 |
| 布依族 | 1.1827 | 0.3638 | 0.5500 | 0.5850 | 0.1678 |
| 侗族 | 1.8174 | 0.4315 | 2.5200 | 0.0120 | 0.5974 |
| 瑶族 | 1.3801 | 0.4187 | 1.0600 | 0.2880 | 0.3222 |
| 朝鲜族 | 0.6258 | 0.2137 | -1.3700 | 0.1700 | -0.4688 |
| 白族 | 1.0539 | 0.5030 | 0.1100 | 0.9120 | 0.0525 |
| 哈尼族 | 2.4990 | 1.3267 | 1.7300 | 0.0840 | 0.9159 |
| 黎族 | 3.7295 | 1.3301 | 3.6900 | 0.0000 | 1.3163 |
| 哈萨克族 | 1.8997 | 2.1339 | 0.5700 | 0.5680 | 0.6417 |
| 傣族 | 9.3882 | 5.2190 | 4.0300 | 0.0000 | 2.2395 |
| 其他 | 1.1779 | 0.2602 | 0.7400 | 0.4580 | 0.1638 |
| 受教育程度（未上过学） | | | | | |
| 小学 | 1.0475 | 0.1572 | 0.3100 | 0.7570 | 0.0464 |
| 初中 | 1.2176 | 0.1779 | 1.3500 | 0.1780 | 0.1969 |
| 高中 | 1.7617 | 0.2620 | 3.8100 | 0.0000 | 0.5663 |
| 中专 | 1.8837 | 0.2889 | 4.1300 | 0.0000 | 0.6332 |
| 大专 | 2.7396 | 0.4177 | 6.6100 | 0.0000 | 1.0078 |
| 大本 | 3.8882 | 0.6074 | 8.6900 | 0.0000 | 1.3579 |
| 研究生 | 4.0846 | 0.8381 | 6.8600 | 0.0000 | 1.4072 |

续表

| 主要自变量 | OR(风险比) | SE(标准误) | Z | P>Z | 系数(β) |
|---|---|---|---|---|---|
| 户口性质（农业户口） | | | | | |
| 非农业 | 1.5935 | 0.0565 | 13.1400 | 0.0000 | 0.4659 |
| 其他 | 2.0992 | 0.4848 | 3.2100 | 0.0010 | 0.7415 |
| 流动范围（跨省） | | | | | |
| 省内跨市 | 0.2319 | 0.0088 | -38.5500 | 0.0000 | -1.4613 |
| 市内跨县 | 0.1699 | 0.0091 | -33.1100 | 0.0000 | -1.7723 |
| 职业类别（国家机关、党群组织、企业事业单位） | | | | | |
| 2 | 0.8336 | 0.1086 | -1.4000 | 0.1620 | -0.1820 |
| 3 | 0.9750 | 0.1437 | -0.1700 | 0.8640 | -0.0253 |
| 4 | 0.7441 | 0.0994 | -2.2100 | 0.0270 | -0.2956 |
| 5 | 0.8037 | 0.1162 | -1.5100 | 0.1310 | -0.2186 |
| 6 | 0.9742 | 0.1326 | -0.1900 | 0.8480 | -0.0261 |
| 7 | 0.8721 | 0.2113 | -0.5600 | 0.5720 | -0.1368 |
| 8 | 0.7720 | 0.1446 | -1.3800 | 0.1670 | -0.2588 |
| 9 | 1.2121 | 0.2209 | 1.0600 | 0.2910 | 0.1924 |
| 10 | 0.7813 | 0.1135 | -1.7000 | 0.0890 | -0.2468 |
| 11 | 0.9827 | 0.1285 | -0.1300 | 0.8940 | -0.0174 |
| 12 | 0.7991 | 0.1347 | -1.3300 | 0.1830 | -0.2243 |
| 13 | 0.6184 | 0.0824 | -3.6100 | 0.0000 | -0.4806 |
| 14 | 0.7982 | 0.1185 | -1.5200 | 0.1290 | -0.2254 |
| 15 | 0.6036 | 0.0860 | -3.5400 | 0.0000 | -0.5049 |
| 16 | 0.7348 | 0.1030 | -2.2000 | 0.0280 | -0.3082 |
| 17 | 0.8865 | 0.1409 | -0.7600 | 0.4480 | -0.1205 |
| 18 | 0.8052 | 0.1384 | -1.2600 | 0.2070 | -0.2167 |
| 单位性质（土地承包） | | | | | |
| 机关事业 | 1.0346 | 0.1836 | 0.1900 | 0.8480 | 0.0340 |
| 国有企业 | 1.2143 | 0.1947 | 1.2100 | 0.2260 | 0.1942 |
| 集体企业 | 1.3849 | 0.2349 | 1.9200 | 0.0550 | 0.3256 |
| 个体工商户 | 1.1686 | 0.1805 | 1.0100 | 0.3130 | 0.1558 |
| 私营企业 | 1.3883 | 0.2132 | 2.1400 | 0.0330 | 0.3281 |
| 港澳台资企业 | 1.4788 | 0.2526 | 2.2900 | 0.0220 | 0.3912 |

续表

| 主要自变量 | OR(风险比) | SE(标准误) | Z | P>Z | 系数(β) |
|---|---|---|---|---|---|
| 日或韩 | 1.7591 | 0.3587 | 2.7700 | 0.0060 | 0.5648 |
| 欧美 | 1.3665 | 0.2803 | 1.5200 | 0.1280 | 0.3122 |
| 中外合资 | 1.3383 | 0.2291 | 1.7000 | 0.0890 | 0.2914 |
| 其他 | 1.3007 | 0.2592 | 1.3200 | 0.1870 | 0.2629 |
| 无单位 | 1.1871 | 0.1857 | 1.1000 | 0.2730 | 0.1715 |
| 地区（东部） | | | | | |
| 中部地区 | 0.7269 | 0.0440 | -5.2800 | 0.0000 | -0.3190 |
| 西部地区 | 1.0097 | 0.0500 | 0.2000 | 0.8450 | 0.0097 |
| 东北地区 | 1.4879 | 0.0888 | 6.6600 | 0.0000 | 0.3974 |
| 经济带（珠三角） | | | | | |
| 长三角 | 0.7043 | 0.0347 | -7.1100 | 0.0000 | -0.3506 |
| 环渤海 | 0.7100 | 0.0371 | -6.5500 | 0.0000 | -0.3425 |
| 其他 | 0.9393 | 0.0558 | -1.0500 | 0.2920 | -0.0627 |
| 个人在本地月收入 | 1.0000 | 0.0000 | 3.1600 | 0.0020 | 0.0000 |
| 在本地连续工作时间(年) | 1.0180 | 0.0031 | 5.8800 | 0.0000 | 0.0179 |
| 常数项 | 0.2169 | 0.0588 | -5.6400 | 0.0000 | -1.5285 |
| 卡方值 | 9482.51 | | | | |
| 样本量 | 120281 | | | | |

表5-2中的回归结果显示，我国流动人口通婚圈与他们年龄、相对结婚时间（流动后结婚或流动前结婚）、民族、受教育程度、户口性质、流动范围、职业类别、流入地区类型都高度相关。就性别而言，男性和女性的跨省通婚虽然也存在一定的差异，但其显著水平并不高，只在0.05的统计水平上具有显著差异，与男性流动人口的通婚圈相比，女性流动人口的通婚圈更大。这与以往的有关研究结论比较吻合。有学者进一步研究发现，这种扩大具有显著性别差异，实际上主要是女性外嫁地域的扩展，而男性外娶受到了一定的阻碍。通婚圈扩展的性别差异主要与我国的"从夫居"制度以及"男高女低"的择偶梯度有关，受传统文化的影响，多数男性更倾向于在本地完婚，难以在流入地成功择偶成婚。所以对于男性而言，人口迁移流动对通婚圈影响不是太大，而女性群体的婚姻流动是她们实现社会向上流动的重要途径，嫁到一个相对富裕和经济发达的地方

是她们的愿望，所以，女性地理通婚圈比男性较大，跨省通婚的比例比男性较高。随着我国社会的发展变迁，通婚圈总体变化特征是呈扩展的趋势，但是相比较而言，女性地理通婚圈比男性更大，而男性的通婚圈则较小，在经济条件比较落后的山区，性别是影响通婚圈变化的一个主要因素，随着人口性别结构失衡程度的加剧，民族地区的通婚圈出现了明显扩大的趋势。[1]

流动人口通婚圈模型结果显示，流动人口的年龄对通婚圈也具有显著的影响。相对于年龄较小的流动人口而言，年龄较大的流动人口，其跨省通婚的可能性越低。15—59岁，流动人口年龄每增加1岁，跨省通婚的概率就会降低5%左右。主要原因可能是年龄越大的流动人口结婚越早，他们的迁移流动行为受制度限制越大，迁移流动的机会也相对较少。另外，随着年龄的增长他们在婚姻市场上的相对优势会逐渐减弱，容易在流入地的婚姻市场上被淘汰，因此只能返乡择偶，有研究已经注意到我国许多农村地区流动人口出现了"返乡相亲"的择偶现象。大多女性农民工在城市婚姻市场上不受欢迎，因为城市男性不愿意娶农村女性为妻，城市男性与农村女性结婚后可能导致长期的两地分居，孩子也难以享受城市的福利待遇，关于女性流动人口的普遍观点是，应该回到农村去择偶结婚。[2] 许多研究都已表明，乡城迁移流动人口就工作地点和居住地点而言，完全可以称得上是城市人，但是他们与城市本地居民的生活方式、交往群体和活动空间都存在显著的差别，仅仅是城市里面的农村人。[3] 由于流动人口在流入地社交范围的限制，必将对未婚青年的择偶范围产生影响，对于大多数女性乡→城流动人口而言，外出打工仅仅是她们人生中的一段旅程，很大程度上结婚就意味着她们城市生活的结束。

从流动人口相对结婚时间来看，流动后结婚比流动前结婚的跨省通婚的可能性高出1.56倍，反映了人口迁移流动经历确实对通婚圈扩展具有明显的促进作用。有专家将人口迁移流动行为作为影响青少年择偶的重大

---

[1] 甘品元：《毛南族婚姻行为变迁研究》，《广西民族大学学报》（社会科学版）2007年第6期。

[2] ［美］范芝芬：《流动中国：迁移、国家和家庭》，邱幼云、黄河译，社会科学文献出版社2013年版，第87—91页。

[3] 王国辉：《基于农户净收益最大化的中国乡城迁移研究》，经济科学出版社2006年版，第61页。

事件来看待，这种说法在模型中也得到了很好的印证，曾经具有迁移流动经历的流动人口，其地理通婚圈明显得到扩展。

从流动人口民族属性来看，不同民族流动人口的通婚圈也存在一定的差异，但不同的少数民族与汉族相比，其差异的大小、方向并不完全一致。由于我国少数民族族类繁多，而且不同民族之间的文化习俗、宗教信仰等观念和行为差异明显，导致不同民族的通婚圈不尽一致，一部分少数民族与汉族的跨省通婚没有明显的差别。如壮族、苗族、土家族、布依族、瑶族、朝鲜族、白族、哈尼族和哈萨克族。而一部分少数民族与汉族相比却存在显著的差异，比汉族的通婚圈较大，如满族、蒙古族、彝族、侗族、黎族和傣族。还有一部分民族，主要是一些对宗教信仰观念很强的民族，他们的通婚圈与汉族相比明显较小，回族和维吾尔族表现最为明显。总之，不同民族之间的通婚圈比较复杂，与汉族的通婚圈相比，既有比汉族通婚圈较大的，也有比汉族通婚圈较小的，还有与汉族之间没有明显差别的。这主要可能与各个民族的风俗习惯、宗教信仰等有关。

从流动人口的受教育程度来看，受教育程度也会对通婚圈产生显著影响。受教育程度是人力资本的重要内容，而人力资本高低又会制约着人们各种社会经济等活动的选择，配偶的选择是人生中一个非常重要的事件，受教育程度的高低会对其婚姻的选择空间产生作用。受教育程度越高，人力资本也较高，他们除迁移流动的机会较多以外，社会交往圈子也较大。因此，在婚姻选择空间方面也相对宽裕。模型回归结果可以很好证明这一点，受教育程度越高，跨省通婚的概率也相对较高，通婚圈相对较大。与未上过学的流动人口相比，具有小学文化程度和初中教育程度流动人口的通婚圈与其没有明显的差别，但接受过高中及以上教育的流动人口，其通婚圈与未上过学的流动人口相比，通婚圈明显扩大，二者的差异非常明显，高中及以上的跨省通婚概率是未上过学的1.7—4倍，受教育程度越高，其差异越明显。我国近年教育的迅速发展，不仅可以提高个人人力资本，直接促进人的地理空间流动和社会流动，同时还可以间接对传统思想观念产生冲击，使人们接受新的婚姻观念。

不同户口性质也会对跨省通婚产生显著影响。与农业户口相比，非农业户口的跨省通婚概率要高出60%左右。户口本来只是社会管理的一种方式，但是，由于我国不同的户口上附加着不平等的待遇，因此有人将户口视为一种"资源",但不同的人对户口的看法并不完全一致。大多数人认为,城市户口较好,尤其是大城市的户口更具有吸引力。2013年9月,在北京一家公司对两个来自外省的打工女孩做了访谈,她们认为,北京的户口很好,找对象一个基本条件就是具有北京户口,其他条件可以适当降低。她们认为,有了北京户口自己就成为地地道道的北京人,同时自己的后代一出生就是北京人。与此同时,随着农村经济的发展,也有人认为,农村户口更好,现在农村免去各种农业税收,还有各种支农惠农政策和农业补贴,最大的实惠是在农村可以分到土地。原国家人口计生委流动人口司对流动人口调查显示,即便让他们转为城市居民,在城市落户,流动人口也不愿意转为城市居民,其中一个重要的原因就是舍不得放弃农村土地。因此,不论是认为城市户口更好,还是农村户口更好,他们都将户口视为一种资源,不管持哪种观点,户口因素都可能会对人们的择偶行为产生影响,认为城市户口更好的人可能会促进他们在流入地选择结婚对象,有利于通婚圈的扩大,而认为农村户口更好的人则可能更倾向于返乡结婚,这不利于通婚圈的扩展。从模型的结果来看,非农业户口的流动人口通婚圈明显较大,而农业户口的通婚圈较小,二者之间存在明显差异。说明在择偶过程中,可能将城市户口视为一种资源在婚姻市场上进行交换。一些具有城市户口的居民可能在经济条件或者身体状况方面存在一定的弱势,选择与当地的受教育程度较高的流动人口结婚,这样,在双方资源的交换过程中,实现了城市与乡村之间互相通婚,最终导致地理通婚圈的扩大。

  根据M.韦伯提出的财富、声望与权力三位一体的社会分层模式,最基本的并且可以测量的阶层指标主要有职业、文化水平和收入状况三个。[1] 从职业类型来看,不同职业也会对通婚圈产生影响,工作性质在一定程度上决定着人际交往圈的大小与特征,如建筑业和运输业中的职工多为男性,而餐饮、服务、电子厂等则女工较多。有学者对上海市S区D厂(该厂主要从事笔记本电脑专用电池组装与包装生产)的员工性别结构进行分析发现,该工厂工人绝大多数都是年轻的女性(年龄集中在16—25岁),只有极个别生产线会见到一两名男性工人,男工主要集中在机器设备维修组,但男工一般与女工的交际不多,她们把电子生产车间比

---

[1] 佟新:《人口社会学》,北京大学出版社2000年版,第45—51页。

喻成一个"女儿国"[①]，对于性别隔离比较明显的职业，他（她）们在工作中很少有机会接触到异性。另外，又由于工作加班加点也限制着他（她）们的业余时间，难以和本职业圈子以外的人交往，从而对通婚圈产生影响。与前面的描述性分析结果一致，若将前3类职业：国家机关、党群组织、企事业单位负责人，专业技术人员和公务员、办事人员和有关人员归为智力型职业，而将经商，商贩，餐饮，家政，保洁，保安，装修，其他商业、服务业人员，农、林、牧、渔、水利业生产人员，生产，运输，建筑，其他生产、运输设备操作人员及有关人员，无固定职业和其他归为体力型职业，则会发现智力型职业内部的通婚圈不存在差异，但是，智力型职业和体力型职业通婚圈之间却存在明显不同，从事体力型职业流动人口的跨省通婚概率比智力型职业流动人口的通婚率要低。经商、生产、建筑、其他生产、运输设备操作人员及有关人员的通婚圈明显比国家机关、党群组织、企事业单位负责人的通婚圈较小，但其他职业之间不存在显著的差异。

从模型结果来看，流动人口就业的单位性质与通婚圈的关系不是非常密切。与土地承包相比，只有私营企业、港澳台企业与其存在一定的差异，并且显著性水平也不高，只在0.05的水平上具有显著差异。

流入地不同也会导致通婚圈不同。与流入东部地区相比，中部地区通婚圈明显较小，而西部地区与其没有明显的差异。通婚圈的这种地理格局可能与经济的发展水平相关，东部地区强大的经济吸引力，吸引着西部落后地区人口的流入，而中部地区的吸引力相对较弱，人口输出也不明显。另外，从经济带来看，与珠三角相比，长三角地区和环渤海地区的通婚圈明显较小。长三角地区和环渤海地区跨省通婚的比例比珠三角地区低30%左右，但其他地区与长三角之间不存在明显的差异。

由于本文测量"通婚圈"的方法是用夫妻户口登记地，所以在现实中必然会遇到在行政区域边界处通婚的现象。为了分离边界临近效应对通婚圈的影响，下面以跨省通婚为研究对象，将选取的跨省通婚样本按邻省通婚和隔省通婚进行变量定义，将邻省通婚赋值为"1"，隔省通婚赋值为"0"，在模型1基础上进一步分析影响流动人口跨省通婚的因素。

---

① 冷文娟：《新生代女性农民工的婚恋研究——基于S区D电子厂的调查》，硕士学位论文，华东理工大学，2012年，第84页。

## 第二节 流动人口邻省通婚影响因素模型

从基本特征分析发现，在所有的样本中，省内通婚占93.41%，跨省通婚占6.59%，但是进一步分析发现，在9611个跨省通婚的样本中，有很大比例（45.13%）都属于邻省通婚，也就是说，几乎一半的跨省通婚都是在自己邻省地域范围内通婚，这难免会对我们的研究结果带来影响。鉴于此，有必要将邻省通婚现象剥离出来，以分析哪些因素是影响真正意义上的跨区域通婚，而不是行政区域为跨区域但地理区域彼此相邻的邻省通婚。邻省通婚的影响因素Logistic回归模型结果，如表5-3所示。

表5-3 流动人口邻省通婚的影响因素Logistic回归模型（模型2）

| 主要自变量 | OR(风险比) | 标准误 | Z | P>Z | 系数（β） |
| --- | --- | --- | --- | --- | --- |
| 年龄 | 0.9911 | 0.0043 | -2.0600 | 0.0400 | -0.008919* |
| 性别（男） | 0.9266 | 0.0460 | -1.5300 | 0.1250 | -0.076218 |
| 流动后结婚（流动前） | 0.8909 | 0.0521 | -1.9800 | 0.0480 | -0.115527* |
| 民族（汉族） | 1.0240 | 0.0117 | 2.0700 | 0.0390 | 0.023690* |
| 受教育程度（未上过学） | 0.9077 | 0.0174 | -5.0400 | 0.0000 | -0.096804*** |
| 户口性质（农业） | 0.8990 | 0.0554 | -1.7300 | 0.0840 | -0.106501 |
| 流动范围（跨省） | 1.2160 | 0.0528 | 4.5000 | 0.0000 | 0.195550*** |
| 职业类别（国家机关） | 1.0008 | 0.0018 | 0.4200 | 0.6740 | 0.000767 |
| 单位性质（土地承包） | 1.0034 | 0.0105 | 0.3300 | 0.7450 | 0.003408 |
| 流入地区（东部地区） | 1.2554 | 0.0378 | 7.5600 | 0.0000 | 0.227435*** |
| 经济带（珠三角） | 0.8312 | 0.0243 | -6.3300 | 0.0000 | -0.184858*** |
| 个人月收入 | 1.0000 | 0.0000 | -1.8200 | 0.0690 | -0.000017 |
| 本地连续工作时间 | 0.9997 | 0.0059 | -0.0600 | 0.9560 | -0.000326 |
| 常数项 | 2.0067 | 0.4955 | 2.8200 | 0.0050 | 0.696511 |
| 卡方值 | 208.96 | | | | |
| 样本量 | 7688 | | | | |

注：（括号内为对照组）*表示10%的显著性，**表示5%的显著性，***表示1%的显著性。

表5-3统计结果显示，我国流动人口通婚圈在控制了省域边界处的邻省通婚以后发生了较大变化，性别、户口性质、职业类别、单位性质、个人月收入、在本地连续工作时间都不会对地理通婚圈产生显著的影响。但是，其他因素，年龄、相对结婚时间、民族、受教育程度、流动范围以及流入地区仍然还会对流动人口的地理通婚圈产生显著的影响。其中，受教育程度、流动范围和流入地区三个因素，不管在模型1还是在模型2中都具有高度显著性。说明这些因素对远距离的隔省通婚具有显著影响作用，而其他因素在控制了边界处的邻省以后就不再显著。需要注意的是，虽然受教育程度在控制了邻省通婚以后的模型中仍然具有高度的显著性，但是其影响方向发生了改变，在模型2中具有负向影响，这主要与因变量的定义有关系，因为在这里是将邻省通婚定义为1，隔省通婚定义为0，对照组是隔省通婚，也就是说，受教育程度越高，选择邻省通婚的概率越低，而选择跨区域的隔省通婚的可能性越高。所以教育程度对通婚圈扩大的影响还是起到促进的作用，即受教育程度越高，选择远距离通婚的可能性越大，实际上和模型1中的影响作用是完全一致的，而不是起到阻碍通婚圈扩展的作用。

对比模型1和模型2回归结果可以得出结论：流动人口的年龄、相对结婚时间、民族、受教育程度、流动范围以及流入地区对远距离的跨省通婚具有显著的影响，尤其是受教育程度、流动范围和流入地区三个因素；而流动人口性别、户口性质、职业类别、单位性质、个人月收入、在本地连续居住时间虽然会对跨省通婚产生影响，但是当排除行政边界处的地理临近效应以后，对跨省通婚就不再产生影响作用，这些因素的影响作用发挥有限，对隔省的跨省通婚没有影响。

## 第三节　城市青年通婚圈影响因素模型

为了比较不同群体的通婚圈影响因素，本书还将城市青年的通婚圈与流动人口进行对比。在前文中的相关分析中发现，城市青年的通婚圈与其迁移流动经历、本人是否为独生子女有显著的相关性，但是，只有在控制其他因素的情况下，才能进一步分析人口迁移流动是否会对通婚圈造成影响，在双变量交叉分析基础上，建立回归模型以进行推断统计。由于已婚群体的实际通婚圈与未婚群体理想通婚圈肯定会存在较大的差异，所以在此将城市未婚青年的通婚圈定义为"理想通婚圈"，相应地将已婚者通婚圈定义为"实际通婚圈"，分别研究人口迁移流动对理想通婚圈、实际通婚圈的影响，以便准确把握通婚圈的变化趋势。

调查样本中的理想通婚圈变量共分为五类，依次为希望理想中的配偶家庭所在地与自己的家庭所在地"在同县/市"、"在同省不同县/市"、"在不同省份"、"无所谓"和"其他"共五类；但调查样本中只有2个被调查者选择了"其他"这一选项，这一类别的频数太少，为了避免因此对最终结果的影响，没有将其纳入模型之中。所以，理想通婚圈模型中的因变量只有前4类。

实际通婚圈测量共分4类：根据初婚配偶的家庭所在地与自己的家庭所在地，分为"在同一县/市"、"在同省不同县/市"、"在不同省份"、"其他"共四类，但样本中没有选择"其他"选项。所以，实际通婚圈也只有前3类。由于因变量取值都在3—6个，所以选择多分类Logistic模型比较适宜。通过对未婚者的理想通婚圈和已婚者的实际通婚圈进行模型比较，可以更清楚地找出影响通婚圈的主要因素。在此选取"同一县市"作为参照类。

**一 城市青年实际通婚圈影响因素模型**

先根据中国城市已婚青年的通婚圈，来分析实际通婚圈与哪些因素有关；再与农村流动人口的通婚圈进行对比，以揭示城市流动人口通婚圈的基本特征。人口城乡迁移，既对农村青年的择偶行为产生了影响，也会对城市青年的婚恋行为产生影响。以城市青年为研究对象来分析中国人口通婚圈仍具有重要的现实意义，城市青年的实际通婚圈模型回归结果如表5-4所示。

表5-4 中国城市青年实际通婚圈影响因素分析

| 实际通婚圈 | 相对风险比 | 标准误 | Z | P>Z |
| --- | --- | --- | --- | --- |
| 同一市或县 | 参照类 | | | |
| 同省不同市或县 | | | | |
| 迁移流动（没有） | 3.94477100 | 0.63517950 | 8.520 | 0.0000 |
| 性别（男） | 1.03190100 | 0.15520070 | 0.210 | 0.8350 |
| 年龄 | 0.95863480 | 0.02066000 | -1.960 | 0.0500 |

续表

| 实际通婚圈 | 相对风险比 | 标准误 | Z | P>Z |
|---|---|---|---|---|
| 受教育程度（未上过学） | 0.98307050 | 0.07513060 | -0.22 | 0.823 |
| 户口（农业） | 1.54939700 | 0.30336390 | 2.24 | 0.025 |
| 本人兄弟姐妹（有） | 0.96561330 | 0.15671060 | -0.22 | 0.829 |
| 配偶独生子女（是） | 1.66451300 | 0.31495710 | 2.69 | 0.007 |
| 常数项 | 0.08655560 | 0.07682840 | -2.76 | 0.006 |
| 不同省 | | | | |
| 迁移流动（无） | 5.17923300 | 1.12458100 | 7.57 | 0.000 |
| 性别（男） | 1.17792600 | 0.23808740 | 0.81 | 0.418 |
| 年龄 | 0.96719220 | 0.02808090 | -1.15 | 0.251 |
| 受教育程度（未上过学） | 1.54525000 | 0.15199150 | 4.42 | 0.000 |
| 户口（农业） | 0.73593410 | 0.18780340 | -1.2 | 0.230 |
| 本人兄弟姐妹（有） | 1.27919800 | 0.27027080 | 1.17 | 0.244 |
| 配偶独生子女（是） | 1.06446900 | 0.24072510 | 0.28 | 0.782 |
| 常数项 | 0.01805930 | 0.02077880 | -3.49 | 0.000 |

注：N=1651；LR$\chi^2$（14）=179.77；Prob>$\chi^2$=0.0000；Pseudo=0.0778。

从城市青年实际通婚圈模型回归结果发现：人口迁移流动经历对城市青年"跨县市"通婚以及"跨省"通婚都会产生显著影响，与没有迁移流动经历的相比，具有迁移流动经历的城市青年，选择"跨县市"通婚是选择"同县/市"通婚的3.95倍，选择"跨省通婚"的比例是选择"同县/市通婚"的5.18倍。在控制其他因素情况下，人口迁移流动仍然会对通婚圈产生作用，特别是对远距离"跨省"通婚更加突出。其主要原因与人口大规模跨省流动有关，大城市是我国流动人口的主要聚集地，对全国乃至世界各地的人口都具有强烈的吸引力。如北京作为流入地吸收的流动人口占全国流动人口总量的比例近30多年来一直保持逐渐递增：1982年第三次人口普查，北京市流动人口占全国流动人口总量的比例为2.07%，1990年第四次人口普查占2.28%，2000年第五次人口普查占2.54%，2005年人口抽样调查占3.17%，2010年第六次人口普查占3.51%。[1] 从这组数据可以发现，北京对我国流动人口吸引的极化效应逐

---

[1] 段成荣：《中国流动人口变动趋势再认识》，《新型城镇化与流动人口社会融合论坛（2014）》，中国人民大学，2014年7月5日。

渐增强，越来越集中了全国的流动人口。城乡间的物质、资金、技术、文化、信息、人才等各种资源相互交流融合，在一定程度上促进了通婚圈的扩展。

从模型回归结果还可以看出，城市青年的实际通婚圈除人口迁移流动外，还与户口的性质有关。与农业户口的城市青年相比，非农业户口产生青年选择"跨县市"通婚的比例比选择"同县市"通婚比例高出54.93%左右，但在远距离的"跨省"通婚中二者并不存在显著差异。受教育程度对实际通婚圈的影响，与户口性质的影响不同，在"跨县市"通婚中没有显著的影响，可在"跨省"通婚中却发挥了作用。说明受教育程度提高对通婚圈扩展的影响，主要表现在远距离通婚上。这可能与学校本身就可以看作是一类重要潜在婚姻市场有关，高等教育等级的学校尤为如此。[①] 学校教育发展对拓展婚姻市场起到一定的促进作用，受教育程度越高，结识不同省份的同学或朋友越多，社会交际圈子也越大，客观上为他们提供的择偶圈子也较为广泛，学缘关系在很大程度促进了通婚圈的扩展，在校园里认识的同学或校友很可能是择偶的对象，这种现象在当今的高等学校比较普遍。

**二 城市青年理想通婚圈影响因素模型**

以上是针对已婚城市青年的实际通婚圈进行分析，但是对于已经形成的通婚圈，一般不可能得到改变，尽管可以通过离婚的办法改变业已形成的通婚圈，但毕竟那不是社会所期望的理想结果。从这个意义上说，对未婚群体的理想通婚圈分析更为重要，虽然理想通婚圈可能与实际通婚圈存在一定的差距，但根据理想通婚圈可以看出未来发展趋势，对人口发展规划更有指导意义，以为有关部门的政策建议提供科学的理论依据。

表 5-5　　　　　　中国城市青年理想通婚圈影响因素

| 理想通婚圈 | 相对风险比 | 标准误 | Z | P>Z |
| --- | --- | --- | --- | --- |
| 同一市或县 | 参照类 |||| 
| 同省不同市或县 | | | | |
| 迁移流动（无） | 3.8094060 | 1.2981950 | 3.92 | 0.000 |

---

① 李长印：《当代农村青年村内通婚现象调查》，《沈阳农业大学学报》（社会科学版）2012 年第 4 期。

续表

| 理想通婚圈 | 相对风险比 | 标准误 | Z | P>Z |
|---|---|---|---|---|
| 同一市或县 | 参照类 | | | |
| 同省不同市或县 | | | | |
| 性别（男） | 0.6814440 | 0.1941290 | -1.35 | 0.178 |
| 年龄 | 0.9344183 | 0.0483530 | -1.31 | 0.190 |
| 受教育程度（未上过学） | 0.9256061 | 0.1376034 | -0.52 | 0.603 |
| 户口（农业） | 0.9965865 | 0.3713141 | -0.01 | 0.993 |
| 本人兄弟姐妹（有） | 0.9016407 | 0.2967190 | -0.31 | 0.753 |
| 择偶因素 | 1.0330500 | 0.0645223 | 0.52 | 0.603 |
| 常数项 | 0.4754467 | 0.6814707 | -0.52 | 0.604 |
| 不同省 | | | | |
| 迁移流动（无） | 7.5456730 | 4.2395940 | 3.6 | 0.000 |
| 性别（男） | 1.4426160 | 0.7302023 | 0.72 | 0.469 |
| 年龄 | 0.9332530 | 0.0814959 | -0.79 | 0.429 |
| 受教育程度（未上过学） | 1.2018030 | 0.2989920 | 0.74 | 0.460 |
| 户口（农业） | 1.7363340 | 1.0939320 | 0.88 | 0.381 |
| 本人兄弟姐妹（有） | 1.0353950 | 0.5583331 | 0.06 | 0.949 |
| 择偶因素 | 1.2039800 | 0.0866694 | 2.58 | 0.010 |
| 常数项 | 0.0021672 | 0.0053317 | -2.49 | 0.013 |
| 无所谓 | | | | |
| 迁移流动（无） | 2.5987870 | 0.3445501 | 7.2 | 0.000 |
| 性别（男） | 0.6717941 | 0.0730816 | -3.66 | 0.000 |
| 年龄 | 0.9772054 | 0.0171939 | -1.31 | 0.190 |
| 受教育程度（未上过学） | 1.1660330 | 0.0659603 | 2.72 | 0.007 |
| 户口（农业） | 0.7850100 | 0.1194810 | -1.59 | 0.112 |
| 本人兄弟姐妹（有） | 0.8841406 | 0.1073832 | -1.01 | 0.311 |
| 择偶因素 | 1.0317690 | 0.0257474 | 1.25 | 0.210 |
| 常数项 | 1.3512220 | 0.7285462 | 0.56 | 0.577 |

注：$N=1596$；$LR\chi^2(21)=140.31$；$Prob>\chi^2=0.0000$；$Pseudo=0.0511$。

理想通婚圈模型回归结果表明，人口迁移流动对未婚群体的择偶意愿同样具有重要影响。通过对比已婚群体实际通婚圈和未婚群体的理想通婚圈发现：人口迁移流动经历对城市青年理想通婚圈、实际通婚圈均具有显著影响。

本部分利用中国人民大学人口与发展研究中心"中国城市青年状况调查"课题组抽样调查数据，对中国城市青年已婚群体的实际通婚圈和未婚群体的理想通婚圈分析，得出以下结论：

（1）人口迁移流动对通婚圈的扩展具有显著的积极意义。流动后结婚的群体所形成的通婚圈明显有所扩大，特别是对远距离的跨省通婚的促进作用更加显著。城市青年的择偶途径主要依靠朋友或在学习、工作中认识的同学或同事，所以基于人口迁移流动构建起来的移民网络也可能对通婚圈扩展带来影响。

（2）人口迁移流动经历，无论是对理想通婚圈，还是对实际通婚圈扩展都有明显的促进作用，所以，随着人口迁移流动的发展，跨省通婚将会继续增加。在择偶因素的代际比较中，重要的几个因素父母与子女都保持高度一致性，如对方的人品、能力和健康状况，但在次要因素的考虑中，代际差异比较明显。如对家庭所在地的考虑，父母一代明显高于子女一代。

（3）在控制其他变量时，虽然本人是否为独生子女对通婚圈不存在显著影响，但是，配偶是否为独生子女对通婚圈存在显著影响。

本节分析发现，与城市独生子女通婚圈相比，非独生子女的通婚圈有显著的扩大，但是兄弟姐妹数量的增加并不会对通婚圈扩展产生影响，这给我们一个非常重要的政策启示："二孩生育"应该成为我国计划生育政策的最终归宿，这与人口的自然更替水平为"$TFR = 2.1$"不谋而合。很多研究已经得出定论，通婚圈狭窄不利于后代人口素质的提升。本书发现，独生子女比例增加不利于通婚圈发展，但并不是说兄弟姐妹数量越多，地理通婚圈一定越大。因为通婚圈的扩大与兄弟姐妹的数量没有必然的联系，兄弟姐妹数量与通婚圈的关系，只存在有与无的区别，而不存在多与少的区别。因此，有兄弟姐妹但兄弟姐妹又不太多的"二孩生育"政策，既能够控制人口总量，又能够促进通婚圈的扩大，因而有利于提高人口素质。"二孩生育"是个人、家庭与国家等多方利益的结合点。

## 第四节 迁移流动行为对通婚圈的影响

通过上文分析知道，流动人口的地理通婚圈比常住人口通婚圈有所拓展，其跨省通婚比例是后者的两倍左右，进一步对流动人口的通婚圈分析发现，不同初婚年份、不同代际、不同流动地域范围和受教育程度等都会对流动人口的通婚圈产生影响。需要注意的是，以上分析的对象虽然是流动人口，但是，至于人口迁移流动经历如何影响通婚圈的变化至此还没有给予回答，前面的分析相当于只是以流动人口为研究对象，考察了流动人口的通婚圈及其变化。因此，还需要进一步深入地分析，接下来将把研究的重点由流动人口整体聚焦到因婚嫁而流入本地的流动人口，具体分析此次（调查时点）结婚形成的通婚圈与哪些因素有关？并在这些因素中，找出究竟哪些因素才是人口流动行为本身造成的，而不是流动人口所具有的先赋性[①]特征所造成的影响，只有解决以上两个问题才能回答本节所提出的问题。

对于流动前就已经结婚的流动人口而言，调查时他们的婚姻早已成为事实，这一部分人群的迁移流动经历将不会对其择偶产生影响，要说有影响的话，也只能是对其婚姻稳定性可能带来一定的影响。为了能够回答本节一开始就提出的问题，与人口迁移流动密切相关的哪些因素会对通婚圈产生影响？本部分将利用2013年流动人口动态监测数据（以下简称"监测样本"）分析，在总样本中选取调查时点的流入本地的原因为"婚嫁"的流动人口作为子样本进行深入分析（以下简称"婚入样本"），该子样本量为1082人。本书的研究对象是初婚人群，没有考虑再婚，符合以上条件的样本量为997人，如表5-6所示。

---

[①] 说明：流动人口"先赋性特征"指流动人口在从未有过流动行为之前就已经具备的各种基本的人口学特征。如民族、性别等就可以视为先赋性特征，即使这些因素在本研究中会对流动人口的通婚圈造成影响，但毕竟不是流动行为本身所造成的，不能视为迁移流动对通婚圈的影响，而流动范围、在流入地居留时间等才是与流动行为自身有关的因素，因此，必须将二者加以区分，才能很好地认识人口流动对通婚圈的影响，而不被研究对象为"流动人口"所误导，把那些先赋性因素也看作是迁移流动的贡献。

表5-6　　　　流动人口流入原因与婚姻状况的交叉　　　　单位：人

| 婚姻状况 | 务工经商 | 随迁 | 婚嫁 | 拆迁 | 投亲 | 学习 | 出生 | 其他 | 合计 |
|---|---|---|---|---|---|---|---|---|---|
| 未婚 | 36800 | 3793 | 9 | 30 | 464 | 1002 | 159 | 786 | 43043 |
| 初婚 | 133625 | 11171 | 997 | 170 | 1258 | 217 | 12 | 2045 | 149495 |
| 再婚 | 2110 | 193 | 54 | 4 | 22 | 2 | 1 | 51 | 2437 |
| 离婚 | 2887 | 47 | 15 | 10 | 58 | 2 | 0 | 85 | 3104 |
| 丧偶 | 595 | 27 | 7 | 5 | 50 | 0 | 0 | 32 | 716 |
| 合计 | 176017 | 15231 | 1082 | 219 | 1852 | 1223 | 172 | 2999 | 198795 |

资料来源：国家卫计委流动人口司2013年流动人口动态监测调查数据。

接下来对"婚入样本"进行深入分析，他（她）们此次流动原因是婚姻迁移，以他们为研究对象，来分析他们通婚圈基本情况以及发展变化，才能更准确地反映出迁移流动经历对通婚圈的影响。首先，分析最后一次婚迁流动人口的基本特征。在此基础上，进一步探索人口迁移流动行为对通婚圈的影响。

### 一　婚入样本的基本特征

（一）年龄性别结构

根据2013年流动人口动态监测数据计算，最后一次婚迁流动人口的年龄性别结构，如表5-8和图5-1所示。从中可以看出，因婚嫁而流入本地的人口以女性人口为主，而男性婚迁流入相对较少。这与总体流动的人口中，男性流动人口以经济因素为主，而女性流动人口以社会因素为主有关，婚姻迁移、随迁在女性中表现得较为明显（见表5-7）。

表5-7　　　　分性别的流动人口流入原因　　　　单位:%

| 流入原因 | 男 | 女 | 总体 |
|---|---|---|---|
| 务工经商 | 95.97 | 77.47 | 86.49 |
| 随迁 | 1.11 | 13.53 | 7.47 |
| 婚嫁 | 0.36 | 4.27 | 2.36 |
| 拆迁 | 0.11 | 0.04 | 0.07 |
| 投亲 | 0.45 | 1.73 | 1.10 |
| 学习 | 0.60 | 0.98 | 0.79 |

续表

| 流入原因 | 男 | 女 | 总体 |
|---|---|---|---|
| 出生 | 0.04 | 0.00 | 0.02 |
| 其他 | 1.37 | 1.99 | 1.69 |
| 合计 | 100.00 | 100.00 | 100.00 |

资料来源：国家卫计委流动人口司2013年流动人口动态监测调查数据。

从表5-7中的条件结果可以看出，流动人口中的流入原因，男性和女性具有较大的差异，主要是男性务工经商的比例远远高于女性，男性占95.97%，而女性只占77.47%，但是，社会性因素的迁移流动中，女性流动人口明显比男性较高，比如，随迁人口中女性流动人口占13.53%，而男性流动人口只占1.11%，就婚嫁的性别差异而言更加明显，男性占比不到1%，而女性却为4.27%。由此可见，男性流动人口和女性流动人口之间的差异非常明显。

调查时点女性占婚姻迁移总样本的91.78%，男性仅占8.22%。从图5-1中还可以看出，男性婚迁流入人口的年龄段主要集中在25—44岁，以25—29岁居多，25岁以下的低龄段和49岁以上的高龄段人口几乎没有婚姻迁入。女性婚迁流入人口的年龄比男性较早，25岁以下明显比男性偏多，甚至有一部分还没有达到法律规定结婚年龄就开始婚姻迁移。女性婚迁年龄比男性较早的原因主要与社会赋予两性不同的社会任务有关，通常男性要承担更多的经济负担，需要一段时间经济积累才有能力在城市买房安居等，而女性在这方面承担的经济责任比男性较少，所以，她们可以在很小的年龄就出现在流入地婚姻迁移的现象。男性流动人口与女性不同，他们为了能够立足于大城市高昂的生活成本，需要花费较长的时间来积累，所以男性在流入地结婚的年龄比较大。

表5-8　　　　婚入样本的年龄性别结构特征　　　　单位：人、%

| 性别 | 15—19岁 | 20—24岁 | 25—29岁 | 30—34岁 | 35—39岁 | 40—44岁 | 45—49岁 | 50—54岁 | 55—59岁 | 合计 |
|---|---|---|---|---|---|---|---|---|---|---|
| 男 | 0(0) | 2(1.1) | 28(7.35) | 24(10.96) | 12(12) | 12(19.35) | 4(12.5) | 0(0) | 0(0) | 82(8.22) |
| 女 | 9(100) | 180(98.9) | 353(92.65) | 195(89.04) | 88(88) | 50(80.65) | 28(87.5) | 9(100) | 3(100) | 915(91.78) |
| 合计 | 9(100) | 182(100) | 381(100) | 219(100) | 100(100) | 62(100) | 32(100) | 9(100) | 3(100) | 997(100) |

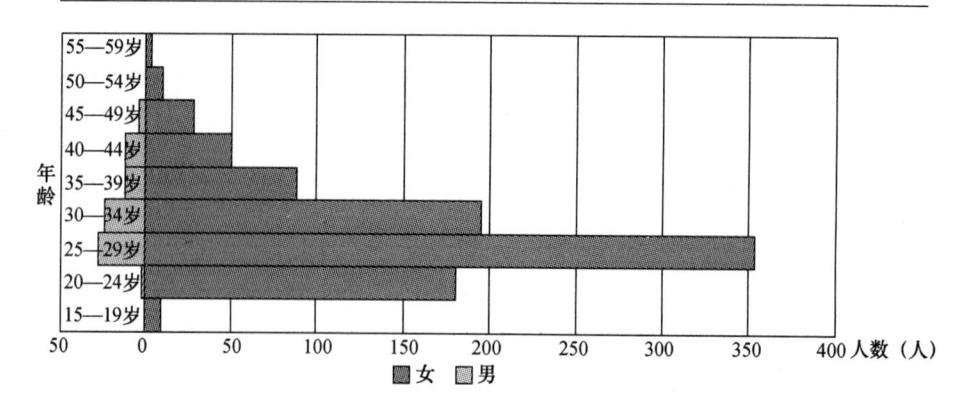

图 5-1 婚入样本的人口金字塔结构

从流动人口的代际结构来看，最后一次婚迁流动人口中，只有接近 1/4 的为 1980 年以前出生的老一代流动人口，而 3/4 的为 1980 年以后出生的新生代流动人口，其中有 13.6% 的为 1990 年以后的新生代，所以主要是新生代流动人口的婚姻迁移。

（二）民族结构

2013 年流动人口动态监测调查数据结果显示，因婚迁流入的流动人口民族结构，以汉族为主，少数民族较少，如图 5-2 所示。

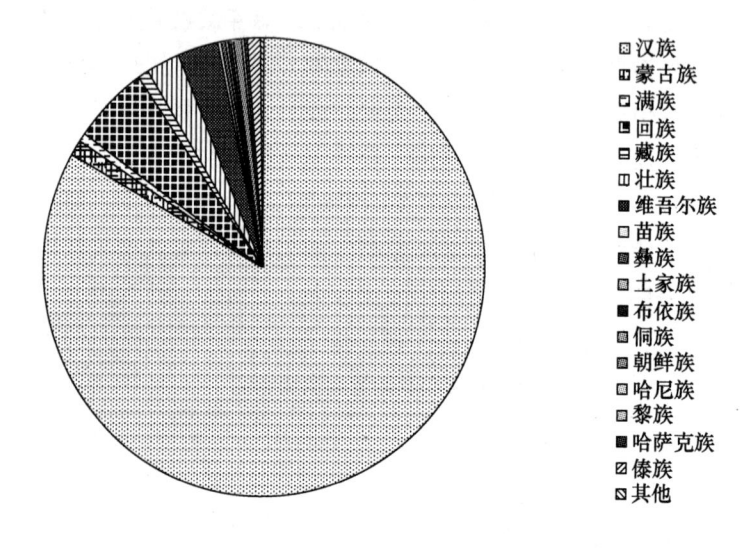

图 5-2 婚入样本的民族结构

因婚迁流入的人口民族结构以汉族为主,占婚迁人口的83%,少数民族流动人口的婚姻迁移流动占17%,其中回族、维吾尔族和壮族在少数民族中所占的比例比其他民族较高。与我国历次人口普查的民族结构相比,婚迁流入人口的一个突出的特点是汉族所占的比例偏低,而少数民族所占的比例有所偏高。据流动人口动态监测调查数据总样本计算发现,该样本的民族结构与我国整体的民族结构非常吻合,汉族所占的比例为92.9%,少数民族的比例占7.1%,与历次人口普查的民族结构都十分接近。也就是说,至少该样本的民族结构抽样不存在明显偏差的问题。通过这个数据比较可以反映一个现象,少数民族的婚迁流入人口比汉族更趋于活跃,少数民族的婚姻迁入人口所占的比例比全国人口中少数民族的比例高出10个百分点左右,这显然是一件好事,少数民族地区不同民族与发达地区互相通婚,不仅可以提高后代人口素质,也有利于民族地区的经济发展和思想文化交流,但也必须防止女性过度输出而导致经济落后的民族地区男性"婚姻挤压"问题凸显出来,应当在考虑双向流动下的互相通婚,而不是"有出无进"的单方向通婚,这样才有利于地区与地区之间社会协调发展。最后一次婚姻迁入人口、流动人口总样本与我国历次人口普查时的民族结构比较,如表5-9所示。

表5-9　　　　历次人口普查与流动人口样本的民族结构比较　　　　单位:%

| 年份 | 汉族比例 | 少数民族比例 |
| --- | --- | --- |
| 1953 | 93.94 | 6.06 |
| 1964 | 94.24 | 5.76 |
| 1982 | 93.32 | 6.68 |
| 1990 | 91.96 | 8.04 |
| 2000 | 91.59 | 8.41 |
| 2010 | 91.51 | 8.49 |
| 监测样本 | 92.70 | 7.30 |
| 婚入样本 | 82.90 | 17.1 |

资料来源:国家卫计委流动人口司2013年流动人口动态监测调查数据;国务院人口普查办公室、国家统计局人口和就业统计司编:《2010年第六次全国人口普查主要数据》,中国统计出版社2011年版。

(三)受教育程度

有研究认为,流动人口是农村的"精英"骨干,而不是很多人冠名的低素质人群。从农村流动出来的人口，其受教育程度远远高于老家未流动（农村人户一致）人口，也比全部人口受教育程度高，甚至也不比城镇户籍人口受教育程度逊色。[①] 尤其是新生代流动人口的受教育程度比老一代较高，他们不是所谓的低素质人口，目前主要是一些初中毕业或高中毕业没有机会上大学的一批人群。人力资本理论认为，受教育程度是人力资本的一个重要方面，人力资本越高的人群，选择机会也会有所增加。那么是否存在一种情况，流动人口中受教育较高的人群利用自身的人力资本优势与流入地可能在经济、身体健康等方面不具备竞争优势的人群结婚？在流入地通婚的流动人口受教育程度与流动人口总样本的比较，如图5-3所示。

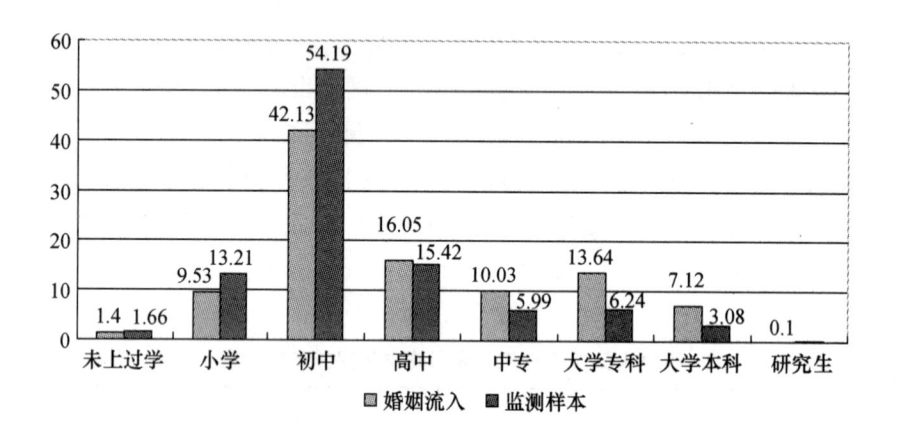

**图5-3 婚入样本与监测样本的受教育程度差异**

从图5-3可以清楚地看到，在流入地通婚的流动人口受教育程度比流动人口总体较高。虽然二者分布特征比较接近，都以初中为主，但仔细比较就会发现，二者还是存在一定的差异，婚入人口初中及以下受教育程度的比例明显比流动人口样本中的相应水平较低，而高中及以上明显较高，尤其是中专、大专和大学本科，二者之间的差异更加突出。因此，可以认为流动人口中受教育程度较高的人群在流入地通婚的比例更高，前面的分析大致也可以证明这一结论。

---

① 翟振武、段成荣等：《跨世纪的中国人口迁移与流动》，中国人口出版社2006年版，第87—91页。

## （四）职业结构

社会分层理论认为，人们在社会中处于不平等的等级系列之中，人与人之间不可能绝对的平等，整个社会就像地质构造中的地层一样有许多不同的层理，收入和职业是分层的一个主要依据。不同职业和收入的群体，通婚圈大小也不一样。一般认为，职业社会经济地位相当的异性之间才可能联姻，而社会经济地位相差很大，相互联姻机会就很小，如图5－4所示。

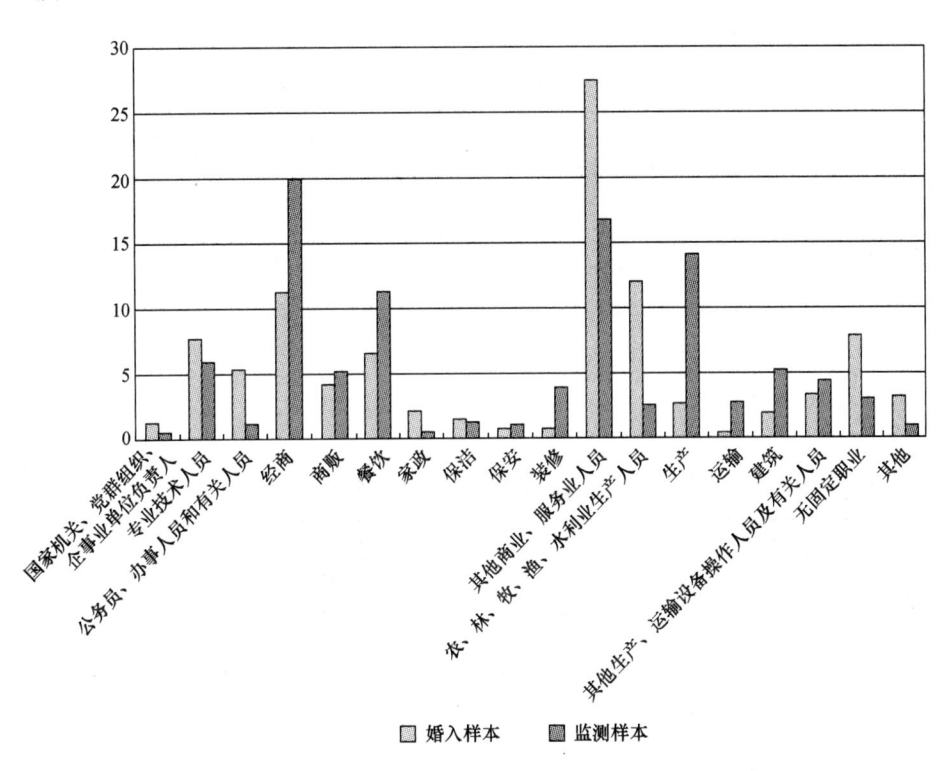

**图5－4　婚入样本与监测样本的职业结构差异**

人们在选择配偶时总趋向于和自己处在同一个层级范围之内。有研究认为，我国流动劳动力与城市户籍劳动力之间存在一定的"职业隔离"现象，流动人口大多从事一些"脏、险、累"职业，而城市户籍主要从事一些社会地位高的职业。因此，流动人口从事的职业可能会影响婚姻选择，况且有些职业本身就存在明显的性别隔离，导致与异性相处的机会非常少，这显然会影响到他们的择偶行为。通过有些专家对我国婚姻流动的研究发现，社会分层①与通婚圈之间存在高度显著的统计学意义，即不同社会阶层的通婚圈之间存在显著的差异。具体以男性为分析对象，发现其主要特征是处于社会底层阶级的男性，娶外地媳妇的比例约5%，中层阶级的男性增加到15.3%，高层阶级男性娶外地媳妇的比例高达17%。② 由此可以看出，社会阶层不仅仅是职业，还可能包括教育、收入等在内的社会阶层都会与通婚圈有着密切的联系。

（五）个人月收入

收入是一个备受关注的问题，每个人都非常关心自己的收入，流动劳动力主要受经济利益的驱动。从区域层面来看，经济越发达地区往往是人口流入的地区，而经济落后的地区往往是人口流出较多的地区，经济因素成为吸引人口流动的主要原因。在现代经济社会中，收入的高低不仅仅关系到每个人的生活问题，还被视为评判一个人的社会地位高低和事业成功与否的主要标准。现实社会中，也有不少人主要看中对方收入高低等物质财富，那么流动人口的收入高低是否也会对其择偶行为产生影响？首先，通过比较方法，分析流动人口的收入水平与婚姻迁入人口的收入水平之间是否存在差异以及存在什么样的差异？（见表5-10）

表5-10　　　　婚入样本与监测样本的个人平均月收入比较　　　　单位：元

| 样本类型 | 男性 | 女性 | 合计 |
| --- | --- | --- | --- |
| 婚入样本 | 3292.34 | 2349.83 | 2463 |
| 监测样本 | 3568.70 | 2729.84 | 3218 |
| 收入差额 | -276.36 | -380.01 | -755 |

注：收入差额为婚入样本减去监测样本的差值。

统计结果发现，婚入人口的平均月收入比流动人口总体平均水平要低755元，婚入样本的平均月收入不到2500元，而流动人口总体的平均月收入超过3200元。可见，二者存在明显的收入差距。分性别来看，虽然男性和女性婚入人口的月平均收入都比较低，但是女性更低，男性婚入人口比男性流动人口低276元，而女性婚入人口比女性流动人口低380元。

---

① 该研究作者所考虑的社会分层变量包括教育、月收入、职业等级、城乡差别以及城市等级4个方面。

② 潘绥铭、黄盈盈：《性之变：21世纪中国人的性生活》，中国人民大学出版社2013年版，第124—130页。

以上数据说明,在流入地婚嫁的流动人口,他(她)们的收入相对较低,这反映了他们可能被流入地居民的高收入所吸引,那些在流入地婚姻市场中不具有竞争力的人群择偶趋向于流动人口。调查发现,一部分城市居民由于身体残疾或疾病等原因在本地婚姻市场中难以找到合适的对象,但与流动人口相比,他们具有城市户口,各种社会福利和收入比流动人口较高。于是,他们就把择偶的方向指向了流动人口,而流动人口中的低收入群体由于自己具备较高的文化水平,因此出现了婚姻市场上"资源"的交换。

(六)在本地居住时间

国外关于移民通婚研究发现,迁入国居住时间长短会影响他们与当地居民通婚情况,从代际差异上还发现第二代移民的族际之间的通婚要比第一代移民较高,而族内婚的比例较低。在国内,即使流动人口与流入地居民之间的差距远远没有国外移民与土著人之间的差异那么明显,至少不存在国籍之间的差异,但是也不得不承认,在幅员辽阔的中国大陆上,各个省(直辖市、自治区)乃至同一省区内不同的县区之间都可能存在较大的文化、风俗习惯等方面的差异,可能会存在户籍、地区之间的差异。当流动人口从农村户籍地流入到城市以后,肯定会遇到一些气候环境和文化习俗等不适应的问题,因此可能需要一段时间才能逐渐适应流入地的生活习惯。所以,国外学者研究总结的关于移民通婚的社会化理论(在国内主要发展为"社会融合"理论)对流动人口通婚圈研究同样具有重要参考意义。婚入人口在本地连续居住的年数,如表5-11所示。

表5-11　　婚入样本与监测样本平均在本地连续居住年数　　单位:年

| 样本类型 | 男性 | 女性 | 合计 |
| --- | --- | --- | --- |
| 婚入样本 | 6.61 | 5.55 | 5.7 |
| 监测样本 | 5.06 | 4.72 | 4.92 |
| 居住年限差 | +1.55 | +0.83 | +0.78 |

注:居住年限差为婚入样本减去监测样本的差值。

从表5-11结果可以看出,婚入人口在本地连续居住的平均年数比流动人口总体长9个多月(即0.75年)。分性别来看,男性在本地通婚居住的时间比女性更长,男性婚入者在本地连续居住的平均年数比流动人口总体居住时间长1.55年,而女性婚入者在本地连续居住的平均年数只比流动人口总体居住时间长 0.83 年。这比较符合实际生活情况，因为男性在婚姻中要承担更多的经济负担，所以可能需要较长时间的物质积累才能立足于流入地。

（七）工作时间

《中华人民共和国劳动法》第三十六条规定①：国家实行劳动者每日工作时间不超过 8 小时、平均每周工作时间不超过 44 小时工时制度。第三十七条规定：对实行计件工作的劳动者，用人单位应当根据第三十六条规定的工时制度合理确定其劳动定额和计件报酬标准。第三十八条规定：用人单位应当保证劳动者每周至少休息 1 日。有研究认为，新生代农民工在流入地婚恋成功概率小的主要原因是每天上班时间长，而且劳动强度比较大，他（她）们在城市工作期间并没有充裕的交际时间和足够的精力用来谈恋爱。② 因此，从这个角度来看，平均每天工作时间和平均每周工作时间的长短也可能会影响到他们的婚恋行为，进一步对通婚圈产生影响。流动人口一般在非正规部门上班，劳动时间长不仅严重损害劳动者的休息权利，同时也限制了未婚青年的休闲娱乐活动，不利于正处于婚恋时期的青年男女约会恋爱。因此，每天工作时间过长，休息娱乐时间少，生活圈子受限，社交关系简单，工作疲惫不堪等是大多员工工作共性特征。这种休息时间少、社交圈子狭小的工作环境直接影响到未婚青年流动人口的婚恋行为，既没时间也没充沛的精力在花前月下谈情说爱。相比之下，只有那些每天工作时间较短的流动人口，他们才可能会有相对充裕的时间考虑自己的个人恋爱、婚姻等人生问题。婚入样本与监测样本的平均工作时间，如表 5 - 12 所示。

表 5 - 12　　　　　婚入样本与监测样本平均工作时间　　　　单位：天、小时

| 样本类型 | 平均每周工作时间 | | | 平均每天工作时间 | | |
|---|---|---|---|---|---|---|
| | 男性 | 女性 | 合计 | 男性 | 女性 | 合计 |
| 婚入样本 | 6.00 | 5.956 | 5.962 | 8.88 | 8.71 | 8.73 |
| 监测样本 | 6.33 | 6.31 | 6.32 | 9.476 | 9.40 | 9.44 |
| 工作时间差 | -0.33 | -0.354 | -0.358 | -0.596 | -0.69 | -0.71 |

① 国家卫计委流动人口司编：《中国流动人口发展报告（2013）》，中国人口出版社 2013 年版，第 45—50 页。

② 范叶超：《传统还是现代：新生代农民工的婚恋现状》，《法制与社会》2011 年第 1 期。

从动态监测数据的结果发现，婚入人口的平均工作时间，不论每周工作的天数，还是每天工作的小时数，均比流动人口总体的平均时长较短。这说明流动人口的平均工作时长确实会对他们的择偶行为造成影响，最终表现在通婚圈上的差异性。因为平时娱乐空闲时间多的未婚流动人口，才有较充裕的交际时间，他们的社会活动也可能比较广泛，而不仅局限于工厂里的同事或老乡，为突破传统的地缘圈子和业缘圈子的限制提供了客观的基础。对于每天加班加点的流动人口来说，工作压力已使他们疲惫不已，也不可能在工作之余抽出更多时间考虑找对象问题。所以，相关企业应该采取一定的措施，减轻流动人口的工作时间与劳动强度，为流动人口腾出一定的交际时间和空间，以满足那些适婚年龄中的未婚流动青年的婚恋需求，加强企业的人文精神文化建设，真正实现以人为本的发展。相关政府部门也应该加强对企业是否遵循《中华人民共和国劳动法》进行监督管理，以保障流动人口的合法权益不受侵害。禁止企业要求员工长时间、频繁地超时超强度工作，严重侵犯劳动者权利。

（八）最后一次流动范围

大规模农村人口每年不断流入城市，近者在附近乡镇，远者则跨县、跨市甚至跨省流动到经济发达的地区务工经商，由于人们社会经济活动空间在不断扩大，使流动人口有机会在流入地与城市居民或其他外地流入人口互相通婚，最后促进通婚圈扩大。因此可以认为，人口迁移流动的范围也会对通婚圈造成一定的影响，婚入样本与监测样本的流动地域范围，如表5-13所示。

表5-13　　　　　婚入样本与监测样本的流动范围　　　　　单位：%

| 样本类型 | 跨省流动 | 省内跨市 | 市内跨县 | 合计 |
| --- | --- | --- | --- | --- |
| 婚入样本 | 40.52 | 32.10 | 27.38 | 100 |
| 监测样本 | 52.08 | 28.78 | 19.14 | 100 |

表5-13的统计结果显示，在流入地婚嫁的流动人口，就其本身而言主要是跨省流动占多数，达到了40.52%，省内跨市、市内跨县的比例分别为32.10%、27.38%，但是，与流动人口总体的流动地域结构比较发现，调查时点因为婚嫁而流动的人口，跨省流动的相对较低，而主要是在省内跨市和市内跨县的流动人口。

### (九) 户口性质

不同户口性质通过附加其上的社会福利待遇不同而对配偶选择产生影响。[1] 不同户口性质的流动人口之间是否就不存在通婚现象?

表 5-14　　　　　　　　婚入样本夫妻户口匹配　　　　　　　单位:%

| 本人户口性质 | 配偶户口性质 | 比例 |
| --- | --- | --- |
| 本人(男性) | | |
| 农业 | 农业 | 48.89 |
| 农业 | 非农业 | 51.11 |
| 非农业 | 农业 | 16.67 |
| 非农业 | 非农业 | 83.33 |
| 本人(女性) | | |
| 农业 | 农业 | 63.16 |
| 农业 | 非农业 | 36.04 |
| 非农业 | 农业 | 11.86 |
| 非农业 | 非农业 | 88.14 |

资料来源:国家卫计委流动人口司2013年流动人口动态监测调查数据。

表5-14统计结果显示,随着我国人口流动与城镇化的迅速发展,城乡互动日益活跃,城乡居民之间互相通婚已经不再纯属是一个幻想,而是一个现实问题,过去一直保留城乡"二元通婚模式",即农村居民与农村居民通婚,城市居民与城市居民通婚,城市居民与乡村居民之间互相通婚非常少。但是从此次流动人口动态监测的结果来看,现代社会已经逐渐打破了传统的"二元通婚模式",出现了城市居民与农村居民之间互相通婚的现象。男性农业流动人口与非农业女性通婚比例高达51%,男性非农业流动人口与农业户口女性通婚比例在17%左右。该结果说明,此次婚迁流动人口中"户口异类"匹配特征已经比较明显。尽管当前异类户口的婚姻匹配可能还不是主流,但是已经出现了,并且这种特征在未来可能

---

[1] 陈长平:《村寨人口与文化——中国人类人口学的田野实践与探索》,中央民族大学出版社2013年版,第138—142页。

还会进一步增强。另外，该结果还可以说明，随着人们社会经济活动地理空间的扩展，不仅地理通婚圈出现了扩大，等级通婚圈也可能受到一定程度的冲击。

（十）婚入样本的地理通婚圈基本情况

本书的地理通婚圈是根据夫妻婚前的户口登记地是否在同一省份，将流动人口的地理通婚圈甄别为省内通婚与跨省通婚，其中跨省通婚又根据两省之间是否相邻进一步划分为邻省通婚和隔省通婚，婚入样本与监测样本通婚圈的基本情况，如表5-15所示。

表5-15　　　　婚入样本与监测样本的跨省通婚比例　　　单位：人、%

| 婚入样本 | 省内通婚 | 跨省通婚 | 其中：邻省通婚 | 隔省通婚 | 合计 |
| --- | --- | --- | --- | --- | --- |
| 频数 | 688 | 227 | 93 | 134 | 915 |
| 比例 | 75.19 | 24.81 | 40.97 | 59.03 | 100 |
| 监测样本 | 省内通婚 | 跨省通婚 | 其中：邻省通婚 | 隔省通婚 | 合计 |
| 频数 | 136226 | 9611 | 4337 | 5274 | 145837 |
| 比例 | 93.41 | 6.59 | 45.13 | 54.87 | 100 |

通过比较发现，在婚入样本中，跨省通婚比例（24.81%）明显比监测样本中跨省通婚的比例（6.59%）高，但跨省通婚主要表现为邻省通婚，不管是监测样本还是婚入样本，邻省通婚的比例都非常高，均在40%以上。婚入样本配偶的户籍地空间分布，如图5-5所示。从被调查者配偶户籍地空间分布图上可以直观地看出，邻省分布的特点非常明显。另外，还发现沿海与内地之间的通婚还不是非常明显，尤其是与少数民族地区之间的通婚还比较少，最突出的是各省区与西藏之间的通婚非常少，其次与内蒙古之间的通婚也比较少。通婚圈的地理区域差异，经统计检验发现，配偶户籍地的空间分布存在显著不同。地区差异也是影响通婚圈发展变化的一个主要因素。这可以用国外移民通婚的"碎片化"理论进行解析，不同地区、不同群体由于移民与当地居民之间具有不同的社会属性距离，在迁入地的同化过程是有差异的，社会属性距离越近的群体之间同化过程就会越短，两个社会属性距离较远的群体之间的同化过程就会相对较长，所以不同地区的通婚圈会出现一定"碎片化"的特征。

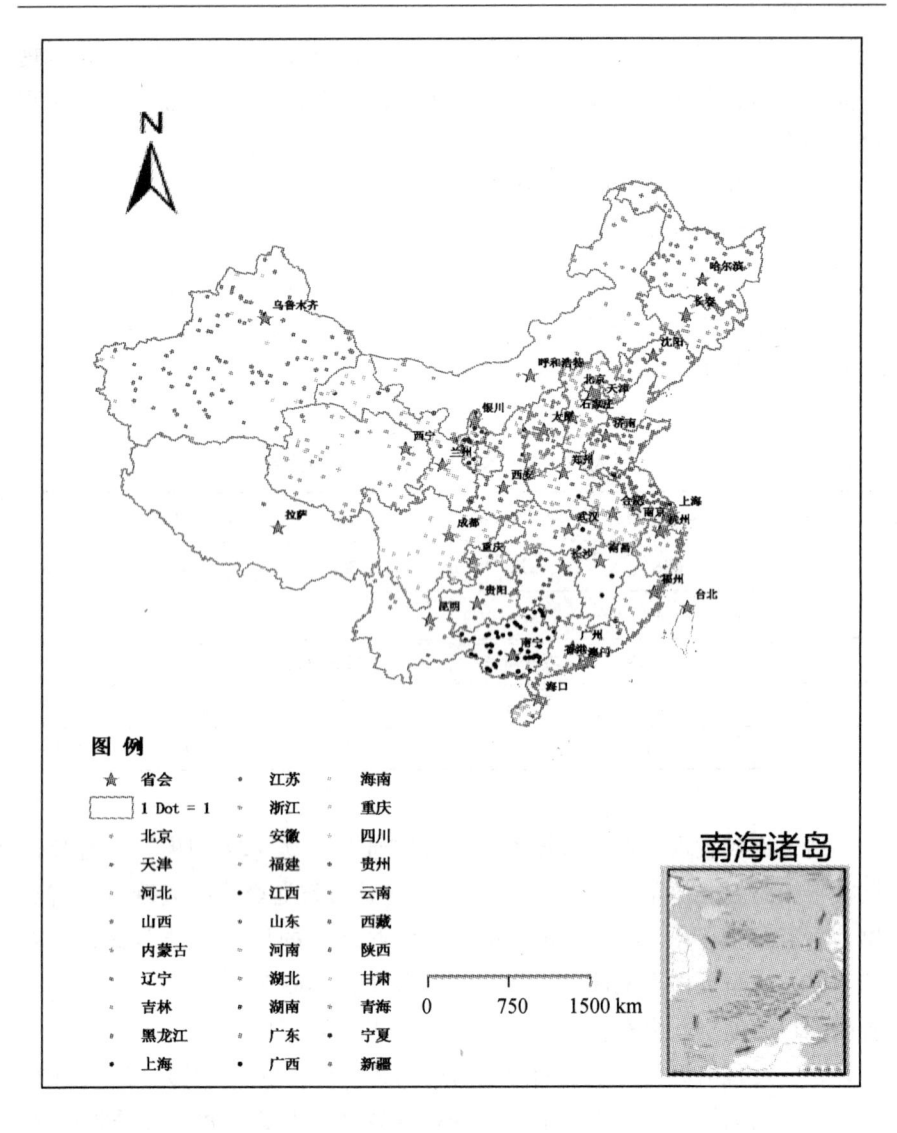

图 5-5  分省区的配偶户籍地空间分布

## 二　人口迁移流动行为对通婚圈的影响

约翰·波特（1975）说：在一个多族群国家的创建过程中，至少是在当代历史时期，人们从世界上的一个地方到另外一个地方的迁移，比起武力征服活动来说显得更为重要。

根据前面的分析发现，通婚圈会受到流动人口在本地连续居住时间、民族、受教育程度、户口性质、职业、流动范围、收入以及每天工作时长等因素的影响，但前面的分析只是建立在两个变量之间的相互关系来讨论，而通婚圈的变化不可能只受单一因素的影响。因此，还需要控制其他变量后做进一步分析，最后一次因婚嫁而流入的跨省通婚 Logistic 回归模型结果如表 5-16 所示。

表 5-16　动态监测中婚入样本跨省通婚的 Logistic 回归模型

| 主要自变量 | 风险比（OR） | 标准误 | 显著性 | 系数（β） |
| --- | --- | --- | --- | --- |
| 本地连续居住时间 | 0.9981 | 0.0030 | 0.5100 | -0.0019 |
| 年龄 | 0.9918 | 0.0276 | 0.7670 | -0.0082 |
| 地区（参照组=东部地区） | | | | |
| 中部地区 | 3.7491 | 1.9954 | 0.0130 | 1.3215* |
| 西部地区 | 3.1665 | 1.0952 | 0.0010 | 1.1526*** |
| 东北地区 | 6.3646 | 4.2842 | 0.0060 | 1.8507** |
| 性别（参照组=男性） | 2.3064 | 0.9845 | 0.0500 | 0.8357* |
| 民族（参照组=汉族） | 0.9914 | 0.0532 | 0.8730 | -0.0086 |
| 受教育程度（参照组=未上过学） | 1.0817 | 0.1288 | 0.5100 | 0.0785 |
| 户口性质（参照组=农业） | 1.0907 | 0.3380 | 0.7790 | 0.0868 |
| 流动范围（参照组=跨省流动） | | | | |
| 省内跨市流动 | 0.0297 | 0.0133 | 0.0000 | -3.5171*** |
| 市内跨县流动 | 0.0249 | 0.0130 | 0.0000 | -3.6915*** |
| 职业（参照组=国家机关、党群组织） | 1.0030 | 0.0098 | 0.7590 | 0.0030 |
| 个人月收入 | 1.0000 | 0.0001 | 0.9660 | 0.0000 |
| 平均每周工作天数 | 0.8808 | 0.1502 | 0.4570 | -0.1269 |
| 平均每天工作小时数 | 1.0640 | 0.0898 | 0.4620 | 0.0620 |
| 常数项 | 0.1342 | 0.2739 | 0.3250 | -2.0085 |

注：*表示 $p<0.05$；**表示 $p<0.01$；***表示 $p<0.001$。

模型回归结果显示，流动人口通婚圈受性别、流入地区以及流动地域范围的影响，而民族、年龄、职业、收入等其他因素不会对通婚圈产生影响作用。

男性和女性流动人口通婚圈具有明显差异。与男性相比，女性流动人口的跨省通婚的可能性更高，比男性高出 1.3 倍，反映了女性流动人口的通婚圈更大。这与传统婚姻中的"男高女低"的婚姻梯度模式有关，受经济利益的驱动，虽然男性和女性都有机会外出到经济发达的地区务工，但女性外出后嫁回老家的可能性较小，多半选择经济条件比较好的地区的男性作为配偶，而男性受到城市高昂的生活成本影响，而不得不回乡成家立业，"返乡择偶"可能是一种更为现实的选择，所以男性流动人口的地理通婚圈比女性较小。改革开放以来，我国农村居民向外流动机会不断增加，与外界联系更加密切，其中一个重要表现就是青年人口的通婚圈逐渐扩大，尤其是女性青年的远嫁特征更为明显，出现了远距离的跨县、跨省外嫁超过外娶的性别差异，但近距离的乡镇范围内通婚比例差异并不明显。[1] 在农村劳动力的迁移流动过程中，女性嫁入经济条件更富裕地区的可能性比男性较高，而大部分农村贫困地区的男性受户籍制度、工作性质、住房条件和社会保障制度等多方面的城乡二元体制隔离因素的影响，导致他们很难娶到经济条件较为富裕地区的女性。[2] 因此地理通婚圈出现了明显的性别差异。

流动人口流入不同地区，对通婚圈影响也具有明显差异。由于我国地域辽阔，不同地区的社会经济发展水平差异比较大，而且各地都有各地的文化和习俗，所以流动人口流入不同的地区，其社会融合过程也会存在一定的差别，与流入地当地居民间通婚的可能性自然就会出现一定的区域差异。

最后流动人口的迁移流动范围对地理通婚圈的影响、地理通婚圈的扩展与流动范围的联系非常密切。二者之间的关系是，人口迁移流动范围越广，跨省通婚的可能性越高，通婚圈越大；人口迁移流动范围越小，跨省通婚的可能性越低，通婚圈也就越小。与跨省流动相比，在省内跨市的流动人口，其跨省通婚的可能性低97%左右，在市内跨县的流动人口，其跨省通婚的可能性低97.5%左右。可见，流动范围对通婚圈的影响比较明显。

虽然模型回归结果显示，流动人口的性别、流入地区的选择以及最后一次流动的地域范围都会对通婚圈产生影响，但是，性别是人口的一个先

---

[1] 朱玉华、张家勇：《农村贫困地区青年婚育观念和婚育行为调查——以中部某省某贫困县L村为个案》，《北京青年政治学院学报》2012年第4期。

[2] 王磊：《农村通婚圈变动对于男性婚配困难的影响——来自冀西北山区实地调查的初步发现》，《青年探索》2013年第6期。

赋性因素，虽然男性和女性的通婚圈具有一定的差异，但毕竟不是流动事件本身带来的结果，性别因素可能对其他非流动人口群体的通婚圈也会造成同样的影响，而流入地选择以及流动地域范围大小，是只有当流动行为发生后才可能产生的结果。所以，在这三个因素中，只能肯定流入地区和流动范围是影响流动人口通婚圈的主要因素。

  本书的研究发现，人口迁移流动的地域范围对其通婚圈具有显著影响。随着我国社会经济的快速发展和户籍制度的改革与松动，居民才获得了在国家领土范围内自由迁徙的权利，随后人们各种社会经济活动的地域范围辐射半径不断延伸，社会交往圈子不断扩展，这一切都为择偶空间的扩大奠定了基础，在地理空间上可到达的范围对通婚圈具有明显的影响作用。在此，把流动人口在流动过程中可获得的空间范围对地理通婚圈的影响作用，称作流动人口地理通婚圈的"空间可及性"模型。

# 第六章 通婚圈理论分析

本章主要运用国外研究移民通婚提出的几个经典理论，结合我国流动人口通婚行为实际情况，分析流动人口通婚圈发展变化背后存在的主要机制。涉及理论主要有资源交换理论、社会分层理论、社会同化（融合）理论以及碎片化理论。在此基础上，根据前文的研究结论以及"我国人口迁移流动对通婚圈的影响研究"项目的初期研究成果，结合我国流动人口通婚圈发展实际情况，提出"空间可及性"概念模型，以解释我国流动人口的地理通婚圈随人口迁移流动范围扩大而扩大的现象，弥补了以往通婚圈研究中大多注重现象的描述、忽略理论层面的思考等不足，具有一定的理论参考意义。

## 第一节 资源交换与互补需要理论

该理论认为，人们在择偶过程中选谁比较合适作为自己的配偶，主要由当事人自己及其家庭所能提供的"资源"来决定的。该理论把经济学的理论移植到社会学的研究之中，将人们的择偶行为也视为一种经济的交换行为，一个人在婚姻市场中之所以能够被选中，是由他（她）拥有的资源来决定的，如果某一方面的资源数量不足或者资源质量不高，则可以通过其他方面资源弥补。尽管"资源交换"理论已经影响到其他很多学科，但在人口学中还没有得到很好的应用。本书认为，该理论也可以在人口学中"有所作为"，它可以用来解释我国近年来出现的流动人口与城市居民或者其他外地的流动人口之间的通婚现象。自改革开放以来，我国通婚圈总体上在不断扩展，虽然常住人口和流动人口的通婚圈都在扩大，但是通过对比发现，流动人口通婚圈扩展比非流动人口群体更为明显。进一步研究发现，通婚圈的扩展主要与流动人口的流动范围、受教育程度等因素有关。在此，借鉴国外移民通婚的"资源交换"理论进行分析。

　　人力资本中最重要的内容就是受教育程度，受教育程度作为一种非常重要的个人后致性资源，通常与其职业地位、收入高低呈正相关关系，并可能成为一种重要的资源在婚姻市场中得以交换。虽然有研究发现，受教育程度（学历）在择偶时不是首要考虑的一个因素，在择偶顺序排列中比较靠后①，但这并不等于择偶时并不在乎对方受教育程度。教育是实现社会流动的一条重要途径，受教育程度往往与进入社会之后的职业、收入和社会地位相关。从农村出来的流动人口，其受教育程度远远高于老家未流动（农村人户一致）的人口，也比全部人口的平均受教育水平要高，甚至也没有比城镇户籍人口的受教育程度逊色多少。同时，由于我国人口流动类型主要是乡→城流动，所以流动人口受教育程度基本可以反映农村人口中受过最好教育的那一部分群体，他（她）们可以称得上是我国农村人口中的精英群体，而不是大家惯常认为的"低素质"人口。② 近年来，我国流动人口的结构与素质都发生了显著的变化，农民工以及非农民工的受教育程度比较，如表6-1所示。

表6-1　　　不同群体农民工以及非农民工的受教育程度比较　　　单位：%

| 受教育程度 | 非农民工 | 农民工总体 | 本地农民工③ | 外出农民工④ | 30岁以下农民工 |
|---|---|---|---|---|---|
| 不识字/识字很少 | 8.30 | 1.50 | 2.00 | 1.00 | 0.30 |
| 小学 | 33.80 | 14.30 | 18.40 | 10.50 | 5.50 |
| 初中 | 47.00 | 60.50 | 58.90 | 62.00 | 57.80 |
| 高中 | 8.00 | 13.30 | 13.80 | 12.80 | 14.70 |
| 中专 | 1.50 | 4.70 | 3.30 | 5.90 | 9.10 |
| 大专及以上 | 1.40 | 5.70 | 3.60 | 7.80 | 12.60 |

资料来源：国家统计局2012年全国农民工监测报告。

---

　　① 叶文振等：《流动中的爱恋与婚育——来自对流动妇女问卷调查的报告》，厦门大学出版社2009年版，第113—115页。
　　② 翟振武、段成荣等著：《跨世纪的中国人口迁移与流动》，中国人口出版社2006年版，第117页。
　　③ "本地农民工"指调查年度内，在本乡镇范围内从事非农业活动（包括本地非农务工和非农自营活动）半年及以上的农村劳动力。
　　④ "外出农民工"指在本乡镇以外从业半年及以上的农村劳动力。

从表6-1可以看出，农民工总体受教育程度比非农民工总体高，农民工总体文盲率（1.5%）远远低于非农民工总体（8.3%），而受教育程度为初中及以上的比例均比非农民工较高；乡镇地域以外的外出农民工总体受教育程度又比本地农民工总体较高，即流动范围越大，其受教育程度也越高，30岁以下的农民工受教育程度更高，其中受过高中及以上的教育水平的比例明显较高，尤其是受过大专及以上教育水平的差距更为明显，30岁以下的农民工中有很多都是大学生，其比例高达13%左右。以上数据说明了一个事实，当前我国青年农民工受教育程度比较高，在个人资源上也会具有更多的优势，他（她）们具有较高的人力资本，较高的人力资本不仅促使他（她）们在劳动力市场上具有很强的竞争力，也可能在婚姻市场上具有一定的竞争优势。

除了受教育程度的提高，另外一个明显的特征是年纪较轻，青壮年是流动人口的主体。陈卫教授认为，我国流动人口具有很强的选择性，年轻人口具有更高的流动率，年轻人口的流动率增长最快。[①] 如流动人口比较集中的福建省，2009年16—35岁的流动人口占总流动人口的68.4%，比福建省当年常住人口相同年龄段的比例高出了28个百分点左右。[②] 另据国家卫计委流动人口司2013年流动人口动态监测调查数据计算，流动人口年龄大多在20—29岁，其中20—24岁组占流动人口（198795人）的比重为15.6%，25—29岁组占20.1%，是比重最高的两个年龄组，而20—29岁流动人口恰逢他们生命历程的婚姻阶段。跨省通婚人口的年龄结构比同省通婚更年轻化，"80后"跨省婚姻比重达到45.8%，而在同省婚姻中只占25.1%。因此，对于流出地的人口来说，受教育程度较高、年纪较轻等较高的人力资本可能是他（她）们在远距离的跨省通婚市场中得以交换的一种优势资源。

那么流入地适婚青年的"资源"又会是什么？他们拿什么作为自己的"资源"与流动人口中的精英在婚姻市场上进行交换？他们为什么愿意选择与农村出来的流动人口结婚？结合我国的实际情况，可以从社会制度因素（户籍）与经济因素两个方面来进行考察。

我国居民户口为分农业户口和非农业户口，就户口本身难以成为资源

---

[①] 陈卫：《中国人口的流动预期寿命》，《人口学刊》2013年第6期。
[②] 国家人口和计划生育委员会编：《对话：人口迁移流动与城镇化》，中国人口出版社2010年版，第118—120页。

而实现交换,但由于户籍制度背后附带一系列不公平的社会福利待遇却可能成为资源。而且有学者认为,户籍本身就可以看作是一种象征性的资本,城市户籍意味着身份的高贵,而农村户籍象征着身份的低下。[①] 尹玫岚(2009)在其硕士论文中认为,我国新生代农民工在择偶中比较看重对方户口、经济和双方的感情因素,择偶标准呈现出现代化的特征。[②] 熊文娟(2012)对湖北省某社区居民与当地的新生代流动人口之间通婚研究发现,经济条件好的男性流动人口对当地女孩具有很强的吸引力,而新生代男性流动人口为了获得当地的城市户籍,宁愿与自己不是很喜欢的女孩结婚。在他们看来,市民身份背后附带的各种社会资源是婚姻交换中的一种资源。[③] 因此,有一部分流入人口将城市户籍背后附加的社会福利作为一种"优势资源"来实现婚姻交换。这样从农村出来的年轻精英,因为自己年纪较小和相对较高的受教育程度与城市户口资源的交换。这对于那些经济条件不是非常优越的城市户籍男性因娶到年轻漂亮的农村女孩而感到满意,而农村户籍女孩因嫁入现代化的大都市,获得城市居民户口而令老家左邻右舍的父老乡亲们刮目相看,认为有出息、有本事。婚姻市场中将城市户口视为"资源"来交换的现象不在少数,下面是一个将城市户口作为"资源"在婚姻市场上交换的具体案例。

【个案分析4】小罗,男性,调查时年龄为28岁,属于"80后"出生的新生代农民工。18岁高中毕业后到上海务工,一路吃了不少苦头,现在上海经营一家农家特色饭店,妻子是上海城里人。小罗为了成为一名市民,自己委屈地娶了一名城里姑娘。小罗对其现在家庭婚姻生活并不十分满意,他说"我和老婆并没有真正的感情,只是不想以后让孩子也成为农民,结婚后我们经常吵架,她不许我爸妈来家里住,我寄钱的时候也总是偷偷摸摸地躲着进行,丈母娘对我也总是挑来挑去,看我不顺眼,要不是因为我开饭店赚了点钱,她是不会愿意把女儿嫁给我的","其实我老婆也不过是个高中生,年龄还比我大几岁呢,长相也不算漂亮,要不是

---

① 祝平燕、王芳:《返乡相亲:新生代农民工的一种择偶形态——以豫东S村为例》,《中国青年研究》2013年第4期。
② 尹玫岚:《第二代农民工择偶标准研究——以重庆第二代农民工为例》,硕士学位论文,西南大学,2009年。
③ 熊文娟:《新生代农民工与市民通婚问题研究》,硕士学位论文,长春工业大学,2012年。

因为娶她可以弄个城市户口，我才看不上她呢"。①

从该案例可以看出，婚姻中的交换特色非常明显，小罗仗着自己的经济收入还算丰厚，娶了一名长相虽然不是特别漂亮，而且年龄又比自己大的城市女性作为妻子，其目的很明显，就是为了获取城市（上海）户口，为了自己后代的长远发展。小罗用自己的经济资源去交换配偶的城市户口资源，这虽然只是个案分析，但反映了现实生活中很多青年在择偶时考虑的一个重要因素——城市户口。

另外，由于流动人口处于城乡社会的双重边缘地带，他（她）们为了获得比较安稳的生活和受人尊重的身份，当他们从一个熟悉的环境转入到一个陌生的新环境中，会遇到各种不适应，导致他们承受巨大的生理压力和心理压力，这时他（她）们最好的解决办法就是找一个当地人结婚。② 通过这种方式可以缓解流动人口的焦虑心理和消除社会给他们的各种污名化的标签，因此而获得城市居民尊重与认可，所以在城市获得安全感和被尊重也可能是流动人口在婚姻市场上比较看重的一种隐性资源。在这样不平等的社会背景下，资源交换促进了城乡通婚的现象，打破了过去城乡彼此孤立的"二元通婚模式"，城乡通婚不仅打破了过去等级内的通婚，同时也促进地理婚圈的扩展。

倘若流动人口选择其他外地流动人口作为婚恋对象，他（她）们更多可能是心理上的交换，互相寻求心理寄托，处在恋爱黄金时期的青年们远离家庭的呵护与监督时，难免会产生孤单寂寞之感，心理上非常渴望有个伴侣，此时如果与流入地居民的"攀龙附凤"实现不了的话，通常会将目光转向身边的同事，因为他们有着相似的流动经历，共同话题较多，在一起的舆论压力也小，相互之间你有情我有义，由于业缘关系，日常交往互动频率较高，容易在工作和生活中因为一件小小的事情而感动，可能因为一个举动而产生爱慕和爱情。

根据流动人口的通婚圈模型分析结果发现，流动人口的受教育程度、年龄和户口对通婚圈的变化都具有非常显著的影响。受教育程度越高，其地理通婚圈越大。与未上过小学的流动人口相比，小学文化程度没有差

---

① 转引自熊文娟、宫亚坤《试析新生代农民工与市民通婚现象》，《社会学研究》2011年第10期。

② 黄润龙等：《女性流动人口婚姻状况及其影响因素研究》，《南京人口管理干部学院学报》2003年第1期。

别,但受过初中教育水平及以上就有明显的差异,尤其是高中及以上的差别尤为明显。15—59岁,年龄与流动人口的通婚圈呈负相关,年龄越小,其地理通婚圈也越大;年龄越大,其地理通婚圈就越小。户口对流动人口的通婚圈也具有显著的影响作用。与农业户口相比,非农业户口流动人口的跨省通婚是农业户口的1.6倍多,二者具有显著的差异。假设1中的年龄、受教育程度与户口得到了证实。

## 第二节 社会分层理论与同类婚配原则

社会分层理论认为,人在社会中处于高低不同等级序列之中,人们的择偶范围一般被限定在同一层级范围内,具有同类婚配的特点,每个等级社会的基本原则是多数人应该和他(她)们地位等级相同或相近的人结婚。大量的研究也表明:婚姻的匹配存在一定的模式可循,大体可以用两个原则来具体说明,即"邻近性"原则与"同类匹配"原则。所谓的"邻近性"原则主要指地理空间上的毗连性,其中又包括居住空间邻近性与工作地点的邻近性,而"同类匹配"原则主要指人们倾向于选择与自己社会属性相似的异性结婚,相似性可以从三个方面来看,先天性因素的相似性(如年龄、长相等)、个人层面的相似性以及家庭背景的相似性。[1]社会分层发生于人口现象之中,人口规模、素质与结构都会影响到社会的分层,但另一方面,社会分层也会对人口的婚姻、生育、死亡和迁移等过程产生影响。

首先,社会分层影响着人口自身的生产与再生产过程。处于不同社会阶层的人具有不同的生活质量,这种生活质量的差异会进一步直接作用于人口的生产和再生产。不同社会历史条件下的社会分层状况决定着不同阶层人口的生产和再生产特点。人口过程也与社会分层密切相关,社会分层与生育、死亡和迁移都具有密切的联系。

其次,人口变动与阶层流动之间存在微妙关系。在人们逐渐重视孩子质量而不是孩子数量的低生育时代,教育的普及为处于社会阶层下端的人

---

[1] 张海云、冯学红:《青海农区藏人婚俗文化变迁调查——以贵德县等四个藏族村落为例》,《宁夏大学学报》(人文社会科学版)2007年第5期。

口向上流动提供了机会，可以促进不同阶层之间的社会交往的活跃，最终导致不同阶层之间人口互相通婚成为可能。

在一般的研究中，学者们主要将受教育程度、职业和收入三个变量作为划分社会分层的主要依据。但本书中没有关于夫妻结婚时候的职业匹配和收入匹配的基本信息。因而，在此仅选取调查时点流动人口的受教育程度和户口性质来作为切入点进行分析。

严格地说，调查时点的受教育程度肯定会与结婚时点的受教育程度存在一点的差异，可能有一部分结婚之后再读书，但由于流动人口自身的特征决定了这种情况发生的可能性比较小，结婚以后继续进修学习可能只是个别现象，所以本书粗略地以调查时点的教育程度看作结婚时候的教育匹配情况，虽然不一定百分之百地吻合，但对总体特征的把握不会存在太大的偏差。

### 一　流动人口婚姻中的教育匹配

对于受教育程度对通婚圈的影响，我们在前文已经做了详细的分析和讨论。在模型1（流动人口跨省通婚）和模型2（流动人口邻省通婚）中，教育程度都会对地理通婚圈产生显著的影响作用，但这里受教育程度可能更多是作为一种资源来交换，而不是作为选择配偶所考虑的分层因素。在此以女性为研究对象进行夫妻教育匹配分析，具体结果如表6-2所示。

表6-2　　　　　　流动人口夫妻的教育匹配　　　　　单位:%

| 本人教育程度 | 配偶受教育程度 ||||||||  |
| --- | --- | --- | --- | --- | --- | --- | --- | --- | --- |
|  | 未上过学 | 小学 | 初中 | 高中 | 中专 | 专科 | 本科 | 研究生 | 合计 |
| 未上过学 | 23.75 | 39.69 | 31.83 | 3.99 | 0.32 | 0.32 | 0.11 | 0.00 | 100 |
| 小学 | 1.07 | 48.71 | 43.71 | 5.54 | 0.60 | 0.26 | 0.10 | 0.01 | 100 |
| 初中 | 0.20 | 4.24 | 81.53 | 10.37 | 2.16 | 1.22 | 0.28 | 0.01 | 100 |
| 高中 | 0.14 | 1.97 | 24.31 | 57.50 | 6.92 | 6.83 | 2.27 | 0.06 | 100 |
| 中专 | 0.00 | 1.14 | 21.33 | 18.63 | 38.51 | 15.96 | 4.23 | 0.19 | 100 |
| 专科 | 0.03 | 0.56 | 7.25 | 11.17 | 8.42 | 53.23 | 18.31 | 1.02 | 100 |
| 本科 | 0.06 | 0.42 | 1.91 | 4.83 | 3.52 | 17.70 | 65.91 | 5.66 | 100 |
| 研究生 | 0.00 | 0.00 | 1.32 | 0.00 | 1.32 | 6.62 | 45.03 | 45.70 | 100 |

资料来源：国家卫计委流动人口司2013年流动人口动态监测数据。

从表 6-2 可以看出，虽然夫妻在教育方面的"同级匹配"特点比较明显，可是越级匹配比例也比较高，但不同文化层次的女性流动人口"越级匹配"有所不同。具体来看，文化程度在高中及以下的女性流动人口以"上向越级"匹配较多，而文化程度在中专及以上的女性流动人口以"下向越级"匹配情况较多。因此，关于教育的同类匹配原则在流动人口婚姻匹配中不能得以完全解释，还有很大一部分可能存在教育资源交换。

## 二 流动人口婚姻中的户口匹配

户口管理制度将我国公民分为两类性质不同的居民，导致不同户口性质的居民通婚模式以及婚姻匹配都可能会存在明显差异。从模型回归结果看，户口对地理通婚圈的影响在模型 1 中具有显著影响，但当控制了邻省通婚时（即模型 2），发现户口因素对地理通婚圈已经没有显著的影响作用。具体来看，户口在两个模型中的匹配情况，下面仍然以女性流动人口为研究对象，分析流动人口婚姻的户口匹配情况，结果如表 6-3 所示。

表 6-3　　　　　　　流动人口夫妻的户口匹配　　　　　　单位:%

| 本人户口 | 全部样本（配偶户口） ||||  跨省样本（配偶户口） ||||
|---|---|---|---|---|---|---|---|---|
| | 农业 | 非农业 | 其他 | 合计 | 农业 | 非农业 | 其他 | 合计 |
| 农　业 | 95.57 | 4.37 | 0.06 | 100 | 81.75 | 17.94 | 0.31 | 100 |
| 非农业 | 18.92 | 80.95 | 0.13 | 100 | 30.03 | 69.53 | 0.44 | 100 |
| 其　他 | 12.42 | 6.54 | 81.05 | 100 | 27.27 | 18.18 | 54.55 | 100 |

资料来源：国家卫计委流动人口司 2013 年流动人口动态监测数据。

从表 6-3 可以看出，在全部样本中，户口同类匹配特征非常明显，农业与农业的同类匹配比例高达 96%，非农业与非农业的同类匹配也达到 81%，总体来看，农业户口的女性，户口同类匹配的比例比非农业较高。但是在排除行政区域边界处的邻省通婚以后，户口同类匹配的比例大大降低，也就是说，在远距离的跨省通婚中户口异类匹配明显增加。农业户口的女性，户口异类匹配的比例由 4.4% 上升到 18%，非农业户口的女性，户口异类匹配的比例由 19% 上升到 30%。以上数据说明，户口同类匹配在近距离的通婚中比较明显，但在远距离通婚中，虽然户口同类匹配仍然占据主导地位，但是其比例已经大大降低，在远距离的通婚中，以户口作为资源交换的可能性更大。

本书选取了职业、收入和单位性质作为中国社会分层的三个主要指标，分析流动人口的婚姻匹配中是否存在分层的现象。结果显示：（1）职业分层对婚姻匹配具有显著影响，但并不是所有的职业都存在差异。从职业的二元分化（脑力劳动性质和体力劳动性质）来看，脑力劳动职业的地理通婚圈明显大于体力劳动者的通婚圈，但是将职业细分之后，与国家机关、党群组织和企业事业单位负责人相比，有的职业没有显著差异（如商业服务人员），有的职业存在一定的差异（如经商者），而有的差异非常明显（如生产、建筑工人）。（2）收入对通婚圈具有明显的影响，高收入群体的通婚圈明显较大。（3）单位性质对通婚圈没有影响，分析其原因可能是单位性质与职业分类之间存在非常高的相关性，以致影响作用被掩盖。因此，假设2在本书中只得到了部分证实。

社会分层理论与同类匹配原则不能完全解释流动人口的通婚圈，从上面的分析也可以说明这一点。如远距离跨省通婚的户口异类匹配特点还是比较明显，同类匹配发挥作用的地理范围有限，在近距离通婚中，确实同类匹配非常突出。过去城市与乡村之间互不相通，严格遵循城市居民与城市居民通婚、农村居民与农村居民通婚，但是随着人口流动的发展，城乡不断融合，城市户籍与农村户籍的人口通婚不再是梦想，而是现实问题。正是严格的等级内通婚被打破后，人们的择偶范围和空间才得以拓展，如果处于社会分层不同等级阶梯上的人们完全遵循同类匹配的原则，那么通婚圈必然还会继续受到限制。

## 第三节 社会同化理论

社会同化（融合）理论认为，移民刚开始与当地居民有着不同的文化习俗和社会经济特征。因此，阻碍了不同种族间通婚行为的发生，但随着移民不断掌握当地语言和文化，在不断融合过程中，增加了不同群体之间互相交往的可能性与机会。该理论对研究我国流动人口具有很好的借鉴意义，虽然国内流动人口之间的差异没有国外移民之间的差异那么显著，但是由于我国地域广阔，不同地区具有不同的文化习俗、生活习惯、各地具有各地的方言、各民族有各民族的饮食习惯和居住风格等，即使在国土范围内的省区之间或者更大范围的流动仍然会遇到社会适应的问题。因此，国外移民与国内流动人口具有一定可比性。他们在总结移民之间通婚现象提出了社会同化理论，认为移民与迁入地居民之间的通婚需要一个长期的同化过程，这个过程可能因不同的移民而异，所以移民在迁入地所居住的时间长短就会影响到族际之间的通婚。一般情况下，在流入地居住的时间越长，族际之间通婚的可能性越大，有时这个过程可能发生在几代人之间，即第一代移民之间可能会出现通婚的民族隔离现象，而在第二代以后由于在迁入地出生、成长、上学等、使用当地的语言交流、适应当地的气候，与迁入地居民之间几乎不存在显著的差异，这时候才有可能互相通婚。

该理论对研究我国流动人口的相关问题具有重要启示。因为国内流动人口在流入地融入与社会适应，与国外移民社会融入存在类似问题，但毕竟流动人口不涉及国籍问题，所以流动人口与流入地居民或者其他外地的流动人口之间的差异肯定没有国外移民与本国居民或者不同国籍的移民之间的差异那么显著，但是流动人口同样会遇到社会融入的问题，流动人口没有国籍之分，可有户籍之分，就一个户籍制度足以使他们产生不可低估的差距。而且这还不仅仅是户籍本身的显性制度隔离，更重要的是户籍背后隐藏的一些隐性差异。流动人口要想获得流入地的居民身份，不是一朝一夕就能够完成的事情，而是一个很长的过程，况且部分流动人口，即便政府为他们提供机会和制度保障，让流动人口变为市民，他们自身还不乐意，这更是需要流动人口在不断地被城市文化所同化之后才可能的事情。

从模型回归结果可以看出，流动人口在流入地连续居住时间与通婚圈存在高度正相关。为了排除流动前已经结婚的群体对分析结果的影响，将流动人口分为流动前结婚和流动后结婚两类群体。结果表明，控制流动人口结婚时间，仍然高度显著，流动人口在流入地居住的时间越长，他（她）们同当地居民或其他外地流动人口通婚的可能性更高，因此假设3被证实。

## 第四节 碎片化理论

国外学者在社会同化理论基础上又提出了碎片化理论。该理论认为，一个国家或地区的移民同化过程不可能同步进行，而只有局部地区或部分群体最先实现同化，而其他群体并没有实现同化，不同地区或族群之间的同化过程不可能一样。因此，族际通婚也不可能一致。我国地域辽阔，民族种类繁多，不同地区、不同民族的社会经济与文化差异十分明显，流动人口在当地社会适应情况也会因此不同。

模型回归结果显示，不同地区、不同民族流动人口通婚地域模式确实存在很大差异，但并不是所有的民族、地区之间都具有显著的差异。首先，从民族差异来看，与汉族相比，既有比汉族通婚圈较大的民族（如蒙族、满族等），也有比汉族通婚圈较小的民族（如回族和维吾尔族），还有与汉族之间没有显著差异的民族（如壮族、瑶族、白族等）。其次，从地区差异来看，与流入地为东部的地区相比，中部地区的地理通婚圈明显较小，跨省通婚的比例较低，跨省通婚的比例比东部地区低了27%左右，而东北地区的地理通婚圈明显比东部地区较大，跨省通婚的比例比东部地区高出48.8%。就流入的经济带而言，与珠三角相比，流入长三角和环渤海地区的通婚圈要较小，长三角的跨省通婚比珠三角地区的低30%左右，环渤海地区的跨省通婚比珠三角低29%，虽然环渤海与长三角的差异不大。流动人口地理通婚圈的"碎片化"特征比较明显。因此，假设4也得到了部分证实。

最后，不管从流动人口总体地理通婚圈，还是从调查时点因"婚嫁"而流入当前流入地的地理通婚圈看，对通婚圈都具有显著影响的一个因素是人口迁移流动范围。人口流动范围越大，跨省通婚的可能性就越高，地理通婚圈就越大。因此，假设5也得到了证实。

## 第五节 空间可及性模型

我国流动人口通婚圈变化机制虽然可以从国外移民通婚的有关理论中找到一定的解释，如受教育程度、户口因素对通婚圈的影响可以从资源交换理论中得到解释；在流入地连续工作时间对通婚圈的影响则可以从社会同化理论中得到解释；从不同地区流动出来以及流入不同地区的流动人口，他们的通婚圈也存在一定的差异，则可以从碎片化理论中找到相应解释，但是国外目前还没有提出关于移民的迁移地理范围与族际通婚之间的关系模型，国内虽然有这方面的研究，但是都局限于定性的描述性统计分析，概括说人口迁移流动会对通婚圈产生影响，而没有具体深入研究哪些流动行为因素与通婚圈的扩大有关，也没有上升到理论层面。

尽管有学者提出一些理论方面的解释，但并不能解释我国特有的流动人口通婚圈发展变化。如美国人类学家威廉·施坚雅对我国四川省农村市场与社会结构实地考察研究之后，提出了通婚圈的"市场体系理论"。他认为农民的实际交往圈子边界不是由他们所在村落决定，而是由基层市场所辐射的范围决定的，人们一般从市场中搜寻自己想要找的配偶。"市场体系理论"认为，人们的择偶圈以农村社区的集市为中心，择偶圈与集市辐射的圈子高度重合，该理论具有一定的创新性，但不可否认，随着市场经济的发展和物质生活水平的提高，过去那种传统的集市经济已经不能完全满足人类的发展需求，人们的活动范围远远大于集市所辐射的范围，因此，运用该理论来解释通婚圈变化可能具有一定局限性。通婚圈也有自己独立的中心，二者并不一定完全重合。如从壮族通婚圈来看，市场圈与通婚圈就不存在彼此重合的关系。① 并且这个理论也不是针对流动人口提出，不能用以解释我国流动人口的通婚圈。谈婚论嫁是人生大事，是需要经过当事人自己及双方家庭花一定时间来考虑的事情，很少可能在集市贸易的短时间内作出选择与决定，集市更多的是关注经济交往，在谈婚论嫁过程中未必能发挥实质性的功能，它所带来的影响是由经济交往而辐射出来社会交往关系，经济关系才是第一层关系，其他社会关系只是次要的关系，其基本原理是通过经济交往而产生的社会关系来获取对方基本信息，从而影响通婚圈的形成与发展，虽然通婚圈与市场辐射半径存在部分的重合的现象，但不是唯一的对应关系。

虽然国内也有专家提出针对流动人口的择偶或通婚理论。如社会化理论，该理论认为人口迁移流动到城市以后，会有一个逐渐适应的过程，只有经过一段时间之后才能渐渐接受城市的生产生活习惯、思想观念和行为，包括与城市人口择偶婚配观念以及行为的趋同，在城市工作生活时间越长，这种趋同特征就会更加明显。② 但是，该理论与国外的社会同化理论，在本质上是一回事，只是国外的研究对象是移民，而国内的研究对象是流动人口。

还有一个关于流动人口的理论是"缓和理论"，该理论认为，当流动

---

① 黄润柏：《村落视野下壮族通婚圈的嬗变——壮族婚姻家庭研究之一》，《广西民族研究》2010年第4期。

② 陈卫、吴丽丽：《中国人口迁移与生育率关系研究》，《人口研究》2006年第1期。

人口从一个熟悉的环境进入到陌生的环境之中，他们的思想观念和风俗习惯都会与当地居民格格不入，心理会觉得不安全，承受巨大的心理压力，在这种情况下，他们最好的办法就是找一个当地人结婚了结，这样做的目的是缓和当下的焦虑心理，以调适自己的生活状态。[1]

按照现有理论逻辑分析，无论是国外的资源交换理论、社会同化理论、碎片化理论等，还是国外学者基于国内实际情况发展起来的"市场体系理论"以及"缓和理论"，都没有揭示人口迁移流动范围与通婚圈之间的关系。而本书研究显示，人口流动的地理空间范围越大，通婚圈越大；人口流动的地理空间范围越小，通婚圈越小。在此，将人们在地理空间上的可及性对择偶圈子的影响作用，称为流动人口通婚圈的"空间可及性"模型。

## 第六节 婚姻迁移基本特征

### 一 婚姻迁移法则提出的必要性

人口迁移流动研究中，不论国外还是国内通常都将"婚姻迁移"视为迁移原因之一，即婚姻迁移属于一种特殊的迁移类型。作为人口迁移的一种，婚姻迁移显然具有一般人口迁移的本质特征——人口在地理空间上的移动[2]，但也存在一定的特殊性，主要表现在以下两个方面：第一，迁移的原因（或动机）具有一定特殊性，婚姻迁移的主要目的不是经济因素，而是与配偶结婚，尽管婚姻迁移中也不乏掺杂着一些经济方面的因素，但毕竟不是主要的因素。第二，婚姻迁移中女性占绝对优势，婚姻迁移人口性别比异常低。如杨云彦根据1987年全国1%人口抽样调查数据计算发现，在各类不同迁移人口性别比中，婚姻迁移最低（仅为7.2[3]），婚姻迁移中女性占93.3%，而男性不到7%。本书根据1990年全国第四次人口普查、2010年第六次人口普查汇总数据（短表），计算了各地区分迁移原因的性别比（见表6–4和表6–5），也发现婚姻迁移性别比是各

---

[1] 郭显超：《青年农民工的社会资本对择偶模式的影响研究》，博士学位论文，西南财经大学，2013年，第10页。

[2] 阎蓓：《新时期中国人口迁移》，湖南教育出版社1999年版，第56—63页。

[3] 杨云彦：《中国人口迁移与发展的长期战略》，武汉出版社1994年版，第113—116页。

类迁移中最低的（9.88）一类，但总体上看，随着时间的推移，婚姻迁移性别比呈上升的趋势，2010年婚姻迁移性别比是1990年的2倍多。1990年其他各类迁移性别比分别为投亲靠友（75.34）、退休退职（557.08）、随迁家属（65.88）和其他（227.08），而且不同省区之间的差异非常明显，婚姻迁移性别比最高的地区是上海市（35.47），最低的地区是广东省（2.77），虽然都处于经济发达的地区，但二者的婚姻迁移性别比差距较大。2010年普查的迁移原因主要有务工经商、工作调动、学习培训（经济型原因[1]）和随迁家属、投亲靠友、拆迁搬家、寄挂户口、婚姻嫁娶以及其他原因（社会型原因）。

为了方便比较，本书仅选取务工经商、工作调动、学习培训三类经济型迁移性别比与婚姻迁移性别比进行比较，以揭示婚姻迁移与经济型迁移性人口性别结构差异，并且进一步根据迁移行政范围大小比较，以观察人口迁移流动距离是否会对其造成影响，如表6-5所示。

表6-4　　　　　　1990年全国各地区分迁移原因的性别比

| 地　区 | 迁移原因 |  |  |  |  |
|---|---|---|---|---|---|
|  | 投亲靠友 | 退休退职 | 随迁家属 | 婚姻迁入 | 其他 |
| 上海 | 84.06 | 418.14 | 77.73 | 35.47 | 209.24 |
| 云南 | 69.84 | 498.79 | 71.63 | 27.54 | 452.74 |
| 北京 | 54.41 | 370.01 | 65.91 | 22.41 | 323.64 |
| 黑龙江 | 115.69 | 373.48 | 55.33 | 19.96 | 125.06 |
| 辽宁 | 98.75 | 464.97 | 62.40 | 17.56 | 213.77 |
| 陕西 | 58.03 | 972.89 | 66.03 | 17.32 | 193.30 |
| 青海 | 72.26 | 561.45 | 55.90 | 16.99 | 246.41 |
| 吉林 | 125.96 | 333.49 | 59.37 | 16.52 | 227.38 |
| 贵州 | 64.29 | 474.51 | 67.35 | 14.07 | 322.63 |
| 湖北 | 70.04 | 336.36 | 70.90 | 14.02 | 204.04 |

---

[1] 关于迁移流动的经济型原因与社会型原因划分方法参见段成荣、杨舸、马学阳《中国流动人口研究》，中国人口出版社2012年版，第87—91页。经济型原因包括工作调动、分配工作、务工经商、学习培训四类；社会型原因包括投亲靠友、退休辞职、随迁家属、婚姻迁入和拆迁搬家四类。

续表

| 地区 | 迁移原因 ||||| 
|---|---|---|---|---|---|
| | 投亲靠友 | 退休退职 | 随迁家属 | 婚姻迁入 | 其他 |
| 四川 | 57.94 | 606.87 | 70.81 | 12.83 | 408.10 |
| 广西 | 61.53 | 269.24 | 74.00 | 11.46 | 272.95 |
| 内蒙古 | 104.15 | 402.85 | 55.20 | 11.42 | 106.17 |
| 新疆 | 122.54 | 170.23 | 57.42 | 11.35 | 257.63 |
| 山西 | 52.65 | 1741.53 | 57.69 | 10.42 | 251.17 |
| 甘肃 | 57.67 | 685.45 | 63.11 | 9.79 | 159.62 |
| 宁夏 | 62.11 | 265.89 | 66.09 | 9.57 | 278.94 |
| 海南 | 115.98 | 194.81 | 76.75 | 9.28 | 215.83 |
| 湖南 | 54.79 | 822.86 | 71.17 | 8.05 | 224.87 |
| 江西 | 62.56 | 477.52 | 68.10 | 7.42 | 201.19 |
| 安徽 | 64.64 | 525.34 | 63.56 | 6.80 | 321.22 |
| 江苏 | 67.34 | 501.48 | 74.52 | 6.63 | 355.54 |
| 河南 | 65.19 | 1312.06 | 63.38 | 6.23 | 254.96 |
| 浙江 | 61.66 | 396.77 | 62.54 | 5.94 | 383.38 |
| 福建 | 64.38 | 461.18 | 62.39 | 5.92 | 197.12 |
| 天津 | 73.28 | 653.13 | 70.47 | 5.17 | 349.41 |
| 河北 | 63.48 | 863.09 | 66.42 | 4.62 | 386.75 |
| 山东 | 63.93 | 787.29 | 61.24 | 3.65 | 221.40 |
| 广东 | 54.71 | 269.06 | 77.07 | 2.77 | 152.21 |
| 总计 | 75.34 | 557.08 | 65.88 | 9.88 | 227.08 |

注：女性 = 100。

资料来源：根据1990年中国第四次人口普查数据计算整理。

表6-5　　　　　2010年全国各地区分迁移原因的性别比

| 现住地 | 务工经商 || 工作调动 || 学习培训 || 婚姻嫁娶 ||
|---|---|---|---|---|---|---|---|---|
| | 省内跨乡镇 | 外省 | 省内跨乡镇 | 外省 | 省内跨乡镇 | 外省 | 省内跨乡镇 | 外省 |
| 北京 | 133.70 | 138.18 | 134.68 | 116.36 | 95.68 | 102.96 | 35.68 | 18.15 |
| 天津 | 164.08 | 214.91 | 147.44 | 180.26 | 82.59 | 117.61 | 37.84 | 18.07 |
| 河北 | 158.80 | 185.95 | 203.38 | 260.42 | 80.57 | 112.82 | 18.84 | 21.61 |
| 山西 | 213.04 | 341.09 | 251.80 | 514.45 | 93.64 | 148.58 | 18.50 | 13.64 |

续表

| 现住地 | 务工经商 省内跨乡镇 | 务工经商 外省 | 工作调动 省内跨乡镇 | 工作调动 外省 | 学习培训 省内跨乡镇 | 学习培训 外省 | 婚姻嫁娶 省内跨乡镇 | 婚姻嫁娶 外省 |
|---|---|---|---|---|---|---|---|---|
| 内蒙古 | 190.32 | 303.95 | 186.47 | 412.70 | 89.54 | 135.43 | 27.73 | 22.82 |
| 辽宁 | 143.50 | 163.66 | 176.31 | 183.62 | 86.98 | 119.13 | 25.86 | 24.05 |
| 吉林 | 144.10 | 187.56 | 181.96 | 245.62 | 85.28 | 100.84 | 19.03 | 24.94 |
| 黑龙江 | 153.08 | 215.91 | 179.51 | 237.54 | 87.03 | 122.80 | 19.44 | 28.46 |
| 上海 | 154.73 | 131.24 | 143.40 | 118.06 | 113.82 | 116.12 | 37.22 | 13.43 |
| 江苏 | 137.88 | 132.65 | 158.96 | 154.34 | 103.23 | 131.55 | 21.84 | 11.55 |
| 浙江 | 130.09 | 130.48 | 142.60 | 174.18 | 98.04 | 128.09 | 22.48 | 11.36 |
| 安徽 | 140.44 | 231.00 | 208.56 | 293.18 | 111.80 | 144.24 | 19.21 | 5.62 |
| 福建 | 129.22 | 143.47 | 166.22 | 213.19 | 98.78 | 126.25 | 13.51 | 12.24 |
| 江西 | 125.54 | 209.88 | 193.83 | 271.98 | 124.09 | 126.02 | 13.15 | 10.84 |
| 山东 | 137.50 | 161.39 | 178.82 | 169.60 | 100.12 | 125.14 | 22.83 | 13.56 |
| 河南 | 138.14 | 195.80 | 175.21 | 247.85 | 95.52 | 158.92 | 20.98 | 15.41 |
| 湖北 | 129.75 | 178.92 | 174.22 | 249.92 | 107.78 | 124.82 | 19.69 | 19.09 |
| 湖南 | 128.17 | 189.22 | 165.05 | 264.37 | 97.18 | 117.01 | 22.82 | 14.17 |
| 广东 | 135.28 | 132.13 | 151.55 | 133.93 | 101.83 | 132.71 | 11.95 | 8.56 |
| 广西 | 128.42 | 184.16 | 155.02 | 257.11 | 97.97 | 117.30 | 12.63 | 13.27 |
| 海南 | 119.45 | 197.27 | 161.17 | 195.27 | 100.75 | 93.14 | 6.75 | 17.47 |
| 重庆 | 129.45 | 157.81 | 140.13 | 186.90 | 94.14 | 118.33 | 39.49 | 19.05 |
| 四川 | 129.04 | 175.98 | 150.13 | 231.16 | 96.00 | 126.08 | 36.20 | 20.38 |
| 贵州 | 137.61 | 211.26 | 205.10 | 343.38 | 104.09 | 107.21 | 23.20 | 33.93 |
| 云南 | 144.71 | 187.14 | 171.03 | 297.61 | 92.33 | 102.51 | 31.07 | 100.75 |
| 西藏 | 91.16 | 164.87 | 174.13 | 299.65 | 109.79 | 180.56 | 56.51 | 55.11 |
| 陕西 | 161.59 | 213.78 | 181.76 | 254.65 | 102.08 | 115.23 | 23.31 | 22.44 |
| 甘肃 | 148.78 | 216.80 | 209.17 | 231.20 | 103.69 | 136.31 | 20.62 | 21.89 |
| 青海 | 174.06 | 252.75 | 199.95 | 375.28 | 99.10 | 124.86 | 23.53 | 34.37 |
| 宁夏 | 169.09 | 223.81 | 215.48 | 337.18 | 89.96 | 113.08 | 21.60 | 34.71 |
| 新疆 | 146.39 | 167.44 | 152.75 | 291.95 | 80.69 | 127.65 | 15.87 | 21.57 |
| 全国 | 139.81 | 145.10 | 173.29 | 178.61 | 97.89 | 121.13 | 22.03 | 16.75 |

注：女性=100。

资料来源：根据2010年中国第六次人口普查数据计算整理。

由此可见，婚姻迁移中的女性优势特别明显，婚姻迁移具有很强的女性偏向，这与一般人口迁移以及主要受经济驱动的人口流动性别比都具有显著的差异。既然婚姻迁移存在一定的特殊性，那么可能会存在用一般的人口迁移法则难以完全解释婚姻迁移现象的问题。

## 二 婚姻迁移特征

在分析婚姻迁移特征之前，首先需要对一般人口迁移规律进行回顾和总结。关于一般的人口迁移法则（或规律）早在1885年，英国著名统计学家雷文斯坦（E. G. Ravenstein）在《人口迁移规律》[①] 一文中就已经明确提出，该文归纳了英国国内人口迁移的六条规律，此后他又根据世界上20多个国家的人口迁移资料发展补充了原来的迁移法则，最后形成七条人口迁移规律，其主要内容如下：

（1）地理距离对迁移具有影响（距离律）：地理距离与人口迁移规模大致呈反向的负相关关系，长距离的人口迁移大多迁往工商业中心，相对于一个移民吸引中心而言，空间距离越近，迁入的移民人数就越多；反之，距离人口吸引中心越远，迁入的移民人数就越少。

（2）人口迁移在地理空间分布形态上具有梯度性（递进律）：就一个城镇来说，首先是其周围郊区人迁入，由此出现的城郊区空缺，则由边远地区乡村人口迁入填补，不仅向心式的迁移具有阶梯性，反向的离心式迁移也具有同样的阶梯性。

（3）迁移流与逆向反迁移流同时并存（双向律）：每一个主要的迁移流背后都存在着一个补偿性的逆向迁移流，人口迁移具有对流性。

（4）城乡居民具有不同迁移倾向（城乡律）：由于城市与乡村的生活自然地理环境与人文经济环境差异，导致城乡居民具有不同迁移倾向，城市居民的迁移惰性较高，比乡村居民的迁移较少，乡村居民比城镇居民迁移的可能性更大。

（5）迁移具有明显性别选择性（性别律）：人口迁移的性别选择性主要分析迁移行为中的性别差异。通常情况下，女性在短距离的迁移中占优势。

（6）技术和通信的发展增加了迁移率（技术律）：交通运输工具和通

---

① E. G. Ravenstein, "The Laws of Migration". *Journal of the Statistical Society of London*, Vol. 48, No. 2 (Jun., 1885), 1885, pp. 167 – 235.

信技术的发展会促进人口迁移率的增加。

（7）经济发展是影响人口迁移的重要因素（经济律）。区域经济差异是导致人口迁移的最根本因素。人口迁移虽然会受到自然地理环境因素的影响，但是终究还是落到人文环境的差异上来，尤其是经济发展水平的地区差距，经济区域差异是一切社会形态中人口迁移流动的基本动力，人口迁移具有不同的动机，但是经济动机是最主要的，一般迁移者都是为了增加收入。

以上七条法则概括了人口迁移流向以及迁移者基本特征，同时也对影响迁移的因素做了一定探讨。如地理距离、居住类型、性别以及经济发展水平等。而且首次提出了人口迁移动机，认为人口迁移虽然会受经济压迫、气候变化等因素的影响，但经济动机才是最主要的，为了改善生活而做出迁移决策的情况占大多数。该理论不仅适用于美国及其他资本主义国家，雷文斯坦的《移民律》开创了人口迁移研究先河，而且对后来世界各国，包括发展中国家人口迁移流动的研究都具有很强的启发意义。在一百多年后的今天，他提出的人口迁移研究方向仍不为过时。上述分析认为，婚姻迁移与一般的人口迁移相比，具有一定的特殊性。

（1）地理距离对婚姻迁移的影响：本书研究发现，空间距离对婚姻迁移具有一定影响。以通婚圈的省域结构为例分析发现，省内近距离的婚姻迁移比例远远高于跨省的远距离婚姻迁移，省内近距离的婚姻迁移一直占据婚姻迁移的主导地位，但是地理通婚圈会随着人口迁移流动范围的扩大而扩大，迁移流动距离对通婚圈具有显著的正向作用。

（2）婚姻迁移在地理空间形态上出现了梯度性与跳跃性的特征：法国人类学家克洛德·列维·斯特劳斯在印度尼西亚通婚的研究中指出，通婚圈具有某种稳定的结构性，一个区域通常存在几个通婚集团，其中一个集团总向另一个集团提供婚配对象，其他的集团再为该集团提供，人们的择偶范围是被固定起来的，只能在这个限定的圈子范围内通婚。[①] 因此，根据列维·斯特劳斯的研究可以认为，地理通婚圈也存在类似于一般人口迁移的梯度性特征（"递进律"）。但就我国流动人口的通婚状况来看，婚姻迁移不仅存在空间梯度演化的特征，同时还出现了一定的跳跃性特征。在经济牵引力的作用下，西部地区一部分女性可能一步到位直接嫁入东部

---

① 列维·施特劳斯：《结构人类学》，上海译文出版社1995年版，第86页。

地区，而不是层层递推。

（3）婚姻迁移流的双向流与单向流同时存在，在不同地区表现出不同的流向特征：人口迁移理论中的迁移"双向律"认为，人口正向迁移会带动微弱的反向迁移，即人口迁移不是单向的，在强大的迁移潮流驱使下必然带来一定的反向回流。

在婚姻迁移活动中，除了双向规律外，还存在单向流，婚姻迁移方向根据婚入与婚出人口规模对比关系具体可以将其分为三种情况：第一，或嫁或娶的单向流动型：指两个氏族或部落群体之间的通婚是单方向的，即一个氏族或部落群体只会将其女子嫁入对方而不娶来自对方的女子。第二，嫁娶均衡型：指两个氏族或部落群体之间的通婚是相互的，并且数量相差不大，一个氏族或部落将其女子嫁去对方群体，同时也将对方的女子娶进来，这是一种互惠性的通婚模式，可以加强双方的联系。第三，嫁娶不均衡的偏重型：指虽有双方互相通婚的现象，但婚入与婚出人口的规模存在较大的差异。① 在这三种通婚圈结构类型中，第一种属于婚姻迁移的单向流，主要发生在经济差异很大的地区之间，而后两种类型均属于双向流，主要发生在经济发展水平差距较小的地区之间。

（4）城乡居民具有不同通婚圈：婚姻被看作人生中必不可少的生命事件，俗话说"男大当婚，女大当嫁"，结婚不是城市或农村居民特有的现象，而是人类普遍共有的社会现象。虽然择偶心理需要不存在城乡差异，但是地理通婚圈的城乡差异确实存在，城市的通婚圈比农村的通婚圈要大。因为城市是我国人口流入的地区，而农村是人口流出地区，在"男高女低"的婚配模式下，女性在流入地结婚的机会比男性要高，而男性可能更多的是返乡择偶，所以作为流入地中心的城市地区居民的通婚圈辐射范围远远比农村大。

（5）婚姻迁移加剧了迁移的性别选择特性：Lee 于 1966 年在其《迁移理论》中提出了人口迁移推力—拉力理论，从影响迁移的因素、迁移量、迁移方向、迁移特征四个方面对"推—拉"理论进行了补充完善。② 另外，他还认为迁移者与其性别、年龄、职业和受教育程度密切相关，迁移者是一个具有高度选择性的样本，他们是具有较高的受教育程度、身体

---

① 吴蕊蕊：《蒙古帝国时期皇室的通婚圈》，《赤峰学院学报》（汉文哲学社会科学版）2010 年第 8 期。

② 转引自朱杰《人口迁移理论综述及研究进展》，《江苏城市规划》2000 年第 7 期。

状况较好并且富有进取精神的人，比迁出地的其他人口更有可能迁移。虽然在一般迁移中也存在性别选择特性，但是，在婚姻迁移中的性别选择性更加明显，从夫居制度中的婚姻迁移实际上是女性人口的空间位移过程，入赘婚姻毕竟属于少数情况，不是婚姻的主流形式。婚姻迁移是所有迁移类型中性别比最低的一类，这也正是婚姻迁移有别于一般人口迁移最明显的特征，其他类型（如随迁家属、投亲靠友）的迁移或许也存在明显的女性指向性，但均没有婚姻迁移表现得这么突出。

（6）经济与情感因素对婚姻迁移的共同影响：经济发展对婚姻迁移的影响与一般人口迁移的影响类似，二者都会受到经济牵引力的作用，均指向经济较为发达的地区。就我国的实际情况而言，人口迁入区通常也是婚姻的迁入区（如北京、天津、江苏、浙江等），人口迁出区，通常也是婚姻迁出区（如云南省、贵州省和四川省），但是二者并不完全对应。有些地方可能是人口净迁出区，却是婚姻净迁入区，如河南省和安徽省。

（7）婚姻迁移的年龄集中性非常明显，随着婚姻观念的转变而趋于分散，而且主要表现为晚婚观念主导下的后延分散化。婚姻迁移与一般的人口迁移相比较，虽然也主要集中在青年阶段，但是婚姻迁移的集中性更强，20 岁以前由于《婚姻法》的限制，婚姻迁移的比例几乎为零。当达到法定年龄时，婚姻迁移的比例瞬间飙升，20—29 岁组集中了婚姻迁移者的 80% 左右（见表 6-6）。从年龄下限来看，一般都在成年（18 岁）以后结婚才会得到社会的认可，并且我国的 1980 年的《婚姻法》规定，只有达到法定结婚年龄（男 22 周岁，女 20 周岁）以后的婚姻才受到国家的法律保护。

表 6-6　　　　2000 年和 2010 年全国分迁移原因的年龄结构　　　　单位:%

| 年龄（岁） | 2000 年迁移原因 ||||||||| 
|---|---|---|---|---|---|---|---|---|---|
| | 务工经商 | 工作调动 | 分配录用 | 学习培训 | 拆迁搬家 | 婚姻迁入 | 随迁家属 | 投亲靠友 | 其他 |
| 0—4 | 0.00 | 0.00 | 0.00 | 0.00 | 2.12 | 0.00 | 13.42 | 9.54 | 4.38 |
| 5—9 | 0.00 | 0.00 | 0.00 | 0.58 | 4.92 | 0.00 | 18.28 | 9.59 | 4.95 |
| 10—14 | 0.00 | 0.00 | 0.00 | 2.63 | 6.67 | 0.00 | 17.63 | 8.64 | 5.83 |
| 15—19 | 15.15 | 2.36 | 7.31 | 67.60 | 5.36 | 1.04 | 8.30 | 7.45 | 9.04 |
| 20—24 | 24.76 | 15.06 | 49.22 | 27.31 | 4.90 | 32.97 | 5.81 | 9.14 | 11.69 |

续表

| 年龄<br>(岁) | 2000 年迁移原因 ||||||||| 
|---|---|---|---|---|---|---|---|---|---|
| | 务工经商 | 工作调动 | 分配录用 | 学习培训 | 拆迁搬家 | 婚姻迁入 | 随迁家属 | 投亲靠友 | 其他 |
| 25—29 | 22.10 | 22.70 | 30.48 | 1.23 | 9.86 | 45.42 | 8.42 | 9.07 | 12.49 |
| 30—34 | 16.83 | 19.51 | 5.66 | 0.36 | 12.55 | 11.17 | 7.47 | 7.05 | 11.51 |
| 35—39 | 9.88 | 16.46 | 2.96 | 0.16 | 13.19 | 3.75 | 5.40 | 4.78 | 9.47 |
| 40—44 | 4.59 | 9.15 | 1.56 | 0.06 | 10.87 | 1.81 | 3.30 | 3.27 | 6.68 |
| 45—49 | 3.30 | 6.85 | 1.33 | 0.03 | 9.63 | 1.42 | 3.14 | 3.90 | 6.19 |
| 50—54 | 1.70 | 3.99 | 0.69 | 0.01 | 6.10 | 0.93 | 2.44 | 4.71 | 5.11 |
| 55—59 | 0.86 | 2.05 | 0.37 | 0.01 | 3.90 | 0.59 | 1.81 | 5.02 | 3.99 |
| 60—64 | 0.51 | 1.09 | 0.23 | 0.00 | 3.39 | 0.42 | 1.64 | 5.53 | 3.50 |
| 65 岁以上 | 0.33 | 0.77 | 0.19 | 0.01 | 6.52 | 0.48 | 2.95 | 12.30 | 5.17 |

| 年龄<br>(岁) | 2010 年迁移原因 ||||||||| 
|---|---|---|---|---|---|---|---|---|---|
| | 务工经商 | 工作调动 | 寄挂户口 | 学习培训 | 拆迁搬家 | 婚姻嫁娶 | 随迁家属 | 投亲靠友 | 其他 |
| 0—4 | 0.00 | 0.00 | 5.37 | 0.00 | 1.89 | 0.00 | 16.96 | 10.43 | 5.46 |
| 5—9 | 0.00 | 0.00 | 5.32 | 3.56 | 2.77 | 0.00 | 16.15 | 8.74 | 4.95 |
| 10—14 | 0.00 | 0.00 | 5.23 | 6.77 | 3.35 | 0.00 | 13.74 | 7.08 | 4.40 |
| 15—19 | 5.98 | 2.22 | 4.60 | 51.30 | 3.40 | 1.63 | 8.85 | 4.82 | 5.08 |
| 20—24 | 18.31 | 14.71 | 7.21 | 35.21 | 4.91 | 17.26 | 6.87 | 4.91 | 7.89 |
| 25—29 | 16.51 | 19.63 | 8.03 | 1.65 | 7.96 | 23.76 | 5.69 | 4.34 | 8.34 |
| 30—34 | 14.39 | 14.78 | 8.38 | 0.47 | 9.82 | 18.31 | 5.08 | 3.94 | 8.81 |
| 35—39 | 15.30 | 13.83 | 9.38 | 0.36 | 11.74 | 13.53 | 5.11 | 4.03 | 10.17 |
| 40—44 | 13.18 | 11.53 | 8.87 | 0.31 | 11.64 | 9.22 | 4.31 | 3.86 | 9.57 |
| 45—49 | 8.19 | 8.88 | 8.21 | 0.13 | 11.04 | 5.83 | 3.44 | 4.02 | 7.77 |
| 50—54 | 3.70 | 5.16 | 6.73 | 0.05 | 8.83 | 3.49 | 2.84 | 5.49 | 5.97 |
| 55—59 | 2.50 | 3.89 | 6.71 | 0.05 | 7.99 | 2.88 | 3.33 | 9.24 | 6.20 |
| 60—64 | 1.11 | 2.29 | 5.44 | 0.04 | 5.25 | 1.85 | 2.69 | 8.94 | 4.99 |
| 65 岁以上 | 0.85 | 3.06 | 10.51 | 0.09 | 9.38 | 2.23 | 4.92 | 20.14 | 10.40 |

资料来源：根据 2000 年中国第五次人口普查和 2010 年中国第六次人口普查数据计算整理。

另外，从年龄上限看，大多在育龄期（15—49 岁）结束前就基本全部完婚（主要指初婚），并且大多在 35 岁以前就结束，但是一般的人口迁移年龄范围要比婚姻迁移较大，既包括年龄下限的降低，也包括上限的提高。一般人口迁移年龄全距，远远比婚姻迁移年龄全距大，表现出分散化特征，而婚姻迁移表现出较强的年龄集中性，这对于达到国家法定结婚年龄之后的女性表现得可能更为明显，很多女性都担心自己成为"剩女"，总是担心自己嫁不出去，不敢把婚姻大事给耽误。但从我国2000年第五次、2010年第六次人口普查数据的比较来看，结婚年龄出现了一定程度的后延（晚婚）趋势，30岁以上结婚的比例在上升。

# 第七章 通婚圈变化的社会经济影响

我国地理通婚圈变化从整体上由于人口迁移流动的范围在不断扩大，通婚圈也随之呈扩大趋势，而且这种特点越来越明显，将来跨县、跨省和跨区域通婚的现象可能还会继续增加，通婚圈扩展的利弊如何？对个人（不同代际的个体）、家庭、社区和国家将会带来什么样的影响？在此，将从不同方面对通婚圈扩展带来的利弊进行简要的分析与讨论。

地理通婚圈扩大是我国社会经济发展的积极表现，这一现象背后可以看到整个社会不断活跃，跨地区的人际交往日益频繁，但是随着远距离的跨区域通婚现象增多，也可能会带来一些新的社会问题和潜在的影响。

## 第一节 （积极）社会影响

### 一 促进后代人口素质提高

控制人口数量，提高人口素质，是实现我国社会主义现代化建设宏伟目标和可持续发展的重大战略决策。实现人口再生产类型转变之后，人口与计划生育工作的主要任务将转向稳定低生育水平，提高出生人口素质。另外，中国政府在2000年年底发表的《中国21世纪人口与发展》白皮书中也提出，中国人口与发展的目标是：到21世纪中叶，人口达到峰值水平（约16亿）后将会进入下降阶段，人口健康素质全面提高，15岁及以上的国民平均受教育年限达到12年（即美国2000年的水平），婴儿死亡率降至18‰（目前南美的平均水平），人均预期寿命达到76岁（目前美洲的平均水平）。[①]

控制人口数量与提高人口素质是我国的一项基本国策。就目前的人口

---

① 国家卫生和计划生育委员会《中国计划生育工作成就研究》课题组，2013年11月。

发展形势来看，控制人口数量已经取得了举世瞩目的成绩，20世纪90年代初（1992年，TFR为2.05）就已经进入了低生育水平，总和生育率（TFR）不断降低。1960—2012年，总和生育率从5.9下降为2011年的1.04。① 人口增长速度得到了有效的遏制。从人口素质来看，虽然与解放前相比有了明显的提高，但与世界发达国家相比还存在不小差距，人口素质提高的任务将继续长期存在，如何提高我国人口素质？一个最根本原则是"起点出发，全程控制"。人口素质提高的起点源于婚配，而全程控制主要依靠后天的教育培训，但后天的教育控制必须以先天遗传素质为基础。实践表明：严格控制先天遗传，强化后天教育是提高人口素质至关重要的两个有效途径，二者缺一不可。②

人口迁移流动的地域范围对通婚圈的扩大有促进作用，随着人们流动地域范围的扩大，地理通婚圈也将亦步亦趋地随其发展，通婚地理范围日益扩大，可以在尽可能大的地理范围内择到自己最中意的配偶，有利于促进婚姻结构优化与质量的提高，促进优生优育和提高人口素质，在广阔地域范围内通婚可以减少近亲婚配的概率，促进后代人口素质的提高，减少先天性疾病的患发概率，有利于人口自身可持续发展。

**二 促进本代人口社会经济交流与融合**

通婚圈扩大不仅对后代人口素质提高有积极的作用，也有利于本代人口的各种思想文化交流与融合，跨区域通婚可以拓展人际关系。通婚圈既是族群认同的一种表现，又是获取资源的一个途径，同时还是民族文化传承的载体。③ 首先，通婚圈扩大可以促进不同的地区之间经济交流与文化交融，促使劳动生产技能、手工艺技术的交流和传播。其次，地理通婚圈的扩大从社会意义上来看，等级通婚圈也可能在某些方面表现出扩大的特征。在传统的等级通婚圈中，一般是农村人与农村人通婚，城市人与城市人通婚，很难越过城乡之间这条鸿沟。可是，随着我国人口不断从农村流入到城市以后，这条界限对城乡通婚的阻力大大减弱，流动人口与城市居民，流动人口与其他外地流动人口之间的通婚开始出现。婚姻不是两个人

---

① 笔者根据《中国统计年鉴》（2012）计算。
② 徐桂芹：《控制先天疾病发生 强化后天教育培养——浅谈提高矿区人口素质与优生优育优教》，《优生与遗传》1992年第3期。
③ 杨筑慧：《西南少数民族妇女外流引发的婚俗变迁》，《中国民族报》2010年3月5日第10版。

之间的私事，而是两个家庭甚至两种文化间的交流，城乡之间或者是不同区域之间的人口互相通婚，可以促进城乡的融合和一体化发展，缩小城乡发展差距。迪利亚·达文（2005）认为，中国跨区域的通婚对于大多数妇女而言，意味着她们离开了自己的出生地，扩大了伴侣选择的机会，并且扩大了她们的社会交往圈子，可以提供在自己出生地以外的信息，与外部通婚或许会给妇女带来更好的生活。①

### 三 有利于促进女性社会流动

婚姻和教育是一个人实现社会流动最重要的两条途径。可是，对于流动人口来说，他们已经从学校场域转入社会场域，通过教育这条路径来实现社会流动已经被切断，而只能通过婚姻途径来实现社会流动。一个社会系统越趋于开放，其现代化水平就越高，青年择偶范围也就越广，择偶途径也越多，配偶双方出生地之间相隔的地理距离也必定越远。② 在普遍的"男高女低"婚姻梯度匹配模式下，突破传统狭小地域通婚圈，可以使出生在农村但比较优秀的女孩在社会向上流动的机会大大增强，冲破以往的农村人嫁（娶）农村人、城市人嫁（娶）城市人的通婚壁垒，对有能力的农村女孩通过婚姻向上流动的可能性更大，有了与城市居民通婚的机会，她们已经意识到，通过婚姻迁移的途径可以进入那些经济发展水平较高的富裕地区，可以使自己获得更好的发展机遇和拥有更高的平台，这是女性一生改变自身地位的一次非常重要的契机，即便是在"同类联姻"的农民工与农民工之间的通婚也扩大了他们的地理通婚距离，促进整个社会趋于开放，容易实现婚姻资源的优化配置，这正是现代社会发展所期望的目标。

### 四 简化婚礼程序，降低结婚成本

婚礼仪式是男女双方结为夫妻关系的礼仪庆典形式，普遍存在于世界各地各民族礼俗之中，每一个民族都具有自己独特的婚礼仪式。它的作用是向亲属和社会宣布两性的结合已经得到家庭与社会的认可，社会意义非常大，并且与法律登记相辅相成。婚礼起到了社会舆论对婚姻的控制与监督的作用，而法律是国家给予夫妻最有力的保障。婚礼是婚姻制度的重要内容之一，人类婚姻制度的起源非常早，可以说在人类开始懂得近亲交配

---

① Delia Davin, "Marriage Migration in China: The Enlargement of Marriage Markets in the Era of Market Reforms". *Indian Journal of Gender Studies*, No. 12, 2005, pp. 173 – 188.
② 卢春梅等：《贵州威宁彝族"果"支系通婚圈变迁趋势研究》，《思想战线》2012年第4期。

不利于后代人口素质提高的时候就已经产生。我国早在西周时期，就有"婚姻六礼"，其中规定，成年男女的合法婚姻必须经过六个程序，它是婚姻成立的必经程序：

第一步是纳采。男方家请媒人到女方家提亲。

第二步是问名。女方答应议婚后，男方请媒人到女方家问其名字、生辰八字等，并到祖庙占卜以定凶吉。

第三步是纳吉。卜得吉兆之后即可与女方进行订婚。

第四步是纳征。男方送聘礼给女方家。

第五步是请期。男方携带礼金或礼物到女方家商定婚期大事。

第六步是亲迎。待到婚期之日，男方迎娶女子回家。①

传统的"婚姻六礼"在较小地域范围内通婚可以实现，但在地理通婚圈扩大之后就比较难以实现，尤其是对于跨省通婚更难以实现，地理通婚空间的扩大简化了婚姻的很多程序和仪式，现代很多青年往往是一步直接到位，或者一步都没有就直接成为合法夫妻，这大大简化了传统婚姻的繁文缛节。有的婚礼简化主要是为了降低婚姻开销，但也有一部分主要是因为地理距离跨度太大而无法实现。如在确定日子和时刻迎亲在远距离通婚中几乎不可能实现，由于地理距离的制约，过去一系列的婚姻礼俗都被简化，多数订婚都被取消，这样自然降低了男方的经济压力和负担。另外，随着在通婚圈的扩大，流动人口为了尽量不要耽误工作，将婚礼一切从简安排，不搞铺张浪费的婚礼仪式。

**五　限制农村家族势力和姻亲势力扩张**

村落家族关系直接影响村庄的权力分配，长期村内通婚会导致村庄内部人际关系错综复杂。虽然这种紧密结合带来的影响会使人口相对稳定，其日常生活中所产生的矛盾和冲突可以在短时间内得以化解和容忍，但是这种人口聚集的背后容易在选举活动中拉帮结派，对农村社区治理的公平性提出了一定的挑战。②

地理通婚圈扩大不仅有利于人口素质的提高，也可以弱化家族势力的扩散，防止传统社会中村民因近距离通婚而形成的家族势力扩张，进而影响村庄事务管理。村落内部和相距较近的村落之间互相通婚会导致村民之

---

① http://baike.baidu.com/view/2974605.htm?fr=wordsearch。

② 钟庆君：《村内通婚对村庄治理的影响——以山东省 L 镇 S 村为例》，《中国农村观察》2010 年第 4 期。

间原有初级社会关系发生变化,在此基础上又衍生出次级的社会关系,导致人际关系变得错综复杂,最终可能产生小家族利益与村落集体利益之间冲突、械斗等,对村落安全构成威胁,严重影响村落生产生活。在一些通婚圈过于狭窄的村子中,村委会换届选举活动时一旦某家族中的一人入选,会出现不公正等违纪违规行为,这会引起其他家族的不满和憎恨,甚至诱发村民冲突和械斗,严重威胁着村落的安全与和谐,通婚圈拓展降低了村落矛盾发生的可能性。

村委会是农村社区管理的主体。家族势力和姻亲势力范围在村委会选举上能够发挥重要的作用,它直接影响到政治竞争力和村落公共权力的支配,姻亲势力和家族势力大的候选人,在选举前可以拉选票,他们被选中的概率大,而家族势力小的候选人落选可能性很大。调查发现,一些村委会村干部换届选举之前就知道选举结果,这种现象在一些农村比较普遍。

## 第二节 (消极) 社会影响

### 一 对农村婚姻传统文化与习俗产生冲击

不论传统文化还是现代文化体系,婚姻总被视为一件非常重要的人生大事,结婚不仅标志个体角色的转变,也意味着家庭社会关系网络的扩大与重组。在中国浓厚的人情社会中更是如此,结婚的标志性程序一般有两个:一个是举行婚礼,另一个是法律登记。但是,我国很多地方尤其是农村,通常认为只要婚礼举办完毕,不管有没有在婚姻登记部门领证都意味着这种结合已经得到家庭与社会的认可。因此,人们对婚期的安排十分讲究,认为婚期选好了一辈子就会幸福,如果这一天选择不恰当,以后的日子就会不顺。在农村,作为"准夫妻"双方的父母都会根据他(她)们的生辰八字来选择婚期,但也有一些地方只根据女方生辰八字确定婚期。农村关于婚期的习俗和禁忌非常有意思,他们不但需要确定结婚的确切时间,就连新娘进门的时刻都很精确。如果延迟新娘进门的时刻,男方父母会相当不高兴;就日子而言,一定要选择双日子结婚、与夫妻双方属相相冲的日子不宜结婚;就月份而言,民俗传统中有农历1月和7月不宜结婚的传统、冬春季节的月份结婚最好等很多婚姻习俗。可是,这些传统的婚姻习俗在流动人口大范围的跨县、跨省通婚实践中就难以满足,他(她)

们不可能严格地遵循传统的婚姻习俗,往往选择不上班的节假日结婚,比如"五一"劳动节、"十一"国庆节、春节等假期,因为很多流动人口基本脱离了传统的农业生产劳动,在城市里面有自己的工作,婚期不再按传统的习俗进行安排。这种安排容易造成"结婚扎堆"现象,进一步还可能导致小规模的出生堆积。

另外,随着地理通婚圈的扩大,在一天以内不能返回来时,传统的婚礼举行仪式也会受影响,不可能在同一天把新娘娶回来,而只能在两家分开举办婚礼。还有,许多农村青年男女结识场所不再是乡间小路,而是在现代化的工厂车间等职业场所,或者是热闹非凡的歌舞厅或酒吧等娱乐场所,特别是少数民族青年之间没有了情歌对话。传递情书的工具不再是荷包、鞋垫或者是一条围巾等,而是手机短信、QQ 聊天、微信等现代化的电子通信工具等。

我国民族众多,各个民族的婚姻习俗独具特色。西南地区一些少数民族具有特殊的婚姻形式,如侗族、苗族和布依族的"不落夫家",即夫妻结婚之后暂时不在丈夫家居住,而是继续居住在娘家,在逢年过节或者农忙时节丈夫可以接回家,但只是暂时性的"客人",只有到妻子生下第一个孩子以后才长期居住在丈夫家。这些民族婚姻习俗随着大量未婚女青年向中部、东部地区的迁移流动而逐渐消失,"不落夫家"的婚姻习俗以及侗族的"行歌坐月"与"月地瓦"、苗族的"爱情坡"或"跳洞"、傣族与哈尼族的"串姑娘"等独特的择偶方式都将消失在远距离通婚圈之中。① 如西南地区的一支独特民族——黄佤族(佤族的一个分支),在长期的婚姻发展过程中一直保留着"串姑娘"的婚俗,但是这种习俗只能在村内进行。② 随着通婚圈的扩大,该习俗将趋于消失。长此以往,女性少数民族的外部流动必将对其民族传统文化习俗的传承与发展产生巨大冲击。这可以结合婚入地与婚出地两个方面进行分析:就婚入地而言,少数民族女性与外部群体的结合,脱离了原有的生活环境,并以非群体的方式介入到他乡的文化体系之中,原有的民族文化不仅难以传播扩散,反而很可能成为她们在移居地执行社会同化的负担,她们因此需要在新环境中放

---

① 杨筑慧:《妇女外流与西南民族婚姻习俗的变迁》,《云南民族大学学报》(哲学社会科学版)2009 年第 6 期。

② 周家瑜:《云南"黄佤"婚恋习俗的传统与变迁》,《中南民族大学学报》(人文社会科学版)2009 年第 6 期。

弃固有的文化制约，转而获取新的文化以适应当前的新环境；就婚出地而言，大量妇女的婚迁离开，将会带走上一代人传递下来的文化精髓，容易产生民族"文化链"断扣危机，几经周转之后最终很可能出现文化消失。择偶距离远近不同所形成的通婚圈大小，不仅会影响到一个民族的族群认同以及资源获取难易程度，还会对民族文化的传承造成巨大的影响。[1] 远距离的跨区域婚姻会产生深刻的影响，因为来自不同地区的人组建新的家庭，在文化价值观、行为习惯等方面都会有所差异。地理通婚圈扩大必然会对婚姻习俗与文化产生冲击，导致婚姻民俗文化随着通婚圈的扩展发生嬗变甚至烟消云散，而这些文化乃是中国传统文化的精髓和灵魂。

## 二 增加婚姻挤压的区域不公平性

科学研究和国际统计数据均已证实，在不受干扰时，出生性别比基本上在一个相对稳定的水平（103—107）上波动。可是，近三十年来，我国出生人口性别比持续偏高并且波及的地域范围不断扩展。20世纪70年代处于正常水平，80年代初开始偏离正常值，但程度不高，只有108.74，往后一直持续到2008年的峰值，超过了120。据国家统计局统计公报显示，从2009—2012年才有所缓降，2012年高达117.7，相比2011年年末虽下降了0.08，但仍处于性别比失衡的状态。[2] 从地域范围来看，1982—2005年性别比处于正常水平（107以下）的省区数量越来越少，而中度失衡（110—119.9）和重度失衡（120及以上）的省区数量越来越多。2005年上海、海南、江苏、湖北、福建、湖南、河南、贵州都超过了120的重度失衡水平，江西、安徽和陕西超过了130。[3] 再从小一层的地域分析情况来看更不乐观，1981—2000年各省区内部不同地市的出生性别比偏高的地域范围仍然不断扩张，从县（市）一级的数据来看，还出现了连片地域蔓延的特征。[4] 出生性别结构失衡最直接的影响就是导致婚龄期的婚配人口性别结构不平衡，性别结构失衡（男性过剩）必将造成男性成婚困难，贫困落后地区的女性婚姻资源向经济发达地区转移。根据

---

[1] 曹贵雄、何绍明：《哈尼族婚俗与女性婚姻变迁——以金平县马鞍底乡哈尼族哕们人为例》，《红河学院学报》2011年第3期。

[2] 国家人口和计划生育委员会流动人口服务管理司编：《对话：人口挑战与社会融合》，中国人口出版社2012年版。

[3] 杨菊华等：《生育政策与出生性别比》，社会科学文献出版社2009年版。

[4] 刘爽：《中国的出生性别比与性别偏好现象、原因及后果》，社会科学文献出版社2009年版。

2013 年全国流动人口动态监测数据计算发现①，分年龄段的流动人口性别比在适婚年龄期间的性别比出现了明显偏低。由于流出地的大量女性外迁，当婚而没有机会娶妻的男性人口规模剧增，必然会危及婚姻和家庭的稳定，导致对女性婚姻资源的透支，男性"寅吃卯粮"的现象非常严重，产生大量老夫少妻现象，甚至买卖婚姻、拐卖妇女等违法犯罪行为沉渣泛起。

人口性别结构失衡引发的"女性缺失"会造成婚姻市场中供需不平衡，男性"相对过剩"，这种人口自然结构问题带来的社会后果已成为我国很多落后地区的社会经济可持续发展的一大隐患。② 由于我国出生性别比持续的、大范围的偏高，导致女性缺失的程度不断加剧。③ 处于择偶困境中的男性可能被迫性跳出他们所生活的熟悉区域去争夺女性资源，从而推动通婚圈的扩大。随着人口迁移流动范围的扩展，流动人口跨省婚姻逐渐增加，经济发达地区吸引着经济欠发达地区人口流入，并导致部分女性流动人口的二次迁移（婚嫁）。因而，加剧了经济落后地区本已失衡的婚姻挤压程度，将会产生大量的"剩男"，进一步对该地区的社会安全构成威胁，而经济发达的地区女性缺失问题可以通过落后地区女性的输入而实现平衡。经济落后的农村地区人口外流剧增，大量女青年离乡不归，已经造成边远贫困地方出现了"光棍村"。据调查，云南省临沧市沧源县某村总人口仅两千余人，1997—2007 年，共外出务工女青年 95 人，仅有 2 人回村结婚，其余均未返村。④ 而经济发达地区即便存在性别比不平衡问题，也没有经济落后的农村地区突出，这就形成了"越穷越娶不到老婆，越娶不到老婆越穷"的婚姻贫困恶性循环，这是一个非常值得关注的社会问题。

---

① 2013 年分年龄段流动人口性别比如下：0—4 岁（SR = 123.4）；5—9 岁（SR = 125.6）；10—14 岁（SR = 128.5）；15—19 岁（SR = 129.4）；20—24 岁（SR = 89.8）；25—29 岁（SR = 90.1）；30—34 岁（SR = 106.8）；35—39 岁（SR = 111.0）；40—44 岁（SR = 113.9）；45—49 岁（SR = 127.2）；50—54 岁（SR = 152.5）；55—59 岁（SR = 155.1）；60 岁以上（SR = 92.45）；流动人口性别比 110.6。

② 李树茁、姜全保、伊莎贝尔、阿塔尼、费尔德曼：《中国的男孩偏好和婚姻挤压——初婚与再婚市场的综合分析》，《人口与经济》2006 年第 4 期。

③ 靳小怡、李成华、李艳：《性别失衡背景下中国农村人口的婚姻策略与婚姻质量——对 X 市和全国百村调查的分析》，《青年研究》2011 年第 6 期。

④ 云南师范大学课题组：《云南省人口发展战略研究》2009 年 10 月。

## 三 减弱家庭之间的感情纽带

婚姻关系是一条重要的关系纽带。一方面，它会受到家庭关系与社会关系网络的制约，基于不同社会关系网络建构起来的地理通婚圈差异极其显著；另一方面，在通婚圈形成以后反过来又会对社会资本的积累产生影响，二者相互促进、相互作用。婚姻关系建立不仅是当事人个体社会关系的转变，同时也是双方家庭关系网络扩展的表现。在研究姻亲家庭之间的社会交往关系，地理通婚圈的大小可能会决定着姻亲关系的紧密与松散程度。[①] 通婚圈大小对于家庭关系网络具有重要意义，通婚圈远近直接决定家庭社会网络支持程度。随着社会的发展进步，性别观念渐渐趋于平等，并且这种平等不仅体现在权利方面，也体现在义务方面。目前，中国家庭养老的经济支持不仅仅是儿子的责任，女儿也开始承担了养老的经济责任。[②] 在女儿承担家庭养老责任情况下，与父母居住地之间的地理距离显然对子女在老年人的经济支持方面产生重要的影响。无论是在给父母钱的比例以及给钱的数量都与子女的居住距离有显著的相关性，距离最近和最远的子女在这方面表现较好，而距离相对较近的给父母的钱明显偏少。[③] 通婚圈的扩展显然改变了与父母居住地之间的地理距离，对养老的经济支持产生影响。除了经济支持，其他方面如生活照料、家务劳动等也可能会受到影响。

## 四 增加信息的不对称性，对婚姻稳定性提出挑战

美国著名经济学家加里·斯坦利·贝克尔（Gary Stanley Becker）1987年在其《家庭论》中认为，获取信息与否以及获取信息的完整度是一个人在婚姻市场上寻找配偶的主要依据，也是婚姻离异的根源所在，婚后不久婚姻就破裂的主要原因是婚前在婚姻市场上对其选择对象的信息掌握不充分与婚后对其配偶了解程度不断加深导致的。[④] 在传统的通婚圈范围中，由于地理距离相距较近，人们的择偶范围都在熟人圈子里面进行，大家都在"生于斯，长于斯，死于斯"的熟人环境中交往。世世代代都

---

[①] 刁统菊：《不对称的平衡性：联姻宗族之间的阶序性关系——以华北乡村为例》，《山东社会科学》2010年第5期。
[②] 何绍辉：《农村家庭养老"女儿化"的倾向探源》，《中国国情国力》2010年第7期。
[③] 丁志宏：《城市子女对老年父母经济支持的具体研究》，《人口学刊》2014年第4期。
[④] 邓智平：《打工妹的婚姻逆迁移研究》，《社会》2004年第3期。

生活在一个村落里，社会交往的圈子囿于方圆 20 里①范围以内。在这个熟人圈子里信息都是公开对称的，不仅个人与个人之间的信息对称性较好，而且家庭与家庭之间的信息也非常对称。所谓的"对称"就是指双方互相了解的深度、范围、内容都比较一致。可是，人口迁移流动使他们逐渐脱离了熟人圈子，通婚圈也迅速扩大。有研究表明，21.7% 的新生代农民工通婚半径超过了 50 公里，跨过了县域，大概有 7% 的通婚半径还超过了 100 公里，跨过了省域范围。② 在更大范围内择偶，夫妻双方婚前互不了解或者了解不多，信息对称性很差，难以做到在"知根知底"的熟人圈子里择偶那样踏实；很多在城市务工处对象的一个主要目的是寻找心理安慰，摆脱陌生城市打拼带来的孤寂和空虚；很大一部分不是为了结婚而相处，而主要为了寻找感情慰藉。流动人口由于上班时间长、加班加点习以为常、劳动强度大，社会交往圈子狭小、部分行业、职业员工男女比例失调（如建筑业和制造业男性较多，而服务业中女性较多），阻碍青年流动人口的正常婚恋。

另外，由于地理通婚圈冲破了传统的空间限制，但是正在恋爱或准备结婚的双方在此之前互不相识，很多女性在这方面非常容易上当受骗，有的在流入地结了婚还不知道男方在老家已经有老婆和孩子。男性也会遇到一些靠结婚赚钱的不良女性，有的女性为了骗取男人的钱财就"隐婚"，这些妇女一般在不同的地方多次结婚，以骗取男子的钱财，这些现象在传统的熟人圈子里面绝对不可能出现，大家彼此知根知底，谁也骗不到谁。这些现象的存在，严重影响了流入地的婚姻市场规则，导致那些真正为了结婚的异地通婚失去了安全感。

由于双方信息掌握有限而且明显不对称，女性担心男性欺骗自己的感情，男性担心女性欺骗自己的钱财，随时担心有一天会"跑掉"。有人认为找外地（超出本县或者是邻县的范围）媳妇摸不清底细，也说不准什么时候可能离家出走，可靠性不高；相比而言，在本地择偶，根基比较牢固，只有建立在"熟人社会"信誉基础上的婚姻才能够做到"知根知底"，比较有安全感。③ 另据笔者调查发现，云南省、贵州省等落后地区

---

① 顾耀德：《对边远地区女性人口涌入浙江之浅见》，《人口与经济》1991 年第 3 期。
② 潘永、朱传耿：《"80 后"农民工择偶模式研究》，《西北人口》2007 年第 1 期。
③ 刘升：《农村闪婚：父权文化下的本地婚》，《西南石油大学学报》（社会科学版）2014 年第 3 期。

的外来媳妇，存在结婚后一段时间离异现象，而且她们大多属于事实性婚姻，没有经过结婚登记领证，悔婚也不需要办理相关离婚手续，婚姻稳定性较差。双方缺乏信任，不容易加固夫妇之间的感情，从而影响家庭和谐与稳定，这些因素可能是导致婚姻家庭关系终止的潜在危机。

### 五 加重婚入者的身体适应、心理适应和社会适应压力

在从夫居制度下，通婚圈扩大会对女性婚姻迁移后的家庭适应与社会融入产生影响。远距离通婚，与娘家联系会趋于疏松，容易产生孤寂的心理。首先，新娘从一个生活已久的熟悉环境中脱离出来，不仅会遇到水土不服和饮食不习惯等问题，进而导致身体状况欠佳；其次，由于婚前彼此了解深度不够，可能会不信任对方，总是担心被对方欺骗，产生各种心理疑惑和焦虑，容易产生家庭矛盾；最后，由于我国的语言种类繁多，不同地区的语言差别很大，一般跨省通婚者均会遇到语言交流方面的困难，这进一步制约着婚入者的社会适应与融入状况。与老一代流动人口相比，新生代跨省婚姻的比例是前者的两倍，他们的通婚圈已经由传统的地缘、血缘为主向业缘为主转变，通婚圈明显扩大。[①] 而通婚圈扩大对婚入者的身体、心理和社会适应都带来了巨大压力和挑战，只有处理好以上几个方面的问题，才能很好地在婚后的生活中保持积极、健康的心态，一旦某一方面的关系处理不好，都会影响到身心健康。

### 六 缺乏原有地方感，难以重构新的地方归属感

地方感是个人或群体在一定时期内对一定生活空间或区域形成的理解、感知、情感等。简单地说，就是满足人类基本需要的普遍的情感联系。它体现了人在情感上与地方之间的深切联系，是一种经过文化塑造过的特殊人地关系，是人地互动的产物，能够给人带来安全感与归属感。地方感会随着社会经济的转型而改变，地方感会不断地被重构。[②] 具体可以从两个方面来理解：一方面，指某个地方赋予的区域特征，这是从地理角度的客观分析；另一方面，指人们对某个地方的依附感，这是从人群视角的主观理解。[③] 在这里是指第二个层次含义。结婚会带来居住地改变，女

---

① 《中国人口报》2013年12月10日第1版。

② 朱竑等：《地方感、地方依恋与地方认同等概念的辨析及研究启示》，《华南师范大学学报》2011年第1期。

③ 李凤荣、王鹏程：《谈地缘环境对海明威、川端康成文学创作的影响》，《延边大学学报》（社会科学版）2013年第3期。

性从一个地方迁移到另外一个地方,现代社会中远距离跨区域通婚将导致婚入者缺乏地方感,如果在小范围的邻村,或者是在乡镇范围以内,具有相同的风俗习惯、语言文化和区域特征,即便不在本村,地方感依然不会消失殆尽,但是当通婚距离跨度太大就会对新来的地方缺乏归属感,没有熟悉的地理标志,而且很多流动人口在结婚以后一般会继续外出务工,很少在婆家务农,只有在怀孕生孩子的时候才回家,当孩子1岁左右的时候又开始流动。在这种长期处于流动状态的生活中,婚入者想在夫家建立新的地方感非常困难。她们很难对婚入地产生地方依附感,只有过春节回家,总共不到半个月的时间,而地方感的形成需要很长时间。这样他(她)们永远觉得那里不是自己的家,自己也不属于那个地方的人,缺乏地方感与归属感,导致心理容易孤寂。可是,打工毕竟不是一辈子的事情,人总要老的,等老了以后就不可能再出去打工,如果等到年纪很大的时候再回来家乡,这个时候更不容易形成地方感,进而产生老年孤独的心理问题。

需要说明的是,尽管在此列举了地理通婚圈扩大带来的诸多问题与挑战,但列举这些问题不是为阻碍通婚圈的扩展作证,而是为了提醒正在处于婚恋时期的未婚流动青年需要考虑的问题,不能忽视通婚圈扩大产生的不利影响。毫无疑问,不管就地理意义上而言的地理通婚圈也好,还是就社会意义上的等级通婚圈也好,通婚圈扩大都体现了整个社会的进步与发展,不能阻碍事物发展的规律,而只能顺应事物发展的规律,利用事物发展的规律。随着人口迁移流动的常态化,人们的交往圈子不再局限于过去那种传统的左邻右舍之间,而是在一个可能来自全国各地各民族的流动人口组成的现代化工厂中,这为正要择偶的青年们提供了一个相对熟悉和安全的择偶场所。因此,人口迁移流动导致跨区域、跨阶层通婚不可避免地出现,我们唯一能做的就是,减少甚至消除在此过程中产生的诸多负面影响。

通婚圈的变化不论是扩大还是内卷,都具有两面性,既有有利一面,也有消极一面,对于这个问题不同的人持有不同观点和看法。有的人认为利大于弊,也有人认为弊大于利,其中原因很可能是研究者从不同角度分析考察,站在不同立场上,看到问题的实质显然不会完全一致。本书认为,通婚圈的扩大到底是喜还是忧?还需要通过社会发展实践去证明。更重要的一点是,随着我国人口迁移流动的深入发展,通婚圈的扩大已经是不可否认的社会事实,而且在将来很长一段时间内,似乎也还会长期存在，我们不能刻意通过某些人为的手段来阻碍通婚圈的发展规律，而只有解决好在通婚圈扩展过程中所产生的问题，顺应通婚圈的发展规律，而不是改变通婚圈的发展规律，违背事物的发展规律，这样，不仅会阻碍社会的发展与进步，也将在此过程中付出更高的代价。

## 第三节 通婚圈的经济学分析

人类婚姻表面上看似是两个异性个体之间的生物结合，实则为一个复杂的社会系统，选择与什么类型的人结婚，实质是和这个人背后隐藏的社会经济地位等一系列因素相关，婚姻成为一种维持社会组织和家庭力量的手段。婚姻中的交换行为远远不只是性的交欢，每个家庭都具有利益交换与服务特征，尽管在程度上可能不一样，丈夫和妻子都可以占有对方的劳动产品，婚姻中的经济交换在日常生活之中随处可见。在原始社会，丈夫外出打猎回来交给妻子，而妻子为丈夫编织吊床，为此丈夫又编织一个篮子或削制一个木匙作为回报。[①] 在简单社会，结婚还是一种最主要的赠礼方式，婚姻本身就带有互惠性质，一门亲事可能会把所有具有姻亲关系的家庭卷入到喜宴和赠礼的圈子中很长一段时间。亚伯拉罕·罗斯曼（Abraham Rosman）和保拉·鲁布尔（Paule Rubel）曾经揭示了赠礼关系结构与婚姻交换结构完全吻合的现象，并且用于强调姻亲关系纽带。[②]

长期以来，学术界关于婚姻问题的经济学分析比较薄弱，该领域最具代表性的成果莫过于1992年诺贝尔经济学奖获得者加里·斯坦利·贝克尔的《家庭经济分析》，该书论述了很多有关婚姻经济现象的理论与观点，如婚姻市场、婚姻消费、婚姻交换和婚姻收益递减等概念大量出现后才促进了婚姻经济学的发展。[③] 尽管从经济学角度透视婚姻关系可能会遭到很多非经济学领域的批判和抨击，他们或许认为从经济学角度解读婚姻关系比较庸俗，人是社会的人，不完全是经济人，婚姻中很多现象不是靠理性可以解释的，人有感性的一面。但关于婚姻、家庭或生育的经济学研

---

① 墨菲著：《文化与社会人类学引论》，王卓君、吕迺基译，商务印书馆2004年版。
② ［美］罗伯特·F.墨菲：《文化与社会人类学引论》，商务印书馆2004年版。
③ 转引自韦晓娟《广西壮族妇女婚姻生育民俗及其嬗变研究——以广西龙脊为例》，硕士学位论文，广西师范大学，2005年，第87页。

究还是取得了一定成果，如著名的经济学家哈维·莱宾斯坦和加里·贝克两人分别在1957年和1960年以各自方式将消费者行为的经济学理论引入婚姻与生育行为的研究。① 从我国过去30年的实践来看，生育率大幅度下降，虽然计划生育政策作出了巨大贡献，但也不能忽视经济发展所起的作用，而且现在我国经济发展的作用已经超过生育政策所起的作用，生育政策越来越起着一张"空壳"的作用。陈卫（2005）利用中国省级数据研究了中国的经济发展、计划生育与生育率之间的动态关系后，发现我国的生育率降低在20世纪70年代主要是生育政策在起作用，到80年代二者的作用基本持平，而在90年代以后，生育政策与经济二者发挥的作用发生了置换，主要是经济发展在起作用。②

### 一　通婚圈的经济学解读

目前，我国许多大城市的公园也变成了"婚姻交易"集市。上海人民公园相亲角生意非常红火，许多"50后"、"60后"的父母将其未婚子女的基本情况做成一张小广告出示在广告栏中以待"出售"，每周双休日来这里"赶集"的人数超过500人，可是通过这种方式择偶的成功率并不理想。孙沛东研究显示，上海白发相亲成功率不到1%。一位名叫李菲的上海女孩，在寻找配偶时其母亲对她说，来相亲角找对象的选择范围非常广，而且存在一个潜在的市场价格，可以在市场上挑选你想要的"商品"。③ 在农村，择偶也会考虑经济方面的因素，经济发展水平是影响传统村落通婚圈发展变化的一个重要因素，人们在找结婚对象时，对方所在村落的生产生活条件是必须考虑的一个因素。一般父母愿意把女儿嫁到自然生态环境比较好、生活水平相对富裕的村落。④ 但由于我国不同民族的婚恋习俗差异显著，在部分少数民族中并不完全符合这种默认的"潜在规则"，如位于我国西南地区的侗族具有相对稳定的通婚村落，而对于外嫁外娶的婚姻都比较反对，父母及亲戚不会因对方的家世背景好而觉得非常有面子，反而看不起他们，任何形式的女儿外嫁与儿子外娶都被认为是

---

① 顾宝昌：《社会人口学的视野》，商务印书馆1992年版，第103—110页。
② 陈卫：《发展—计划生育—生育率的动态关系：中国省级数据再考察》，《人口研究》2005年第1期。
③ 庄庆鸿、谢宛菲：《都市通婚圈下的无奈》，《百姓生活》2013年第10期。
④ 刘大可：《传统客家村落的通婚圈及其成因分析——以闽西武北村落社区为例》，《福建论坛》（人文社会科学版）2010年第1期。

长得不漂亮或没有能力的表现。他们认为,只有在本地没有人要的女儿才嫁出去,没有能力和本事的儿子才会跑到外面找媳妇。[①] 在这种择偶行为中,对配偶家庭经济条件的要求可能不是非常明显,但这种通婚圈的形成原因可能与该地区经济条件比较落后有关,在某一社区实行内婚制,可以严格地控制本地资源外流,而通婚圈的扩大,与外部地区通婚势必以"嫁妆"的形式将本地区的资源转移到外部。

依照经济学思想来分析婚姻家庭时,如果把家庭看作是一个"公司或企业",那么结婚证就相当于这个公司的合法"营业执照",经办婚姻登记的民政局相当于"工商管理局",这个公司的"经纪人"就是夫妻双方,而夫妇双方的父母相当于公司的"担保人",婚姻则是这个公司的两个"经纪人"之间的契约,需要共同尊重签订的合约,一旦一方想毁约,那么公司就会解体。公司按其融资形式可以分为国有企业、集体企业、私有企业、港澳台资企业、中外合资企业等。但不管什么性质的公司,其唯一目的就是盈利,企业的宗旨就是经济利益最大化,"家庭"这个公司也不例外,只不过盈利形式不同,不是完全按照物质资本的形式来计量,它还包括非物质的社会资本和其他隐性资本。有时候,尽管这个公司在经济形式的资本上看似亏损,但还有一些隐性的社会资本是无法直接看到的。

本节从经济学视角透视通婚圈的地域结构,如跨国结婚组成的家庭相当于中外合资企业,与港澳台地区通婚组成的家庭相当于港澳台资企业,夫妇双方均为外籍人士组成的家庭相当于外资企业,夫妇双方均为中国居民组成的家庭相当于国有企业,而国内通婚距离就在临近乡村或乡镇范围以内的家庭相当于私有或民营企业。不同企业有不同的融资模式和盈利特点,同时也会取得不同的经济效益。到底哪种性质的公司效益更高?则取决于这个公司的经济人怎么去经营自己的公司,不同性质的公司具有不同的发展机遇,同时不同性质的公司肯定也会面临着不同的挑战。如中外合资企业可以提高国际品牌,在全球化的时代,商业活动越来越注重国际化。目前,越来越多的外国人与中国居民通婚,组成很多"中外合资企业",这种企业的好处是可以降低关税,方便国际贸易往来,具有一支高素质的技术人才队伍,但也会遇到一些问题,如合资双方的实物投资

---

① 李银艳:《侗族婚恋规制研究——以贵州省黎平县黄岗侗族为例》,硕士学位论文,吉首大学,2013年。

"作价"不当。而民营企业主要采用家族式管理,这种企业的管理成本低,信任程度高。但是这种企业的融资结构不够优化,另外,这种公司的员工素质结构也不合理,缺乏高级人才和技术人员,一般员工只是从老一代那里积累经验,这种民营企业中的技术人员缺乏技术。

那么这些不同性质的"公司",在登记注册的时候双方的资本拥有情况如何?我们将从经纪人双方各自的资本拥有情况以及他们的担保人的经济状况进行分析,以发现这些不同融资形式的公司之间的差异。

## 二 通婚圈变化的经济学分析

回顾我国改革开放历史,人口流动非常引人注目。虽然这场改革的主旋律是经济体制改革,此后才是伴随一系列其他社会制度的改革。这场改革不仅从宏观上改写了中国的历史,也给每个中国公民带来一定程度的影响。不仅表现在衣、食、住、行、游、购、乐,也表现在婚、丧、嫁、娶等方面。还清楚地记得在我刚上小学的年代,我们全村几乎一半以上家庭每年粮食不到年底就吃完了,只有掺杂其他杂粮作为主食,虽然我是出生于"80后"的一代,却"有幸"体会到一些过去农村的艰苦生活,还遇到几次因交不上学费没有领到教材而被老师赶出教室外的尴尬场面。二十年后的今天,这个不到300人的村落物质生活水平已经大大改善。主要原因之一是这些年越来越多农民外出打工,才使得整个村貌焕然一新,最近几年村里连续新建了好几栋洋式楼房。2005年9月,我以村里第一个大学生身份从本村走出去,从此回家便成了探亲式的短暂居留,父母和妹妹也在我考上大学当年成了打工之家,至今十年依旧如此,所以很多时候只有到年底春节才回家团聚。这十年期间,我基本上每过半年或一年从学校回家都会察觉到一些变化,要么张家新建了一栋欧式洋房,要么李家买了汽车,要么又是王大叔的儿子从外地领回来一个外省媳妇以致村里居民刚开始总是用惊奇的眼光去看,偶尔还会操着村子里"地方普通话"与她们交流等生产生活细节,经过仔细观察发现,凡是这些在村子里面有大动作的家庭,没有一个家庭没有流动人口,有的甚至举家外出流动。他们近者在附近县城(罗平县、师宗县)打零工,远者赴广东、福建、上海等经济比较发达的省市,有的甚至漂洋过海到了厄瓜多尔;幼者刚从初中毕业或肄业的未成年男女,老者已经到了知命之年(50岁)甚至花甲大寿,流动对他们各自都带来了不同方面和不同程度影响。

其中影响比较大的是,正处于婚恋时期的青年男女,外出打工的未婚青年流动人口，回家之后不仅改变了他们的经济条件，提高了生活水平与质量，还让他们在流入地结识了自己的终身伴侣，许多未婚青年在他（她）们的流动生涯中完成了婚恋和生育事件，既有从外省"领"[①] 回来的外地媳妇，也有打工之后就从本村"跑"出去的女孩。可以设想，如果没有这场轰轰烈烈的改革事业，他（她）们根本没有这么多的机会外出打工，也不可能认识现在的外地媳妇。从这个意义上来说，外出打工对未婚青年的婚恋观念和行为都产生了重要影响，外出务工为这些未婚青年提供了一个广阔的结识对象的空间和平台，虽然这些流动人口可能因为工作时长导致他们没有充裕的时间去谈情说爱，但是他们自己的工作场所里面，肯定就有很多同事来自全国各地的朋友。从他们在流入地建构起来的次级社会关系网络来看，大多可能属于"近缘繁殖"（与自己的同事或朋友的同事结婚）的现象，但是与流出地的初级社会关系网络相比，这个次级关系网络圈子已经有了明显扩张，有利于择偶范围的扩大。

### 三 初婚夫妻双方家庭经济条件

经济因素对择偶行为的影响表现为两个方面：首先，双方家庭条件差异，家庭富裕往往成为一部分人选择配偶考虑的重要因素；其次，看个人的财产收入。个人收入高低、财产多少也是影响择偶机会与市场的一个主要因素。

传统的婚姻匹配非常注重"门当户对"的原则，门当户对主要是指夫妇双方家庭的政治、经济、职业地位等社会阶层条件要在同一个层级之中，至少不能相差太大。改革开放以后，随着城乡之间的交流日益活跃，农村居民从交通闭塞、经济落后、思想淳朴、亲邻关系浓厚的乡村社区进入自由、开放、高度现代化、人情关系淡漠的城市，其各种思想观念都受到城市文化影响，同时又在西方文化冲击下，人们的婚姻观念和行为都发生了明显变化，远嫁远娶的异地通婚是非常普遍的现象，传统的"肥水不流外人田"的狭隘通婚圈的择偶观念不断受到冲击，逐渐发展为现代型的"兔子不吃窝边草"的跨区域通婚。那么现代型通婚圈与传统的通婚圈相比，是否还继续保留着严格的"门当户对"的原则？在此以中国城市青年

---

① 这里的"领"是指从本地流动出去的未婚男青年在流入地打工与现在的妻子相识之后恋爱，回家过年或经父母合了八字之后，再选定日期带着外地女孩一起回男方家举办婚礼；而"跑"是指从本地流动出去的未婚女孩直接嫁在流入地或其他外地的流动人口，而不再按传统婚礼习俗操办酒席，有的多年以后才回娘家探望父母和亲人。

结婚夫妻双方的家庭经济条件对比情况来作说明,如表7-1所示。

表7-1　　　　　　初婚夫妻双方的家庭经济条件对比　　　　　单位:%

| | 同县市 | 同省不同县市 | 不同省 | 总计 |
|---|---|---|---|---|
| 女性 | | Pearson $\chi^2$ (6) =33.2932 | Pr=0.000 | |
| 比自己家庭要好 | 23.40 | 27.37 | 26.88 | 24.34 |
| 与自己家庭差不多 | 68.40 | 55.87 | 50.54 | 64.85 |
| 比自己家庭要差 | 7.60 | 14.53 | 21.51 | 9.90 |
| 不清楚 | 0.60 | 2.23 | 1.08 | 0.91 |
| 合计 | 100 | 100 | 100 | 100 |
| 男性 | | Pearson $\chi^2$ (6) =4.9176 | Pr=0.554 | |
| 比自己家庭要好 | 10.43 | 8.24 | 9.30 | 10.00 |
| 与自己家庭差不多 | 73.70 | 76.47 | 67.44 | 73.64 |
| 比自己家庭要差 | 14.22 | 15.29 | 23.26 | 15.09 |
| 不清楚 | 1.66 | 0.00 | 0.00 | 1.27 |

资料来源:中国人民大学人口与发展研究中心2009年11月中国城市青年状况调查数据。男性总样本量为1291人,女性总样本量为1991人,其中回答该选项的有效样本,男性为550人,女性为1101人。

从表7-1统计结果发现,城市青年夫妇双方在结婚(初婚)的时候,以女性来看,总体上来说,传统的门当户对的痕迹还得以保存,结婚时夫妻双方家庭条件相差不大的比例占了绝对优势,达到了65%左右,以男性来看,该比例更高,与自己家庭经济条件差不多的比例为73.64%。但是具体来看,随着通婚圈的变化,这种家庭经济条件方面的门当户对的原则明显减弱,这种特点就女性而言,表现特别明显,女性与自己配偶双方的家庭条件差不多的比例,地理通婚圈在"同县市"范围以内的比例高达68.4%,在省内跨县市的比例降为55.87%,而跨省通婚进一步降到50.54%,也就是说,跨省通婚的夫妻双方家庭条件相差不大的比例只有一半,那么到底这些降低到哪里去了呢?进一步分析发现,表现在两个方面:随着地理通婚圈的扩大,女性所找的配偶比自己家庭差、比自己家庭好的都明显增加。女性所找的配偶比自己家庭差的比例,在同县市为7.6%,在省内跨县市为14.53%,在跨省通婚圈中为21.51%;女性所找的配偶比自己家庭好的比例,在同县市为23.4%,在省内跨县市为27.37%,在跨省通婚圈中为26.88%。随着通婚圈的扩大,这种异质性婚姻的比例大大增加,而且异质性还主要表现为一种"女性下嫁"的异质婚姻增加更为迅速，也就是说，随着通婚圈的扩展，城市女性所找的对象的家庭经济不如自己家庭经济条件的比例增加更为明显。

在我国存在关于"物质与婚姻"关系的看法，认为如果结婚是为了物质利益而选择的对象是不高尚的，会被贴上"拜金主义"标签。可是如今人们对待这个问题比较客观，不是崇拜但也不是不考虑。研究显示，女性对物质条件的择偶偏好比男性更在乎，但不是首要因素，它是排在个人品质、生理条件之后的第三位。① 以上结果说明，随着现代化发展，人们尤其是城市居民早已不把对方的家庭经济条件作为选择配偶考虑的一个主要因素，过去那种门当户对的婚配原则受到了动摇，但不可否认，由于受中国几千年的封建传统文化根深蒂固的影响，这种特点在经济方面仍然还有很强的影响力，可能需要较长的时间才能有所淡化。

### 四　初婚时个人平均月收入对比

现代婚姻越来越体现为个人的私事，是否结婚？何时结婚？与谁结婚？如何结婚等婚姻决策问题越来越体现为个人的选择，虽然过了适宜结婚年龄的年轻人，尤其女性是长辈们喋喋不休的唠叨对象，但尽管这样婚姻大事的最终决定权仍然掌握在婚姻当事人自己的手中。传统的父母包办婚姻已被视为陈腐的东西，是追求幸福的障碍，因此有必要进一步考察婚姻当事人双方的个人条件，在此以婚前的个人经济收入对比情况为例进行说明，如表7-2所示。

表7-2　　　　　中国城市青年与初婚配偶的相识途径　　　　单位：%

| 与初婚相识途径配偶 | 同县市 | 同省不同县市 | 不同省 | 总计 |
| --- | --- | --- | --- | --- |
| 在学习或工作中相识 | 35.09 | 35.98 | 47.06 | 36.22 |
| 朋友介绍或通过朋友认识 | 53.00 | 55.30 | 45.59 | 52.76 |
| 父母介绍或通过家人认识 | 9.51 | 6.06 | 3.68 | 8.48 |
| 在目的性的社交活动中认识 | 1.76 | 2.65 | 2.21 | 1.94 |
| 其他途径 | 0.08 | 0.00 | 0.00 | 0.06 |
| 网络 | 0.56 | 0.00 | 1.47 | 0.55 |
| 合计 | 100 | 100 | 100 | 100 |

资料来源：中国人民大学人口与发展研究中心2009年11月中国城市青年状况调查数据。

---

① 叶文振、王玲杰、孙琼如：《流动中的爱恋与婚育——来自对流动妇女问卷调查的报告》，厦门大学出版社2009年版，第120—123页。

随着时代发展，在择偶途径中，依靠自己认识寻找配偶比例越来越大，而且现代化程度越高，自己认识结婚配偶的比例越大，通过朋友或同事结识的比例也在不断提高，而通过父母或亲戚介绍对象的比例却在逐渐降低。[①] 从《中国城市青年状况调查》数据也发现，夫妻双方通过父母或家人认识的比例非常低（不到10%），而主要结识途径是通过朋友圈子和在学习工作中认识，而且随着地理通婚圈的不断扩大，通过父母和其他家人与配偶相识的比例越低，而在学习和工作中认识的比例越高。因此，在选择配偶时，可能考虑个人条件较多，而考虑家庭经济条件较少。下面根据初婚时夫妻双方平均月收入对比情况进行说明，如表7-3所示。

表7-3　　　　　　初婚夫妻双方的个人月收入对比　　　　　　单位：%

|  | 同县市 | 同省不同县市 | 不同省 | 总计 |
|---|---|---|---|---|
| 女性 |  | Pearson $\chi^2$ (6) = 4.7721 | Pr = 0.573 |  |
| 比配偶高 | 42.94 | 48.60 | 45.16 | 44.05 |
| 差不多 | 52.47 | 45.25 | 50.54 | 51.14 |
| 比配偶低 | 4.46 | 5.59 | 4.30 | 4.63 |
| 其他 | 0.12 | 0.56 | 0.00 | 0.18 |
| 合计 | 100.00 | 100.00 | 100.00 | 100.00 |
| 男性 |  | Pearson $\chi^2$ (6) = 6.9962 | Pr = 0.321 |  |
| 比配偶高 | 9.95 | 18.82 | 13.95 | 11.64 |
| 差不多 | 65.88 | 62.35 | 60.47 | 64.91 |
| 比配偶低 | 23.46 | 18.82 | 25.58 | 22.91 |
| 其他 | 0.71 | 0.00 | 0.00 | 0.55 |
| 合计 | 100 | 100 | 100 | 100 |

资料来源：中国人民大学人口与发展研究中心2009年11月中国城市青年状况调查数据。

从表7-3统计结果可以清楚地看到，不管男性还是女性青年，地理通婚圈与初婚夫妻双方的个人月收入均没有显著的相关关系。具体就女性而言，初婚时其个人平均月收入与配偶差不多比例为51.14%，但是比丈夫高的比例也占到了44.05%，而比其初婚配偶平均月收入低的比例只有

---

① 刘宝驹：《社会变迁中的家庭——当代中国城市研究》，四川出版集团2006年版，第36—41页。

4.63%。这些统计结果说明了中国现代女性的独立自主能力比较强,她们婚后在经济方面可能并不需要过多依靠丈夫,打破了婚姻匹配中的"男高女低"思维定式在经济方面的表现。

从初婚时个人平均月收入看,也可以看到相当比例的"下嫁婚",这说明传统的婚姻观念和行为已经受到了极大冲击,女性可能为了更多的感情与爱而结婚,而不是为了经济利益而结婚。但这可能与研究对象的特殊性有关,因为这里研究的对象是城市青年,并不能代表整个中国的总体情况,而农村青年未必也有类似的发展趋势,毕竟在我国城乡之间的思想观念、文化习俗与经济发展水平等方面都存在显著的差异。

现代化大城市中城市青年的思想发生了巨大变化,过去那种"门当户对"和"男高女低"的婚姻匹配模式都受到了冲击,很多城市女性自己通过朋友或在工作中认识的对象,家庭经济条件和个人的经济条件都还不如自己,这说明随着社会的进步与发展,物质利益性婚姻可能会进一步减少,而强调夫妻感情的婚姻会增多。在城乡频繁交流时代里,更多的城市居民与农村出来的流动人口之间通婚,促进城乡联姻和通婚圈的空间拓展。

### 五 聘礼与嫁妆

婚姻不只是一种纯粹的社会行为,同时也掺杂着许多经济或理性因素。关于婚姻中的聘礼与嫁妆研究一直受到国内外学者的青睐。美国著名人类学家杰克·古德(Jack Goody)1973年通过对欧洲社会的考察,认为嫁妆是父母死亡之前的一种财产继承和转移方式。① 斯坦利·坦比亚(Stanley Tambiah)在1984年也发表了同样观点。② 他们在1973年的合著《聘礼与嫁妆》中提出了分析婚姻以及相关经济社会过程的基本理论与概念。③ 伊斯特·博赛洛浦(Easter Boserup)把嫁妆看作是女人为了确保自己及其子女在未来生计中所做的偿付,根据妇女在劳动生产中的地位提出了关于聘礼与嫁妆的"生计经济地位"决定论,他认为影响聘礼与嫁妆的决定性因素是妇女在生计中的贡献,据此将社会分为两类:一类是由男

---

① 转引自刘大伟《试论媒妁在中国传统婚俗中的角色意义》,《青海师范大学民族师范学院学报》2007年第1期。

② 转引自张海云、冯学红《青海农区藏人婚俗文化变迁调查——以贵德县昨那等四个藏族村落为例》,《宁夏大学学报》(人文社会科学版)2007年第5期。

③ J. Goody and S., *Tambiah Bridewealth and Dowry*. Cambridge University Press, 1973.

性承担主要劳动生产的社会,另一类是以女性承担劳动生产为主的社会。在前一类社会中,男女结婚时普遍流行的是女方家庭置办嫁妆,而在后一种社会中,男女结婚时男方家庭为了弥补女方家庭劳动力的转移必须支付一定数额聘礼。[1] 弗里德曼和怀特等人提出婚姻的偿付理论,认为男方在婚姻缔结过程中,需要为女方本人及其家庭提供的婚姻支付,主要包括女性的劳动价值和生育价值的让渡与转移,即男方必须为女方作为一个新的家庭成员加入提供一定补偿,在婚姻偿付理论的阐释下,女性成了带有一定劳动价值与生育价值并能为男方家庭带来人口增殖和财富累积的一种"礼物"。男方主要的婚姻偿付形式是彩礼,当然还包括其他非货币形式的偿付以及服务等。但也有学者对此理论并不完全赞同,认为现实社会中并非完全按照偿付理论交换进行。如我国著名人类学家费孝通先生认为,婚姻支付中的彩礼并不是完全给女方家庭作为劳动力转让的补偿费用,在男方支付的全部彩礼中,父母可能只收取其中一部分,而剩余部分将作为女方家庭为新娘备置嫁妆而返回给男方家庭。还有,除了以嫁妆的形式返回以外,女方家庭还会增添一份与自己收取的那部分礼物相当的聘礼。[2] 所以,费孝通先生认为彩礼与嫁妆归根结底都返回新婚夫妇手中。陈春明对我国台湾地区农村婚姻支付的研究深入发展了该观点,认为婚姻的支付看似在娘家与婆家之间的家庭转移,实则是在新建家庭内部夫妻之间的转移,经过婚姻支付过程的一番周转之后,男方财产的一部分被转移到妻子名下,成了妻子单独享受的部分财产[3],如男方为新娘购买的首饰,但也有夫妻双方共同享受的财产。

马宗保等也认为,嫁妆与聘礼之间存在着补偿、互惠与财产转移等多重经济意义。在婚嫁过程中,男女双方父母的一部分财产将会以实物、现金等其他形式转移到新建立的家庭中,从而为新建家庭的发展奠定了一定的经济基础。[4] 他们认为,"聘礼"按照伊斯兰教经典《古兰经》的规定

---

[1] 韦晓娟:《广西壮族妇女婚姻生育民俗及其嬗变研究——以广西龙脊为例》,硕士学位论文,广西师范大学,2005年,第35页。

[2] 转引自张军峰《农村择偶困境下的婚姻支付模式变迁——以豫北岭村为例》,硕士学位论文,华中师范大学,2011年,第47页。

[3] Chen, C., Dowry and Inheritance. In Hsieh, J. and Y. Chuang, *The Chinese Family and Its Ritaul Behavior Taiwan*, Institute of Ethnology Academia Sinica, 1985.

[4] 马宗保、高永久:《乡村回族婚姻中的聘礼与通婚圈——以宁夏南部单家集村为例》,《民族研究》2005年第2期。

只是一份赠品，但是在现实生活中，却不完全是这么一回事，几乎不可能找到仅送很少聘礼就能把妻子娶进门的例子，但具体聘礼的多寡可以根据男方家庭实际情况来定，聘礼虽然没有统一的标准，但也不是随意的，在一定时期内具有相对的稳定性并被人们普遍认可和共同遵守。男方父母为儿子娶媳妇一般需要较大数量的花费，女方父母在女儿出嫁时也要为女儿准备一定的嫁妆和礼物，嫁妆的具体数量与种类、聘礼多少将随着时间和人们的生活水平有所变化。世界各地区的婚姻中都有不同形式和不同含义的聘礼与嫁妆的习俗。在非洲大部分地区，男方亲属需要交付给女方家一定数额的"聘金"，但人们经常会误以为这就是新娘的全部身价，其实不然，聘金主要被看作是新娘及其亲属的荣耀标识，也是对新娘家人因抚养女子成长的一种回报，还有更重要的意义是，以此确立丈夫对妻子所生子女的权利。如果孩子在出生之前就已经离婚，则丈夫可以追回聘金，聘金可以在数年只能付清，只有到丈夫把全部的聘礼付清之后，孩子才算完全属于父亲的群体，如果丈夫违约，则生下的孩子通常成为母亲亲属群体中的成员。聘金只是婚姻交换关系的一部分，通过这种交换把双方家庭连接在一起，具有相当重要的经济意义，在简单社会中，这可能是财富流动的一种特殊方式。嫁妆不同于聘金，它与获得子女的支配权或者给男方家庭作为抚养报酬无关，它似乎起着这样的作用，在分层社会中，嫁妆可以保证女儿有一个与之相当阶层和职业地位的丈夫，关于嫁妆的具体数目一部分取决于家庭的经济能力，另一部分也取决于未来丈夫的社会价值。[1]

中国婚姻市场中长期存在男性过剩现象，而且随着男性寻找配偶越来越困难，彩礼一直上升，特别是贫困地区。[2] 但是，女方家也需要为女儿置办嫁妆而产生一笔开销，结婚花费不论对男方家庭还是女方家庭都是一次具有社会意义的经济行为。聘礼高低、嫁妆多少、婚礼奢侈程度往往成为评价婚姻是否有意义的主要标准，特别是婚礼被视为一个事关面子的问题，不少家庭为了面子，而在婚礼上出现"超重"现象。在传统的婚姻中，送彩礼和备置嫁妆是结婚收支的一个主要组成部分。

聘礼与嫁妆导致了双方家庭的经济联系，从经济的角度来看，这是一

---

[1] ［美］罗伯特·F. 墨菲：《文化与社会人类学引论》，商务印书馆2004年版，第21—24页。

[2] 佟新：《人口社会学》，北京大学出版社2000年版，第27—31页。

个交换和互惠的过程。聘礼是男方到女方家订婚时,给女方家的定礼,在从夫居制度下,婚姻现象实际是一种女性人口的空间迁移流动行为,女孩结婚以后意味着娘家劳动力人口的损失,从而使她们的父母产生一种心理不平衡感,而彩礼可以在一定程度上弥补这种不平衡感,作为报答女方父母的养育之恩,正如默多克(George P. Murdock)认为的那样:将经济补偿转移到新娘的亲属家中,是用于补偿他们失去女性劳动力的损失,因为婚后在婆家的劳务已经属于新郎的亲属了。[1] 这个习俗在我国自古有之,只是在各个时代各个地区形式有所不同,每当结婚嫁娶,男方需提前准备好聘礼到女方家接媳妇。女方家则负责提前置办好嫁妆,等待夫婿的迎接,当男方给女方相应馈赠之后,女方父母并不会将其占为己有,而是以各种形式将聘礼中的部分或全部甚至自己还倒贴一部分返回给男方家庭或新建家庭之中。我国内蒙古呼和浩特市土良村蒙汉杂居地区的婚姻习俗在1940—2009年发生了巨大的变迁。[2] 不仅出现了地理通婚圈在扩大、择偶媒介多元化,婚姻聘礼与嫁妆也发生了变化,改革开放以来,婚姻中的偿付流向逐渐由传统的婆家→娘家向婆家、娘家→新建家庭的集中式转移。从夫居制度下,娘家实际上不但没有得到物质方面的补偿,反而出现"人财两空"净流失现象。具体返回形式有:置办嫁妆、返回给男方一定数量的钱财和物品等,因此实现了资源的交换过程,通过向男方家庭的各种返回和为女儿备嫁妆淡化了婚姻的"买卖"色彩,以提高妇女在婆家的家庭地位,同时突出了婚姻的互惠性,而不是买卖性。

聘礼是我国的传统婚姻习俗,也是现代婚姻的一个重头戏,对一些经济条件较差的家庭更是雪上加霜。随着生活水平和质量的不断提高,结婚彩礼水涨船高。但不同地方对彩礼金额和形式要求也会有所不同。2013年6月4日,号称全国第一张《聘礼地图》在网上发布,地图上详细标明了全国各地(省级)的聘礼金额,车子、房子、三金等全部齐全,按彩礼金额高低全国被划分为5大区域:分别是百万元区、五十万元区、十万元区、万元区和零元区,这张地图迅速在微博上走红。[3]

记者联系了此图制作人(重庆新浪乐居策划部副总监胡智伟),他

---

[1] George P. Murdock, *Social Structure*. New York: Macmillan, 1949, p. 27.
[2] 靳一萌:《蒙汉杂居村落婚俗变迁研究——以内蒙古呼和浩特市土良村为例》,硕士学位论文,中央民族大学,2010年,第32页。
[3] http://baike.baidu.com/view/10669583.htm?fr=wordsearch.

说，用了一个月时间，通过电话、发邮件等方式共调查全国各地300多人。针对这个调查结果，其背后存在很多可疑之处。调查技术本身，全国总共300个样本，平均每个省区尚不足10人，样本量和调查方法都值得商榷。

虽然这幅地图中的数据值得商榷，但现实生活中确实存在收聘礼的婚姻习俗，只是金额可能没有这幅地图标价那么夸张，况且各个省区内部存在很大差异。聘礼是我国早已流传下来的一种民间习俗，早在西周时期，我国就有"婚姻六礼"的习俗，其中第四步是纳征，即男方送聘礼给女方家，它有着根深蒂固的传统文化背景。但至于聘礼的多少则十分复杂，不仅因时因地而异，也会因人因情而异，根本不可能有一个统一的标准，别说是一个省区，就连一个村子都高低不一。目前，我国部分地区的聘礼不断上涨，确实存在上万元甚至十万元的聘礼情况，如崔燕珍2006年对安徽省一个村落的聘礼研究发现，当地一般聘礼标准为：礼金8000元左右，给新娘买首饰8000元左右，买衣服以及其他开支5000—6000元，再加上房屋装修等费用，一个普通家庭娶一个媳妇最低开销也得在4万元以上。[1] 陕北地区G村近年的聘礼也从2000年的1100元飙升到2012年的10万元[2]，给农村家庭为儿子娶妻带来了沉重的经济压力，很多农民可能因此出现致贫返贫现象。但也存在"零聘礼"，很多女孩及其父母主要看中男方的诚心、人品、能力等非物质性的因素。如甘品元对我国卢屯村毛南族的婚姻研究发现，毛南族结婚女方及家庭并不需要聘礼，如果男方家庭条件较好，事前给女方购买两床被子的钱就可以，除此之外并没有其他聘礼，这种现象无论是五六十年代还是在家庭联产承包责任制实施以后都是如此，卢屯姑娘出嫁多是被子之类，可以说得不偿失，即使女儿外出打工之后婚嫁外地，娘家也不会开口向男方索要聘礼作为补偿，娘家认为既然已经结婚成家，那就是一家人了，还要聘礼干什么，反正儿女也要生活，这也可能是他们的婚姻习俗和观念。[3] 况且女方家一般都把聘礼拿来

---

[1] 崔燕珍：《农村人口外出流动对当地婚嫁行为的影响——以崔村实地个案为例》，《中国青年研究》2007年第1期。

[2] 张艳娥：《婚姻市场中农村男性"娶妻难"问题研究——以陕北G村为例》，硕士学位论文，兰州大学，2013年，第48页。

[3] 甘品元：《毛南族婚姻行为变迁研究》，《广西民族大学学报》（社会科学版）2007年第6期。

备置嫁妆或操办酒席之类,嫁妆是女方家为女儿陪嫁的礼物,嫁妆在过去主要以实物形式,比如家具、田地之类。嫁妆通常是在结婚当天陪嫁给新娘,也有部分少数民族的嫁妆是在婚后生育孩子之后才发生转移,这主要在具有"不落夫家"婚姻习俗的少数民族之中,因为生育孩子之前的婚姻关系并不稳定,随时有可能被解除。

实际上,聘礼本身并没有什么负面影响,结婚时需要男方征纳聘礼已经是中国历史上就流传下来的习俗,一直被延续至今,与其价值内涵不无关系,聘礼契合了"尚礼"的民俗心理,这也是对婚姻认可的一种表达方式。但遗憾的是,如今将"聘礼"工具化,改变了该礼仪的最初含义——礼交味道,变成了婚姻殿堂的入门券,在聘礼工具化的过程中,也表明了婚姻的市场化,染上了消费行为的特征,有些地方对聘礼进行明码标价,把婚嫁沦为一种经济行为,感情逐渐被物质化。尽管中国的《聘礼地图》真实性值得怀疑,但也并非空穴来风。有些大城市的公园成为"50后"、"60后"一代父母的婚姻交易市场,其商品是自己的未婚儿女,他(她)们为子女选择结婚候选人,都是同一阶层、经济条件下的固化通婚圈。① 女方在置办嫁妆的时候确实会根据男方所给的聘礼来准备,从这个意义上说,可以认为婚姻是一种交换行为,但绝对不是市场上的等价交换。

这种婚姻习俗在传统的近距离通婚圈中比较容易实现,因为两家距离较近,一般不超过几十公里,两三个小时的步行路程,一天之内可以往返于两个家庭,但是随着地理通婚圈的扩展,这种传统的婚姻习俗受到冲击。在农村结婚,至今还有订婚仪式,而且还不仅仅是男方给女方买首饰和衣服之类的,还要男方从家里带一些实物。各个地方的习俗不一样,而且在数量方面还有讲究,都只能是双数,表示"好事成双"的意思,比如两瓶酒、两条烟、两对蜡烛等,订婚的习俗在我国地区差异非常大。这些婚姻习俗在远距离跨县市和跨省通婚中会遇到很多麻烦,所以有的就直接略过此节,一系列婚姻习俗都被大大简化甚至直接被取消,有的只需要给女方家聘礼就可以,这自然就在很大程度上降低了男方经济开销。相应地,女方出嫁时候,其家里也不再为其置办种类繁杂的实物之类的嫁妆。

---

① 佘宗明:《聘礼地图与被裹挟的婚姻》,《济南日报》2013年6月6日第F02版。

因此，随着我国地理通婚圈的扩大，聘礼与嫁妆都会受到影响，毕竟不同地区的聘礼差异较大，在这种跨区域的通婚中，双方家庭很可能在这方面弄出不太愉快的气氛，甚至有的因此功亏一篑。因为考虑聘礼金额的时候男方和女方家庭往往都是按各自户籍地的风俗习惯各行其是，这时如果两地的聘礼存在较大差异的话，就需要婚姻当事人双方各自分头与自己的父母协商调解，以达成共识，否则难以喜结连理。聘礼金额的地区差异是否会对通婚圈产生影响？这是一个值得思考的问题，如果某个地区的聘礼金额相对较低，甚至不需要聘礼就将可以妻子娶回家，在一定程度上来说，这个地区的女性可能比较受欢迎，而对于需要高额聘礼地区的女孩，落后地区男性在此娶妻可能是可望而不可即的事情，经济富裕地区的男性来说，只要他们愿意，完全有可能与她们联姻。而我国不同地区具有不同社会经济发展水平，因此，聘礼的地区差异也可能会对地理通婚圈产生一定的影响。

另外，彩礼性质的变迁也可能导致地理通婚圈与等级通婚圈的双重变迁。不同阶层收入差距明显，高收入的上层阶级在"婚姻资源"稀缺（供求不平衡的状态）产生的竞争环境中不断提高本地彩礼的同时，将导致处于中低收入水平的中下层阶级把择偶目光投向无须支付或者支付较低彩礼的择偶范围之中。随着我国打工经济的兴起，社会流动加速与农民阶层分化，促使传统通婚圈发生明显变化，经济收入处于社会上层的阶级，主动选择本地通婚圈；经济收入处于中层的阶级，积极向主流的本地通婚靠拢，优先选择本地婚姻；而经济收入处于下层的阶级，把目光积极投向外地婚姻（跨省通婚），由此形成不同的通婚圈。由此可见，社会阶层分化与等级通婚圈之间存在密切的联系。导致通婚圈结构的变迁主要与农民社会阶层有关，连接二者的内部机制是婚姻关系中的彩礼，彩礼在婚姻市场中的价格与性质的变动导致了不同的婚姻选择，由此形成了不同的通婚圈。由于本地婚姻与异地婚姻具有不同的彩礼价格，于是出现了彩礼与通婚结构之间的关系。高额彩礼与本地婚姻相联系，无彩礼与跨省婚姻相联系，跨省联姻的失败则会被动地沦为光棍。[1] 阶层分化通过彩礼（聘礼）的不同要价而选择了不同结婚对象，最终形成不同的通婚圈

---

[1] 余练：《农民分化与通婚圈结构变迁——基于皖中大鼓村婚姻市场的考察》，《华中科技大学学报》（社会科学版）2013年第1期。

层结构。

阶层分化与通婚圈结构的变迁可能会带来一系列不良社会后果,其中一个最严重的问题就是加深部分男性青年的择偶困境,固化已有的婚姻阶层结构,容易形成婚姻阶层的"马太效应",层级分化越来越明显,导致贫困再生产问题加剧,经济收入条件不好的中下层阶级跨省异地婚姻增多,容易导致婚姻的不稳定性,对家庭和社会的发展都极为不利。

### 六 家庭互动成本与收益分析

中国是一个非常注重人际关系网的社会,这种网络包括政治关系网、市场网和人情网。① 人情网渗透到生产生活方方面面,使人们对此具有强烈的依附感和认同感,婚姻的缔结往往不是男女双方个人的事情,还会带来两个家庭关系和社会网络关系的结合。② 这种结合既有纵向的,也有横向的,而且这种关系的结合与变化通常具有积极作用。每个村落、民族都在长期的交往中形成了极强的凝聚力。我国与西方发达国家不太一样,西方国家没有家庭养老的传统习俗,家庭成员之间也很少有代际供养,而在东方国家尤其是中国却不同,依靠家庭来养老几乎成了一种制度化的传统。③ 所以,西方发达国家的家庭代际关系具有单向传递特性,而我国家庭代际关系具有双向互动特征(见图7-1)。

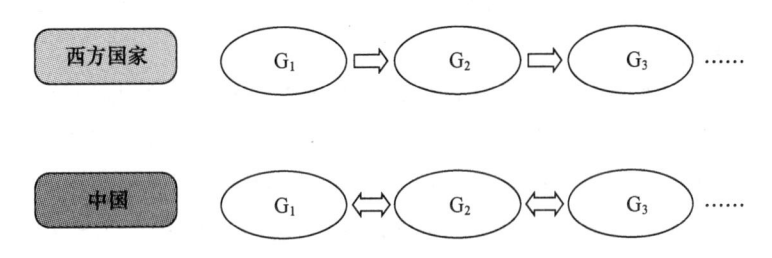

图7-1 中西方家庭代际关系互动模式比较

另外,我国传统乡土社会中的"报恩"与西方国家的"资源交换"理论也存在本质不同,尽管从形式上看二者鲜些相似,都表现为付出与回

---

① 蔡昉:《中国人口流动方式与途径》,社会科学文献出版社2001年版,第35—36页。
② 叶文振、王玲杰、孙琼如:《流动中的爱恋与婚育——来自对流动妇女问卷调查的报告》,厦门大学出版社2009年版,第113—115页。
③ 陈卫:《中国生育率下降的比较研究:特点、原因与后果》,博士学位论文,中国人民大学,1996年。

报的关系，但是二者的确貌合神离，西方国家的交换理论更强调工具理性，而我国的"报恩"更多的是反映了代际之间在感情方面互惠互助的家庭关系，前者是一种封闭式、捆绑式的内部交往群体，后者是开放性的外部交往群体，二者不能混为一谈，这也是中国和很多西方发达国家的家庭关系的一个显著差异。

西方发达国家在家庭代际互动模式上具有单向接力式特征，即父母在将其孩子养到成年以后，不会过多限制和干涉他们的发展，即便老了以后他们也不主要依靠儿女赡养。而中国却不同，由于受孝道文化的影响，家庭成员之间的代际哺育和反哺，是我国传统婚姻家庭的一个主要特点。由于社会保障制度的城乡差异，导致农村地区形成与城市具有显著差异的农村家庭养老资源网络，这个网络的核心力量便是"孝文化"，中国养老主要依靠子女，在农村几乎是唯一可靠的方式，这就形成了一个闭合的循环系统。20世纪90年代的流行歌曲《常回家看看》，就是父母与子女之间的互动机会较少的回应。通婚圈的扩张必然对基于"孝文化"的代际互动造成影响。受传统封建社会形成的孝文化标准，"父母在，不远游"的忠孝伦理道德的影响，人口流动以及由此诱致的远距离通婚可能导致女儿难以很好尽到"孝"之责任。在老龄化深度发展与迁移流动常态化背景下，需要从历史与内涵中重新审视孝文化的当代价值，需要对传统孝文化进行反思。

以血缘或地缘为核心纽带的社会关系网络，在地理空间上的延展性比较有限，基于此网络中寻找的配偶双方家庭距离也比较近，大多在本村或邻村，这种通婚圈的好处就是有利于与姻亲家庭成员的连接和沟通，家庭资源调用方便，有利于农业生产活动的组合进行，提高农业劳动生产效率；父母可以随时帮忙照顾小孩，父母老了也方便回家探望家人，有利于家庭各种资源的交换和共享。另外，这种传统的地理通婚圈有利于双方家庭之间来往，这个过程基本不需要花费差旅费等额外开销，最远的大多步行一两个小时即可到达，降低了家庭探亲访友的资金成本和时间成本。他们认为，远嫁后很多年都不能回家，全家一年的收入可能也就差不多够回一次家，长时期亲子不能见面，只有到春节才有时间回家看看。城市青年夫妇过除夕夜的地点选择如表7-4所示。

从表7-4结果看，男性和女性在除夕夜的地点选择上存在明显差异，这主要与我国的从夫居制度有关。在我国，一般女性结婚后就不再住在自

表 7-4　　　　　　　　　过除夕夜的地点选择　　　　　　　　单位:%

| 除夕夜地点选择 | 男性 | 女性 | 总计 |
| --- | --- | --- | --- |
| 自己或与配偶单独过 | 6.82 | 10.05 | 8.78 |
| 与同住父母或同住配偶父母过 | 21.84 | 19.05 | 20.15 |
| 在自己父母家过 | 59.88 | 38.39 | 46.85 |
| 在配偶父母家过 | 2.32 | 20.80 | 13.53 |
| 每年轮流在自己父母与配偶父母家过 | 7.98 | 9.70 | 9.02 |
| 与父母和配偶父母一起过 | 0.39 | 0.60 | 0.52 |
| 与父母（或配偶的父母）同住，但去配偶父母（或自己父母）家过 | 0.15 | 0.80 | 0.55 |
| 我和配偶各自回自己父母家过 | 0.08 | 0.20 | 0.15 |
| 其他（请注明） | 0.54 | 0.40 | 0.46 |
| 合计 | 100 | 100 | 100 |

资料来源：中国人民大学人口与发展研究中心 2009 年 11 月中国城市青年状况调查数据。

己家里（除一些少数民族特殊的婚姻形式，如壮族的"不落夫家"）。与自己父母过除夕夜的男性比例（59.88%）明显高于女性（38.39%），而在配偶父母家过的比例，女性的比例（20.8%）明显高于男性（2.32%），与同住的父母或配偶夫妇过的比例差别不大，但从中发现，每年轮流在自己父母与配偶父母家过的比例较高，在 10% 左右，这种情况如果对于远距离跨省通婚就会给家庭带来经济负担。如果这些家庭的收入不是很乐观的话，那么每年被这么一轮就轮掉了一笔不小的开销，而且在当前低生育水平下，城市家庭的独生子女比例非常高，可能还会出现一些为抢孩子回家过年而闹得家庭不愉快，在通婚圈不断扩大的时代中，这些问题都值得思考。

通过本节分析，主要得出以下结论：

（1）就夫妻双方家庭条件看，总体上门当户对在我国现代婚姻匹配中还在留存，结婚时夫妻双方家庭条件相差不大的比例占绝对优势。但随着通婚圈的扩大，夫妻双方门当户对的原则明显减弱，这种特点就女性表现特别突出，但男性变化并不明显。

（2）随着地理通婚圈的扩展，我国婚姻习俗可能会受到冲击和影响，因为很多婚姻仪式只有在传统的近距离地理通婚圈中才能实现，而在远距离的通婚圈中则难以实现。社会的阶层分化通过聘礼不同要价而选择不同结婚对象，最终形成不同的通婚圈层结构。

（3）随着通婚圈的扩展，家庭网络资源的可用性降低，家庭的农业生产互助功能、养老功能与孩子照料功能都趋于弱化。

# 第八章 结论与建议

## 第一节 主要结论

本书利用国家卫生和计划生育委员会 2011—2013 年流动人口动态监测调查数据、中国人民大学调查与数据中心 2008 年中国综合调查数据（CGSS 2008）、中国人民大学人口与发展研究中心 2009 年中国城市青年状况调查数据、1990—2010 年中国人口普查汇总资料、相关年份的《中国统计年鉴》数据以及 2013—2015 年作者攻读博士期间在北京、山东、云南等地收集的定性个案访谈资料，对我国流动人口通婚圈进行研究，主要得出如下结论：

（1）随着人口迁移流动的发展，通婚圈扩展的主流观点在全国层面得到印证。就流动人口而言，新生代与老一代流动人口在跨省通婚之间存在明显差异，但"80 后"与"90 后"的新生代流动人口通婚圈差异并不显著。

（2）就城市青年而言，结婚时是否有迁移流动经历与通婚圈具有显著相关性。人口迁移流动经历对未婚青年的理想通婚圈和已婚群体的实际通婚圈都具有明显促进作用；城市青年择偶因素的代际差异：在最重要几个因素父母和子女基本一致（主要是看重对方人品、能力和健康），但在一些次要因素中，两代人之间存在一定差异，对配偶家庭所在地的考虑，父母一代要高于子女一代。

（3）就流动人口而言，其跨省婚姻的比例都随着流动范围扩大而增加，流动范围的缩小而降低。跨省通婚按流动范围从大到小有规律地呈梯级递减特征：跨省流动＞省内跨市＞市内跨县。

（4）不同区域之间的通婚地域模式存在显著差异：中国东部地区的跨省通婚明显高于其他地区，其次是东北地区和西部地区，而中部地区跨省通婚比例最低。至于通婚地域模式的性别差异，虽然在总体上出现了明显的性别差异，但并不是在所有地区都存在，只在处于社会经济发展水平两个极端的地区（东部发达地区—西部相对落后地区）表现出明显性别差异，而且女性跨省通婚比例明显高于男性。通过对通婚圈的地域结构分析发现，通婚圈朝不同方向的地域扩展空间有明显差异。

通婚圈的空间结构形态随地理距离的增加逐渐由通婚圆向通婚弧，再向通婚点演变，通婚圈的"空间等级结构"将随着人口迁移流动的发展而变化，波浪式向外递推出去，即传统的近域通婚圈逐渐减少，在结构上由通婚圆蜕变为通婚弧甚至缩减为通婚点，而当前的通婚弧极有可能进一步演进为通婚圆，而当前的远距离散点式分布的通婚点，可能进一步发育为通婚弧。

（5）受教育程度与通婚圈呈正相关关系。受教育程度越高，跨省婚姻比例越高，受教育程度越低，跨省通婚比例越低。初中及以下跨省通婚比例整体偏低，高中或高中以上的跨省通婚比例迅速升高，而且大学专科与大学本科之间也存在显著的差别，研究生差异更大，平均三对夫妻中就有一对跨省通婚。

（6）流动人口夫妻户口"异类匹配"婚姻，不管从乡→城流动还是城→城流动看，都比"同类匹配"较高。其中乡→城流动的女性农业人口嫁给男性非农业人口的比例最高，这可借鉴美国研究种族通婚时提出的"资源交换"理论进行解释。我国人口迁移流动的主要类型是乡→城流动，农村流出人口以较高的受教育程度等人力资本去交换城市人口的户籍制度背后附带的资源，最终实现各自需要的互补与交换并打破城乡二元通婚僵局，城乡居民互相通婚。

（7）不同民族的族际通婚和跨省通婚也存在显著的差异，而且族际通婚与跨省通婚存在一定关联性。总体上，族际通婚比例较高的民族，其跨省通婚比例也相对较高，通婚圈也比较大。但不同民族的通婚圈差异比较复杂：与汉族为参照对象，既有比汉族通婚圈较小的民族，如回族和维吾尔族的跨省通婚都比例较低。

（8）流动人口的个人特征、流动行为特点两个方面都会对地理通婚圈产生影响。个人特征包括年龄、性别、相对结婚时间、民族、受教育程度和户口性质；流动行为方面因素主要有流动范围、在流入地连续居住时间、流入地区的类型以及在流入地所从事的职业。但排除邻省通婚时，只有年龄、相对结婚时间、受教育程度、流动范围和流入地区类型对通婚圈具有显著的影响作用。

进一步对调查时点因"婚嫁"而流动的人口进行分析,最后发现:流动人口的性别、流入地区类型和流动范围是影响地理通婚圈变化的三个主要因素。本书根据人口流动范围对通婚圈的影响作用,提出流动人口通婚圈的"空间可及性"模型,以解释人口流动的空间演变对通婚圈扩展的贡献,弥补了国内对流动人口通婚圈理论层面思考的不足。

## 第二节 政策建议

基于本书研究结论,人口迁移流动对通婚圈的扩展起着至关重要的促进作用,而且未来一段时期,不仅流动人口规模还将继续扩大,流动人口结构也可能发生深刻变化,除举家式迁移特征逐渐凸显以外,随着流动人口代际结构的转换以及未婚流动人口增多,通婚圈可能还会继续扩大,尤其是跨市跨省的远距离通婚可能更加明显,通婚圈扩大是社会发展的积极表现,但不可避免地会带来诸多新的问题与挑战,为了适应我国通婚圈的这种发展趋势,不同主体之间需要通力合作。具体可以从以下几个方面考虑:

**一 加强户籍制度、婚姻登记条例(主要是婚姻登记地的确定)等制度的改革,健全对流动人口的社会管理与服务机制**

我国当前的社会管理主要沿着传统户籍轨道行驶,应该逐步转变和创新社会管理,由户籍人口向常住人口转轨,避免公共资源的空间配置与居民实际需求不匹配现象。随着通婚圈的扩展,远距离跨省通婚现象日益明显,必须完善流动人口婚姻登记系统以及流动人口生育制度相关信息,降低婚姻登记的物质成本与心理成本,改变以往必须到夫妻一方户籍地登记婚姻的制度。可以考虑在当前流入地进行婚姻登记或者利用现代化互联网进行远程登记,推行电子政务是我国未来人口管理技术发展的新趋势,通过网络电子政务管理,提高远距离婚姻信息的采集、录入、储存与共享效率。结婚登记地值得进一步考虑,是否可以考虑把当前流入地纳入结婚登记地范围内?我国流动人口对婚姻法结婚登记的满意度低于农村未流动的群体,其中一个非常重要原因就是流动人口受《婚姻登记条例》中的"常住户口所在地"的限制,在外出期间结识对象想办结婚证非常麻烦,还得专门返乡办理，付出很多时间和经济成本。

## 二　加强出生人口性别比偏高的治理工作

一般认为，在不考虑人口迁移流动条件下，可能由以下几个因素导致婚姻市场中婚配人口的性别结构失衡：第一个因素是出生性别比。第二个因素是死亡率的性别差异。第三个因素是出生人数的变化。第四个因素是夫妇年龄差的变化。均衡的出生人口性别结构是保证婚姻市场中两性资源平衡的基础，而我国当前出生人口的性别比非常高，因此，治理出生人口性别比重任不可懈怠，只有从源头治理婚姻市场的不平衡，才有利于整个国家的总体发展，靠拆"西墙"补"东墙"手段解决我国"婚姻挤压"问题不是权宜之计，它有悖于区域协调发展的基本原则，只有从根本上解决出生人口性别比失衡的问题，才能使国家长治久安。

## 三　"二孩生育"应当成为我国生育政策调整的落脚点

通婚圈过小不利于人口素质的提高。本书研究发现，独生子女不利于通婚圈的扩展，因此降低独生子女的比例可以在一定程度上促进通婚圈扩大，但并不是生得越多通婚圈就越大，通婚圈扩展与兄弟姐妹的数量没有必然的联系，只与有无兄弟姐妹存在关系，而与兄弟姐妹的多少不存在相关性。所以"有兄弟姐妹但又不太多"的"二孩"生育政策，既可以控制人口数量，又可以促进通婚圈的扩展，减少近缘婚配，提高出生婴儿的人口素质。"二孩"生育是个人、家庭与社会等多方利益的结合点，也比较符合群众的生育数量意愿。

## 四　加强流入地卫生计生部门对"外地婚姻"的计划生育服务管理

流动人口在流入地与城市居民通婚或与其他地方外来人口通婚将会更加明显，他们突破了传统的农村人与农村人通婚、城市人与城市人的"二元通婚"模式，在地理通婚圈扩展的同时，还形成了一种新的等级通婚模式——城市人与农村人的通婚模式。这种新的通婚模式会随着人口流动规模的增加、流动范围的扩大以及在流入地居留时间越长越来越明显。必须因势利导，引导外来人口，尤其是新生代流动人口的婚姻家庭朝健康的方向发展，通过行政、经济和宣传教育等综合性措施来对流动人口婚育进行治理。

## 五　转变对流动人口的认识，提高流动人口地方归属感

随着流动人口的代际更替，未来会有更多未婚流动人口在流入地择偶、恋爱、结婚成家甚至落叶生根，他们在流入地结婚成家，已经不是简

单的单枪匹马上阵，还需要转变以往以"个人"为管理单位，实现以"家庭"为服务单位的转变。当一个社会正经历越来越快速的结构变迁，家庭经历着一定风险和不确定性以及女性劳动力资源进入市场和大量非正规经济存在的时候，家庭策略就显得特别重要。[1] 我国正处于这样急剧变迁的社会中，以"家庭"为单位作为关注焦点具有十分的重要现实意义，尤其是对流入地新组建家庭的关注更为重要。流动人口的家庭化，降低了流动人口的不确定性，促使他们增强流入城镇的地方归属感，增强其稳定性，有利于流动人口的宏观管理。[2]

## 第三节 研究不足与展望

### 一 研究不足

本书的不足主要表现在以下三个方面：

（1）对"地理通婚圈"的测度并不是绝对的地理距离，而是从行政管辖范围（户口登记地）分析，难免会存在一些特殊情况。比如两个相邻行政区居民之间的通婚，尽管行政区域跨了界限，但地理距离非常近，可能与行政区域内的通婚差异不是很明显。文中虽然采用的分离邻省的办法在一定程度上进行弥补，但并没有完全消除。另外，由于我国特殊的户籍管理制度，女性结婚后大多将户口迁移到丈夫家庭所在户籍地，本书从流动人口样本中甄别出跨省婚姻仅包括结婚后没有将户口迁移到对方家庭所在地，所以与现实相比会存在低估情况，这是本书的一个主要研究缺陷。

（2）本书通婚圈主要从地理意义层面进行分析，关于社会意义上的通婚圈并没有深入分析，只是简单地提及，如果在地理通婚圈基础上，进一步深入分析流动人口婚姻匹配情况，会使研究趋于完善。

（3）受数据限制，不能对更细一层的地理通婚圈进行甄别，调查问卷中虽然涉及现居住地详细地址，但是关于夫妻双方户籍地的信息，只到省（直辖市、自治区）一级，而不能识别更细一级的行政地区范围，显

---

[1] Wallace, Clare, "Household Strategies: Their Concepetual Relevance and Analytical Scope in Social Research". *Sociology*, Vol. 36, No. 2, 2002, pp. 275 - 292.

[2] 辜胜阻、流传江：《人口流动与农村城镇化战略管理》，华中理工大学出版社2000年版，第113—120页。

得比较粗略。

## 二 研究展望

未来关于通婚圈的研究，可以从以下几个方面探索：

（1）将地理通婚圈与等级通婚圈有机结合。现有研究大多局限于通婚的地域范围或群体范围之一，而很少将二者统一起来。本书虽然试图在地理通婚圈基础上进一步分析等级通婚圈，但毕竟没有过多过深分析，仅仅从户口、民族、职业等方面进行比较肤浅的分析，研究重心仍然集中在地理通婚圈方面。地理通婚圈与等级通婚圈有机结合起来研究是一个很有理论意义的研究方向。

（2）将通婚圈结构与功能相结合。今后关于通婚圈的研究，应该更加重视对族群以及通婚圈结构与功能等方面的考察。比如在低生育水平持续保持以及老龄化程度不断增加的社会背景下，通婚圈的变化对农村家庭养老功能、家庭劳动力资源的互助性、姻亲关系网络变迁等方面带来的挑战，通婚圈变化将会导致家庭结构与功能发生变化及其带来的影响。

（3）继续进行通婚圈方面的理论探索。国内不论是人类学的静态结构研究，还是社会学的动态变迁研究都有一个共同缺陷，就是关于通婚圈理论层面思考不够，与国外相比存在很大差距，对该问题将继续探讨。

（4）国内关于人口迁移流动与通婚圈之间关系的研究多为定性分析，很少利用大范围调查数据进行深入分析。已有论文或著作中，大多以"人口迁移流动→社会交往圈子扩大→通婚圈扩大"逻辑框架进行推理，背后的发生机制几乎没有人研究。因此，关于通婚圈变化的机制分析也是未来研究的领域之一。

（5）学科视野上的拓展性不足，通婚圈研究主要是人类学与社会学两个学科，人口学的引入是一个重要的研究方向。由于婚姻问题在社会交往关系中的重要性，导致通婚圈研究在社会科学中得到了广泛关注，但当前对通婚圈的学术研究视野集中在人类学和社会学两个学科，虽然这两个学科各有其独到之处，但也有各自缺点。人类学家主要采用个案研究方法进行深入剖析，从静态角度分析通婚圈与经济、文化之间的联系；而社会学家大多利用大样本抽样调查方法测度通婚距离的变化（或通婚地域范围的大小及其变化），从宏观层面的社会制度变迁进行对通婚圈影响的研究。

笔者拟从二者结合上进一步研究这一问题。

# 参考文献

## 一 中文文献

1. 艾大宾等：《四川盆地农村人口婚姻迁移空间演变分析及对策探讨》，《人口学刊》2010 年第 6 期。
2. 鲍永福：《扩大通婚圈，提高人口素质》，《婚育与健康》1999 年第 4 期。
3. 北京决策研究基地课题组：《调控北京人口规模的有效途径》，《前线》2007 年第 2 期。
4. 陈利娜：《新生代农民工婚姻家庭研究的理论与前瞻》，《山东青年政治学院学报》2014 年第 4 期。
5. 曹锦清等：《当代浙北乡村的社会文化变迁》，上海远东出版社 2001 年版。
6. 曹锐：《新生代农民工婚恋模式初探》，《南方人口》2010 年第 5 期。
7. 曹贵雄、何绍明：《哈尼族婚俗与女性婚姻变迁——以金平县马鞍底乡哈尼族啰们人为例》，《红河学院学报》2011 年第 3 期。
8. 常蕾雷：《新生代农民工择偶困境的对策研究》，硕士学位论文，中国社会科学院研究生院，2012 年。
9. 程归燕：《提高农村人口素质必须重视农村通婚圈的拓展》，《浙江师大学报》（社会科学版）1994 年第 1 期。
10. 陈卫：《中国生育率下降的比较研究：特点、原因与后果》，博士学位论文，中国人民大学，1996 年。
11. 陈卫：《发展—计划生育—生育率的动态关系：中国省级数据再考察》，《人口研究》2005 年第 1 期。
12. 陈卫、吴丽丽：《中国人口迁移与生育率关系研究》，《人口研究》2006 年第 1 期。
13. 陈卫：《中国人口的流动预期寿命》，《人口学刊》2013 年第 6 期。

14. 蔡昉：《中国人口流动方式与途径》，社会科学文献出版社2001年版。
15. 陈淑珍：《学历、地域、职业"80后"新移民的婚配选择》，《当代青年研究》2011年第4期。
16. 陈娜：《农村外出打工青年的通婚圈及其影响因素研究》，硕士学位论文，华中科技大学，2008年。
17. 陈长平：《村寨人口与文化——中国人类人口学的田野实践与探索》，中央民族大学出版社2013年版。
18. 崔燕珍：《农村人口外出流动对当地婚嫁行为的影响——以崔村实地个案为例》，《中国青年研究》2007年第1期。
19. 陈宇鹏：《经商青年择偶标准与行为的实证分析——以义乌为例》，《中国青年研究》2011年第2期。
20. 段成荣等：《北京市海淀区夫妻家庭户口异地家庭调查研究》，《市场与人口分析》2003年第2期。
21. 段成荣、杨舸、马学阳：《中国流动人口研究》，中国人口出版社2012年版。
22. 段成荣、吕利丹、邹湘江：《当前我国流动人口面临的主要问题与对策——基于2010年全国第六次人口普查数据的分析》，《人口研究》2013年第2期。
23. 段成荣：《中国流动人口变动趋势再认识》，《新型城镇化与流动人口社会融合论坛（2014）》，中国人民大学，2014年7月5日。
24. 邓智平：《打工妹的婚姻逆迁移研究》，《社会》2004年第3期。
25. ［美］杜赞奇：《文化、权力与国家：1900—1942年的华北农村》，王福明译，江苏人民出版社1995年版。
26. 戴波：《转型与嬗变中的都市少数民族人口——以昆明市为例》，民族出版社2011年版。
27. 邓国胜：《出生性别比偏高对择偶问题的影响》，《人口研究》2003年第5期。
28. 丁金宏、朱庭生、朱冰玲、樊华、孙小铭、林克武：《论城市两地户口婚姻的增长、特征及其社会政策寓意——以上海市为例》，《人口研究》1999年第5期。
29. 邓晓梅：《国内异地联姻研究述评》，《人口与发展》2011年第4期。
30. 刁统菊：《不对称的平衡性：联姻宗族之间的阶序性关系——以华北

乡村为例》，《山东社会科学》2010 年第 5 期。

31. 丁志宏：《城市子女对老年父母经济支持的具体研究》，《人口学刊》2014 年第 4 期。

32. 冯雪红：《维吾尔族妇女择偶的人类学考察——以新疆喀什地区 S 县 A 村为例》，《北方民族大学学报》（哲学社会科学版）2010 年第 1 期。

33. 费孝通：《生育制度》，商务印书馆 1999 年版。

34. 费孝通：《乡土中国》第三版，北京出版社、北京出版集团公司 2011 年版。

35. 风笑天：《农村外出打工青年的婚姻与家庭：一个值得重视的研究领域》，《人口研究》2006 年第 1 期。

36. 范叶超：《传统还是现代：新生代农民工的婚恋现状》，《法制与社会》2011 年第 1 期。

37. ［美］范芝芬：《流动中国：迁移、国家和家庭》，邱幼云、黄河译，社会科学文献出版社 2013 年版。

38. 傅义华：《农村的通婚圈》，《乡镇论坛》1991 年第 7 期。

39. 辜胜阻、流传江：《人口流动与农村城镇化战略管理》，华中理工大学出版社 2000 年版。

40. 国家人口和计划生育委员会：《中国流动人口发展报告 2010》，中国人口出版社 2010 年版。

41. 国家人口和计划生育委员会流动人口服务管理司：《对话：人口挑战与社会融合》，中国人口出版社 2012 年版。

42. 国家卫计委流动人口司：《中国流动人口发展报告 2013》，中国人口出版社 2013 年版。

43. 国家卫计委流动人口司：《流动人口社会融合：理论与实践》，中国人口出版社 2014 年版。

44. 国家人口和计划生育委员会流动人口服务管理司：《德国城镇化进程中推进基本公共服务均等化学习考察报告》，中国人口出版社 2012 年版。

45. 高颖、祝维龙：《为爱需要走多远？——依据北京市今年数据对通婚距离变动情况的估算和分析》，《人口与发展》2014 年第 4 期。

46. 高颖、张秀兰：《北京近年族际通婚状况的实证研究》，《人口学刊》2014 年第 1 期。

47. 郭显超：《青年农民工的社会资本对择偶模式的影响研究》，博士学位论文，西南财经大学，2013年。
48. 郭永昌、丁金宏：《进城还是回村——跨省婚迁者的空间选择》，《南方人口》2013年第4期。
49. 高鑫韦：《社会变迁视野下青年农民工通婚圈变化》，《边境经济与文化》2013年第4期。
50. 高颖、张秀兰：《大城市"两地婚姻"的变动趋势及特征分析——以北京为例》，《南方人口》2014年第2期。
51. 国家统计局人口和就业统计司、中国人民大学社会与人口学院编：《人口和就业统计分析技术》，中国统计出版社2012年版。
52. 过竹、潘春见、邵志忠：《从婚育文化看红水河流域少数民族地区的贫困——红水河流域少数民族地区贫困原因研究之四》，《经济与社会发展》2011年第12期。
53. 甘品元：《毛南族婚姻行为变迁研究》，《广西民族大学学报》（社会科学版）2007年第6期。
54. 甘品元：《改革开放以来毛南族婚姻行为变化的社会性别解读——以广西环江毛南族自治县下南乡L屯为例》，《第18届中国社会学年会"改革开放30年与女性发展"论坛论文集》，2008年。
55. 顾耀德：《对边远地区女性人口涌入浙江之浅见》，《人口与经济》1991年第3期。
56. 顾宝昌：《社会人口学的视野》，商务印书馆1992年版。
57. 何生海、王晓磊：《论西部农村婚姻圈的广延性与内卷化——基于西部G村为考察对象》，《内蒙古民族大学学报》（社会科学版）2013年第3期。
58. 霍宏伟：《我国北方一个农庄的婚姻圈研究》，《社会》2002年第12期。
59. 黄润柏：《村落视野下壮族通婚圈的嬗变——壮族婚姻家庭研究之一》，《广西民族研究》2010年第4期。
60. 黄润龙：《女性流动人口婚姻状况及其影响因素研究》，《南京人口管理干部学院学报》2007年第3期。
61. 黄佩芳：《嬗变中的东部发达地区农村人口性别比例及家庭结构和婚姻圈》，《中华女子学院学报》2004年第2期。

62. 何绍辉：《农村家庭养老"女儿化"的倾向探源》，《中国国情国力》2010年第7期。

63. 黄了：《农村城市流动对其婚姻家庭生活的影响》，《甘肃农业》2006年第3期。

64. 景晓芬：《代际差异视角下农民工通婚距离变迁研究——基于西安市的调查数据》，《人口与经济》2013年第3期。

65. 姜全保、李树茁：《女性缺失与社会安全》，社会科学文献出版社2009年版。

66. J. 罗斯·埃什尔曼：《家庭导论》，中国社会科学出版社1991年版。

67. 靳小怡、李成华、李艳：《性别失衡背景下中国农村人口的婚姻策略与婚姻质量——对X市和全国百村调查的分析》，《青年研究》2011年第6期。

68. 靳一萌：《蒙汉杂居村落婚俗变迁研究——以内蒙古呼和浩特市土良村为例》，硕士学位论文，中央民族大学，2010年。

69. 蒋彬：《四川藏区城镇化进程与社会文化变迁研究——以德格县更庆镇为个案》，博士学位论文，四川大学，2003年。

70. 刘传江：《择偶范围与农村通婚圈》，《人口与经济》1991年第4期。

71. 李富强：《壮族婚姻文化的变迁：以田林那善屯为例》，《广西民族学院学报》2000年第3期。

72. 李爱芹：《青年农民工择偶观念与行为的实证分析——以徐州市青年农民工为例》，《河北青年管理干部学院学报》2009年第3期。

73. 卢春梅、高发元：《贵州威宁彝族"果"支系通婚圈变迁趋势研究》，《思想战线》2012年第4期。

74. 雷洁琼等：《改革以来中国农村婚姻家庭的新变化》，北京大学出版社1994年版。

75. 李长印：《当代农村青年村内通婚现象调查》，《沈阳农业大学学报》（社会科学版）2012年第4期。

76. 李文纲：《内卷与扩张：当代佤族通婚圈变化及其对佤族社会的影响研究》，《思茅师范高等专科学校学报》2012年第4期。

77. 李文纲：《当代佤族男性择偶——北京近年族际通婚状况的实证研究》，硕士学位论文，云南大学，2012年。

78. 吕德文：《婚姻形式与村庄性质——转型期乡村婚姻形式的一项考

察》,《文史博览》2005年第12期。

79. 刘爽、郭志刚:《北京市大龄未婚问题的研究》,《人口与经济》1999年第4期。

80. 刘爽:《台湾人口婚姻:现状、特点与问题——兼与大陆地区人口婚姻状况的比较》,《人口研究》2000年第4期。

81. 刘爽:《中国的出生性别比与性别偏好现象、原因及后果》,社会科学文献出版社2009年版。

82. 李继萍:《人口流动对族际通婚的影响——以大理州白塔村为例》,《玉溪师范学院学报》2009年第11期。

83. 冷文娟:《新生代女性农民工的婚恋研究——基于S区D电子厂的调查》,硕士学位论文,华东理工大学,2012年。

84. 廖梦华:《侗族传统婚恋习俗研究——以广西三江侗族自治县独峒乡为例》,硕士学位论文,广西师范大学,2010年。

85. 陆益龙:《户籍隔离与二元化通婚圈的形成——基于一个城郊镇的分析》,《开放时代》2001年第9期。

86. 罗孝花、艾大宾:《绵竹市乡村婚姻地域特征演变研究》,《内江师范学院学报》2005年第6期。

87. 路遇:《新中国人口五十年》下册,中国人口出版社2004年版。

88. 刘铮:《人口理论教程》,中国人民大学出版社1985年版。

89. [美]罗伯特·F.墨菲:《文化与社会人类学引论》,王卓君、吕迺基译,商务印书馆2004年版。

90. 陆益龙:《门当户对的婚姻会更稳吗?——匹配结构与离婚风险的实证分析》,《人口研究》2009年第2期。

91. 李雅南、王飞:《城镇居民婚姻匹配和家庭收入变动:1991—2009》,《人口与经济》2013年第6期。

92. 李若建:《人口社会学基础》,中山大学出版社1992年版。

93. 林明鲜、申顺芬:《婚姻行为中的资源与交换——以延边朝鲜族女性的涉外婚姻为例》,《人口研究》2006年第3期。

94. 梁海艳、阳茂庆:《中国城市青年通婚圈变化及其影响因素研究——基于中国青年状况调查数据的实证分析》,《人口与发展》2014年第3期。

95. 梁海艳等:《中国流动人口通婚圈研究——基于流动人口动态监测数

据的实证分析》,《西北人口》2014 年第 5 期。
96. 李灿松、梁海艳:《滇川藏毗连藏区流动人口族际关系调查与思考》,《南方人口》2014 年第 4 期。
97. 李晓霞:《试论中国族际通婚圈的构成》,《广西民族研究》2004 年第 3 期。
98. 李洁、黄青卓:《散居地区土族婚姻圈变迁研究——以甘肃临夏积石山三二家村为例》,《北方民族大学学报》2014 年第 1 期。
99. 列维·施特劳斯:《结构人类学》,上海译文出版社 1995 年版。
100. 李树茁、姜全保、伊莎贝尔、阿塔尼、费尔德曼:《中国的男孩偏好和婚姻挤压——初婚与再婚市场的综合分析》,《人口与经济》2006 年第 4 期。
101. 刘大可:《传统客家村落的通婚圈及其成因分析——以闽西武北村落社区为例》,《福建论坛》(人文社会科学版) 2010 年第 1 期。
102. 李银艳:《侗族婚恋规制研究——以贵州省黎平县黄岗侗族为例》,硕士学位论文,吉首大学,2013 年。
103. 刘宝驹:《社会变迁中的家庭——当代中国城市研究》,四川出版集团 2006 年版。
104. 刘大伟:《试论媒妁在中国传统婚俗中的角色意义》,《青海师范大学民族师范学院学报》2007 年第 1 期。
105. 罗静:《试论特殊性别伴侣关系与婚姻》,《西南民族大学学报》(人文社会科学版) 2003 年第 6 期。
106. 转引自刘锋《论婚姻理论歧义性之由来》,《吉首大学学报》(社会科学版) 2006 年第 3 期。
107. 林鲁生:《浅析我国改革开放以来农业人口流动的动力机制及其社会经济效应》,《松辽学刊》(社会科学版) 1998 年第 3 期。
108. 李凤荣、王鹏程:《谈地缘环境对海明威、川端康成文学创作的影响》,《延边大学学报》(社会科学版) 2013 年第 3 期。
109. 刘升:《农村闪婚:父权文化下的本地婚》,《西南石油大学学报》(社会科学版) 2014 年第 3 期。
110. 马林诺夫斯基:《未开化人的恋爱与婚姻》,上海文艺出版社 1990 年版。
111. 马戎:《西藏的人口与社会》,同心出版社 1996 年版。

112. 马月鑫：《西安市回坊回族通婚圈研究》，硕士学位论文，陕西师范大学，2011年。

113. 马占斌：《内宗外姻——从胶东马家村姻亲网络看清末以来乡村社会的嬗变》，广西师范大学出版社2014年版。

114. 满永：《关系圈与婚姻圈：当代乡土中国的婚姻形成》，《洛阳师范学院学报》2005年第1期。

115. 马宗保、高永久：《乡村回族婚姻中的聘礼与通婚圈——以宁夏南部单家集村为例》，《民族研究》2005年第2期。

116. ［韩］朴晟楠：《韩国农村和渔村的通婚圈变迁：四个村庄的个案研究》，载瞿明安、施传刚《多样性与变迁：婚姻家庭跨文化研究》，知识产权出版社2011年版。

117. 潘永、朱传耿：《"80后"农民工择偶模式研究》，《西北人口》2007年第1期。

118. 潘绥铭、黄盈盈：《性之变：21世纪中国人的性生活》，中国人民大学出版社2013年版。

119. 邱泽奇、丁浩：《农村婚嫁流动》，《社会学研究》1991年第3期。

120. 任远、谭静、陈春林、余欣甜：《人口迁移流动与城镇化发展》，上海人民出版社2013年版。

121. 宋丽娜：《打工青年跨省婚姻研究》，《中国青年研究》2010年第1期。

122. ［新］Saw Swee-Hock：《新加坡人口研究》，薛学了等译，厦门大学出版社2008年版。

123. 史清华：《浙江省农户家庭婚姻生育及期望研究——来自浙江省三村的调查》，《中国人口科学》2001年第4期。

124. 石林、罗康隆：《草苗的通婚圈和阶层婚姻研究》，《广西民族大学学报》（哲学社会科学版）2006年第6期。

125. 孙燕：《广东花都华侨农场通婚圈的田野调查》，《八桂侨刊》2009年第1期。

126. 施坚雅：《中国农村的市场和社会结构》，史建云、徐秀丽译，中国社会科学出版社1998年版。

127. 孙淑敏：《农民的择偶形态》，社会科学文献出版社2005年版。

128. 宋月萍、张龙龙、段成荣：《传统、冲击与嬗变——新生代农民工婚育行为探析》，《人口与经济》2012 年第 6 期。
129. 石人柄：《性别比失衡的后果及其特点——来自台湾人口的观察》，《人口研究》2002 年第 2 期。
130. 《深入学习贯彻中央〈决定〉精神坚持计划生育基本国策　逐步调整完善生育政策》，《人口与计划生育》2013 年第 12 期。
131. 孙秀艳：《青年择偶标准的历史演变和现实思考》，《社会》2002 年第 4 期。
132. 佘宗明：《聘礼地图与被裹挟的婚姻》，《济南日报》2013 年 6 月 6 日第 F02 版。
133. 谭琳、苏珊·萧特、刘惠：《双重外来者的生活——女性婚姻移民的生活经历分析》，《社会学研究》2003 年第 2 期。
134. 唐利平：《人类学和社会学视野下的通婚圈研究》，《开放时代》2005 年第 2 期。
135. 陶自祥、邢成举：《摇摆的家庭：农村"新逃婚"的呈现及其产生机制——基于对赣南 H 乡新逃婚现象的调查与分析》，《南方人口》2012 年第 4 期。
136. 田先红：《碰撞与徘徊：打工潮背景下农村青年婚姻流动的变迁——以鄂西南山区坪村为例》，《青年研究》2009 年第 2 期。
137. 佟新：《人口社会学》，北京大学出版社 2000 年版。
138. 汤兆云：《人口社会学》，华中科技大学出版社 2010 年版。
139. 邬沧萍、侯文诺：《世界人口纲要》，中国人民大学出版社 1987 年版。
140. 韦斯特马克：《人类婚姻简史》第一卷，商务印书馆 1992 年版。
141. 王春光：《新生代农村人口的社会认同与城乡融合之间的关系》，《社会学研究》2001 年第 3 期。
142. 王金玲：《浙江农民异地联姻新特点》，《社会学研究》1992 年第 4 期。
143. 汪庆希：《近村通婚害处大》，《农家参谋》2001 年第 3 期。
144. 王世斌：《南方农村婚姻家庭变动的代际比较》，《人口与社会》2014 年第 3 期。
145. 吴重庆：《社会变迁与通婚地域的伸缩——莆田孙村通婚地域调查》，《开放时代》1999 年第 4 期。

146. 王跃生：《社会变迁与婚姻家庭变动——20 世纪 30—90 年代的冀南农村》，生活·读书·新知三联书店 2006 年版。
147. 韦美神：《内卷与扩大：外出务工对瑶族通婚圈的影响——以广西田东县 L 屯为例》，《广西民族大学学报》（哲学社会科学版）2008 年第 6 期。
148. 武向征：《对豫北 L 村通婚圈的研究——基于社会资本理论的视角》，硕士学位论文，华中师范大学，2012 年。
149. 王家宝：《法国人口与社会》，中国青年出版社 2005 年版。
150. 韦艳：《农村婚姻迁移女性的社会融合：更好还是更差：——来自全国千户调查的发现》，《新型城镇化与流动人口社会融合论坛 2014 年论文集》，2014 年 7 月。
151. 韦小鹏：《壮族婚姻圈的变迁——以南宁市二冬坡为例》，硕士学位论文，广西民族大学，2008 年。
152. 吴海龙：《新生代农民工婚姻模式与家庭稳定性研究综述》，《铜陵学院学报》2013 年第 2 期。
153. 王晓艳：《从民族内婚到跨国婚姻：中缅边境少数民族通婚圈的变迁》，《思想战线》2014 年第 6 期。
154. 吴新慧：《传统与现代之间——新生代农民工的恋爱与婚姻》，《中国青年研究》2011 年第 1 期。
155. 汪小勤：《我国城镇独生子女婚姻稳定性研究》，硕士学位论文，华东师范大学，2008 年。
156. 王国辉：《基于农户净收益最大化的中国乡城迁移研究》，经济科学出版社 2006 年版。
157. 王磊：《农村通婚圈变动对于男性婚配困难的影响——来自冀西北山区实地调查的初步发现》，《青年探索》2013 年第 6 期。
158. 吴蕊蕊：《蒙古帝国时期皇室的通婚圈》，《赤峰学院学报》（汉文哲学社会科学版）2010 年第 8 期。
159. 韦晓娟：《广西壮族妇女婚姻生育民俗及其嬗变研究——以广西龙脊为例》，硕士学位论文，广西师范大学，2005 年。
160. 吴瑞君：《流动人口家庭婚育模式及其与社会融合的关系——基于 2013 年上海常住人口状况和社会融合调查数据分析》，《新型城镇化与流动人口社会融合论坛 2014 论文集》，2014 年 7 月 5 日。

161. 王洋：《国家卫生计生委召开学习贯彻十八届三中全会精神座谈会》，《中国人口报》2013 年 11 月 18 日。
162. 许传新：《新生代农民工与市民通婚意愿及影响因素研究》，《青年研究》2006 年第 9 期。
163. 许传新：《地域扩大与阶层内卷——新生代农民工通婚圈研究》，《中国特色社会主义事业与青少年发展研究报告——第八届中国青少年发展论坛暨中国青少年研究会优秀论文集》，2012 年。
164. 新山：《婚嫁格局变动与乡村发展——以康村通婚圈为例》，《人口学刊》2000 年第 1 期。
165. 徐红：《北宋进士的交游圈对其家族通婚地域的影响》，《史学月刊》2008 年第 12 期。
166. 徐安琪、叶文振：《中国人口婚姻研究报告》，中国社会科学出版社 2002 年版。
167. 辛布安：《近源婚配问题该谁管？》，《中国农垦》1993 年第 1 期。
168. 熊星星：《农村打工女跨地域婚姻问题研究》，硕士学位论文，长春工业大学，2012 年。
169. 熊文娟：《新生代农民工与市民通婚问题研究》，硕士学位论文，长春工业大学，2012 年。
170. 熊文娟、宫亚坤：《试析新生代农民工与市民通婚现象》，《社会学研究》2011 年第 10 期。
171. 徐桂芹：《控制先天疾病发生　强化后天教育培养——浅谈提高矿区人口素质与优生优育优教》，《优生与遗传》1992 年第 3 期。
172. 游正林：《农村妇女远嫁现象研究——河北省香河县外来妇女情况调查》，《社会学研究》1992 年第 5 期。
173. 余练：《农民分化与通婚圈结构变迁——基于皖中大鼓村婚姻市场的考察》，《华中科技大学学报》（社会科学版）2013 年第 1 期。
174. 杨彦杰：《闽西客家宗族社会研究》，《国际客家学会》1996 年第 3 期。
175. 杨菊华、宋月萍等：《生育政策与出生性别比》，社会科学文献出版社 2009 年版。
176. 杨爱民、刘善来：《外来女管理的现状及对策》，《人口与计划生育》1994 年第 6 期。

177. 仰和芝：《农村打工女性跨地区婚姻满意度分析》，《中国组织工程研究与临床康复》2007 年第 30 期。
178. 杨云彦：《我国人口婚姻迁移的宏观流向分析》，《南方人口》1992 年第 6 期。
179. 杨云彦：《中国人口迁移与发展长期战略》，武汉出版社 1994 年版。
180. 阎蓓：《新时期中国人口迁移》，湖南教育出版社 1999 年版。
181. 尹子文：《第二代农民工婚姻家庭问题探析》，《中国农村观察》2010 年第 3 期。
182. 杨筑慧：《侗族通婚圈的历史变迁——以贵州榕江车寨为例》，《中央民族大学学报》（哲学社会科学版）2014 年第 1 期。
183. 叶文振等：《流动中的爱恋与婚育——来自对流动妇女问卷调查的报告》，厦门大学出版社 2009 年版。
184. 尹玫岚：《第二代农民工择偶标准研究——以重庆第二代农民工为例》，硕士学位论文，西南大学，2009 年。
185. 杨筑慧：《西南少数民族妇女外流引发的婚俗变迁》，《中国民族报》2010 年 3 月 5 日第 10 版。
186. 杨筑慧：《妇女外流与西南民族婚姻习俗的变迁》，《云南民族大学学报》（哲学社会科学版）2009 年第 6 期。
187. 周贤润、杨达：《屯堡族群通婚圈的社会人类学考察》，《人口·社会·法制研究》2010 年第 1 期。
188. 于志国：《苏州连通外来工回城营销策略研究》，硕士学位论文，陕西师范大学，2013 年。
189. 尹晓鹏：《重庆模式能否突破户籍改革瓶颈？》，《工人日报》2010 年 8 月 29 日。
190. 朱国宏：《社会学视野里的经济现象》，四川人民出版社 1998 年版。
191. 朱正贵、陈苏兰：《农村流动人口婚育问题刍议》，《人口学刊》1998 年第 1 期。
192. 周皓、李丁：《我国不同省份通婚圈概况及其历史变化——将人口学引入通婚圈研究》，《开放时代》2009 年第 7 期。
193. 周旗、杨媛：《关中地区乡村通婚圈 60 年演变研究——以咸阳正阳镇为例》，《宝鸡文理学院学报》（社会科学版）2012 年第 1 期。
194. 朱炳祥：《民族文化转型的形态学特征——以摩哈直彝族村和周城白

族村的通婚圈为例》，《社会转型与文化转型——人类学高级论坛》2012年。

195. 张红霞：《传统与现代：外出务工经历对农村青年的影响——外出务工农村青年的个案调查》，《河北旅游职业学院学报》2014年第2期。

196. 周丽娜、王忠武：《值得关注的农村通婚圈缩小》，《新疆社会科学》2006年第5期。

197. 周启昌：《工人镇郊区人口迁移和消费的一些特点》，《农村经济与社会》1993年第1期。

198. 赵喜顺：《论婚姻的社会流动》，《西南民族学院学报》（哲学社会科学版）1991年第6期。

199. 赵建国：《人口迁移与传播》，中国社会科学出版社2012年版。

200. 张善余：《人口垂直分布规律和中国山区人口合理再分布研究》，华东大学出版社1996年版。

201. 翟振武、段成荣：《跨世纪的中国人口迁移与流动》，中国人口出版社2006年版。

202. 庄庆鸿、谢宛菲：《都市通婚圈下的无奈》，《百姓生活》2013年第10期。

203. 朱玉华、张家勇：《农村贫困地区青年婚育观念和婚育行为调查——以中部某省某贫困县L村为个案》，《北京青年政治学院学报》2012年第4期。

204. 祝平燕、王芳：《返乡相亲：新生代农民工的一种择偶形态——以豫东S村为例》，《中国青年研究》2013年第4期。

205. 朱杰：《人口迁移理论综述及研究进展》，《江苏城市规划》2000年第7期。

206. 钟庆君：《村内通婚对村庄治理的影响——以山东省L镇S村为例》，《中国农村观察》2010年第4期。

207. 周家瑜：《云南"黄佤"婚恋习俗的传统与变迁》，《中南民族大学学报》（人文社会科学版）2009年第6期。

208. 朱竑等：《地方感、地方依恋与地方认同等概念的辨析及研究启示》，《华南师范大学学报》2011年第1期。

209. 张海云、冯学红：《青海农区藏人婚俗文化变迁调查——以贵德县昨那等四个藏族村落为例》，《宁夏大学学报》（人文社会科学版）2007年第5期。

210. 张军峰：《农村择偶困境下的婚姻支付模式变迁——以豫北岭村为例》，硕士学位论文，华中师范大学，2011年。

211. 张艳娥：《婚姻市场中农村男性"娶妻难"问题研究——以陕北G村为例》，硕士学位论文，兰州大学，2013年。

212. 邹琼：《基于诱因—贡献模型的雇佣模式对员工绩效的影响分析》，硕士学位论文，湖南师范大学，2012年。

## 二 英文文献

1. Aaron Gullickson, "Education and Black - White Interracial Marriage". *Demography*, Vol. 43, No. 4, 2006, pp. 673 - 689.

2. Arre Jampaklay, How Does Leaves Home Affect Marital Timing? An Event - History Analysis of Migration and Marriage in Nang Rong, Thailand. *Demography*, Vol. 43, No. 4, Nov. 2006, pp. 771 - 725.

3. Alkistic, Skalkidou, Parental Family Variables and Likelihood of Divorce. *Sozial - Praventivimed*, 2000, p. 95.

4. Barbara F. Wilson, "Marriage's Melting Pot". *American Demographics*, 1984, pp. 34 - 38.

5. Bernard, J., "Note on Educational Homogamy in Negro - White and White - Negro Marriages, 1960". *Journal of Marriage and the Family* 28, pp. 274 - 276.

6. Blau, P. M., C. Beeker and K. Fitzpatrick, 1984, "Intersecting Social Affiliations and Intermarriage". *Social Forces* 62, 1966, pp. 585 - 606.

7. Blau, P. M., Blum, T. C. and Schwartz, J. E., "Heterogeneity and Intermarriage". *American Sociological Review* 47, 1982, pp. 45 - 62.

8. Blau, P. M. and Schwartz, J. E., "Crosscutting Social Circles". *Testing a Macrostructural Theory*, 1984.

9. Blood, Robert O., Jr. and Donald M. Wolfe, *Husbands and Wives: The Dynamics of Married Living*. New York: The Free Press, 1960.

10. Bumpass, L., and J. Sweet, "Differentials in Marital Instability: 1970". *American Sociological Review* 37, 1972, pp. 754 - 766.

11. C. A. Price and J. Zubrzycki, "The Use of Inter - Marriage Statistics as an

Index of Assimilation". *Population Studies*, Vol. 16, No. 1, 1962, pp. 58 – 69.

12. Charles Castonguay, "Intermarriage and Language Shift in Canada, 1971 and 1976". *The Canadian Journal of Sociology, Cahiers Canadiens de Sociologie*, Vol. 7, No. 3, 1982, pp. 263 – 277.

13. Chester L. Hunt and Richard W. Coller, "Intermarriage and Cultural Change: A Study of Philippine – American Marriages". *Social Forces*, Vol. 35, No. 3, 1957, pp. 223 – 230.

14. Constantine Panunzio, "Intermarriage in Los Angeles, 1924 – 1933". *American Journal of Sociology*, Vol. 47, No. 5, 1942, pp. 690 – 701.

15. C. A. Price and J. Zubrzycki, "Immigrant Marriage Patterns in Australia". *Population Studies*, Vol. 16, No. 2, 1962, pp. 123 – 133.

16. Cuttentag, M. and P. Secord, *Too Many Women: Sex Ratio Question*. Beverly Hill: Sage, 1983.

17. C. A. Price and J. Zubrzycki, "Immigrant Marriage Patterns in Australia". *Population Studies*, Vol. 16, No. 2, 1962, pp. 123 – 133.

18. Ceri Peach, "Ethnic Segregation and Intermarriage". *Annals of the Association of American Geographers*, Vol. 70, No. 3, 1980, pp. 47 – 62.

19. Chattopadhyay, A., *Marriage and Migration in the Changing Socioeconomic Content of Nang Rong*. Thailand. Paper presented at the Meeting of the Population Association of American, New York, March. 1999, pp. 25 – 27.

20. Croll, Elisabeth, "The Exchange of Women and Property: Marriage in Post – Revolutionary China", in Renee Hrischon (ed.), *Women and Property – Women as Property*. London: Croom Helm, 1984, pp. 44 – 61.

21. Davin, Ddlia, *Internal Migration in Contemporary China*. London: MacMillan Press, 1999, pp. 141 – 142.

22. D. Massey, J. Arango, G. Hugo, A. Kouaouc, I. A. Pellegrino, E. Talor, *Worlds in Motion: Understanding International Migration at the End of the Millennium*. Oxford Clarendon Press, 1998.

23. Douglas T. Gurak and Joseph P. Fitzpatrick, "Intermarriage among Hispanic Ethnic Groups in New York City". *American Journal of Sociology*, Vol. 87, No. 4, 1982, pp. 921 – 934.

24. Deanna L. Pagnini and S. Philip Morgan, "Intermarriage and Social Distance Among U. S. Immigrants at the Turn of the Century". *American Journal of Sociology*, Vol. 96, No. 2, 1990, pp. 405 – 432.
25. Delia Davin, "Marriage Migration in China: The Enlargement of Marriage Markets in the Era of Market Reforms". *Indian Journal of Gender Studies*, 2005, (12), 2005, pp. 173 – 188.
26. Edward, J. N., "Familiar Behavior Social Exchange". *Journal of Marriage and the Familiy* 31, 16 (4), 1969, pp. 518 – 526.
27. Edward E. Telles, "Racial Distance and Region in Brazil: Intermarriage in Brazilian Urban Areas". *Latin American Research Review*, Vol. 28, No. 2, 1993, pp. 141 – 162.
28. E. G. Ravenstein, "The Laws of Migration". *Journal of the Statistical Society of London*, Vol. 48, No. 2 (Jun., 1885), 1885, pp. 167 – 235.
29. Frisbie, W. Parker, Frank D. Bean and Isaac W. Eberstein, "Patterns of Martial Instability among Mexican Americans, Blacks, and Anglos", F. D. Bean and W. P. Frisbie, eds., *The Demography of Racial and Ethnic Groups*. New York: Academic Press, 1978, pp. 143 – 146.
30. F. L. Jones and Ruud Luijkx, "Post – War Patterns of Intermarriage in Australia: The Mediterranean Experience". *European Sociological Review*, Vol. 12, No. 1, 1996, pp. 67 – 86.
31. Farley, "Residential Segregation of Social and Economic Groups among Blacks, 1970 – 1980", in *Thie Urban Underdass*, Edited by Christopher Jencks and Paul E. Peterson, Washington: The Brookings Institution, 1991, pp. 274 – 298.
32. Farley, Reynolds and Walter R. Allen, *The Color Line and the Quality of Life in America*. Oxford University Press, 1989.
33. Frank D. Bean and Linda H. Aiken, "Intermarriage and Unwanted Fertility in the United States". *Journal of Marriage and Family*, Vol. 38, No. 1, 1976, pp. 61 – 72.
34. Fan and Huang, C., Waves of Rural Brides: Female Marriage Migration in China. *Annal of the Association of American Geography*, 88, 1998, pp. 227 – 251.

35. Glick, P. C., "A Demography Picture of Black Families", Harriette Pipes McAdoo, ed., *Black Families*. Beverly Hills: Sage Publications, 1981, pp. 106 – 126.

36. Gordon, Milton M., *Assimilation in American Life*. New York: Oxford University Press, 1964.

37. Gray, A., "Intermarriage: Opportunity and Preference". *Population Studies*, 41, 1987, pp. 365 – 379.

38. Gilbertson, G., Fitzpatrick, J. and Yang, L., "Hispanic Intermarriage in New York City: New Evidence from 1991". *International Migration Review*, 30 (2), 1996, pp. 445 – 459.

39. Gold, Stephen B., Dobson, Judith E., Birth Order, Marital Quality and Stability: A Path Analysis of Toman's Theory. *Individual Psychology*, 1988, 44 (3), p. 355.

40. George P. Murdock, *Social Structure*. New York: Macmillan, 1949. p. 27.

41. Homans, G. C., 1961, *Social Behavior*. London: Routledge and Kegan Paul.

42. Hyoung – jin Shin, "Intermarriage Patterns among the Children of Hispanic Immigrants". *Journal of Ethnic and Migration Studies*, 37: 9, 2011, pp. 1385 – 1402.

43. Hall, E., Ordinal Position and Success in Engagement of Marriage. *Journal of Individual Psychology*, 1965, 21 (2), 154 – 158.

44. Ian Robertson, *Sociology*. 2nd Edition, New York: Worth Publishers, Inc. 1981, p. 301.

45. Jampaklay, A., Migration, Marital Timing, and Mate Selection in the Content of Thailand. Ph. D. Dissertation. Department of Sociology, University of North Carolina at the Hill, 2003.

46. Kingsley Davis, "Intermarriage in Caste Societies". *American Anthropologist*, New Series, Vol. 43, No. 3, Part 1, 1941, pp. 376 – 395.

47. Lichter, D. T. and R. N. Anderson, "Marriage Markets and Marriage Choice". *Journal of Family Issues* 16 (4), 1995, p. 412.

48. Linda Y. Wong, "Why Do Only 5.5% of Black Men Marry White Women?". *International Economic Review*, Vol. 44, No. 3, 2003, pp. 803 – 826.

49. Landis, Judson T., "Marriages Mixed and Non - mixed Religious Faith". *American Sociological Review* 14, 1949, pp. 401 - 406.

50. Limanonda. B., 1983, Marriage Patterns in Thailand: Rural - Urban Differentials. Unpublished Manuscript. Institute of Population Studies Chulalongkorn University.

51. Merton, R. K., "Intermarriage and Social Structure: Fact and Theory". *Psychiatry*, 4, 1941, pp. 361 - 374.

52. M. Belinda Tucker and Claudia Mitchell - Kernan, "New Trends in Black American Interracial Marriage: The Social Structural Context". *Journal of Marriage and Family*, Vol. 52, No. 1, 1990, pp. 209 - 218.

53. Martin Dribe and Christer Lundh, "Intermarriage and Immigrant Integration in Sweden: An Exploratory Analysis". *Acta Sociologica*, Vol. 51, No. 4, 2008, pp. 329 - 354.

54. Matthijs Kalmijn, "Trends in Black/White Intermarriage". *Social Forces*, Vol. 72, No. 1, 1993, pp. 119 - 146.

55. Massey, Douglas S. and Nancy A. Denton, "Trends in the Residential Segregation of Blacks, Hispanics, and Asians: 1970 - 1980". *American Sociological Review*, 52, 1987, pp. 802 - 825.

56. Matthijs Kalmijn, Paul M. de Graaf and Jacques P. G. Janssen, 2005, "Intermarriage and the Risk of Divorce in the Netherlands: The Effects of Differences in Religion and in Nationality, 1974 - 1994". *Population Studies*, Vol. 59, No. 1, pp. 71 - 85.

57. Porterfield, E., 1978, *Black and White Mixed Marriages*. Chicago: Nelson - Hall.

58. Price, C., 1982, "The Fertility and Marriage Patterns of Australia's Ethnic Groups", Part A, Canberra: Department of Demography, the Australian National University.

59. Parimal Roy and Ian Hamilton, Interethnic Marriage: Identifying the Second Generation in Australia. *International Migration Review*, Vol. 31, No. 1, 1997, pp. 128 - 142.

60. Parrado, E. A., Marriage and International Migration: Timing and Ordering of Life Course Transition among Men in Western Mexico. Paper presented at

the Seminar on Men, Family Formation, and Reproduction, IUSSP/CE-NEP, Buenos Ares, May, 1998, pp. 13 - 15.
61. Rosenfeld, M. J. , "A Critique of Exchange Theory in Mate Selection". American Journal of Sociology 110, 2005, pp. 1284 - 1325.
62. Richard D. Alba and Reid M. Golden, "Patterns of Ethnic Marriage in the United States". Social Forces, Vol. 65, No. 1, 1986, pp. 202 - 223.
63. Rainwater, Lee, Family Design. Chicago: Aldine, 1965.
64. Sprecher, S. and Schwatz, 1994, "Equity and Balance in the Exchange of Contribution in Close Relationships", In M. J. Lerner and G. Mikula (eds. ), Entitlment and the Affectional Bonds (pp. 11 - 41). New York: Plenum.
65. Strong, B. and C. Devalt, 1986, The Marriage and Family Experiences. West Publishing Company.
66. Strong, B. , C. Devault and T. Cohen Grumney, 2004, Marriage and Family Experience: Intimate Relationships in a Change Society. Wadsworth Publishing Company.
67. Swicegood, G. C. et al. , Language Usage and Fertility in the Mexican - orgin Population of the United States. Demography 25 (1), 1998, pp. 17 - 33.
68. Stehpen, E. H. and F. D. Bean, "Assimilation, Disruption and the Fertility of Mexican - origin Women in the United States". International Migration Review 26 (1), 1992, pp. 67 - 88.
69. South, S. J. and Messner, S. F. , "Structural Determinants of Intergroup Association. Interracial Marriages and Crime". American Journal of Sociology 91, 1986, pp. 1409 - 1430.
70. Stark, O. and Taylor, J. E. , Migration Incntives, Migration Types: The Role of Relative Deprivation. The Economic Journal, 101 (408), 1991, pp. 1163 - 1178.
71. Thomas, J. L. , "The Factor of Religion in the Selection of Mates". American Sociological Review 16, 1951, pp. 487 - 491.
72. Tobler, W. , A Computer Movie Simulating Urban Growth in the Detroit region Economic Geography, 1970, 46 (2), pp. 234 - 240.
73. Uriah Zevi Engelman, "Intermarriage among Jews in Germany, U.

S. S. R. , and Switzerland". *Jewish Social Studies*, Vol. 2, No. 2, 1940, pp. 157 – 178.

74. Watts, Susan J. , "Marriage Migration, a Neglected Form of Long Term Mobility: A Case Study From Ilorin, Nigeria". *International Migration Review*, 17 (4), 1983, pp. 682 – 698.

75. Wallace, Clare, "Household Strategies: Their Concepetual Relevance and Analytical Scope in Social Research". *Sociology*, 36 (2), 2002, pp. 275 – 292.

76. Xu, Tianqi and Ye, Zhendong, "Analyse of Female Immigrants in Zhejiang". *Population Journal*, 1992 (2), 1992, pp. 45 – 52.

77. Yang Qifan, "The Phenomenon of Southern Women Marring to the North and It's Advantages and Disadvantages". *Population Journal*, 1991 (5), pp. 51 – 55.

78. Zubrzycki, J. , "The Use of Inter – marriage Statistics as an Index of Assimilation". *Population Studies*, 16, 1962a, pp. 58 – 69.

79. Zubrzycki, J. , "Immigrant Marriage Patterns in Australia". *Population Studies*, 16, 1962b, pp. 123 – 133.

# 后　记

　　光阴似箭，岁月如梭。短暂的三年博士生活圆满结束，经过三年艰苦磨炼，终于顺利毕业进入工作阶段。工作闲暇之余，对博士论文里面的问题有了一点新的想法，这本即将出炉的书稿是作者在博士论文基础上进一步修改完善的结果。

　　攻读博士期间百感交集。此书的出版可以很好地表达我的喜悦之情。另外，本书的出版还有三个目的：第一，展现了我过去三年研究成果的积淀与应用；第二，使本书的研究结论得到社会同行和其他专家的进一步检验，以修正文中的错误之处；第三，为自己后续在流动人口方面的研究找到一个更为细致明确的方向。

　　本书能够顺利出版，得益于社会和个人多方力量支持和帮助。首先是我的博士研究生导师——刘爽教授，是恩师的不倦教诲和多次修改才让书稿成型。在这里，我真诚地表示对她的感谢。另外，还要感谢社会与人口学院副院长段成荣教授，在段老师的推荐之下，我才获得了踏入人大学习的机会，他让我有机会品味人大实事求是的学术精神，他是我学习的楷模和榜样。

　　其次，要感谢国家卫生和计划生育委员会流动人口司、中国人民大学中国调查与数据中心、中国人民大学人口与发展研究中心等部门有关领导为本研究提供了宝贵的数据资料，你们的帮助使我的论文工作达到了事半功倍的效果，这种大规模的调查是我一个人永远不可能完成的巨任，有了这些丰富的数据资料做基础，本研究才能够顺利地进行。

　　再次，要感谢云南师范大学李灿松副教授。他不仅为本书提供了很多建设性意见，同时也为本书的出版给予极大帮助和鼓励。

　　至于我最敬爱家人，若用"感谢"两字来表达实在是显得苍白无力。我觉得送给你们以下这句话最能体现我的心理：假如把每个人的一生分为三个阶段（每个阶段为25—30年），那么我只有用中间这1/3的时间来好好孝敬年迈的爸爸妈妈；同时将用我剩下这 2/3 的时间来好好陪伴我的爱人和孩子。更为欣喜的是，在本书出版之际，也将是我孩子分娩之时，这也许是一种巧合，算是我这个爸爸送给孩子的第一份珍贵的生日礼物。我深深地知道，是你们渴望的目光在激励着我一步一步向前奋力迈进。

最后，还要感谢中国社会科学出版社以及为本书付出辛勤劳动的所有老师，没有你们的大力帮助，本书是不可能面世的。需要说明的是，由于笔者研究水平和能力有限，书中难免存在很多不足甚至是错误的地方，研究结论也值得进一步推敲和验证。在此，敬请各位专家和同行批评斧正，你们的指正是我学术成长之路上的灯塔，我会悉心接受你们所提出的宝贵意见和建议！

梁海艳<br>
2015 年 10 月 26 日于<br>
曲靖师范学院